제4판

정책분석론

강 근 복

도서출판 대영문화사

제4판에서 많이 수정·보완되거나 추가된 부분은 다음과 같다.

첫째, 제2장 정책분석의 의의와 본질, 제3장 정책분석의 차원과 조직 부분을 많이 수정하였다.

둘째, 제4장 정책토론과 정책논증 부분을 수정하였는데, '경청'을 중시하여 추가하였다. 정책토론은 정책논증을 통한 주장과 설득의 교환 과정이기도 하지만 경청의 과정이기도 하기 때문이다.

셋째, 전정 제3판에서 제10장에 배치하였던 '정책정보, 정책지표와 정책정보체제'는 제목을 '정책정보의 수집과 관리'로 바꾸어 제5장으로 배치하고 내용을 수정·보완하였다. 정책정보를 수집·분석하는 구체적인 방법들에 대해서는 조사방법론을 다룬 책들에서 상세히 잘 다루고 있기 때문에 여기에서 그런 내용을 취급할 필요는 없다. 다만, 정책분석을 위한 정책정보 수집의 기본적인 접근법을 추가로 설명하고, 일부 내용을 줄였다.

넷째, 제6장을 수정·보완하면서 정책문제 분석의 방법 몇 가지를 추가하였다.

다섯째, 참여정책분석에 대한 관심의 증대를 반영하여 제11장 참여정책분석을 추가하였다.

그 외에 사소한 것들을 수정·보완하였는데 큰 변화라고는 볼 수 없는 것들이다.

여전히 많이 부족함을 알고 독자들에게 미안한 마음으로 이 작업을 마치면서 초판 머리말에 실었던 감사의 마음을 여기에 다시 담는다.

우선, 학문과 삶의 스승이신 허범 교수님과 학생 때부터 지금까지 부모님처럼 사랑으로 보살펴 주시는 근수 형님과 형수님께 깊이 감사드린다.

이번 작업에서도 도움을 주신 분들이 많다. 특히, 자료 정리, 원고 교정 등에 수고해 준 ETRI 고순주 박사, 충남대 국가정책연구소 이향숙 교수, 한국에너지기술연구원 최지영 박사, 충남대 행정학과 박사과정 임재훈 군, 그리고 KAIST 기술경영학부 박사과정 강인제 군에게 감사한다. 헌신적으로 내 눈이 되어 주고, 서툰 컴퓨터를 다루면서 원고 교정을 도와준 아내 안나에게도 감사한다. 주위 사람들의 도움을 빼고 나면 세상을 살며 내가 한 것이라곤 너무 보잘것없다.

사람들의 선의, 배려, 희생과 헌신을 경험하면서 나는 인간존엄성의 근거를 확인한다. 끝으로 이 책의 출판을 위해 애쓰신 대영문화사의 관계자 여러분께 감사드린다.

2021년 6월 첫 날

강근복

정책분석은 바람직한 정책의 형성을 지향한다. 바람직한 정책은 윤리성, 실현 가능성, 그리고 효율성을 충실히 확보한 정책이다. 바람직한 정책의 형성에 필요한 정보를 창출하기 위해서는 만들고자 하는 정책의 목표와 수단의 구조를 고려하여 윤리성 차원, 실현 가능성 차원, 그리고 효율성 차원에서 나누어 분석하되 통합하는 노력이 필요하다. 윤리분석, 전략분석, 그리고 관리분석을 통합적으로 수행하는 것도 중요하다.

전정 제3판에서는 이러한 정책분석의 차원별 분석과 통합의 관점에서 서술하려고 노력하였다. 그리고 정책문제를 분석하고, 정책목표를 설정하며, 정책대안을 분석하는 모든 과정에서 정책토론이 차지하는 중요성을 강조하여 서술하였다. '정책토론과 정책논증'의 장을 정책분석의 단계를 설명하기 전에 배치한 이유가 그것이다.

고민은 컸으나 성과가 미미해서 부끄러움을 고백하지 않을 수 없다. 그럼에도 불구하고 책을 낸지 너무 오래되어 개정 작업을 독촉하는 요청에 떠밀려 전정 제3판을 출판하기로 결심하였다. 지속적인 연구를 통해 다음에는 더 좋은 성과를 거둘 수 있도록 노력할 것을 다짐해 본다.

내가 거둔 성과가 조금이라도 있다면 이는 모두 은인들의 도움에 전적으로 의존한 것이다. 특히, 정책학과 삶에 대한 가르침의 큰 스승이신 허범 교수님, 부모님처럼 나를 한결같이 사랑해주시는 근수 형님과 형수님께 뜨거운 감사를 드린다. 이 책의 개정 작업이 본격적으로 시작되면서부터 함께 고생한 충남대 대학원 국가정책학과 박사학위 과정의 최지영 선생, 원고 수정과 편집, 교정 과정에서 수고해준 ETRI 고순주 박사, 충남대 행정학과 강사인 이향숙 선생과 조영선 선생, 그리고 UST 과학기술경영정책학과 석사과정의 강인제 군에게 깊이 감사한다. 충남대 행정대학원을 수료한 강보경 양도 번거로운 일들을 많이 거들어 주었다. 보경 양에게도 감사한다. 부족한 남편을 챙기느라 평소에도 고생을 많이 하는 아내 안나가 이번에는 원고 교정 작업에도 큰 도움을 주었다. 감사할 따름이다. 늘 아빠를 응원하는 공복 새내기 보인에게도 감사한다. 이들의 헌신적인 지원이 없었다면 아마 개정 작업은 또 해를 넘겼을 것이다. 마지막으로, 이 책을 출판하시느라 수고해주신 대영문화사 임춘환 사장님과 관계자 여러분께도 감사드린다.

2016년 7월

인본정책연구원에서

강근복 씀

개정판 머리말

preface

이 책을 처음 쓸 때의 의도는 가능한 이해하기 쉽게 정책분석의 내용을 설명하는 것이었다. 이러한 의도를 살려서 개정판에서는 초판의 내용 중 불분명하거나 어려운 부분을 좀 더 명확하고 쉽게 서술하고자 노력하였다. 그리고 일부 불필요한 내용을 삭제하고 꼭 추가해야 할 것들을 보완하는 선에서 개정 작업을 마무리하였다. 틀과 내용의 대폭적인 수정을 다음 기회로 미루게 되어 아쉬움이 크고 독자들에게도 미안한 마음이 적지 않지만 독자들을 위해서는 조금이라도 책의 내용을 발전시키는 것이 낫지 않을까 하여 스스로 위안을 삼고자 한다.

초판 서문에서 밝힌 바와 같이 필자가 마땅히 감사드려야 할 분들, 특히 부모님, 근수 형님 내외분, 허범 교수님께 거듭 감사드린다. 이 책의 개정 작업 과정에서 함께 고생한 청양대학의 윤석환 교수, 한국전자통신연구원의 고순주 박사와 원고 교정의 수고를 아끼지 않은 충남대학교 대학원 행정학과 박사학위 과정의 이향숙, 이봉락 선생에게도 감사한다. 가족 사랑의 기쁨을 느끼게 해 주고 좋은 교수가 되어 주기를 늘 기도하는 보인과 인제, 아이들 엄마에게도 감사한다.

끝으로, 필자의 게으름을 탓하지 않고 좋은 책을 만들기 위해 애쓰시는 대영문화사의 임춘환 사장님께 감사드린다.

2000년 1월

늘 깨어 있고 나날이 새로워지길 기원하면서

저자 씀

초판 머리말

preface

바람직한 정책을 만들기 위한 인간의 노력은 공동체 사회의 형성 이래 계속되어 왔다. 그러나 우선 무엇이 바람직한 정책인가에 대해서 정책에 관련된 사람들마다 각자 의견이 다르기 때문에 공동체를 위한 정책의 형성은 처음부터 어려움을 겪게 될 수밖에 없다. 무엇이 바람직한 정책인가? 어떻게 하면 바람직한 정책을 만들 수 있을 것인가? 이 책은 이러한 질문에 대한 해답을 얻는 데 보탬이 되기 위해 쓰인 것이다.

정책형성 과정은 분석적 과정과 정치적 과정의 혼합 과정이라고 할 수 있다. 정책형성 과정에서는 해결해야 할 정책문제가 무엇인지, 바람직한 정책목표가 어떠한 것이어야 하는지를 정의·설정하고, 그러한 목표를 달성하는 데 적합한 정책수단을 찾아내는 지적이고 분석적인 활동이 전개된다. 그리고 또 다른 한편으로 정책결정 과정에서는 서로 다른 가치관과 이해관계, 동기를 가지고 있으면서 자신들의 주장이 정책에 반영되기를 요구하는 다양한 사람과 집단들 사이에 복잡한 정치적 관계가 형성된다. 이 두 가지 측면 중에서 이 책은 앞의 정책형성 과정에서 이루어지는 지적이고 분석적인 활동, 즉 정책분석을 다룬 것이다. 물론 정책형성 과정에서 전개되는 정치적 역동성을 제대로 파악하지 못하고는 현실적으로 실현 가능성 있는 바람직한 정책을 설계할 수 없다. 그러므로 정책분석에서 이러한 정치적 역동성에 대한 예측과 분석을 당연히 포함시켜야 하고, 이 책에서도 이러한 측면을 다루고 있다.

이 책의 내용은 크게 정책분석의 개념을 다룬 부분과 정책분석 활동으로서의 문제분석과 대안분석, 그리고 정책분석 결과의 제시에 대해 다룬 부분, 정책지표와 정책분석가의 윤리성에 대한 부분 등으로 나눌 수 있다.

우선, 제1장에서는 정책학의 학문적 특성에 대한 이해를 토대로 정책분석에 대한 논의가 정책학에서 어떤 위치를 차지하고 있는가를 설명하였다. 제2장에서는 정책분석에 대한 개념과 특성·범위 등을 다루었다. 여러 학자들의 개별적인 개념 규정을 소개하기보다 종합적으로 이들을 비판적으로 검토하고, 이 책에서 취하고 있는 정책분석에 대한 개념을 정리하였다.

이 책에서는 정책분석의 핵심을 문제분석과 대안분석으로 보고 이들을 나누어 설명하고 있다. 그래서 제3장에서는 정책문제 분석의 의미와 내용 및 방법 등을 다루고, 문제분석과 목표 설정과는 어떤 관계가 있는지, 목표 설정은 어떻게 하여야 하는지 설명하였다. 대안분석은 대안의 탐색, 대안 결과의 예측, 그리고 대안의 비교·평가 등 세 부분으로 나누어 각각 제4장, 제5장과 제6장에서 다루고 있다. 이 책에서는 계량적인 분석방법은 별로 다루고 있지 않다. 이는 계량적 분석방법이 중요하지 않아서가 아니다. 정책분석이 계량적인 분석방법에 지나치게 의존하는 것을 경계하고, 또 다른 한편으로 수리적 기초가 약한 학생이나 실무자들이 쉽게 이 책을 읽을 수 있도록 하기 위한 의도에서 비롯된 것이다. 계량적 분석방법들에 대해서는 기존의 정책분석 교과서나 관리과학, 계량분석론 등의 교과서에서 많이 다루고 있기 때문인 것도 이 책에서 이들을 많이 취급하지 않은 또 다른 이유이다.

제7장에서는 정책문제 분석과 대안분석이 끝난 후 분석 결과를 어떻게 제시하는 것이 정책 관련자들에 의해 좀 더 많이 활용될 수 있을 것인가 하는 방법을 다루고 있다.

제8장에서는 정책토론과 정책논증에 대해서 다루고 있다. 민주화된 사회에서 정책은 흔히 토론 과정을 거쳐 결정된다. 서로 다른 가치관과 경험, 지식, 이해관계 등을 가진 다양한 사람과 집단이 정책분석 과정에서 또는 정책분석 결과를 토대로 어떻게 주장과 반론을 전개하고 합의를 도출해 내어 정책의 결정에 이르게 되는지를 설명하였다.

제9장에서는 정책정보, 정책지표, 그리고 정책정보 관리체계 등을 다루고 있다. 이 책에서 이들을 다루는 이유는 정보라는 측면에서 보면 정책분석이 곧 정책 관련 정보의 수집·분석을 통해서 새로운 정책정보를 산출해 내는 활동이기 때문이다.

마지막으로, 제10장에서는 정책분석가의 윤리성 문제를 다루었다. 바람직한 정책의 형성을 위해서 정책분석의 전문가로서 정책분석가가 지켜야 할 윤리성의 의미와 내용에 대해 설명하였다.

이 책의 집필을 시작할 때는 정책에 관심을 갖고 있는 대학(원)생들뿐만 아니라 정책실무자들에게도 도움이 될 수 있었으면 하는 바람을 갖고 있었다. 그러나 출간에 앞서 자평해 보면 원래의 의욕과는 달리 부족함이 많음을 솔직히 고백하지 않을 수 없다. 앞으로 선배·동료 교수들과 이 책을 읽게 될 독자 여러분들의 비판과 의견을 받아들여 좀 더 알찬 내용의 책으로 발전시켜 나갈 생각이다.

이 조그만한 작업을 마치면서 감사드려야 할 분들이 너무 많다. 고마운 분들은 일일이 여기에 적을 수 없을 만큼 많지만 그 중에서 몇몇 분께 여기에서 그 고마움을 특별히 표하고자 한다. 우선, 지금은 이 세상에 계시지 않는 존경하는 아버님과 평생을 헌신적인 자식 사랑을 살아오신 어머님, 그리고 학문 세계와 새로운 인식의 지평을 넓혀 주신 허범 교수님께 감사드린다. 그리고 어린 시절부터 지금에 이르기까지 동생을 위해 헌신적으로 뒷바라지해 오면서 사랑의 모범을 행동으로 가르쳐 주신 셋째(근수) 형님 내외분께도 감사드린다. 늘 그렇게 생각하고 있지만 다행히 내가 살아가면서 거두게 될 조그마한 열매라도 있다면 이는 전적으로 이분들이 차지해야 할 몫임을 나는 잘 알고 있다.

이 책을 집필하는 과정에서 함께 토론하고 고생한 충남대학교의 윤석환 선생과 고순주 선생, 꼼꼼하게 원고를 읽고 비평을 해 주었을 뿐만 아니라 교정을 도와 준 한국전자통신연구소 이찬구 연구원의 노고에 깊이 감사한다. 제자들인 이들로부터 내가 많은 자극과 배움을 얻었음을 기쁘고 자랑스럽게 생각한다. 초고를 읽고 좋은 의견을 제시해 준 원광대학교의 김재관 교수와 충남대학교 대학원 행정학과 박사 과정을 수료한 이종엽, 박기식, 기홍상 선생, 그리고 원고를 타이핑하는 데 애써 준 이향숙 양에게도 감사한다. 만날 때마다 책의 집필을 독려하고 격려해 준 광운대학교의 이대희 교수께도 감사드리지 않을 수 없다. 끝으로, 이 책의 집필에서부터 출판에 이르기까지 늘 웃음으로 격려하고 애써 주신 대영문화사의 임춘환 사장님께 감사드린다.

1994년 8월
대덕캠퍼스 연구실에서
저자 씀

차 례

contents

Chapter 11 참여정책분석

Chapter 12 정책분석가의 윤리

제1장 정책학과 정책분석

정책분석은 정책학의 한 분과이다. 정책분석의 본질을 이해하기 위해서는 먼저, 정책학의 등장 배경, 목적과 패러다임 등을 살펴보는 것이 필요하다. 그런 후에 정책분석이 정책학에서 어떤 위치를 차지하고 있는지를 살펴본다.

제1절 정책학의 등장과 연구의 전개

1. 정책학의 등장

오늘날 우리가 이야기하는 정책학은 라스웰(Harold D. Lasswell)이 1951년에 발표한 "정책지향(The Policy Orientation)"이라는 논문에서 그 뿌리를 찾는다.[1] 물론 정책에 대한 관심과 연구는 인류가 공동체 사회를 형성하면서부터 있었을 것이다. 그래서 어떤 이는 정책연구의 역사를 산업혁명의 19세기 또는 중세, 심지어는 고대까지 거슬러 올라

1) 라스웰이 정책학을 처음으로 주창했다는 것에 대해서는 의견이 일치하지만 그 시기가 언제인가에 대해서는 의견이 나누어진다. 라스웰(Lasswell, 1943a; 1943b)을 근거로 1943년까지 거슬러 올라가기도 하고, 라스웰(Lasswell, 1949)을 근거로 1949년이 제시되기도 한다. 그러나 통설은 라스웰이 정책학의 목적, 패러다임을 체계적으로 제시한 1951년을 정책학의 시원으로 본다. 라스웰의 1951년 논문은 정책학을 주창한 최초의 논문이라는 점과 정책학 발전의 모든 유전자를 그 안에 내포하고 있다는 점에서 정책학설사에서 매우 중요한 의미를 가진다(허범, 2016: 1).

가면서 설명하기도 한다(Dunn, 1981). 근대에 접어들면서 더욱 체계적인 정책연구의 내용을 볼 수 있기는 하지만, 과거의 정책에 대한 연구와 지금 우리가 연구하는 현대적 정책학과는 상당한 차이가 있다. 라스웰이 주창한 현대적 정책학은 1950년대 이후의 미국적 환경에서 정책을 통한 사회문제의 해결을 지향하는 정치학자와 행정학자들이 주도하고 발전시킨 것이다(정정길, 1988: 5).

라스웰이 "정책지향"이라는 논문에서 주장한 요지는 다음과 같다(Lasswell, 1951: 3-15). 라스웰은 사회과학 분야에서 방법(론)의 발전은 상당한 수준에 이르렀으나, 이를 이용해서 사회문제를 해결하려는 노력은 매우 미미했다고 비판하였다. 그러면서 "무엇을 위한 지식인가?(knowledge for what?)"라는 질문에 사회과학자들이 대답할 수 있어야 한다고 주장하였다. 그는 정책연구가 정책과정(policy process)에 대한 것과, 정책활동에 필요한 지식(intelligence needs of policy)을 중심으로 전개되어야 한다고 주장하면서, 이러한 연구는 이전까지의 학문 간 분화의 두꺼운 벽을 허물고 범학문적(inter-disciplinary)으로 이루어져야 한다고 주장하였다.

라스웰은 이러한 연구 정향을 가진 새로운 학문 분야로서 '정책학(policy sciences)'을 주창하면서, 정책학은 일상적으로 우리가 봉착하게 되는 잡다하고 표면적으로 나타나는 피상적인 문제가 아니라, 사회 속의 인간이 부딪치는 근본적인 문제에 초점을 두어야 한다고 강조한다. 결국, 정책학은 인간의 존엄성을 좀 더 충실히 구현하기 위한 정책 관련 지식의 개발을 목적으로 하는 민주주의의 정책학(policy sciences of democracy)을 지향해야 한다는 것이다.

그러나 라스웰의 이러한 제언은 1950년대 당시의 미국 정치·행정학계에서 위세를 떨치고 있던 행태주의의 조류에 밀려 아무런 관심도 끌지 못했다. 행태주의는 인간의 행태를 핵심적 연구 대상으로 하여 과학적 방법과 계량화에 의한 연구를 특징으로 한다. 그러므로 행태주의가 지향하는 소위 '과학적' 연구방법은 경험적·실증적 방법이라고 말할 수 있다. 이러한 입장에서 보면 사실판단이 아닌 가치판단, 즉 무엇이 옳고 그른지, 무엇이 바람직한 것인지 등에 대한 판단은 피해야 할 것으로 본다.

물론 연구방법의 엄격한 과학성을 강조하는 행태주의가 학문의 발전에 기여한 바는 매우 크다. 그러나 엄격한 과학성의 강조는 현실적으로 좀 더 중요한 문제를 취급하기 위한 연구보다는 오히려 계량적·과학적 방법을 적용할 수 있는 주제만을 집중적으로 연구하게 만들었다. 결국, 연구목적에 따라 연구 대상을 결정하는 것이 아니라, (과학적) 연구방법이 (적용 가능한) 연구 대상을 결정하는 바람직하지 못한 결과를 가져왔다.

따라서 라스웰의 주장, 예를 들면 바람직하다고 여겨지는 가치를 어떻게 현실에서 실현할 것인가 또는 정책대안의 탐색과 평가를 위해 기존의 방법들을 활용하거나 새로운 방법을 개발해야 할 필요성에 대한 제안은 당시에 받아들여질 리가 없었다.

2. 정책연구에 대한 재관심

그러면 언제부터, 어떠한 이유로, 정책지향성을 추구하는 라스웰의 주장이 새삼스럽게 관심을 끌게 되고 더 나아가 정책연구에 대한 관심이 높아졌는가? 간단하게 말하면, ① 1960년대 미국 정부가 사회의 현실적인 문제를 해결하는 데 필요한 지식을 학자들이 제공해줄 것을 요구한 것, ② 1960년대 후반의 행정학계의 신행정학 운동, ③ 정치학계의 후기행태주의 연구 사조의 등장 등이 정책학에 대한 새로운 관심과 연구를 촉발시켰다.

1951년 라스웰의 논문이 발표되어 아무런 관심도 얻지 못한 채 10여 년이 흐른 1960년대 미국 사회는 혼란과 충격의 시대를 경험하게 되었다. 인종 차별로 인한 흑인 폭동, 월남전 반대 데모와 강제 징병에 대한 젊은이들의 저항, 신·구세대 간의 갈등 등은 1960년대 미국 사회를 혼란 속으로 몰아넣기에 충분하였다. 이러한 혼란을 극복하고 사회적 문제들을 해결하기 위해 미국 정부는 여러 방안들을 탐색하기 시작하였고, 정치학자와 행정학자 등 사회과학자들의 도움을 요청하게 되었다.

그러나 1950년대를 거쳐 1960년대를 풍미한 행태주의적 연구로는 이러한 요구를 충족시킬 수가 없었다. 사회문제 중심의 연구, 사실판단과 가치판단의 종합에 의한 처방적 연구가 결여된 행태주의적 연구는 당시의 현실문제 해결에 도움을 주지 못하였다. 이러한 이유 때문에 현실 적합성이 없는 연구라는 비판을 받게 되었다.

기존의 연구 경향에 대한 반성과 비판을 토대로 1968년에 태동된 신행정학 운동과 1969년 이스턴(David Easton)이 주창한 후기행태주의(post-behavioralism)에서는 공통적으로 현실문제의 해결에 대한 관심과 연구(정책지향적인 연구), 가치에 대한 연구의 필요성 등을 강조하게 되었다. 이에 따라 여러 사회문제를 해결하기 위한 사업의 내용과 집행방법 등이 활발히 연구되고, 이를 위한 연구자금이 풍부하게 제공되기 시작되는 1960년대 후반부터 정책학은 폭발적인 성장을 시작하였다. 이후 1970년대에 들어서면서 환경문제, 에너지문제, 도시문제 등의 심각화와 이에 대한 사회적 해결 요구의 증대는 문제 중심의 정책학 발전에 크게 기여하였다(김규정, 1988: 57-59; 정정길, 1988: 12).

그러면 정책분석론의 등장과 연구의 전개는 어떠한가? 쉽게 이야기하면, 상식적인 의미의 정책분석은 정책의 등장과 그 기원을 같이한다고 볼 수 있다. 비록 체계적이지는 않더라도 정책의 결정을 위한 분석적인 활동은 그때도 있었을 것이기 때문이다. 그러나 오늘날 우리가 논의의 대상으로 삼고 있는 정책분석의 등장은 현대적 정책학의 등장과 그 시기를 같이한다. 또한 본격적인 연구와 실제적 활용이 활발하게 전개되기 시작한 것은 미국의 경우 1960년대부터라고 할 수 있다(노화준, 1989: 13-14). 그리고 1970년대와 1980년대 많은 논문과 저서, 학술지 등이 발행되면서 정책분석이 체계화되었다.

우리나라에서는 1980년대에 대학과 공무원교육원 등에서 정책분석론이 독립된 강좌로 개설되면서 이에 대해 관심을 갖기 시작하여 현재는 정책분석에 대한 학문적 연구는 물론 정책 실무에서도 매우 활발히 이루어지고 있다.

제 2 절 정책학의 목적과 패러다임

1. 정책학의 목적

정책학의 궁극 목적은 정책을 통해 '인간존엄성을 보다 충실히 실현하는'(Lasswell, 1951: 10) 것이다. 인간존엄성의 실현은 인간 삶에 미치는 사회 내의 근본적인 문제를 해결해야 가능하다. 사회 내의 근본적인 문제 해결은 인간존엄성의 실현이라는 궁극적 목적을 달성하기 위한 수단적 목적이다. 그리고 근본적으로 중요한 사회문제를 해결하기 위해서는 그 문제의 해결에 적합한 정책내용과 정책과정에 대한 지식이 통합되어야 가능하다. 지식의 통합은 '근본적 문제 해결'이라는 목적을 달성하기 위한 수단적 목적이다. 정책과정과 정책내용에 대한 지식의 통합을 위해서 정책학은 '서로 분리되면서 동시에 연관되는' 두 개의 지식, 즉 정책과정에 관한 지식(knowledge of policy process)과 정책내용에 관한 지식(knowledge in policy process)의 발전을 지향한다(Lasswell, 1970: 3). 이렇게 보면 정책학의 목적은 인간존엄성이라는 궁극 목적 → 근본적 문제의 해결 → 정책과정과 정책내용에 대한 지식을 통합하는 정책지향성의 완성 → 정책과정 지식과 정책내용 지식의 발전 등으로 구조화된다(허범, 2002a; 2002b; 2016). 이를 그림으로 나타내면 [그림 1-1]과 같다.

그림 1-1 | 정책학의 목적 구조

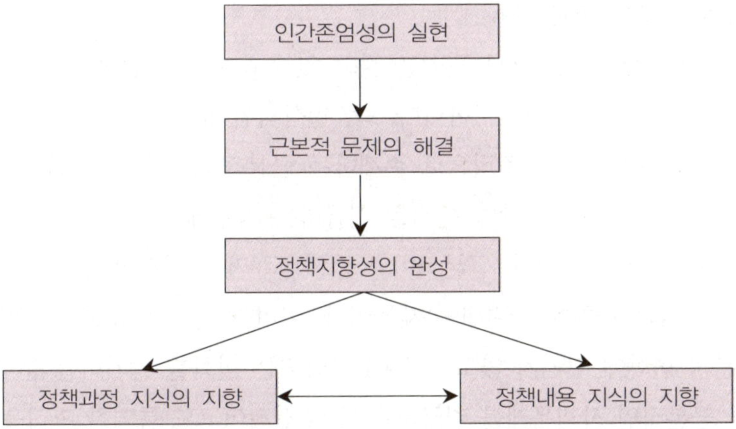

출처: 허범(2002b: 298).

2. 정책학의 패러다임

정책학은 몇 가지 점에서 과거의 정책연구 또는 다른 학문 분야와 구별되는 특성을 갖는다. 정책학이 독특한 학문적 패러다임을 갖고 있다는 것이다(Lasswell, 1951: 3-15; 허범, 1992a: 8-11). 정책학의 패러다임은 정책학의 연구활동, 정책현상에 대한 인식의 틀, 그리고 정책연구의 접근방법에 독특한 관점과 특성을 부여하고, 전체적으로는 정책학의 학문적 정체성을 결정해 준다(허범, 2016). 정책학의 패러다임은 문제지향성(problem orientation), 철학과 행동의 통합지향성(philosophy in action), 맥락지향성(contextuality), 그리고 연합학문지향성(interdisciplinary approach, multi-methods)이다.[2] 이들을 나누어 설명한다.[3]

1) 문제지향성

정책학은 사회문제의 해결에 관심을 갖는다. 정책학이 사회문제의 해결을 통해 인간 존엄성의 실현을 지향하기 때문이다. 문제지향성을 강조하는 정책학은 우리 사회의 문제를 탐색·발견·추적하고 정의하며, 문제의 해결을 위한 목표의 설정, 현상의 파악, 미래의 전망과 여건의 분석, 문제 해결 대안의 개발과 결과 예측, 그리고 정책집행과 평가활동 등을 다루는 학문이다.

그런데 정책학에서 우선적으로 관심을 갖고 있는 문제는 일상적인 차원에서 발생하는 문제나 겉으로 드러난 문제가 아니다. 즉, 일상적인 문제, 겉으로 드러난 문제들을 발생시키면서 그 근저에서 구조적으로 존재하는 근본적 성격의 문제들이다. 그러므로 인간이 현실적으로 봉착하는 당면 문제를 취급하는 경우에도 근본적인 문제의식과 연계시켜 생각하는 것이 중요하다. 근본적이고 중요한 문제는 인간의 삶의 질에 영향을 미치고, 인간의 존엄과 가치에 관련된 문제들이다. 이러한 문제는 해결을 위한 부분적 변화가 그 부분의 변화에 그치지 않고 전체에 파급되는 변화를 야기하는 문제이다. 정책학은 이러한 근본적인 사회문제를 취급하는 데 우선적이고도 특별한 관심을 갖고 있다.

실증주의 정책연구는 취급할 문제가 과학적 방법으로 접근할 수 있는지 여부를 가리고, 객관적 사실의 발견과 일반화에 관심을 기울인다. 그러므로 설령 어떤 문제가 중요

2) 문제지향성, 맥락지향성, 그리고 연합학문적 접근은 정책학 패러다임으로 널리 받아들여지고 있는 것이고(Lasswell, 1970; 허범, 2002), 철학과 행동의 통합지향성은 저자가 추가한 것이다. 정책학의 패러다임에 대한 논의는 주로 허범(2016)에 의존하였고, 이 부분은 강근복 외(2016: 25-27)의 내용을 발췌·요약하였다.

3) 허범(2016: 12)은 주요 패러다임들이 하나의 정책지향성을 구분하는 부분지향성들이기 때문에 편의상 나누어 검토하더라도 서로 연관시켜 해석해야 하고, 해석할 때는 정책학의 개념화 전제인 정책학의 목적 구조, 주관적 극대화 원리, 그리고 실용주의 철학 등의 관점에서 해야 함을 특별히 강조한다.

하다고 하더라도 과학적 접근을 통해 해결할 수 없는 것은 취급을 포기한다. 반면에, 정책학은 해결해야 할 문제의 중요성에 우선적인 관심을 갖고 그 문제를 이해하고 해결하기 위한 방안을 마련하는 데 다양한 접근법을 취한다. 문제지향성에서 가장 중요한 것은 타당하고 적실한 정책내용을 설계하는 데 필요한 지식 활동이다(허범, 2016: 12).

2) 철학과 행동의 통합지향성

정책학은 철학과 행동의 통합을 지향한다. 정책학은 정책을 통한 인간존엄성의 실현을 목적으로 하는 학문이고, 정책학에서 취급하는 정책은 철학과 행동의 통합으로 나타나기 때문이다(허범, 2016: 8). 행동지향성은 정책의 핵심 요소이다. 그렇다면 행동은 무엇을 지향해야 하는가? 그것은 바람직한 변화를 지향하고 궁극적으로 인간의 존엄과 가치를 실현하는 데 기여하는 것이어야 한다. 정책과 관련해서, 인간과 세계에 대한 근본 원리와 인간 삶의 본질 등을 다루는 철학에서 출발하든, 당면문제를 해결하기 위한 행동에서 출발하든 양자는 서로를 향한다. 우리가 왜 어떤 목표를 세우고 실천행동을 취하는지를 따지고 들어가면 궁극적인 목적가치를 다루는 철학적 논의에 이르게 되고, 철학적 사고의 산물인 인간존엄성의 구현은 실천행동을 통해서 가능하기 때문이다. 정책학의 관점에서 보면 실천행동이 따르지 않는 철학적 사고는 공허하고, 철학적 사고가 결여된 행동은 무의미하거나 위험하다.

3) 맥락지향성

실증주의 정책연구는 과학적 접근방법에 따라 문제를 취급하기 위해 상황적 맥락과 절연된 채로 문제를 취급하는 경향이 있다. 이런 경향은 현실 세계와 동떨어진 단순화되고 왜곡된 문제를 취급하는 결과를 초래하게 된다.

문제의 실체, 문제의 진정한 의미는 그것을 포함하고 있는 더 큰 체제 속에서 그것이 차지하고 있는 위치와 의의, 즉 맥락적 위치와 의의에 달려 있다. 정책학은 사회문제가 발생하고 정책의 결정과 집행이 이루어지는 정책 상황이 매우 다양하고 유동적이며 복잡하다는 것을 강조한다. 그러므로 시간적(역사적), 공간적(세계적), 그리고 정치적 · 사회적 맥락 하에서 문제를 취급하고 정책의 결정, 집행, 평가 등을 연구하는 맥락지향성이 필요하다.

4) 연합학문지향성

특정 학문은 사회문제를 이해하고 해결하는 데 나름대로의 독특한 관점과 방법론을 갖고 있다. 특정 학문, 특정 전공 분야의 문제에 대한 접근은 흔히 해당 전공 분야의 관점과 이론에 입각하여 이에 적합하게 취급할 수 있도록 문제의 내용을 분할하고 단순화시키는 논리와 절차를 따르는 것이 보통이다. 이렇게 분석·정의된 문제는 실제의 문제가 아니라, 특정 학문 분야의 관점과 이론에 의해 단순화되고 구조화된 문제이다. '실제'의 문제가 아니라 '왜곡된' 문제인 셈이다. 그러므로 이렇게 왜곡된 문제를 대상으로 한 진단과 처방이 아무리 뛰어나더라도 그것이 실제 문제의 타당한 해결을 가져올 수는 없다.

현실의 문제는 구성 요소의 다양성, 요소들 간 관계의 복잡성, 그리고 다른 문제와의 연관성 등을 특징으로 한다. 어느 한 학문 분야의 전문지식만으로는 정확한 문제의 이해나 적절한 해결 방안의 마련이 어렵다. 그러므로 정책문제의 이해와 해결을 위해서는 방법론상의 분할주의를 극복하고, 다양한 학문 분야, 다양한 접근방법의 통합적 적용이 필요하다. 이것이 바로 연합학문지향성이다(허범, 2016).[4]

제 3 절 정책학의 연구 대상 및 내용과 정책분석

1. 정책학의 연구 대상과 내용

상식적인 의미에서 정치학이나 행정학이 각각 정치 현상과 행정 현상을 연구하는 학

4) 허범(2016: 16)은 정책학의 연합학문지향성이 인식론적 근거와 패러다임이 서로 다른 복수의 학문을 단순히 물리적으로 중첩시키는 다중학문접근(multi-disciplinary approach)의 수준을 크게 벗어나지 못하고 있다고 평가한다. 정책학의 연합학문지향성은 정책학의 패러다임과 무관하게 이루어지는 다양한 학문 분야의 정책연구들이 스스로를 정책학이라 부를 수 있게 함으로써 정책학의 정체성에 혼란을 가져오게 만든 요인이 되기도 하였다.

문이라고 한다면, 정책학은 정책 현상을 연구하는 학문이라고 할 수 있다. 즉, 정책학은 '정책'이라는 요소를 핵심으로 하여 그것과 관련된 모든 요소와 변수, 활동 등을 연구 대상으로 삼는 학문 분야이다. 일반적으로 (공공)정책은 "공적 사항(public affairs)의 관리와 공익의 실현을 위해서 또는 바람직한 미래 상태를 실현하기 위해서 정부가 직접적으로 또는 간접적으로 관여하여 이루어진 지침적 결정"을 의미한다(허범, 1988: 78). 만일 우리가 현실 상황이나 예상되는 미래 상황에 만족한다면, 즉 현실판단과 규범판단 사이에 아무런 괴리도 느끼지 않는다면 문제의식은 생겨날 여지가 없다. 문제의식이 없다면, 그리고 그로 인해서 해결해야 될 문제가 없다면, 정책을 만들어야 할 이유도 없다. 따라서 정책은 사회문제의 해결을 정책목표로 하고 이를 달성하기 위한 정책수단을 내용으로 담을 때가 많다. 그리고 앞에서 지적한 바와 같이 정책학 연구의 궁극적인 목적은 인간 사회의 근본적인 문제를 해결하여 인간의 존엄성이 좀 더 충실하게 구현되는 세계를 건설하는 데 있다. 이러한 정책학의 궁극적인 목적을 달성하기 위해서는 앞의 [그림 1-1]에서 정리하였듯이 정책과정과 내용에 대한 지식을 얻는 것이 중요하고 이는 정책학의 연구 내용을 이룬다고 할 수 있다. 이를 좀 더 자세히 살펴보면 다음과 같다.

우선, 정책의 전 과정과 내용을 지배하고, 정책 활동에서 이루어지는 여러 판단의 토대를 이루는 인식의 틀을 제공하는 정책기조와 정책철학이 중요한 연구 대상이 된다.

정책환경과 사람에 대한 이해가 없이는 정책과정이나 내용에 대한 합리적인 관리가 불가능하다. 그러므로 공간적, 정치적, 경제적, 사회적 환경 등 정책환경과 정책과정에서 참여하거나 영향을 받는 사람들에 대한 연구도 중요한 연구 대상이라 할 수 있다.

타당한 문제의식의 형성과 정책문제의 정의, 바람직한 정책의 결정, 성공적인 정책집행, 그리고 타당한 정책평가와 그 결과의 활용 등이 주요한 정책학의 연구 대상이 된다. 그리고 이러한 것들과 관련된 모든 요소나 과정, 활동 등에 대한 경험적 연구, 규범적 연구와 처방적 연구 등이 모두 정책학의 내용을 이룬다. 여기에서는 정책학의 연구 대상과 내용에 대한 상세한 논의를 하고자 하는 것이 아니다. 정책학에서 정책분석이 차지하는 위치를 개괄적으로 살펴보고자 하는 데 그 뜻이 있기 때문에 정책과정을 중심으로 정책학의 연구 대상과 내용을 간단히 살펴보기로 한다.

1) 정책기조의 형성과 관리

정책기조(policy paradigm)는 정책을 지배하는 인식의 기본 틀과 방향이다. 즉, 현실의 구체적인 정책의 유전자로서 정책의 방향, 내용, 성격 등을 규정하고 지도하면서 지배하는 기본적인 인식의 틀과 방향을 말한다(강근복 외, 2016: 90). 정책기조는 정책의제의 형성, 정책결정, 그리고 정책집행과 평가 등 정책의 전 과정에 영향을 미친다.

2) 정책의제의 형성과 관리

사회 내의 문제시되는 상황에 대해서 우리가 어떤 문제의식을 갖게 되면 사회문제가 등장하게 된다. 사회문제들 중에는 정부를 비롯한 공공 부문 또는 민간 부문에 의해서 해결이 도모되는 것도 있고, 어떤 문제들은 여러 가지 이유로 해결 방안이 모색되지 않은 채 방치된다. 이렇게 사회문제들 중에서 정부의 신중한 검토 대상이 되어 해결이 모색되는 문제를 정책문제라 한다. 이때 사회문제들 중에서 일부가 정책의제의 지위에 오르게 된다. 이 과정을 정책의제형성 과정이라고 하는데 이는 정책학의 주요한 연구 대상이 된다. 여기에서는 문제시되는 상황에 대한 실증적 분석과 상이한 문제의식에 대한 분석, 정책문제의 정의, 사회문제들 중 어떤 문제가 어떤 이유로 어떤 과정을 거쳐 정책의제의 지위에 오르거나 방치되어 버리는지에 대한 분석, 그리고 처방적인 입장에서 바람직한 정책의제형성의 관리 등이 주요한 연구 내용이다.

3) 정책분석과 정책결정

어떤 문제가 정책의제의 지위에 올라 정책문제가 정의되면 이를 해결하여 달성하고자 하는 미래 상태인 정책목표를 설정하고, 이 목표를 달성할 수 있는 대안들 중에서 어느 하나를 택하게 된다. 정책문제를 정의하고 정책목표를 설정하는 과정, 그리고 이를 달성하기 위한 여러 대안들 중에서 어느 하나를 선택하는 과정(정책결정 과정)은 분석적 활동과 정치적 활동이 뒤섞여 전개되는 매우 복잡하고 역동적인 과정이다.

정책결정 과정의 분석적 과정에서 정책분석이 크게 도움을 줄 수 있다. 정책분석은 좀 더 바람직한 정책을 만드는 데 기여하기 위한 지적이고 분석적인 활동을 의미하는데 이는 정책학의 매우 중요한 연구 내용을 이룬다. 물론 정책결정 과정의 정치적 측면에 대한 경험적 연구와 정책결정 과정이 합리적으로 이루어지도록 하기 위한 처방적 연구, 그리고 정책결정의 산출물로서의 정책 자체의 특성과 윤리성 등에 대한 연구 등도 정책학의 주요 내용이 된다.

4) 정책집행

결정된 정책은 실행할 수 있는 형태로 구체화되어 현실적으로 행동화되는데 이러한 정책의 실현 활동을 정책집행이라고 한다. 정책집행이 이루어지면 문제의 해결, 정책목표의 달성 등의 정책효과와 집행과 관련하여 소비된 사회적 가치인 정책비용 등 일정한 결과가 나타나 정책환경에 영향을 미치게 된다. 정책집행론의 주요 연구 내용은 정책집행의 과정, 영향 요인, 집행전략, 그리고 성공적 정책집행 관련 연구 등이다.

5) 정책평가

정책평가는 정책집행 도중 또는 사후에 다양한 동기에 의해 여러 방법을 동원하여 이루어진다. 정책평가론에서는 타당한 정책평가의 논리와 방법 등에 관한 연구가 주요 내용을 이룬다. 정책평가의 결과는 여러 목적을 위해 상이한 형태로 이용된다. 그 하나의 예는 평가 결과에 따라서 정책을 유지·수정하거나 또는 종결시키는 것이다.

6) 정책변동

정책의 기조, 목적이나 수단, 집행과정이나 집행전략 등이 변하는 일체의 현상을 정책변동이라 한다. 정책 주체가 의도적으로 정책을 변화시키는 것을 강조하면 이를 정책수정이라 부를 수 있다. 이렇게 수정된 정책은 다시 집행되는 순환 과정을 거치게 된다.

이러한 정책과정은 단선적 과정이 아니라 순환적·반복적 과정의 성격을 갖고 있다. 그러나 정책과정의 순환성에 예외적인 경우가 있다. 바로 정책종결이 그것이다. 정책종결은 정책과정의 순환을 의도적으로 단절시키는 결정과 집행을 포함한다. 정책 주체가 이제 더 이상 특정 정책을 취급하지 않겠다, 더 이상 지속시키지 않겠다는 의지를 갖고 그 정책이 더 이상 효력을 발휘하지 못하도록 하는 것이다. 그러나 부분적인 정책종결이 아닌 완전한 정책종결은 그 예가 흔치 않다. 지금까지 설명한 것을 정리해 보면 [그

그림 1-2 | 정책환경과 정책과정

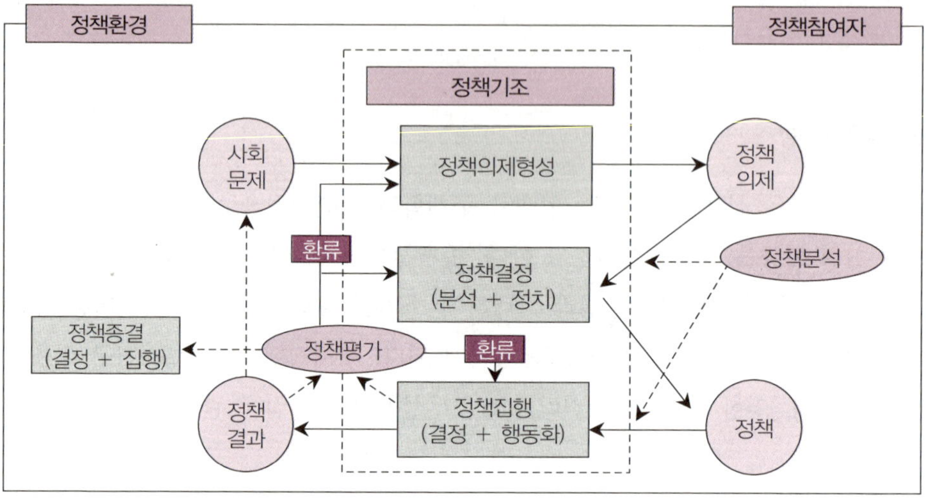

출처: 정정길 외(2010)의 [그림 1-2]를 참고하여 작성.

림 1-2]와 같다.

2. 정책과정에서 정책분석의 위치

정책과정에서 정책분석의 위치를 좀 더 자세히 나타내 보면 [그림 1-3]과 같다.

제2장에서 자세히 살펴보겠지만 정책분석은 좋은 정책을 만들기 위해서 이루어지는 지적이고 분석적인 활동이며, 정책결정에 필요한 정보를 산출하기 위해 이성적이고 합리적인 방법을 동원하는 활동이다.

[그림 1-3]에서 볼 수 있는 것처럼 정책분석은 주로 정책결정 단계에서 이루어진다. 집행 단계의 집행정책 형성 단계, 그리고 정책집행의 결과에 대한 정책평가를 토대로 정책변동이 이루어지기 전 단계에서도 수행될 수 있다. 즉, 정책분석은 초기의 정책결정 단계에서뿐만 아니라 정책평가 결과를 근거로 정책을 수정하거나 종결하기로 결정하였을 때도 할 수 있는 것이다. 왜냐하면, 정책분석은 좀 더 바람직한 정책결정에 필

그림 1-3 | 정책과정에서의 정책분석

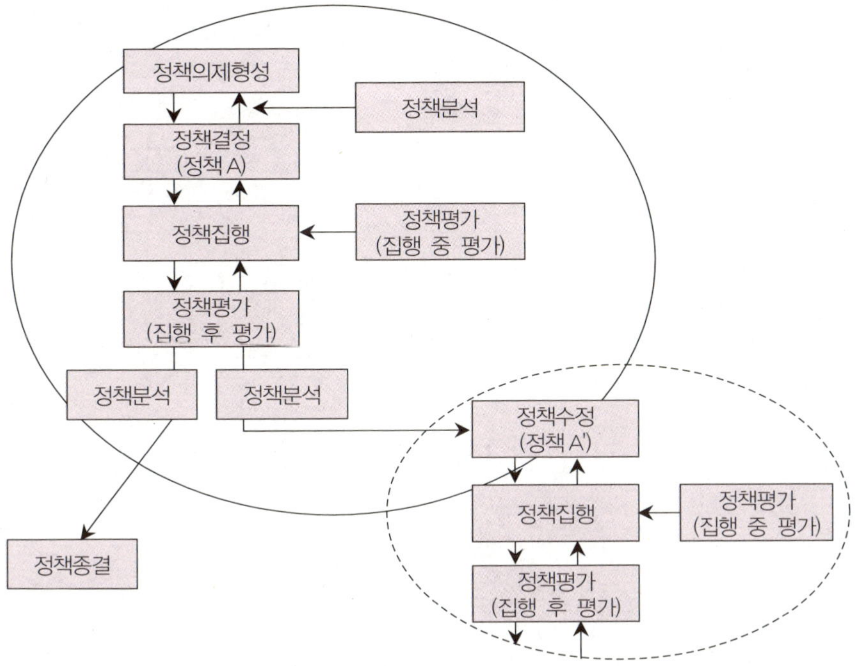

요한 정보를 산출하는 분석이고, 정책의 수정이나 종결은 본질적으로 정책결정으로서의 성격을 가지고 있기 때문이다. 정책분석의 본질적 특성과 정책분석의 활동 영역에 대해서는 제2장에서 자세히 살펴본다.

제2장 정책분석의 본질과 유형

이 장에서는 정책분석의 개념과 특징을 다른 유사 활동과 비교하여 살펴보고, 정책분석의 유형, 그리고 정책분석의 특징과 한계 등에 대해 설명한다. 그 다음에 정책분석이 좋은 정책의 형성에 기여하려는 의도를 가진 것이라면 과연 좋은 정책이란 무엇인지 그 판단 기준을 살펴보고, 정책분석이 어떤 단계를 거쳐 이루어지는지에 대해 설명한다.

제 1 절 정책분석의 의의

1. 정책분석의 개념

1) 분석의 의미와 정책분석

분석(analysis)이란 나누어서 살펴본다는 의미이다. 어떤 현상을 분석한다는 것은 그것을 우리의 능력에 비추어 이해할 수 있고, 취급할 수 있을 정도로 대상을 기본적인 구성 요소로 쪼개어 살펴본다는 것을 뜻한다. 그런데 현상을 나누어 살펴보는 것은 현상의 복잡성과 우리 능력의 제약 때문에 한계가 있다. 그리고 나누어 보는 것만으로는 현상의 전체를 제대로 파악할 수 없다. 나누어 살펴본 분석의 결과가 종합되어야 전체를 제대로 이해할 수 있기 때문이다. 물론 부분적인 분석의 결과가 종합되었다고 해서 대상 전체를 포괄적으로 정확하게 파악할 수 있게 되는 것은 아니다. 하나의 전체는 단순한 부분의 합이 아니기 때문이다. 부분에 대한 분석의 합이 대상 전체를 총체적으로 분석하는 것과 같은 결과를 가져오는 것은 아니다. 그러나 현상에 대한 총체적인 분석이 현실적으로 어려울 경우, 부분적인 분석과 종합만이라도 이루어지면 현상을 이해하는 데 크게 기여할 것임에는 틀림없다.

위와 같은 분석 활동은 이성과 증거를 활용하여 전개된다. 이성이란 논리적으로 사유하는 능력을 말하고, 증거란 사실을 인정할 만한 근거를 의미한다. 이렇게 보면, 상식적인 의미에서 정책분석이란 정책을 대상으로 하는 분석적 활동을 지칭한다. 이미 만들어져 있는 정책이든 앞으로 채택될 정책이든 정책을 대상으로 하는 분석적 활동은 모두 정책분석이라 부를 수 있다. 그러나 학문적인 의미에서 정책분석(policy analysis)은 좋은 정책을 탐색·개발·선택하는 데 기여하기 위하여 이성과 증거를 활용하는 분석적 노력을 의미한다.

여기에서 이야기하는 분석적 노력이란 위에서 설명한 것과 같은 단순한 의미, 즉 현상을 단순히 쪼개어 나누어 살펴보는 것과는 전혀 다른 의미로 사용된다. 오히려, 연구대상을 분할하고 종합하는 활동과 대상 전체를 총체적으로 접근하는 활동을 함께 포함하는 것으로 보는 것이 타당하다. 그리고 '분석적 노력'에는 체계적이고 합리적인 접근이라는 의미가 포함되어 있다. 그러므로 정책분석은 정책판단의 근거를 질적으로 향상시키는 데 필요하고도 적합한 정보를 창출·조직·제공하기 위하여 합리적이고 체계적인 방법을 동원하는 접근방법이라고 할 수 있다. 이러한 정책분석은 개념상으로 협상과 타협, 그리고 권력적 작용을 그 내용으로 하는 정치적 접근과는 대칭되는 것이다(허범, 1988: 91).

이론적으로는 누구든지 정책분석을 할 수 있다. 정책을 결정할 수 있는 정당한 권한을 가진 사람이나 기관은 직접적으로 정책결정에 필요한 정보를 얻기 위해서, 그 밖의 다른 사람이나 조직은 정책결정에 자신들의 주장을 반영시키기 위한 설득력 있는 정보를 얻기 위하여 정책분석을 하게 된다.

2) 정책분석에 대한 다양한 개념 정의

모든 학자들이 위와 같은 정책분석의 개념 정의에 동의하는 것은 아니다. 학자들마다 정책분석의 개념을 다양하게 정의하고 있다. 여기에서는 다양한 견해들을 다소의 중복을 무릅쓰고 세 가지의 특징적 유형으로 나누어 비판적으로 검토함으로써 이 책에서 정의하고 있는 정책분석의 개념에 대한 입장을 정리하고자 한다.

먼저, 정책분석을 정책연구와 동일시하는 입장, 행태주의적 정책분석, 그리고 정책평가와 동일시하거나 이를 포함하는 입장을 검토한 후, 이 책에서 정의하고 있는 정책분석의 개념을 살펴본다.

(1) 정책분석을 정책연구와 동일시하는 입장

어떤 이들은 정책분석을 정책연구와 동일시하여 정책과정에서 필요로 하는 모든 정보를 창출하는 활동 또는 정책과정에서 이루어지는 모든 분석적 활동을 정책분석이라고 한다(노화준, 1989: 17). 다이(Thomas R. Dye)도 정책분석을 정책 활동의 원인과 결과를 기술하고 설명하는 것으로 여겨 정책분석과 정책연구를 거의 동일시하고 있다(Dye, 1972: 3). 이러한 개념 규정은 '분석'이라는 말의 의미에 중점을 둔 것으로 앞에서 언급한 상식적 의미의 정책분석과 유사하고 정책연구 전체를 포괄한다.

정책분석을 정책과정에서 이루어지는 모든 분석적 활동이라고 한다면, 정책분석은 당연히 정책집행에 대한 분석과 정책평가를 포함하는 개념이 된다. 물론 정책집행에 대한 연구나 정책에 대한 사후평가가 정책결정에 필요한 정보를 제공해 줄 수도 있다. 왜냐하면, 정책대안이 가져올 결과를 예측하고 평가하기 위해서는 가능한 한 모든 증거를 동원하는 것이 필요하고, 이러한 증거 중에는 과거에 집행되었던 정책대안의 결과에 대한 평가가 당연히 포함되기 때문이다. 과거에 채택되고 집행되어 결과가 산출된 정책대안은 그 결과를 확실하게 알 수 있는 하나의 대안으로 고려될 수 있다.

정책집행에 대한 연구는 특정 정책대안의 기술적·정치적 실현 가능성을 확인할 수 있게 해줌으로써 정책대안의 실현 가능성을 사전적으로 평가하는 데 큰 도움을 줄 수 있다. 그러나 이런 분야의 연구 결과가 정책분석의 목적, 즉 좀 더 좋은 정책의 결정에 기여할 수 있다고 해서 모두 정책분석의 영역 속에 포함시키는 것은 바람직하지 않다. 이런 경우는 오히려 다른 분야에서 이루어진 연구 결과를 정책분석에서 활용하는 것이라고 보는 것이 타당하다. 어떠한 학문 분야이건 다른 학문 분야로부터 전혀 도움을 받지 않는 경우란 없다. 따라서 정책판단의 근거를 질적으로 향상시키기 위한 정책분석의 목적에 부합되는 것이라면 다른 분야에서 이루어지는 연구 결과를 활용하는 것은 오히려 적극적으로 권장할 만한 일이다.

또한 정책과정의 모든 단계에서 '분석적 활동'이 전개되는 것은 사실이지만, 그렇다고 해서 이러한 활동 모두를 정책분석이라고 하는 것은 적절치 못하다. 그것은 정책분석의 범위를 너무 넓게 규정함으로써 정책과정에서 이루어지는 다른 활동과의 구별을 어렵게 하기 때문이다.

(2) 행태주의적 정책분석

정책분석을 행태주의적 정책분석이라고 부를 때 그 개념은 크게 두 가지 유형으로 구분해 볼 수 있다.

하나는 정책분석의 대상을 이미 만들어져 있는 정책(집행 중이거나 집행이 끝난 정책)에 한정시키는 것이다. 이러한 입장에 서면 앞으로 만들어질 정책에 대한 분석은 제외된다. 정책의 형성을 위한 분석과 제안은 불가피하게 가치판단이 개재되고, 이는 과학적인 방법으로 연구할 수 없는 것이라고 보기 때문이다. 이러한 유형의 정책분석이 관심을 갖는 것은 이미 만들어져서 집행되고 있는(집행된) 정책의 원인과 결과, 즉 경험적 인과관계의 규명이다.

다른 하나는 앞으로 만들 정책을 분석의 대상으로 하는 경우로, 가치판단을 배제하고 주어진 목표를 효율적으로 달성할 수 있는 대안을 탐색・평가하는 것만으로 분석의 범위를 한정시키는 것이다. '과학적' 분석이 가능한 것으로 정책분석의 역할을 제한하는 것이다. 따라서 분석 활동에서 정책문제 정의나 정책목표의 타당성, 윤리성 등을 취급하는 것을 금기시한다. 이 경우 정책분석은 도구적 결정만을 취급하게 되고 가치 비판적 또는 규범 탐색적 관점을 상실함으로써 기득권층의 이익과 기존 이데올로기를 옹호하는 도구주의적 역할에 한정된다. 또한 이러한 행태주의적 입장에서는 목표의 설정과 대안의 선택을 둘러싸고 벌어지는 협상, 타협과 조정, 그리고 권력적 작용, 즉 정치적 현상에 대한 분석도 당연히 제외된다. 이는 행태주의가 강조하는 엄격한 과학적 방법론이 적용될 수 없는 영역이라고 보기 때문이다(허범, 1982: 280).

행태주의는 인간의 행태를 핵심적 연구 대상으로 한다는 점과 연구방법에서 과학적인 방법을 강조한다는 점에서 그 특징을 찾을 수 있다(Issak, 1981: 40-43; 정정길, 1988: 7-11). 행태론이 주장하는 과학적 방법의 의미에 대해서는 사람에 따라 해석이 다르다. 극단적으로 엄격한 자연과학적 방법을 주장하는 사람이 있는가 하면(주로 미국 계통), 자연과학적 방법만을 고집하지 않고 경험적이고 체계적인 연구방법을 의미하는 것으로 보는 경우도 있다(주로 독일 계통).

일반적으로 과학적 방법을 강조하는 행태주의에 따르면, 경험적으로 취급할 수 없는 객관적인 현상이 아닌 것은 연구 대상에 포함되지 않는다. 따라서 가치판단, 주관적 판단을 요구하는 정책에 대한 사전평가적 분석 활동은 당연히 관심 대상에서 제외된다.

행태주의적 정치 연구에서 드러난 가치에 대한 무관심과 지식의 사회적 적합성에 대한 비판은 후기행태주의를 대두시켰고, 후기행태주의적 정책분석은 개인적 가치관이 아니라 사회적 가치관을 취급하게 된다. 사회적 가치관은 한 사회에 오랫동안 일관된 형태의 객관적 가치사실(value fact)로 존재하는 것이기 때문이다. 그래서 후기행태주의적 정책분석에서는 사회적 가치관을 경험적으로 실증되고 과학적으로 인식하는 것이 가능하다고 본다. 이와 같은 관점에서 후기행태주의적 정책분석은 사회적 가치관을 과학적으로 파악하여 이것을 정책형성을 위한 합리적 가치판단의 기초로 제공하려 한다. 그러나 이러한 노력이 현실적으로 성공을 거두지는 못했다(허범, 1982: 281-284).

(3) 정책분석과 정책평가

분석적인 활동이 정책과정 전반에 걸쳐서 이루어지기 때문에 이 모든 활동을 통틀어 정책분석이라고 부르는 것과 유사한 논리로 정책평가를 정의할 수 있다. 왜냐하면, 정책과정의 모든 단계에서 '평가'라고 볼 수 있는 활동이 이루어지기 때문이다. 즉, 정책형성 단계에서는 대안에 대한 평가, 집행 단계에서는 집행 과정과 전략에 대한 평가, 그리고 집행이 끝난 후에는 정책 결과에 대한 평가가 이루어진다. 이렇게 보면 정책분석과 정책평가를 구분해야 될 필요성이 없게 된다. 그러나 이 역시 학문상의 분업이라는 측면에서 바람직하지 않다. 통설적으로도 정책평가는 정책이 만들어진 후에 이루어지는 회고적 분석 또는 평가를 지칭한다(이윤식, 2014). 그러므로 시간적으로 보면 정책평가는 정책집행 과정과 정책집행이 끝난 후에 이루어진다. 이렇게 정책집행 과정에서 이루어지는 평가를 집행 중 평가(과정평가), 집행 후에 이루어지는 평가를 사후평가 또는 총괄평가라고 한다. 반면에, 정책분석은 정책의 집행 이전에, 정책결정 단계에서 이루어지는 활동이다(정정길, 1992: 604-605; 노화준, 1991: 33-34; 김명수, 1993: 8).

3) 종합

정책분석에 대한 다양한 개념 규정을 놓고 어느 것은 옳고 어느 것은 그르다고 말할 수는 없다. 어떤 관점에서 볼 때 어떤 개념 규정이 다른 개념 규정들에 비해 연구 목적이나 학문상의 분업 정신에 비추어 더 적합하다고 말할 수 있을 뿐이다.

정책분석과 정책평가는 모두 정책을 대상으로 하는 지적인 활동(intellectual activity)이다. 이 두 활동은 모두 '분석적'인 활동, '평가적'인 활동을 포함한다. 그러나 정책분석에서 이루어지는 분석적·평가적 활동과, 정책평가에서 이루어지는 분석적·평가적 활동은 그 논리는 유사하나 성격은 전혀 다르다. 정책분석에서 이루어지는 활동은 사전적이고 조망적(prospective)인 반면에, 정책평가에서 이루어지는 활동은 사후적이고 회고적(retrospective)이기 때문이다. 예를 들어, 정책대안의 결과를 분석하거나 평가한다고 할 때, 정책분석에서는 '예측되는 결과'가 그 대상인 반면에, 정책평가에서는 정책대안의 실행 후에 실제로 나타난 '확정적인 결과'가 그 대상이다(노화준, 1991: 33-34). 그러므로 그 평가의 논리는 유사하지만 그 목적과 방법은 다를 수밖에 없다. 정책분석은 직접적으로 질 높은 정책의 형성에 기여한다는 주된 목적을 갖고 있다. 반면에, 정책평가의 목적은 정책의 개선, 정책학습, 정책과정상의 책임성 확보, 그리고 가설 검증을 통한 정책이론의 수정·보완 등이다. 정책평가가 평가 결과의 환류를 통해 정책형성과 수정에 필요한 정보를 제공하기도 하지만, 그것이 정책평가의 가장 우선적인 목적은 아닌 것이다. 그러므로 정책형성의 질을 향상시키기 위한 정보를 창출하는 것을 가장 중요한 목적으로 삼는 정책분석과는 다르다.

이제까지의 논의에서 드러난 것처럼 학문상의 분업이라는 측면에서 볼 때도 정책분석은 정책학의 한 분과로서 정책평가와 구분되는 활동이라고 보는 것이 더 적절하다. 그러므로 우리는 정책과 관련된 (모든) 분석을 '정책분석'이라고 말하지 않고, 정책을 형성하기 위한 목적의 사전적 분석만을 '정책분석'이라고 부르고자 한다. 그래서 이 책에서는 이미 앞에서 서술하였듯이 정책분석을 정책학의 한 분과로서, "좋은 정책을 결정하는 데 필요한 정보를 창출・활용하기 위한 이성적・분석적 노력"이라고 본다.[1]

정책학의 태동 배경과 목적 또는 특성에 비추어 보더라도 정책분석을 위와 같이 정의하는 것이 더 적절하다. 또한 정책학의 문제지향성과 관련하여 과거에 이미 만들어진 정책에 대한 분석도 중요하지만, 문제 해결을 위해 앞으로 만들 정책에 대한 분석에 더 많은 관심을 기울여야 한다는 초기 정책학자들의 주장에 주목한다면 사전적・조망적 성격의 정책분석의 개념화가 더 바람직하다는 것을 이해할 수 있을 것이다.

한편, 이 책에서 규정하고 있는 정책분석의 정의에 따르면, 정책분석은 주로 정책결정 단계에서 이루어지는 활동이다. 그런데 정책분석이라고 볼 수 있는 활동, 즉 문제 또는 목표의 분석, 그리고 대안의 탐색・개발・평가 등의 활동이 정책결정 이후의 단계에서 이루어지기도 한다(제1장의 [그림 1-3] 참조). 상위 수준의 집행정책을 형성하기 위해서, 예를 들면 법률(기본정책)에서 일정 사항을 시행령(집행정책)에 위임한 경우, 시행령을 작성하기 위해(집행정책을 형성하기 위해) 정책분석이 활용될 수 있다. 그리고 정책이 집행되는 과정에서 정책평가가 행해지고, 그에 따라 기본정책 또는 집행정책을 수정해야 할 필요가 생겼을 경우에도 정책분석이 이루어질 수 있다. 이렇게 정책결정 단계만이 아니라 정책집행 단계에서도 정책분석은 이루어진다.

우리가 흔히 정책결정과 정책집행을 나누지만 실제의 정책결정 과정과 정책집행 과정은 명백히 구분되는 별개의 활동이 아니다. 정책이 결정되면서 집행되기도 하고, 집행 단계에서 집행정책의 형성 또는 앞 단계로 다시 돌아가 기본정책의 수정이 이루어지고, 이어서 집행이 이루어지기도 하기 때문이다. 따라서 집행 단계에서 이루어지는 집행정책의 형성이나 정책수정을 위해 이루어지는 분석적 활동은 정책분석의 범주에

1) 앞에서 지적한 것처럼 상식적인 의미의 분석을 염두에 두고 '정책을 분석한다'고 할 때 이는 앞으로 만들고자 하는 정책에 대한 사전적 분석만이 아니라, 이미 만들어져서 집행 중인 정책 또는 집행이 끝난 정책에 대한 사후적 분석을 함께 포함한다. 이때 '정책분석'이라는 용어는 '정책을 분석한다'고 하는 표현과 전적으로 같은 내용을 담고 있는 것이다. 그러나 일상적으로 사용되는 용어와 학문적인 용어는 구분하는 것이 바람직하다. 조직론에서도 조직을 바람직한 방향으로 변화시키기 위한 노력을 조직개혁 또는 조직쇄신 등으로 부르고 있다. 하지만, '조직발전(organizational development)'은 다른 의미로 사용하고 있다. 즉, '조직발전'을 단순한 '조직의 발전'과는 다르다. 즉, 조직을 발전시키되 주로 행태과학적 지식에 의존하여 수행되는 것을 지칭하여 '조직발전'이라고 한다. 이는 어떤 용어의 일상적인 용례와 학문적인 용례가 다를 수 있다는 것을 보여 주는 예이다.

포함된다. 그러나 분석 활동의 빈도와 중요성에 비추어 볼 때 정책결정 단계에서의 정책분석이 훨씬 더 중요하고, 정책분석론도 흔히 이 단계에서의 분석 활동에 초점을 맞추고 있다.

2. 정책분석의 특성

정책분석은 이전부터 발전을 거듭해 온 관리과학(management science), 체제분석(system analysis)으로부터 도움을 받은 바가 크다. 그러므로 정책분석의 특성을 제대로 이해하기 위해서는 먼저 관리과학과 체제분석의 특성과 한계를 이해하는 것이 도움이 된다.

1) 체제분석의 기본논리와 관리과학

정책분석은 체제분석의 기본논리와 유사하고 관리과학의 여러 분석 기법들을 활용한다. 그러나 정책문제와 정책대안을 분석할 때 관리과학이나 체제분석의 논리와 분석 기법만을 가지고는 부족하기 때문에 정책분석이 등장하게 되었다는 것이 일반적인 시각이다.

관리과학이나 체제분석에 대한 연구가 진전됨에 따라 그 개념과 영역도 계속 확장되어 왔기 때문에 명확하게 관리과학이나 체제분석의 특성을 규정하기는 어렵다. 그러나 공통적으로 지적되고 있는 관리과학과 체제분석의 기본논리와 특성, 그리고 한계를 개괄적으로 살펴보면 관리과학, 체제분석, 그리고 정책분석의 유사점과 차이점을 어느 정도 정리해 볼 수 있다. 여기에서 차이점이라고 하는 것들은 다르게 보면 정책분석의 특징이라고 볼 수도 있다. 설명의 편의상 체제분석의 논리부터 먼저 설명한다.

체제분석은 다음과 같은 다섯 단계를 거쳐 합리적인 정책결정을 한다는 것을 기본논리로 삼고 있다(Hitch & McKean, 1967: 118-120).

① 정책목표를 명확히 한다.

② 정책대안을 탐색한다.

③ 정책대안의 실행에 필요한 비용과 자원을 검토한다.

④ 정책대안이 가져오게 될 결과를 예측하기 위해 모형을 설계하고 적용한다.

⑤ 대안 평가 기준을 설정하고 이 기준에 입각하여 가장 좋다고 판단되는 하나의 정책대안을 선택한다.

이러한 대안분석의 논리가 체제분석이라는 이름을 얻게 된 것은 정책문제를 분석하거나 정책대안의 결과를 예측할 때 체제적 관점에서 행할 것을 강조하고, 이에 따라 대안을 '체제(system)'라고 부르면서부터이다(정정길, 1988).

그러면 왜 대안을 '체제'라고 부르게 되었는가? 체제분석에서는 정책대안이 가져올 결과를 예측하기 위하여 모형을 작성한다. 이때 모형 속에 중요한 요소를 많이 포함시키고 그들의 관계를 정확하게 규정할수록 모형의 체제 대표성은 강화되고 그만큼 정책대안의 결과 예측력은 높아진다. 왜냐하면, 정책대안은 하나의 체제이고 모형은 체제를 추상적으로 표현한 것이므로, 모형이 체제의 많은 요소를 포함할수록 체제의 변동을 모형에 의해 좀 더 정확히 예측하게 될 가능성이 커지기 때문이다. 정책대안이 '체제'라고 불리는 이유는 어떤 X라는 요소를 모형 속에 새롭게 추가하면 X라는 요소가 없을 때와는 다른 새로운 모형으로서 또 하나의 체제를 만들고, 이는 곧 또 다른 하나의 새로운 대안을 의미하는 것이기 때문이다(정정길, 1988).

관리과학 또는 OR(Operation Research)[2)]은 계량화를 통한 문제 해결에 초점을 두고 있고, 목표가 명확하고 효과와 비용을 계량화할 수 있는 경우에 커다란 강점을 갖고 있다. 관리과학이나 OR에 대한 연구가 확대됨에 따라 그 구분이 분명한 것은 아니지만, 여러 학자들은 체제분석의 범위를 관리과학보다 넓게 잡고 있다(Quade, 1989; MacRae & Wilde, 1979: 5-12). 즉, 체제분석은 OR의 내용을 포함하고, 더 나아가 OR이 취급하지 않는 상위 수준의 문제까지 취급하는 것으로 본다(체제분석=OR+논리성, 상위 수준의 정책문제 취급).

목표와 수단의 계층구조, 사업구조를 놓고 볼 때 하위 수준에서의 정책결정에서는 효과나 비용을 계량화하기가 비교적 용이한 데 비해서 상위 수준으로 올라갈수록 대안이 가져올 결과를 계량화하기가 점점 더 어려워진다. 예를 들면, 댐 건설이나 지하수

2) 여기에서는 관리과학과 OR을 거의 비슷한 것으로 보고 있다.

개발이 쌀 증산에 미치는 효과를 계량화하는 것은 어느 정도 가능하다. 그러나 쌀 증산의 결과가 농가소득의 증가에 미치는 효과를 넘어서, 농가소득의 증가가 농민들의 삶의 질에, 지역사회의 발전에 어떤 영향을, 얼마만큼 미쳤는지를 알기 위해서는 비용이나 효과에 대한 계량적 분석만으로는 부족하다. 그래서 계량적이 분석 외에 직관이나 통찰력 등에 의한 비계량적인 분석을 종합해야 한다는 것이 체제분석가들의 주장이다.

그러나 이러한 체제분석은 전통적으로 경제적 능률성에 초점을 두어 경제적인 대안의 선택에 주된 관심을 가졌으며, 정책대안이 가져올 비용·효과의 분배적 측면에 대해서는 소홀하였다. 그리고 정책대안의 실현 가능성이나 정책대안이 가져오게 될 효과들 중 경제적 효과를 제외한 정치·사회적 영향에 대해서는 별다른 관심을 보이지 않았다(Dror, 1971; Quade, 1989).

정책분석은 체제분석에서 고려하지 않았던 이러한 요소들을 취급하기 위해 등장한 것이다. 즉, 정책분석은 체제분석의 주된 관심 및 분석에 더하여 윤리성 차원의 분석, 정책대안이 가져올 비용·효과의 분배적 측면에 대한 분석, 그리고 정책대안의 실현 가능성 및 정치·사회적 효과의 분석 등을 포괄한다.

2) 정책분석의 특성

정책분석을 정책판단의 근거를 질적으로 향상시키는 데 필요하고 적합한 정보를 창출·조직·제공하기 위하여 합리적이고 체계적인 방법을 동원하는 접근방법이라고 정의할 때, 정책분석은 본질적으로 다음과 같은 특성을 갖는다.

① 정책분석은 앞으로 만들어질 정책에 대한 사전적인 분석을 말한다. 따라서 이미 만들어져 있는 정책에 대한 분석을 의미하는 행태주의적 정책분석이나 정책평가와는 구별된다.

② 정책분석은 지적이며 분석적인 활동이다. 분석은 이성과 증거를 토대로 이루어진다. 따라서 협상과 타협, 그리고 권력적 작용이 이루어지는 정책결정 과정의 정치적 접근과는 구별된다. 물론 실제의 정책형성 과정은 거의 언제나 분석적 과정과 정치적 과정이 혼합되어 있다. 다만, 어떤 경우에는 분석적 과정이, 또 어떤 경우에는 정치적 과정이 정책결정 과정을 더 많이 지배할 뿐이다. 그러므로 정책분석의 결과를 어느 정도

로 수용하거나 거부하게 되는지는 다른 차원의 이야기이다. 물론 정책분석의 결과가 정책결정 과정에서 설득력 있게 활용될 수 없다면 그러한 정책분석은 의미가 없다.

③ 정책분석의 목적은 좀 더 좋은 정책을 형성하는 데 기여하기 위해 필요한 정책정보를 산출·제공하는 것이다. 정책분석의 결과는 정책결정 과정에 직접적으로 참여하는 사람과 기관만이 아니라, 정책결정 과정에 자신의 주장을 반영하려는 사람과 조직에 의해 활용될 수 있다.

④ 정책분석은 이성에 합치하고, 증거를 활용하는 합리적이고 체계적인 접근이다. 이는 직관 또는 감성적 접근에 대칭되는 것이고, 협상과 타협, 그리고 권력적 작용을 특징으로 하는 정치적 접근과 구별되는 것이다(허범, 2007c: 1).

⑤ 정책분석의 대상은 정책문제와 정책목표, 가능한 정책대안의 비용과 효과, 그리고 그것의 분배적 측면, 정책대안의 채택과 실행 가능성, 그리고 정책목표와 정책수단을 포함한 정책의 윤리성 등 매우 포괄적이다.

⑥ 정책분석은 바람직한 정책결정에 필요한 정보, 결정 과정에 참여하거나 영향을 미치는 데 필요한 정보 등 다양한 정보를 산출한다. 이러한 정보에는 정책 상황에 대한 실증적 정보, 실현하길 소망하는 미래 상태에 대한 규범적 정보, 문제를 해결하고 바람직한 상태를 실현하기 위해 취해야 할 정책대안에 관한 처방적 정보, 그리고 성공적인 정책집행에 영향을 미치리라 예상되는 변수와 이에 대한 관리전략 등이 포함된다.

⑦ 정책분석은 문제를 분석하고 바람직한 정책대안을 탐색·개발·비교·평가하기 위하여 여러 학문 분야의 전문적인 활동에 의존한다(연합학문적 접근).

⑧ 정책분석은 어느 하나의 전문가집단에 의해서만 수행되는 것이 아니라, 다양한 관점과 동기를 가진 사람이나 집단들에 의해서 여러 형태로 이루어질 수 있고, 그에 따라 상이한 분석 결과가 제시될 수 있다. 그리고 정책결정 과정의 참여자들은 자신들이 신뢰하거나 마음에 드는 분석 결과를 근거로 정책주장을 전개하고, 자신들의 주장을 정책결정에 직접 또는 간접적으로 반영시키려고 노력한다.

⑨ 민주사회의 정책분석은 정책토론을 중시한다. 민주적 정책분석은 일반시민의 참여와 참여시민들 사이의 정책토론을 요구한다. 바로 그것이 참여정책분석이고 그 핵심요소는 정책토론이기 때문이다.

3. 정책분석의 유형

정책분석은 다양한 기준에 따라 다양한 유형으로 분류할 수 있다. 그 중에서도 정책분석이 이루어지는 사회적 상황, 합리성의 의미, 인식론적 근거, 정치적 연관성, 그리고 전문가의 역할 등을 기준으로 해서 보면 정책분석을 과학(science) 모형, 정책창도(advocacy) 모형, 그리고 토론(담론) 모형으로 분류할 수 있다.[3] 과학적 정책분석 모형은 엄격한 합리성에 입각한 가치중립적·탈정치적 분석을 지향한다. 토론식 정책분석 모형은 담론 중심의 분석을 지향한다. 그리고 정책창도 정책분석 모형은 과학적 정책분석 모형에 대립되는 것으로 가치중립적·탈정치적 분석의 가능성을 부인하고 명시적으로 가치개입적, 정치 연관적 분석을 지향한다(Jennings, 1987b: 138-139; 허범, 2007c). 정책분석의 주요 유형을 정리하면 [표 2-1]과 같다.

표 2-1 정책분석의 유형

구분 \ 유형	과학적 정책분석	담론적 정책분석	정책창도적 정책분석
분석목적	과학적 지식과 합리적 방법을 활용, 최적 정책을 탐색, 설계, 제공	정책 관련자들의 이성적 담론을 통하여 계명된 합의 도출	특정 기관, 정파, 집단의 입장에서 가장 유리한 정책을 탐색, 설계, 주창
전문가의 역할	① 정책전문가 인정 ② 정책결정자를 위한 자문	① 정책전문가 부인 ② 정책 관련자는 모두 정책에 대하여 입장을 취하는 당사자로 인정 ③ 정책분석가는 정책담론의 촉매자, 상담자, 비판자, 사회자 역할	① 정책전문가 인정 ② 정책주창

3) 제닝스(Jennings, 1987)는 정책분석을 과학 모형, 창도 모형, 그리고 협의(counsel) 모형으로 나누고 있다. 정책분석의 목적과 주체, 그리고 정책분석 과정에서의 정책 관련자의 참여 정도와 역할을 어떻게 보느냐에 따라 정책분석의 유형을 전문가 주도의 과학적 방법을 중시하는 엘리트 모형, 정책분석 전문가의 존재를 부인하고 정책 관련자들의 토론식 접근을 중시하는 민중 모형, 그리고 전문가의 도움을 받아 이루어지는 정책 관련자들 사이의 토론식 접근을 취하는 혼합 모형으로 나누어 볼 수도 있다(허범, 1993a: 233).

합리성	도구적 합리성	실천이성 담론적 합리성	절차적 합리성
정치 관련성	탈정치적 (협상과 타협, 그리고 권력작용에서 탈출)	고전적 정치지향적 (공공사항의 지도, 공동사회 목적의 결정, 집행, 평가에 관련된 의도적 노력 지향)	정치 연관적 (협상과 타협, 그리고 권력작용에 협조)
접근방법	가치중립적, 계량분석적 접근 중심	가치·사실·전략판단을 통합하는 논증과 반증의 변증법적 조정을 지향하는 담론, 참여정책분석 중심	가치개입적, 주관적 판단 중심

출처: 허범(2007c: 3).

아래에서는 위 세 가지 정책분석 유형을 설명한 후,[4] 우리가 특별히 관심을 가질 만한 정책분석의 한 유형인 참여정책분석에 대해 살펴본다.

1) 과학적 정책분석

과학적 정책분석은 '과학으로서의 정책분석(policy analysis as science)'[5]을 의미하고 정책 현실에서 주류를 이루는 유형이다. 이 유형의 정책분석은 정책형성의 이론과 실제에서 지금까지 주류를 이루어 왔다. 이 유형은 합리성을 매우 엄격하게 제한적으로 해석하고, 합리성과 과학적 지식을 통해 객관적이고 중립적인 전문가에 의해 이른바 '옳은 정책(right policy)'을 설계하고 제안하는 것을 목적으로 한다.[6] 정책분석은 고도의 전문지식을 갖춘 전문가에 의해서만 이루어질 수 있다고 보는 점에서 엘리트 모형이라고 할 수 있다. 이 유형에 따르면, 정책분석의 주체와 고객은 명확히 구분된다. 즉, 정

4) 이 부분은 허범 교수(2007c)에 의존하여 서술하였다.

5) 과학적 정책분석은 정책에 정답과 오답이 있을 수 있고, 정답에 해당하는 이른바 '옳은 정책(right policy)'은 오직 과학적 지식과 합리적 방법만으로 설계할 수 있다는 전제에서 출발한다(허범, 2007c: 3).

6) 과학적 정책분석의 엄격한 합리성은 후기실증주의(neopositivism)의 과학관에서 연유한다(Fischer, 1998: 130-135). 후기실증주의의 과학관은 경험적 접근(연구자가 주관을 배제하고 오직 인간의 다섯 감각 기관만을 활용하는 접근)을 통하여 인식한 객관적 사실을 논리적 명제(모순관계에 있는 내용과 부호를 배제한 명제)로 구성하는 것을 과학으로 본다. 과학적 정책분석의 '과학적'이란 수식어는 분석이 후기실증주의의 과학요건을 충족시켜야 한다는 의미이다(허범, 2007c).

책분석의 주체는 정책전문가이고 고객은 정책결정자 또는 정책결정 과정에 직접 또는 간접적으로 참여하는 사람들이다. 따라서 정책에 의해서 영향을 받게 될 많은 관련자는 정책분석에 직접 참여하지 못한다.

이 모형에서는 전문가들이 중립적인 위치에서 가치관의 갈등을 회피하고, 합리적인 대안의 개발에 치중한다. 정책분석은 대안의 비교 · 평가 기준으로 효율성(효과성과 능률성)과 실현 가능성을 중시하며, 사회적 규범과 가치에 관련된 윤리성의 문제는 취급하지 않는 것으로 본다. 이 유형에서 강조하는 정책분석의 엄격한 합리성과 과학성은 정책문제 정의나 정책목표의 타당성, 그리고 가치에 대한 관심은 배제한 채 주어진 목표 달성의 능률적 극대화를 가능하게 만들 수 있는 방안을 강구하는 '도구적 합리성'을 특징으로 한다.

과학적 정책분석에서는 기대와 현실 사이의 차이를 문제로 인식하고, 그러한 문제의 식을 토대로 만들어진 목표(분석 의뢰인이 설정한 목표)를 달성하기에 적합한 대안들을 탐색 · 개발한다. 그 다음에는 목표와 수단 간의 인과관계를 구조화한 모형을 설정하여 각 대안이 가져올 결과를 예측한다. 그 후 도덕적 기준, 정치적 기준 등 일정한 기

그림 2-1 | 과학적 정책분석 모형

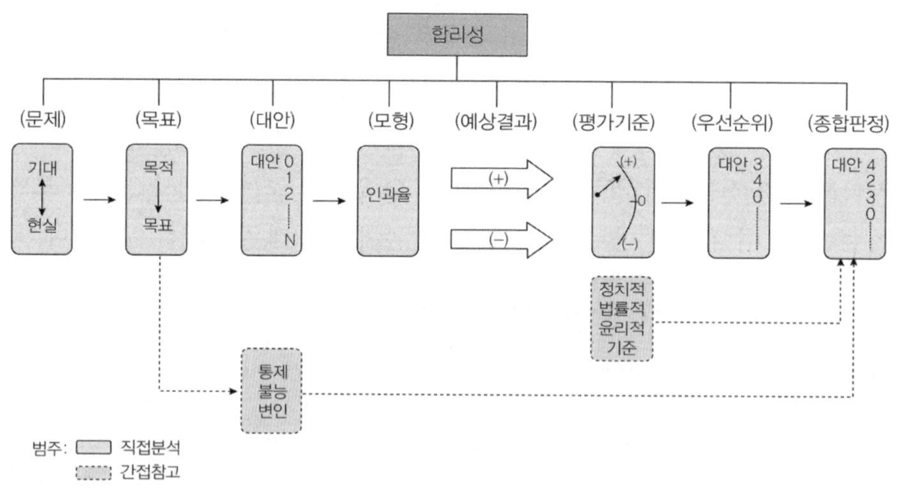

출처: 허범(2007c: 6).

준을 적용하여 대안들을 평가하고, 그 결과에 따라 대안 간 우선순위를 정하게 된다.[7] 이를 그림으로 나타내면 [그림 2-1]과 같다.

2) 담론적 정책분석

담론적 정책분석은 전문가로서의 정책분석가를 인정하지 않고, 어떠한 정책주장에 대한 찬성과 반대의 입장을 표명하는 당사자가 있을 뿐이라는 전제를 갖고 있다. 담론적 정책분석에서 정책분석가는 정책담론의 촉매자, 상담자, 비판자 또는 토론의 사회자 역할을 담당할 것으로 기대한다. 이 모형은 정책분석 과정을 다양한 정책대안의 제안 또는 특정한 정책대안에 대한 주장과 반론을 교환하는 실제적인 대화(practical discourse)의 과정으로 이해한다. 따라서 보다 많은 정책 관련자들의 참여와 대화, 토론을 통하여 정책대안에 대한 조정과 합의를 지향한다. 또한 정책문제를 정의하고 정책목표를 설정하는 과정에서 발생하는 규범과 가치관적 갈등을 중요하게 생각하며, 관련 집단 간의 합의를 구함으로써 이러한 갈등을 해결하려고 한다. 그러므로 정책분석의 방법도 전문가에 의한 과학적 분석이 아니라 정책에 관련된 사람들 사이에 교환되는 대화와 토론에 사용된 논증의 분석을 중시한다(허범, 1993a; 2007c).

3) 정책창도적 정책분석

정책창도적 정책분석 모형은 정책분석 전문가의 존재는 인정하나 객관적이고 과학적인 정책분석, 가치를 배제한 정책분석을 부인한다. 오히려 적극적으로 어떤 가치의 실현을 목적으로 정책안을 창도하고 이를 뒷받침할 수 있는 논리 개발과 토론을 중시한다.[8]

7) 허범(2007c)은 과학적 정책분석의 한계로 여섯 가지를 들고 있다. 첫째, 과학적 정책분석은 도구적 합리성에 근거하기 때문에 행동과 수단의 능률성을 극대화시켜줄 수는 있지만, 정책목표와 타당성에 대한 분석은 불가능하게 한다. 둘째, 과학적 정책분석이 가치판단과 전략판단을 금지하고 사실분석만을 허용하는 것은 실제에 부합하지 않는다. 셋째, 과학적 정책분석의 탈정치적 특징은 허구에 불과하다. 넷째, 과학적 정책분석은 비민주적이다. 다섯째, 과학적 정책분석은 주로 공리적 계산에 치중한다. 여섯째, 과학적 정책분석은 해결하기 어려운 인식론적 문제를 안고 있다.

8) 엄격한 의미에서 이 분석은 정책분석이라고 보기는 어렵다(허범, 2007c).

4) 참여정책분석

참여정책분석(participatory policy analysis: PPA)은 일반시민(또는 정책 관련자들)의 대표자들이 정책분석에 직접 참여하여 정책문제 분석, 정책목표의 설정, 그리고 정책대안을 탐색・평가하여 제안하는 정책분석 접근법을 말한다(강근복, 2005: 146).9) 이 유형은 정책분석 과정에서 전문관료와 정책전문가의 독점적 지위를 거부하면서 등장하였다. 정책분석 과정에서 전문관료나 정책전문가가 아닌 보통 사람들의 참여를 주장하고 나선 것이다. 정부정책의 사회적 적합성 상실, 민주정부의 운영에 대한 불신, 참여민주주의에 대한 요구의 증대 등은 참여정책분석에 대한 관심을 불러일으키게 만든 주요 요인들이다.

특히, 전통적인 과학적 정책분석의 경향은 기술적 전문성을 갖춘 엘리트로서의 정책분석가 집단을 만들어냈고, 정책분석은 거의 전적으로 이들에게 의존하는 결과를 가져왔다. 이러한 경향은 정책결정에 내재되어 있는 여러 가치들에 대한 관심을 배제시켰다(허범, 2002a). 그리고 전통적 정책분석이 정책설계나 정책채택에 별로 기여하지 못했다는 비판이 제기되었는데, 이는 '과학'의 실패(좋은 정책 설계・제안의 실패)요, '정치'의 실패(정책채택에의 기여 실패)를 의미한다. 이러한 전통적 정책분석의 한계를 극복하기 위해 참여정책분석이 제안되었는데, 이는 정책의 결정과 집행에서 담론적(discursive) 또는 숙고적(deliberative) 형태로 참여하는 사람들을 확대시키는 방법론적 제안이라고 할 수 있다(deLeon, 1990; 1997).10)

참여정책분석은 다음과 같은 몇 가지 특징을 갖고 있다.

우선, 참여정책분석은 담론적・숙고적 정책분석의 접근을 주로 활용하고, 실천이성(practical reason) 중심의 폭넓은 합리성을 추구한다. 주로 담론적 접근에 의존하는 참여정책분석은 원칙적으로 실천이성에 의하여 지도되고, 공리적 합리성(utilitarian cal-

9) 참여정책분석의 유형을 분류해본다면 주도적인 참여자가 누구인가를 기준으로 시민참여 정책분석(시민주도), 이해관계자 참여분석(이해관계자 주도), 정책 관련자 참여분석(시민+이해관계자+공무원 등 공동 주도) 등으로 나누어 볼 수 있다(강근복, 2005: 146).

10) 더닝(Durning, 1993)은 참여정책분석의 모형을 참여민주주주의 정책분석(PPA for Participatory Democracy), 분석적 투입 정책분석(Providing Analytic Inputs Through PPA), 해석론적 참여정책분석(Interpretive PPA), 그리고 이해관계자 참여정책분석(Stakeholder Policy Analysis) 등 네 가지로 분류하고 있다. 이에 대한 요약 설명은 강근복(2005)을 참조하기 바란다.

culation)과 자유주의 합리성(liberal rationalism)을 보완적으로 적용하여 단순한 경제적 기준을 중심으로 하는 분석(비용-편익 분석)을 초월하려 한다. 그리하여 공공의식 또는 공익에 부합되는 이상(ideal) 가치와 실천행동의 통합을 지향하는(허범, 2002a), 가치비판적 정책분석을 지향한다(허범, 2005).

참여정책분석은 정책논증(policy argumentation) 방식을 통한 토론을 활용한다(Stone, 1997). 정책논증분석은 툴민(S. Toulmin)의 논증분석 방법을 정책토론에 준용한 것인데, 정책 관련 정보, 정책주장, 주장 근거, 보충논거, 반론, 한정어 등으로 구성되어 있다. 물론 실제의 토론을 위해서는 정책논증분석을 활용하는 것 외에 특정 정책문제, 정책상황, 분석 여건 등을 고려하여 적합한 토론지침을 합의하여 마련하는 것이 필요하다(허범, 2002a). 참여정책분석에 대해서는 제11장에서 좀 더 자세히 살펴본다.[11)]

제 2 절 좋은 정책의 의의

정책분석은 좋은 정책을 만들기 위한 분석적 노력이다. 그러면 정책분석을 통해 얻고자 하는 좋은 정책이란 어떤 것인가? 좋은 정책인지 아닌지를 판단하는 기준은 무엇인가? 이에 대한 명쾌한 해답을 얻는 것은 쉽지 않은 일이지만, 여기에서는 윤리적인 의미에서 좋은 정책이 어떤 것인지를 논의해 보고자 한다. 이러한 논의는 정책분석가로 하여금 정책의 윤리성에 주의를 기울이게 만들고 분석 과정의 판단 기준에 대한 논의에서 지침이 될 수 있을 것이다. 좋은 정책이 무엇이냐에 대한 논의에 앞서 우선 일반적인 정책의 개념과 그것의 본질적 특성을 먼저 살펴보는 것이 도움이 될 것이다.

1. 정책의 개념

정책분석은 좀 더 좋은 정책의 형성을 위한 지적이고 분석적인 활동을 말한다. 그러

11) 제11장은 참여정책분석의 중요성에 주목하여 좀 더 자세히 알기 원하는 독자를 위해 마련하였다.

면 우리가 정책분석을 통해서 기여하고자 하는 정책이란 무엇인가? 정책을 바르게 이해한다는 것은 정책분석의 본질을 좀 더 정확히 인식하는 데 매우 필요하다.

1) 상식적 의미의 정책

관점에 따라서 정책은 여러 가지로 정의될 수 있겠지만(허범, 1976b: 69-70), 일상생활에서 우리가 정책이라는 말을 쓸 때, 그것은 "어떤 개인 또는 집단이 선택한 매우 중요한 행동지침"을 의미한다. 이것은 상식적인 정책의 정의이지만, 이것으로부터 매우 중요한 정책의 개념적 특성을 찾아볼 수 있다(허범, 1988: 76).

첫째, 정책은 구체적인 행동의 지침이다. 다시 말하면, 정책은 어떤 행동을 유발시키기 위해 선택된 지침이다. 그것은 어떤 정책 의지를 실제적인 행동으로 전환시키려는 결정 또는 선택을 내용으로 한다. 정책은 상당히 구체적인 일련의 행동 방안과 실천 의지를 그 내용으로 가지는 것이다. 정책의 내용에는 어떤 상태의 발생을 의도하는 적극적인 행동(to do)뿐만 아니라, 어떤 사태의 발생을 회피하는 소극적 행동(not to do)까지도 포함된다.

이러한 시각에서 볼 때 정책의 본질은 바로 행동에 있다. 정책의 가장 중요한 개념적인 요건은 행동의 계획성과 실천성이다. 만일 이 요건을 충족시키지 못한다면 어떠한 결정과 선택도 정책이라 할 수 없다. 행동화의 의지는 있으나 실천적인 행동이 빠진 결정의 내용은 정책이 아니다. 그것은 다만 정책 의지에 불과하다. 또한 행동은 포함하고 있으나 그것의 실천 의지와 능력이 빠진 결정의 내용은 실질적 정책이 아니다. 그것은 기껏해야 허구적 또는 상징적인 정책에 불과하다.

둘째, 정책의 내용을 이루는 행동 방안은 의도적으로 선택된 것이다. 정책은 어떤 주체가 상당히 뚜렷한 의지에 따라서 의식적으로 선택한 행동의 지침이다. 이러한 의도된 행동의 선택은 정책의 본질을 구성하는 개념적인 특성이다. 정책은 그것을 형성하는 주체의 명백한 존재, 그 주체의 분명한 의도성, 그리고 의식적인 선택 등을 그 개념적 요건으로 가진다. 이와 같은 요건을 갖추지 못한 행동은 정책이라 할 수 없다. 그러므로 우연히 부딪히거나 단순히 반복되는 행동은 정책이 아니다. 또 아직 선택의 과정을 거치지 못한 행동의 착상은 정책이 아니다. 그것은 단지 정책 구상에 불과하다. 그리고 정책 주체에게 주어진 행동의 요구도 정책은 아니다. 그것은 다만 정책요구 또는 정책수요에 불과한 것이다.

셋째, 정책이 그 내용으로 포함하는 목표와 행동은 매우 중요하다고 여겨지는 것이다. 우리는 중요하지 않은 목표와 행동의 지침을 정책이라고 부르지 않는다. 정책은 그것이 지향하는 목표와 목표 실현을 위한 행동이, 또 그것이 의도하는 결과가 매우 중요하다는 일반적인 평가를 그 개념적 요건으로 한다. 또한 정책이 지향하는 목표와 행동의 중요성은 그 목표와 행동에 관련된 사람들에 의하여 주관적으로 평가되는 것이 보통이다. 그러나 일반적으로 정책의 중요성이 인정되는 가장 대표적인 이유는 정책이 바람직한 미래의 실현을 지향하면서 인간 사회에 중요한 영향을 미치고, 그 영향이 미치는 시간적·공간적 범위가 매우 넓으며, 정책의 형성과 집행을 둘러싸고 전개되는 정치적 관계가 중요하다고 여겨지기 때문이라고 볼 수 있다.

2) 공공정책의 정의

지금까지 살펴본 정책의 정의는 공적인 것과 사적인 것의 구별 없이, 일반적으로 모든 개인과 조직의 정책에 공통적으로 적용될 수 있는 것이다. 그러나 행정을 공공행정과 사적(私的) 행정으로 나누듯이 정책을 공공정책과 사적 정책으로 나누어 본다면, 우리가 관심을 갖고 있는 것은 공공정책에 있다. 그래서 이 책에서 정책이라고 표현할 때 그것은 공공정책을 의미한다.

공공정책은 공익(public interest)의 실현과 공적 사항(public affairs)의 관리에 관련된 정책이다. 공익은 쉽게 정의하기는 어려운 개념이다(박정택, 1992 참조). 하지만, 일상적인 생활에서 이해하는 공익은 정의의 관념에 부합되는 불특정 다수인의 이익으로 정의하는 경우가 많다. 공적 사항은 그 관련성이 넓고 중요하기 때문에 개인이나 민간 부문에서 취급하는 것이 매우 어렵거나 적절치 못한 사항이다.

공공정책의 가장 대표적인 주체는 정부이다. 정부는 원칙적으로 공공정책만을 형성·집행하고 평가해야 한다. 다시 말해서, 정부가 취급하는 모든 정책, 즉 정부정책은 공공정책에 한정하는 것이 원칙이다. 그러나 실제로는 정부가 언제나 공공정책만을 다루는 것은 아니다. 드물기는 하지만 때에 따라서는 공익과 공적 사항에 관련된 정책이 사적인 이해관계에 의해서 정부 내에서 형성, 집행되는 경우가 있다. 이 경우 정부정책은 엄격히 말해서 공공정책이 아니라 사적 정책이다. 물론 이것은 정책 윤리에 어긋나는 옳지 못한 일이다.

모든 정부정책이 원칙적으로 공공정책이라고 해서 그 역의 관계가 반드시 성립하는 것은 아니다. 모든 공공정책이 정부정책에 한정되는 것만은 아니라는 것이다. 모든 공공정책이 정부에 의하여 완전히 독점될 수 없기 때문이다. 많은 공공정책, 즉 공익의 실현과 공적 사항의 관리와 관련된 정책들이 실제로 제3 행정영역의 기관[12] 또는 민간기관에 의하여 형성·집행되고 또는 평가된다. 이 경우에 공공정책의 주체는 정부가 아니라, 관련된 제3 행정영역의 기관과 민간기관인 것이다.

그러면 민간 부문에서 형성·집행되고 평가되는 공공정책에 대하여 정부는 어떤 관계를 가져야 하는가? 이것은 매우 중요한 질문이다. 왜냐하면, 이것은 공익의 실현과 공적 사항의 관리에서 사회와 정부가 사적 분야와 공공 분야에 어떤 관계를 가져야 하는지에 대한 질문, 즉 어떻게 기능과 책임을 분담해야 하는가를 묻고 있기 때문이다.

이 질문에 대한 대답은 서로 다른 두 가지 관점의 조화에서 찾아야 할 것이다. 그 하나의 관점은 자유민주주의에 입각한 작은 정부관이다. 이 관점은 자유민주주의 국가의 정부는 사회가 자율적으로 취급할 수 없는 최소한의 기능만을 담당해야 한다는 것이다. 이 관점에 따르면, 민간 부문은 가급적 많은 공공정책을 형성·집행·평가하고, 정부는 민간 부문의 공공정책에 가급적 간섭하지 않는 것이 바람직하다고 본다.

다른 하나의 관점은 공공정책이 공공이익과 공적 사항에 관련되기 때문에 정부가 그것을 방치할 수 없다는 것이다. 이 관점에 따르면, 사회의 모든 부문에서 취급하는 공공정책들을 전체 사회의 이익 실현으로 통합시켜야 할 책임은 궁극적으로 정부가 져야 한다. 따라서 정부는 민간 부문의 공공정책에 관여하는 것이 마땅하다고 본다. 이 두 가지 관점의 조화로운 통합을 위해서는 정부가 민간 부문의 자율성을 깨뜨리지 않으면서 민간 부문의 정책결정에 간접적으로 관여하는 것이 필요하다. 이와 같은 정부의 간접적인 관여는 정부가 주로 공공행정의 사회적 조정 기능을 통하여 민간 부문과 대등

---

12) 예를 들면, 한국토지주택공사, 한국수자원공사, 그리고 한국도로공사 등이 여기에 해당한다. 이들 공공기관은 실질적으로 정부의 통제 아래 있기 때문에 아주 넓은 의미의 정부에 포함시켜 논의하는 경우도 있다.

한 관계에서 민간 부문의 공공정책들을 전체 사회의 이익으로 통합하는 방향으로 민간 부문을 조장하고 유도함으로써 이루어질 수 있는 것이다(허범, 1988: 76-78).

정부와 공공정책의 관계에 주목하여 공공정책의 개념을 정의해 보면 공공정책은 "공익의 실현과 공적 사항의 관리를 위하여 정부가 직접적으로 선택하거나 간접적으로 관여하는 중요한 행동의 지침"이다(허범, 1988: 74). 이 공공정책의 정의를 정책의 당위적 성격을 강조하여 달리 정의하면, 정책은 "문제시되는 현실의 내용을 바람직한 방향으로 변화시키기 위하여 가치관적 판단 속에 포함되어 있는 규범성, 윤리성과 현실적으로 가능한 행동을 통합하는 정치적 합의"이다.

2. 정책의 본질적 특성

정책의 본질을 바르게 알기 위해서는 정책의 개념뿐만 아니라 그것이 가지고 있는 본질적인 특성을 이해하는 것이 필요하다. 정책은 다음과 같은 성격을 가지고 있는데, 이를 나누어 살펴보면 다음과 같다(허범, 1988: 79-80).

1) 목적지향성

정책은 정책 주체가 의도하는 것을 실현시키기 위하여 선택한 행동지침이기 때문에 그것은 정책 주체의 목적 의지를 반영하고, 그러한 목적 의지를 실현시키려는 성격, 즉 목적지향성을 가진다.

2) 행동지향성

정책은 정책 주체의 목적 의지를 실제적인 행동을 통해 실현시키려고 하는 노력의 표현이다. 그러므로 정책은 실천적 행동을 유발시키는 명백한 성향, 즉 행동지향성을 지닌다. 정책의 행동지향적인 성격 때문에 정책은 현실적으로 동원할 수 있는 자원의 한계 안에서 능률적인 행동을 합리적으로 기획하고 실현하려고 하는 성향을 가진다.

3) 변화지향성

정책은 불만족스러운 현실, 문제시되는 상황을 좀 더 바람직한 상황으로 개선하려는 의지의 표현이다. 그러므로 정책은 변화를 유발시키는 성향, 즉 변화지향성을 가진다. 정책이 유발시키는 변화는 양적인 것만이 아니라 질적인 것도 포함한다. 왜냐하면, 정책은 과거와 현재의 경향을 실질적으로 수정하려고 하는 의지를 갖고 있기 때문이다. 정책은 바람직하지 않은 현실의 경향을 좀 더 바람직한 방향으로 변화시키고자 하는 실천적인 의지를 갖고 있다.

여기에서 짚고 넘어가야 할 두 가지가 있다. 하나는 정책이 변화지향성을 갖는 경우가 많긴 하지만, 현 상태를 유지하기 위해 '행동을 취하지 않는(not to action)' 것도 정책대안에 포함될 수 있다는 것이다. 다른 하나는 정책의 결과로서 나타나는 변화는 긍정적일 수도 있고 부정적일 수도 있다는 것이다. 정책이 바람직한 변화를 지향하는 것은 당연하지만, 실제로 정책은 그 결과로서 빛과 그림자를 함께 가져오는 것이 일반적이다.

4) 미래지향성

정책은 바람직한 미래상을 실현시키려고 하는 의지의 표현이다. 정책의 내용 속에 포함되는 행동이 일어나는 시점은 현재이지만, 정책이 의도하는 변화가 이루어질 수 있는 시점은 항상 미래이기 때문이다. 그러므로 정책은 미래를 설계하고 실현하려는 성질, 즉 미래지향성을 지닌다.

5) 정치적 연관성

정책은 정치적 연관성 안에서 형성·집행되고 평가된다. 정책은 가치나 이익을 배분하는 성질, 즉 가치의 강제 배분성을 지니기 때문에 정치적으로 매우 민감하다. 더군다나 정책은 모든 사람에게 이익과 손해를 균등하게 배분하는 것이 아니라 항상 차별적으로 불균등하게 배분하는 성질, 즉 부분이익 선택성(policy selectivity)을 가지고 있다. 이러한 정책의 부분이익 선택성 때문에 이해관계자들은 자신의 이익을 지키고 손해를 줄이기 위해 매우 역동적인 정치적 활동을 전개한다. 사람들이 정책에 대해서 요구하는 것, 그리고 정책이 가져오게 될 결과에 대한 평가에 따라서 찬성과 반대의 정치적 관계가 형성되는 것이다. 현실의 정책은 이러한 정치적 관계 형성과 정치 과정을 통하여 정치적 합의의 표현 또는 그것의 전제로 채택된 것이다. 그러므로 정책은 항상 협상과 타협 또는 권력적 작용과 연관된 성향, 즉 정치적 연관성을 지닌다. 이성과 증거를 통한 분석적 접근이 정책결정 과정에서 제한적일 수밖에 없는 것은 바로 정책의 정치 연관성 때문이다. 결국, 정책은 분석적 과정과 정치적 과정의, 혼합적 과정의 산물이라 할 수 있다.

6) 공익지향성

정책은 비록 사람들에게 이익과 손해를 차별적으로 배분하는 성격을 가지고 있기는 하지만, 모든 정책은 기본적으로 공익을 실현시키고자 하는 성향을 가진다. 국민이 정책의 정당성을 인정하고 정책내용의 실현을 위한 강제성도 인정하는 것은 주로 이러한 정책의 공익지향성에 근거하는 것이다.

7) 가치의 강제 배분성

정책은 가치를 강제적으로 배분하는 성격도 갖고 있다. 대부분의 경우, 우리는 어떤 정책을 좋아하든 싫어하든 그 정책을 선택적으로 받아들일 수가 없다. 또한 우리는 정책의 영향에서 벗어날 수 없는 경우가 대부분인 것이다.

8) 상호 연관성

거의 대부분의 정책문제들이 다른 문제들과 서로 연관성을 갖고 있듯이, 정책도 다른 정책과 일정한 관계를 갖고 있다. 서로 연관성이 적은 독립적인 관계도 있고, 자원배분을 놓고 경쟁하거나 서로 갈등을 일으키는 관계도 있다. 그러므로 다른 정책과 모순 상충되지 않도록 하고, 정책 간 갈등이 정책실패의 원인이 되지 않도록 주의 깊게 관리하는 것이 필요하다.

3. 좋은 정책의 의미와 판단 기준

1) 좋은 정책의 의미

정책은 궁극적으로 무엇을 위해 만들어지고 존재하는가? 어떤 정책이 과연 좋은 정책인가? 일상적으로 수많은 정책에 의해 영향을 받고 살면서도 우리는 이와 같은 정책에 대한 본질적인 질문에 무감각하기 쉽다. 심지어는 대부분의 정책학자들도 이러한 질문의 중요성에 대해서는 인정하면서도 정책연구 과정에서 이러한 질문을 끊임없이 던지고 이에 대한 해답을 스스로 찾아보려는 사람들은 그리 많지 않은 것으로 보인다. 그러나 우리가 정책분석을 좀 더 좋은 정책을 형성하기 위한 분석적 노력이라 정의한다면 당연히 어떤 정책이 좀 더 좋은 것인지, 좋은 정책이 갖추어야 할 조건은 무엇인지에 대해 생각해 볼 필요가 있다.

결론부터 말하면, 좋은 정책이란 '윤리적이고 지혜로운 방법으로 인간의 존엄성을 충실히 구현하는 데 기여하는 정책'이라고 할 수 있다. 좋은 정책의 궁극적인 목적은 육체적이며 정신적인 존재인 인간존엄성의 충실한 구현에 있다.13) 그러한 목적을 달성하는 방법은 효과적이며 능률적이고, 비용·효과 배분이 정의에 부합되어야 한다. 또한 실현 가능하며 윤리성에 부합된 것이어야 한다. 그리고 사전적으로는 정책발안의 동기가, 그리고 사후적으로는 정책의 효과가 윤리성을 확보한 정책이 좋은 정책이다.

좋은 정책의 의의에 대한 논의는 여러 측면에서 제기될 수 있다. 개인적으로만 보면 자신이 선호하고, 자신의 이익에 부합되는 정책을 좋은 정책이라고 생각할 수 있다. 그런데 사람은 이기적이기도 하지만 다른 사람을 위해서 자신의 이익 충족을 자제하고, 심지어는 다른 사람을 위해 기꺼이 희생하기도 한다. 이렇게 보면 좋은 정책은 사익을 충족시키되 공공의식에 부합되는 정책이라고 볼 수 있다. 한편, 정책대상 집단의 요구에 대응하는 정책이 좋은 정책이라는 주장도 있다. 그러나 정책대상 집단의 요구가 진정으로 그들에게 유익한 것인지, 다른 대립되는 요구와 균형을 이루는 것인지를 따져

13) 인간을 강조하다 보면 인간 이외의 다른 존재, 자연에 대해서는 무관심하거나 하위 존재로 여기는 경우가 있다. 그래서 인간을 위해서라면 함부로 대해도 된다고 생각한다. 이는 잘못된 생각이다. 인간과 자연은 서로 영향을 주고받는 밀접한 관계에 있으면서, 다른 한편으로 인간은 자연의 일부이기 때문이다.

본다면 무턱대고 정책대상 집단의 요구에 대응하는 것만이 민주사회에서 좋은 정책이라고 볼 수 없다. 진정으로 그들의 이익에 부합되는 정당한 요구에 대응하는 정책이 좋은 정책이다. 아래에서 좋은 정책의 판단 기준을 좀 더 자세히 살펴본다.

2) 좋은 정책의 판단 기준

어떤 정책이 좋은 정책, 바람직한 정책인가? 허범 교수(2007b)는 공공의식 적합성을 확보한 정책이 좋은 정책이라고 정의하면서, 정책의 내용, 운용, 그리고 효과 면에서 각각 사회적합성, 관리적합성, 그리고 효과공익성을 확보해야 한다고 한다.[14)]

여기에서는 이미 만들어져 있는 정책이 바람직한지 여부에 대한 판단이 아니라, 만들고자 하는 정책에 대한 사전적 평가에 관심이 있기 때문에 이런 입장에서 정책분석의 주된 관심 요소인 정책목표와 정책수단을 중심으로 좋은 정책의 의미를 살펴본다.

정책의 핵심 내용을 정책목표와 정책수단으로 본다면 좋은 정책은 바람직한 목표와 바람직한 수단을 가져야 하는 것이라 할 수 있다. 즉, 다음의 조건을 충족하는 정책이 좋은 정책이라 할 수 있다.

첫째, 정책의 목적 구조를 생각해 볼 때 궁극적으로 인간의 존엄성과 가치를 충실히 구현하는 정책, 일반목적과 계획목표가 각각 궁극적인 이상목적과 일반목적 달성에 기여하는 정책이 좋은 정책이다.

둘째, 실현 가능한 정책, 그리고 정책수단의 윤리성, 실현 가능성, 효율성이 확보된 정책이 좋은 정책이라 볼 수 있다.

셋째, 정책내용만이 아니라 정책과정도 인간의 존엄성과 가치를 실현하는 방향으로 구성되고 작동되어야 함은 물론이다.

아래에서 정책목표와 수단을 중심으로 좋은 정책의 판단 기준을 살펴본다.

(1) 바람직한 정책목표의 판단 기준

계획목표는 우선 해결해야 할 문제와 직접적인 관계가 있어야 하고 달성 가능한 것으로서 상위 목적인 일반목적 달성에 기여하고, 궁극적으로는 인간의 존엄성을 구현하

---

14) 이에 대한 자세한 설명은 허범(2007b)을 참조하기 바란다.

는 것이어야 한다. 여기에서는 인간의 존엄성을 구현하는 정책인지 여부에 대한 궁극적인 판단 기준, 즉 윤리성 기준에 대해서만 살펴본다. 이 차원의 기준에 비추어 보면 좋은 정책은 다음과 같은 조건을 충족시키는 것이어야 한다.

① 먼저, 인간의 육체적 존엄성에 주목하여 인간의 생명을 존중하는 정책이어야 한다. 그리고 이러한 정책의 생명 존중성은 정책이 인간을 생명 있는 존재로 취급해야지, 마치 물적 존재인 것처럼 취급해서는 안 된다는 것을 의미하기도 한다.

② 인간은 이성적 존재로서 높은 정신 능력을 갖춘 인격적 존재이므로 생명은 있으나 비인격적인 동·식물과는 다르다. 정책은 동·식물과는 다른 인격적 존재인 인간을 위한 것이어야 한다. 인간의 존엄성을 측정할 수는 없으나 굳이 인간의 가치를 수치로 표시한다면 무한대(∞)로 나타낼 수 있다. 만일 계산식으로 표현한다면 10,000사람의 가치는 10,000×무한대(∞)=무한대(∞)가 된다. 이는 10,000사람의 값어치가 한 사람의 값어치의 10,000배라고 볼 수 없다는 것을 의미한다. 이처럼 값어치를 수치로 나타낸다는 것 자체가 불가능할 만큼 인간은 무한한 존엄성을 가진 존재이다. 좋은 정책은 이러한 인식을 밑바탕에 깔고 있어야 한다.

③ 정책은 인간을 수단이나 도구와 같은 객체적 존재가 아니라 목적으로서, 주체로서 대우하도록 지향되어야 한다. 인간이 자기 자신을 스스로 의식하고 스스로의 결단에 의하여 자기 자신을 규정하며 자신의 주변 세계를 형성할 능력이 있다는 것을 인정하지 않는 정책은 좋은 정책이 아니다.

④ 정책은 인간의 평등성을 존중하는 지향성을 가져야 한다. 다른 처지에 있는 사람들을 다르게, 같은 처지에 있는 사람들을 같게 취급하도록 정책이 마련되어야 한다. 흔히 언급되고 있는 형평성의 기준은 이러한 인간의 평등성을 전제로 하는 것이다.

⑤ 인간의 존엄성은 인간의 각종 기본적 권리가 보장받을 수 있을 때 확보될 수 있다. 구체적으로는 신체의 자유, 거주 이전의 자유 등을 포함하는 자유권적 기본권이 보장되어야 한다. 또한 재산권, 소비자 주권 등을 포함하는 경제적 기본권, 선거권, 공무담임권 등의 정치적 기본권, 그리고 노동권, 환경권 등의 사회권적 기본권(권영성, 1989) 등을 존중하는 정책이어야 한다.

(2) 바람직한 정책수단의 판단 기준

어떤 정책수단을 바람직한 것이라고 판단할 수 있는지에 대해서는 논자에 따라 다르다. 그들은 여러 다양한 기준들, 예를 들면 생산성, 파레토 최적, 기회비용, 효과성, 민주성, 합법성 등을 제시하고 있다. 물론 이러한 기준들은 모두 바람직한 정책수단이 갖추어야 할 기준이라고 할 수 있다. 그러나 이들 외에도 논의되는 기준이 하도 많아서 모두 열거할 수도 없을 뿐만 아니라, 이 기준들 사이에 서로 상충되거나 갈등관계에 있는 것들도 있기 때문에 동일 차원에 놓고 판단 기준을 논의하기는 어렵다. 그러므로 여기에서는 이러한 기준들을 세 차원으로 나누어 대표적인 기준들을 설명하기로 한다.

먼저, 제1차원의 기준으로는 효과성과 능률성을 들 수 있다. 정책목표의 달성도가 높을수록, 자원의 제약 속에서 적은 비용을 들여 더 높은 목적 달성도를 나타낼수록 그 정책수단은 바람직하다고 할 수 있다. 물론 어떠한 정책수단이 바람직하다는 것은 절대적인 의미에서가 아니라 상대적인 의미에서 그렇다는 얘기다. 우리 능력의 한계 내에서 탐색하고 개발할 수 있는 정책수단들 중에서 상대적으로 가장 나은 정책수단을 의미한다. 그러므로 시간이 지남에 따라 지금 우리가 바람직하다고 여기는 정책수단보다 더 바람직한 정책수단이 등장할 수도 있다.

다음으로 제2차원의 기준으로는 실현 가능성을 들 수 있다. 어떤 정책수단이 아무리 효율적일 것으로 예상된다 하더라도 기술적, 경제적 혹은 정치적으로 실현 가능성이 없는 정책수단은 바람직하다고 할 수 없다. 실현 가능성이 결여된 정책은 정책 의도의 실현 의지가 결여된 정책이거나, 아니면 쓸모없는 정책 혹은 상징적인 정책에 불과하기 때문이다. 달리 말하면, 지혜가 부족한 정책이다.

제3차원의 기준은 윤리성 차원의 것으로서 정책수단이 효율적이고 실현 가능한 것이라고 하더라도 윤리성 차원의 기준에 어긋나는 것이면 그것은 바람직한 정책수단이라고 평가받기 어렵다.

이 세 차원의 기준들은 위·아래의 질서를 형성하고 있다. 즉, 아래 차원의 기준은 위 차원의 기준에 의해 정당성을 부여받는다. 아래 차원의 기준이 충족되었다고 하더라도 위 차원의 기준을 충족시키지 못하면 그 정책수단은 바람직한 것이 될 수 없다. 그리고 바람직한 정책수단이라면 이 세 차원의 모든 기준들을 충족시킬 수 있어야 한다. 어느 하나의 차원의 기준이라도 충족시킬 수 없으면 그 정책은 바람직하다고 평가받을 수 없다.

제 3 절 정책분석의 단계

1. 정책분석 단계의 특성

정책분석은 분석가에 따라 다양한 단계를 거쳐 이루어진다. 그러므로 오직 하나의 전형적인 정책분석 단계만이 있다고 주장할 수는 없다. 다만, 바람직한 분석 결과를 얻기 위해서는 정책분석 과정에 적어도 이러이러한 단계들이 포함되는 것이 바람직하지 않겠느냐는 주장이 있을 뿐이다. 이 책에서는 이런 입장에서 저자가 합리적이라고 생각하는 정책분석의 단계를 설명하고자 한다.

여기에서 제시하는 정책분석의 단계는 한쪽 방향으로만 전개되는 활동들로 이루어지는 것은 아니다. 오히려, 반복적 · 순환적으로 이루어지는 여러 활동들로 구성되어 있다고 보는 것이 타당하다. 정책분석의 과정은 계속적으로 반복 · 순환한다(Quade, 1989: 50). 경우에 따라서 정책분석 단계는 앞뒤가 바뀔 수도 있고 어떤 단계는 생략될 수도 있다.

그러나 우리가 전문가로서의 정책분석가를 염두에 둔다면 주요 단계를 빠짐없이 밟아서 정책분석을 하는 것이 바람직하다고 할 수 있다. 주요 단계를 생략한 채 정책분석이 이루어진다면 그 결과는 그만큼 타당성이 낮아질 가능성이 크기 때문이다. 설령, 분석 의뢰자가 문제분석은 제외한 채 대안분석만을 의뢰했을 경우에도 정책분석가는 당연히 문제분석을 포함하여 정책분석을 수행하여야 한다. 뒤에서 자세히 살펴보겠지만 문제분석이 제대로 이루어지지 않은 상태에서 그 문제를 해결하는 대안만을 분석하게 되면 엉뚱한 문제를 해결하기 위한 헛고생을 하게 될 우려가 있기 때문이다. 목표는 주어진 것으로 간주되고 목표를 효율적으로 달성하기 위한 수단만을 마련해 주기를 요구받았을 때도 마찬가지이다. 달성하고자 하는 목표의 타당성 여부를 묻는 것에서부터 정책분석이 시작되어야 한다. 이는 대안분석에만 초점을 두어 온 전통적인 관리과학이나 체제분석과는 명백히 구분되는 정책분석의 본질적 특성에 속하는 것이다.

이제 정책분석의 단계를 몇 단계로 나누어 간단히 설명하고, 다음 장에서부터 이들을 자세히 살펴보게 될 것이다. 설명의 편의를 위해 분석의 각 단계를 순차적으로 살펴보게 될 것인데, 앞에서 지적한 것처럼 분석이 순차적 단계를 거친다기보다는 분석 과정이 반복적으로 순환·재순환될 수 있다는 것을 유념하는 것이 매우 중요하다.

2. 정책분석의 단계

정책분석의 단계는 ① 정책분석의 기획, ② 문제의 분석, ③ 목표 설정, ④ 대안의 탐색·개발, ⑤ 대안의 예비분석, ⑥ 대안 결과의 예측, ⑦ 대안의 비교·평가, ⑧ 분석 결과의 제시 등으로 나누어 볼 수 있는데, 이는 [그림 2-2]와 같이 나타낼 수 있다.

그림 2-2 | 정책분석의 과정

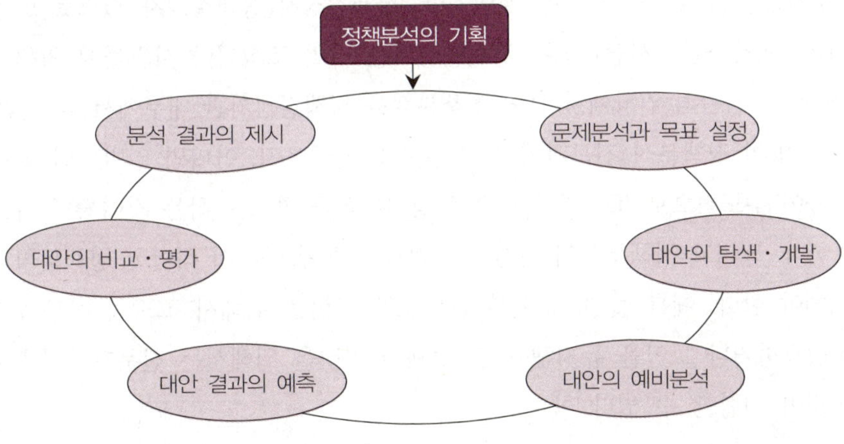

1) 정책분석의 기획

합리적이고 체계적인 정책분석을 위해서는 준비 단계로 기획이 필요하다. 정책분석을 위한 이러한 준비 기획 작업을 정책분석의 기획이라고 한다. 이러한 기획의 내용은 정책분석의 유형에 따라서 달라질 수 있겠지만 일반적으로 정책분석의 기획에는 적어도 다음의 내용들이 포함되어야 한다.

(1) 정책분석의 직접적 목적과 활용자 확인

정책분석의 결과는 정책결정자나 정책결정 과정에 자신들의 관심과 주장을 반영시키려는 사람과 집단, 그리고 정책연구자들에 의해 활용된다. 정책결정자는 정책결정의 질을 향상시키고, 관련 집단들에게 정책 추진의 정당성을 설득하기 위한 목적을 갖고 있다. 정책결정 과정에 자신들의 주장을 반영하길 원하는 사람이나 집단은 자신의 관점, 입장, 이해관계 등이 반영된 정책주장(정책문제 정의, 정책목표와 정책대안 등)의 설득력을 높여 정책결정에 영향을 미치기 위해서 정책분석의 결과를 활용하기 원한다. 그러므로 우선적으로 정책결정 과정에서 누가, 어떤 목적으로, 어떤 내용의 정책정보를 원하는지를 확인하는 것이 필요하다.

(2) 정책분석의 주체, 유형 결정

정책분석은 누구나 할 수 있는 것이지만, 정책결정자(정책결정자 스스로 또는 정책결정기관에 속해 있는 사람) 또는 정책결정기관 밖의 조직이나 사람들에 의해 이루어진다. 정책결정기관의 입장에서 보면 정책분석을 정책결정기관 내부에서 할 것인지, 아니면 정부 밖의 정책분석 전문가에게 맡기는 것이 좋은지, 아니면 일반시민 또는 이해관계자 등이 주도적으로 또는 협력적으로 정책분석을 하도록 하는 것이 좋은지를 판단하여야 한다. 그리고 정책분석의 직접적 목적과 주체에 따라서 적합한 정책분석의 유형을 선택해야 한다. 예를 들면, 문제분석과 대안 마련을 위해서 고도의 전문적 지식과 계산이 필요하거나 보안을 유지해야 할 정책의 결정을 위해서는 전문가들에게 분석을 맡기는 것이 적합할 수 있다.[15]

(3) 정책분석을 위한 자료의 수집 · 관리 기획

정책분석은 증거를 토대로 이성을 활용하여 이루어지는 지적이고 분석적인 작업이

---

15) 그러나 고도의 전문지식을 필요로 하는 정책의 결정을 위한 분석에도 전문가만이 아니라 일반시민의 참여가 필요하고, 일반시민의 참여가 정책분석의 질, 정책결정의 질을 향상시키는 데 기여할 수 있다는 주장도 있다(강근복, 2005: 146).

다. 정책분석이 제대로 이루어지기 위해서는 정책환경, 문제 상황의 조건, 정책문제 관련 요소들, 가능한 정책대안, 그리고 정책대안의 결과 등 정책 관련 정보의 수집과 관리가 매우 중요하다. 그러므로 정책분석의 전 과정에서 필요로 하는 정책 관련 정보의 수집과 관리를 어떻게 체계적으로 할 것인지 기획하고 관리하는 것이 필요하다. 정책 관련 정보의 관련성 · 정확성 · 최신성 · 충분성 등 좋은 정책정보의 조건을 갖춘 정보의 체계적인 수집과 관리가 이루어지지 않고는 증거 기반의 질 높은 정책분석은 불가능하다.

2) 문제의 분석

정책분석의 기획을 정책분석 준비 단계로 본다면 정책분석의 다음 단계는 문제분석 단계이다. 정책분석이 문제를 해결할 수 있는 좋은 정책 개발에 그 목적이 있다면, 당연히 해결하고자 하는 문제가 무엇인지를 명확히 규명하는 것이 그 첫 번째 작업이 될 수밖에 없다. 문제의 내용과 관련 변수에 대한 철저한 분석과 타당한 문제 정의는 바람직한 대안의 탐색과 개발의 전제조건이 되는 것이다. 설령, 분석 의뢰자가 '문제가 이것이다'라고 명백히 문제를 제시하는 것처럼 보이는 경우에도 정책분석가는 문제의 핵심이 무엇인지에 대한 질문을 생략해서는 안 된다. 관점에 따라서 똑같은 문제 상황에서도 '문제'를 전혀 다르게 인식할 수 있기 때문이다. 그리고 자기 자신이 누구보다도 자신과 관련된 문제를 가장 잘 이해하고 있는 것처럼 생각하기 쉽지만, 실제로는 제3자적 입장에 있는 사람이 오히려 타당한 문제의식을 가질 수도 있기 때문이다.

3) 목표 설정

문제분석에 이어서 목표 설정이 이루어진다. 문제분석과 목표 설정을 위한 활동은 매우 유사한 내용들로 구성되어 있다(정정길, 1988: 365-368). 물론 공식적인 목표 설정의 최종적인 권한은 정책분석가에게 있지 않다. 그것은 정책결정자의 권한에 속하는 것이다.

그러나 정책결정에 직접적으로 기여하기 위하여 수행되는 정책분석의 경우에는 말할 것도 없고, 무엇이 바람직한 목표인지, 무엇이 실현 가능한 목표인지를 좀 더 분석적으로 검토하기 위해서도, 그리고 추상적인 형태로 제시된 목표를 구체화하기 위해서도 목표에 대한 분석이 필요하다. 그리고 주어진 정책목표의 구조를 분석하거나 수직적 · 수평적 구조를 구체적으로 체계화하는 것은 목표-수단의 연쇄 속에서 적합한 정책수단을 설계하기 위해서도 유용한 선행 작업이다.

4) 대안의 탐색 · 개발

문제를 어떻게 정의하느냐에 따라서 탐색 · 개발될 해결 대안들의 유형이 전혀 달라지는 것은 물론이지만, 어떤 하나의 문제 정의에서도 여러 가지의 해결 대안을 생각해 볼 수 있다. 대안의 탐색 · 개발 단계는 기존에 알려져 있는 유사한 문제에 대한 해결 대안들과 이들을 수정 · 보완한 해결 대안들을 탐색하거나, 새로운 대안을 개발하는 단계를 말한다. 이 단계에서는 특히 정책분석가의 창의력이 중시되는데, 가능한 한 문제를 해결할 수 있는 좋은 방안들을 많이 찾아내고 새로 개발하는 노력이 필요하다.

5) 대안의 예비분석

대안의 탐색 · 개발 단계에서 등장한 대안의 수가 많으면 많을수록 더 좋은 정책대안이 나올 가능성은 커진다. 반면, 대안 결과를 예측하고 비교 · 평가하는 데는 많은 비용과 시간, 기술 등이 필요하다. 그러므로 정책분석 활동에 사용할 수 있는 비용, 시간, 기술 등의 한계를 고려해 볼 때 본격적인 심층적 분석의 대상이 되는 대안들의 수를 합리적으로 제한하는 것이 필요하다. 이렇게 본격적인 분석에 앞서서 탐색 · 개발된 대안들을 개괄적으로 분석하여 다른 대안들에 비해 그 질이 현저히 떨어지는 대안들, 그래서 더 이상의 정밀한 분석을 해 볼 필요가 없는 대안들을 골라내는 작업이 이루어지는 단계가 예비분석 단계이다. 물론 예비분석 단계에서 대안들을 검토해 본 후, 검토 대상에 오른 대안들 외에 새로운 대안을 탐색 · 개발해 볼 필요성이 제기될 경우에는 대안의 탐색 · 개발이 다시 진행된다.

6) 대안 결과의 예측

대안이 실행되면 여러 가지 결과를 가져온다. 대안의 실행 결과로 긍정적인 효과가 발생되기도 하고, 부정적인 결과가 발생하기도 한다. 그런데 우리는 특정 대안을 채택・실행했을 때 실제로 어떤 결과가 발생하게 될지를 확정적으로 알지 못하는 경우가 대부분이다. 그러므로 우리는 여러 가지 방법을 동원하여 특정 대안이 어떠한 결과를 가져올지를 좀 더 정확히 예측하려고 애쓴다. 만일 우리가 특정 대안이 가져올 결과를 전혀 예측할 수 없다면, 결정을 내릴 수 없거나 깜깜한 밤길을 전조등도 켜지 않고 자동차를 운전하는 것과 같은 위험한 결정을 할 수밖에 없을 것이다.

우리가 제안하거나 채택하는 정책 속에는 어떤 대안이 특정 결과를 발생시켜 문제를 얼마만큼 해결하게 될 것이라는 가설이 포함되어 있다. 즉, 특정 정책대안이 부정적인 효과에 비해 긍정적인 효과를 더 많이 산출할 것으로 예측되고, 이는 다른 대안이 가져오리라 예상되는 효과보다 더 낫다고 평가될 때 그 대안이 제안되거나 채택된다. 어쨌든 우리가 여러 대안들을 비교・평가하기 위해서는 먼저 그러한 대안들이 어떤 결과를 가져올 것인지를 가능한 한 정확히 예측하는 것이 중요하다.

미래를 예측하는 방법에는 여러 유형들이 있다. 그리고 여러 유형의 예측모형들은 각각 미래예측에 대한 다양한 관점에 입각하여 상이한 기본전제와 이에 따른 상이한 적용 영역을 갖고 있다. 그러므로 대안 결과의 예측 단계에서는 대안 결과의 정확한 예측을 위해 어떤 유형의 예측모형을 선택해야 할지를 진지하게 검토한 후 이를 선택하는 것이 필요하다. 적합하지 못한 예측모형을 이용하게 되면 잘못된 예측 결과를 가져올 것이기 때문이다.

대안 결과의 예측모형이 선택되고 나면 이 모형에 입각하여 대안 결과를 예측하는 활동이 전개되는데, 이때 예측모형이 갖고 있는 기본전제와 한계를 명확히 인식하는 것이 중요하다. 그리고 미래 상황의 전개에 따라 대안 결과가 당연히 달라질 수밖에 없으므로 대안과 관련된 미래 상황(operational context)을 정확히 예측하는 것도 중요하다.

7) 대안의 비교・평가

대안 결과를 예측하고 난 후에는 그러한 결과를 놓고 미리 설정한 기준에 입각하여 대안을 평가하게 된다. 어떠한 기준들을 어떠한 방법을 활용하여 대안의 평가에 적용할 것인가가 중요한 과제가 된다. 대안을 비교・평가한 후에는 적용 기준에 따라 어떤 대안이 상대적으로 우월한지 대안들 사이의 우선순위를 밝혀 주어야 한다. 제9장에서는 대안들을 비교·평가하기 위해 윤리성 차원과 실현 가능성 차원, 그리고 효율성 차원으로 나누어 차원별 기준을 설정하고 이들을 어떻게 적용할 것인가를 설명한다.

8) 분석 결과의 제시

상당수의 학자들이 대안의 비교·평가가 끝난 다음에 이루어지는 활동을 대안의 선택 활동이라 하여 정책분석의 과정에 포함시키고 있다. 그러나 정책분석은 정책결정에 필요한 정보를 창출해 정책결정의 질을 향상시키는 데 기여하는 목적을 갖고는 있지만, 최종적인 대안을 선택하는 것은 정책분석의 영역이나 정책분석가의 역할에 포함되지 않는다. 여러 대안들 중에서 어느 하나의 대안을 채택하여 정책참여자가 정책주장을 펴거나 정책결정자가 정책대안으로 확정하는 것은 정책분석 결과의 활용에 관련된 문제이다. 물론 합리적인 정책분석이 성공적으로 이루어졌다는 것을 전제한다면 대안의 비교·평가를 통해서 어떤 기준에 따르면, 어느 대안이 다른 대안들에 비해서 상대적으로 더 낫다는 것을 정책분석가가 주장할 수는 있고 또한 이것은 상당한 설득력을 갖게 될 것이다.

그러나 이러한 주장이 정책결정자를 포함한 정책분석 결과의 이용자에 의해 그대로 받아들여진다는 보장이 없다. 그리고 정책분석의 결과를 그대로 받아들여 정책을 결정하는 것이 좋은 결정이라고 단언할 수도 없다. 앞에서도 지적했듯이 정책결정 주체 외에도 다양한 관점과 목적을 가진 여러 사람과 집단들에 의해서 정책분석이 수행될 수 있다. 그리고 실제의 정책결정 과정은 분석적 접근과 정치적 과정의 혼합 과정이다. 이런 점들에서 볼 때 정책분석 과정에는 대안선택 활동은 포함시키지 않는 것이 타당하다. 그러므로 정책분석의 마지막 단계는 정책분석의 결과를 이용자들에게 제공하는 단계이다. 이 단계의 핵심 과제는 이용자들이 분석 결과를 잘 이용하여 합리적 정책결정에 활용할 수 있도록 유용한 정보를 제공하는 것이다.

제 4 절 정책분석의 한계와 극복

흠이 없는 완전한 정책분석은 있을 수 없다. 어떠한 것이 최선의 분석 방법인지를 판별할 수 있는 완벽한 기준이나 방법이 있는 것도 아니다. 따라서 실제의 정책분석에서는 여러 가지 제약적인 요소들이 나타날 수밖에 없다. 정책분석이 갖고 있는 제약의 주요 원인은 정책문제의 성격, 정책 상황의 불확실성, 그리고 인간 능력의 한계에서 찾을 수 있다(허범, 1988: 94-95).

그러므로 정책분석가는 이러한 정책분석의 한계를 충분히 인식하고 그것에 대비하는 것이 필요하다. 여기에서는 정책분석이 갖고 있는 한계를 살펴보고, 정책분석가가 이러한 한계에 주의하여 어떻게 대응하여야 할 것인가를 설명한다.

1. 정책분석의 한계

1) 정책문제의 특성에서 오는 한계

우선, 정책문제 자체와 정책문제 정의가 갖는 다음과 같은 특성 때문에 완전한 정책분석이 어렵다.

① 정책문제의 정의는 '옳고', '그름'이 분명한 것이 아니다. 정책문제에 대한 정의는 주관적 판단을 요구하므로 항상 판단상의 갈등을 일으키고 오류가 발생할 가능성이 있다.

② 하나의 정책문제는 대단히 넓은 연관성을 가진다. 하나의 문제를 분석하기 위해서는 관련된 문제들도 분석하는 것이 필요하다. 그런데 정책문제와 관련된 모든 관련 변수들을 빠짐없이 분석한다는 것은 거의 불가능하다.

③ 정책문제는 상황의 변화, 규범판단의 변화에 따라 그 본질이 달라진다. 문제시되는 상황에 대한 판단(상황판단)이 달라지면 정책문제의 내용 또한 달라진다. 상황이 크게 변하지 않더라도 그러한 상황판단과 결합하여 문제를 인식하는 규범판단이 달라진다면 문제는 다르게 정의된다. 그러므로 정책문제 정의는 한 번으로 끝나는 것이 아니

라 계속적으로 재정의되어야 한다. 그러나 문제 상황의 변화를 상시 추적하고 이에 맞는 규범판단을 적용시켜 계속적으로 문제를 분석하여 정의·재정의하는 작업이 완벽하게 이루어지기는 쉽지 않다.

④ 정책문제는 가치의 사회적 배분에 관련된 문제이다. 그러므로 정책문제 정의는 항상 사회적 갈등을 일으킨다.

⑤ 정책문제는 분석 과정에 의해서만이 아니라 정치 과정을 통하여 정의되고 해결되는 문제이다. 그러므로 정책문제의 정의와 이에 대한 해결 방안의 선택이 정책분석에 의해서 완전히 이루어질 수는 없다.

2) 정책 상황의 불명확성에서 오는 한계

다음으로, 정책 상황의 불명확성이 정책분석의 제약 요인으로 작용한다.

① 정책 상황은 계속해서 변화한다. 그것은 한 번도 반복되지 않는 것으로 항상 독특하다. 이러한 특성을 지닌 정책 상황을 완전하게 분석한다는 것은 거의 불가능하다.

② 분석적으로 접근할 수 있는 정책 상황은 단순화된 상황이다. 그것은 항상 실제의 상황과 다르고 허구성을 지닌다. 그러므로 불완전하게 분석된 허구의 정책 상황을 토대로 이루어진 여타의 분석도 당연히 한계를 지닐 수밖에 없다.

3) 인간 능력의 한계

① 경험적 사실을 인식하는 인간의 능력은 불완전하다. 감각기관과 인식 능력의 한계는 정책분석에 사용되는 자료와 정보의 불충분, 불완전으로 연결되고 이는 결국 정책분석을 불완전하게 만드는 원인이 된다.

② 인간의 판단 능력도 불완전하다. 정책분석은 여러 형태의 판단(사실판단, 규범적 판단, 처방적 판단) 작용들로 구성된다. 인간의 판단 작용이 불완전할 뿐만 아니라 정책분석 참여자들 사이에서 이루어지는 상이한 판단은 정책분석에서 판단상의 갈등과 오류를 가져온다.

③ 앞에서 검토한 정책문제나 정책 상황의 특성과 관련된 정책분석의 한계도 그 이유가 문제나 상황적 특성 자체 때문만이 아니라, 정책문제나 정책 상황에 대한 인간의

인식과 판단상의 결함에서 오는 것이다. 결국, 불완전한 인간이 하는 모든 일은 불완전하고 오류의 가능성은 늘 존재한다.

2. 정책분석 한계의 극복

앞에서 살펴본 모든 원인들은 정책분석을 불완전하게 만드는 요소들이다. 그것들을 완벽하게 극복하기는 거의 불가능하다. 그러나 노력하기에 따라서는 어느 정도 그 한계를 극복할 수 있을 것이다. 그러므로 정책분석을 수행할 때 분석의 한계를 충분히 인식하고 이를 가능한 한 극복하기 위한 노력을 기울이는 것이 필요하다. 그러한 노력들로는 다음과 같은 것들을 생각해 볼 수 있다.

① 취급하여야 할 정책문제의 내용과 성격에 따라서 그것에 가장 적합한 분석 방법을 개발하고 활용한다.

② 어떤 분석 기법을 사용하기 전에 반드시 그것의 적용 가능성과 한계성을 면밀히 검토하고 적절한 적용 범위와 한계를 설정한다.

③ 실제의 정책결정 과정은 항상 분석적 과정과 정치적 과정의 혼합 과정으로 이루어진다는 사실을 이해하고 분석 활동에서 이를 고려한다.

④ 정책분석가 개인의 인식과 판단의 오류 가능성, 그리고 정책분석의 오류 가능성을 충분히 인식하고 정책학습을 지향하는 한편, 정책분석의 오류를 시정하기 위한 개방적이고 체계적인 관심과 노력을 기울인다.

제3장 정책분석의 차원과 조직

정책분석은 단일 차원이 아닌 복수의 차원에서 각각 상이한 논리와 방법을 이용하여 이루어진다. 그리고 차원별 분석은 상호 연관성을 갖고 조직화되어 하나의 정책분석이 완성된다. 이 장에서는 정책분석의 차원이 어떻게 구분되고 차원별로는 어떤 분석이 이루어지는지, 그리고 그러한 차원별 분석은 어떻게 연관되고 구조화되는지를 살펴본다.

제 1 절 정책분석의 차원

1. 정책의 목적 구조

정책분석은 "좋은 정책을 만드는 데 기여하기 위해 이루어지는 이성적 체계적인 분석 활동"이다. 정책분석이 산출하는 정책정보의 핵심은 정책내용, 즉 정책문제(정책목표)와 정책수단에 대한 정보이다. 이렇게 보면 정책분석의 핵심 단계는 크게 문제분석·목표 설정과 대안분석으로 나누어진다. 문제분석을 통해 설정되는 정책목표들은 수평적, 수직적으로 일정한 구조를 형성하고 있다. 수직적 관계는 중층의 목표-수단의 연쇄구조를 이룬다. 즉, 이상목적(ideal goal) → 일반목적(goal) → 계획목표(objective)의 구조를 갖고 있다.[1) 2)] 물론 계층의 수가 더 많은 정책목표 구조를 형성한다. 정책목

1) 정부의 정책 보고서를 보면 정책의 구조가 비전, 목표, 전략, 그리고 추진과제의 형식을 갖고 있는

표의 구조에서 궁극적 목적인 이상목적을 제외한 모든 목표(목적)는 상위 목표를 갖고 있는 목표(목적)이면서 상위 목표를 달성하기 위한 수단으로서의 성격도 함께 갖고 있다. 그리고 구체적이고 당면한 계획목표의 아래에는 실천행동을 담은 정책수단(policy means)이 놓여 있다.

① 이상목적은 영원히 달성할 수 없지만 정책수단의 실현을 통해 계획목표와 일반목적의 달성을 추구하면서 지속적으로 지향해야 할 궁극적 가치이다(허범, 2007d: 3). 예를 들면, “모든 사람이 언제든, 비용 부담의 걱정 없이, 최고 수준의 의료서비스를 제공받을 수 있게 되는 것”을 목적으로 하는 경우를 생각해 볼 수 있다. 의사의 진료를 받고 싶은 사람이면 누구나, 언제든지 원하는 때에, 어떠한 비용 부담의 걱정 없이, 최고 수준의 의사에게서 진료를 받을 수 있게 되는 것은 이상적이긴 하지만, 현실적으로 완전한 달성은 불가능한 목적이다. 그러나 그것에 근접할 수 있도록 노력할 수는 있다.

② 일반목적은 대상 계획기간 내에는 달성할 수 없으나 계획목표를 달성한 뒤에 계속해서 노력하면 조만간에 달성할 수 있는 목적이다. 예를 들면, “모든 사람이 적절한 시기에, 저렴한 비용으로, 우수한 의사의 진료를 받을 수 있게 되는 것”은 일반목적에 해당한다.

③ 계획목표는 일정한 계획기간에 달성 가능한 구체적인 목적으로 계량적 수치로 나타내는 것이 일반적이다. 예를 들면, “2025년까지 인구 1,000명당 의사 5인을 확보한다”와 같은 형태이다.

④ 정책수단은 계획목표를 달성하기에 적합한 행동(집행) 방안을 의미한다. 예를 들면, ‘일정 수준의 의사 수 확보’라는 목적 달성을 위해 “한국 정부가 인정하는 국내・외 의과대학(원)을 졸업하고 우리나라 의사자격시험에 합격한 외국인들에게 국내에서 진

경우가 많다. 정확하게 일치되는 것은 아니지만 비전은 이상목적 또는 일반목적에, 목표는 일반목적에, 전략은 계획목표에, 그리고 정책수단은 추진과제에 해당하는 것으로 볼 수 있다. 그러나 추진과제 중에는 목표로서의 성격을 갖고 있는 것이 많아서 이를 정책수단으로 보기는 어려운 점이 있다. 그러나 목표-수단의 연쇄구조를 생각하면 정책수단 자체를 다시 매우 구체적인 정책목표와 매우 구체적인 실행방법으로서의 정책수단으로 다시 조직할 수 있다는 점을 고려한다면 이를 다르게 이해할 수도 있다.

2) 국립국어원이 편찬한 『표준국어대사전』에 따르면, 목적은 실현하려고 하는 일이나 나아가는 방향을 말하고, 목표는 어떤 목적을 이루려고 지향하는 실제적인 대상으로 삼음 또는 그 대상을 말한다고 한다.

그림 3-1 | 정책의 목표 – 수단 구조 Ⅰ

이상목적 (ideal goal)	영원히 달성할 수 없으나 구제적인 행동을 통하여 그 실현을 지속적으로 추구해야 할 궁극적으로 바람직한 가치 (예: 누구나, 언제든지, 비용 부담 걱정 없이, 최고 수준의 의료서비스를 제공받을 수 있도록 한다)
⇕	
일반목적 (goal)	계획된 대상기간 동안에는 달성할 수 없으나 계획목표를 달성한 뒤에 합리적으로 노력하면 언제인가는 달성할 수 있는 목적 (예: 질병에 걸린 사람은 누구나 저렴한 비용으로 의사의 진료를 받을 수 있도록 한다)
⇕	
계획목표 (objective)	계획된 대상기간 동안에 달성할 수 있는 목표 (예: 의사의 수를 시민 1,000명당 의사 5인을 확보한다)
⇕	
정책수단 (means)	구체적인 상황 속에서 계획목표를 달성하기에 적합한 행동(집행) 방안 (예: 한국 정부가 인정하는 국내·외 의과대학(원)을 졸업하고 우리나라 의사자격시험에 합격한 외국인들에게 국내에서 진료행위를 할 수 있도록 허가한다)

출처: 허범(1997: 17)의 [그림 1]을 일부 수정.

그림 3-2 | 정책의 목표 – 수단 구조 Ⅱ

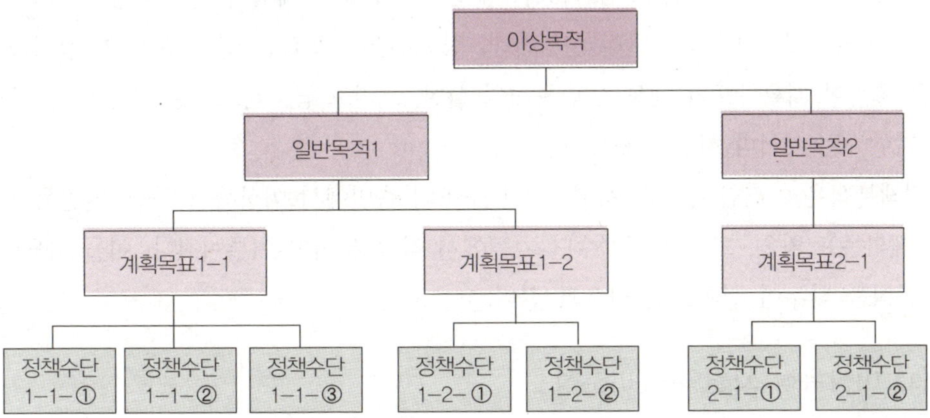

료행위를 할 수 있도록 허가한다"와 같이 어떻게 행동 또는 집행해야 하는지를 담고 있는 것이 정책수단이다.

지금까지 검토한 정책의 목표(목적)·수단 구조를 정리해 보면 [그림 3-1]과 같다. 특정 부문에서 이상목적은 하나로 나타나지만 그 아래 복수의 일반목적이 있고, 일반목적은 복수의 계획목표를 하위에 둔다. 각각의 계획목표 아래에는 복수의 정책수단의 조합이 있다([그림 3-2] 참조).

2. 정책분석의 차원

정책분석은 '정책의 목표-수단 구조의 측면'과 '분석에 적용하는 평가 기준의 측면', 두 측면에서 각각 이루어지는 '복수의 차원별 분석'으로 구성된다. 이들 차원별 분석은 그 산출 정보, 접근방법, 그리고 주된 분석 유형이 다르다. 이를 나누어 살펴보면 다음과 같다.

1) 정책의 목표-수단 구조 측면

정책형성은 해결해야 할 정책문제를 분석·정의한 것을 토대로 정책목표를 설정하고([이상목적 설정→일반목적 설정→계획목표 설정] 또는 [계획목표 설정→일반목적 설정→이상목적 설정]), 계획목표를 달성하기 위한 구체적인 실천 행동인 정책수단을 강구하는 것이다. 이를 달리 설명하면, 정책수단(구체적인 행동 방안)의 설계와 실천을 통하여 계획목표의 달성, 일반목적의 실현, 그리고 궁극적으로는 이상목적의 구현을 지향하는 것이다(허범, 2007d: 6).

정책분석은 이러한 정책의 목표-수단 구조의 측면에서 이상목적 차원, 일반목적 차원, 계획목표 차원, 그리고 정책수단 차원에서 각각 분석이 이루어진다. 이들 차원에서의 분석을 나누어 살펴보면 다음과 같다.

(1) 이상목적 차원의 윤리분석

이상목적은 영원히 달성할 수는 없으나 우리가 정책 활동을 통해 지속적으로 추구해야 할 궁극목적, 이상가치를 의미한다.

이상목적 차원에서는 윤리분석(ethical analysis)이 이루어진다.[3] 윤리분석은 공공정책이 마땅히 지향하고 실현해야 할 이상, 방향, 목적, 그리고 선택 기준 등의 규범적 요소를 탐색하고 적용하기 위하여 이루어지는 것이다(허범, 2007c; 2007d).[4] 이 차원의 분석은 판단적 접근에 의존해서 '어디로(where to)'의 성격을 갖는 정보를 산출한다.

윤리분석은 이성을 활용하는 정책토론(정책담론, 공공담론)에 의한 접근을 취하게 된다.[5] 정책결정을 위한 실제의 정치적 토론 과정에서 대부분의 경우, 어떤 정책주장의 이유를 정책목표와 수단 사이의 인과율에서 찾기보다 오히려 규범적으로 타당한 '좋은 이유'를 논거로 삼아 정책토론이 전개된다. 윤리분석은 이와 같은 설득과 토론을 위하여 윤리적 논거를 제공해 준다(허범, 2007d).

(2) 일반목적 차원의 전략분석

일반목적은 일정한 계획 기간 내에는 달성할 수 없으나 계속해서 노력하면 언젠가는 달성할 수 있는 목적으로서, 이상목적과는 목표와 수단의 관계에 있는 수단적 목적이라 할 수 있다. 일반목적 차원에서 이루어지는 분석에서는 평가 기준 측면에서 윤리성, 실현 가능성, 그리고 효율성 차원의 분석이 이루어진다. 이 차원의 분석에서는 주로 판단적 접근에 의존하되 부분적으로 계산적(계량적) 접근도 취하게 된다. 이 차원의 분석에서 산출되는 정보는 '어디로(where to)'의 성격과 '무엇을(what to)'의 혼합적 성격을 가진다. 이상목적 차원에서의 분석 방법이 윤리분석이라 한다면, 일반목적 차원의 분석은 주로 전략분석(strategy analysis)에 치중한다. 전략분석은 이상목적을 달성하기 위한 수단적 목적으로서의 일반목적의 설정을 위한 분석, 그리고 사회의 한정된 자원을 복수의

---

3) 윤리분석은 질 높은 정책판단의 타당한 근거를 제공하기 위하여 이성을 통하여 바람직한 정책내용에 접근하는 정책분석을 의미한다. 인간은 실현 가능성에 구애받지 않고, 현재의 상태, 예상되는 상태를 초월하여 이상적인 상태 또는 현실적 목적을 넘어서는 본질적 목적을 동경하고 그에 근접하려는 성향을 보인다. 그런 점에서 윤리분석은 일상에서 자연스럽게 이루어지는 현상이라고 볼 수 있다(허범, 2007d: 2-4; 2009a).

4) 여기서 윤리는 인간이 사회적 관계에서 마땅히 지키고 실천해야 할 도리, 도덕, 규범을 의미한다(허범, 2007c). 정책학에서 정책에 대한 윤리분석(정책윤리분석)은 매우 중요한 비중을 차지한다. 이에 대한 자세한 논의는 허범의 관련 논문들을 참조하기 바란다(허범, 2007c; 2007d; 2008a; 2009a; 2009b).

5) 허범(2007d: 4)은 정책 윤리분석이 공공담론을 통한 접근임을 강조하는 것은 정책의 윤리분석이 단순히 철학적 접근에 그칠 수 없음을 지적하기 위함이라고 하였다.

일반목적에 어떻게 배분할 것인지에 대한 분석을 의미한다.

(3) 계획목표 차원의 전략분석

계획목표는 일정한 대상 계획 기간 내에 달성할 수 있으리라 여겨지는 구체적인 목적을 말한다. 계획목표 차원의 분석에서도 평가 기준의 측면에서 윤리성, 실현 가능성, 그리고 효율성 차원의 분석이 이루어진다. 이 차원의 분석에서는 판단적 접근과 계산적 접근을 함께 취하면서, '무엇을(what to)'에 관한 정보를 산출한다. 그리고 일반목적 차원의 경우보다 더 구체적인 전략분석을 시행한다. 이를 통해 일반목적 달성에 적합한 계획목표를 설정하고 복수의 계획목표들 사이의 자원 배분 등에 대해 분석한다.

(4) 정책수단 차원의 관리분석

정책수단은 계획목표 달성에 기여하는 행동 또는 집행 방안을 의미한다. 그러나 목표·수단의 계층구조에서 이상목적을 제외한 목적, 목표는 모두 그 자체가 목표(목적)이면서 상위 목표와의 관계에서는 수단으로서의 성격을 갖고 있다. 이 차원의 분석에서는 인과성에 토대를 두고 목표 달성에 최적의 행동 대안을 탐색하는 관리분석(managerial analysis)이 주된 분석 접근법으로 활용된다. 따라서 판단과 계산에 의한 접근을 취하되 주로 계산적 접근에 많이 의존한다. 이러한 정책수단 차원의 분석을 통해 '어떻게(how to)'에 관련된 정책정보를 산출한다. 계획목표를 달성하기 위한 정책수단의 분석 차원에서는 평가 기준의 측면에서 윤리성, 실현 가능성, 그리고 효율성 차원의 분석이 이루어진다.

2) 분석에서 적용하는 평가 기준의 측면

정책분석에서 사실의 확인을 제외한 대부분의 활동은 평가적이다. 분석 대상이 어떤 기준 또는 기대에의 합치 여부를 판단하는 것, 분석 요소의 정도와 수준을 판단하는 것, 그리고 추정되는 투입 요소와 투입이 결과(산출)에 가치를 매기는 것 등은 모두 평가적 활동이라 할 수 있다.

정책분석에서 사용되는 평가 기준을 토대로 윤리성 차원의 분석, 실현 가능성 차원의 분석, 그리고 효율성 차원의 분석으로 나누어 볼 수 있다. 이상목적을 대상으로 한 분석에서는 윤리성 분석[6]만이 이루어지지만, 일반목적, 계획목표, 정책수단에 대한 분석에서는 위 세 차원의 분석이 통합적으로 이루어져야 한다. 일반목적과 계획목표 차원의 분석에서는 그 목적이 윤리성의 기준에 부합되는지(윤리성 차원의 분석), 그 목적(목표)은 실현 가능한 것인지(실현 가능성 차원의 분석)를 분석한다. 그리고 일반목적과 계획목표 차원에서는 각각 상위 목적(이상목적 또는 일반목적) 달성에 얼마나 기여할 수 있는 것인지(효율성 차원의 분석: 효과성과 능률성)를 분석한다.

정책수단 차원의 분석에서도 정책수단이 윤리적 기준에 부합되는지(윤리성 차원의 분석), 실현 가능한 것인지(실현 가능성 차원의 분석), 그리고 계획목표 달성에 얼마나 효과적이고 능률적인지(효율성 차원의 분석) 등을 분석하게 된다. 이들을 좀 더 자세히 살펴본다.

(1) 윤리성 차원의 분석

윤리성은 행동에 대한 도덕적 가치판단(moral value judgement)의 기준 또는 원칙에의 적합성을 의미한다(허범, 2008a; 강근복 외, 2016: 347). 『표준국어대사전』에 따르면, 윤리는 "사람으로서 마땅히 행하거나 지켜야 할 도리"를 의미하고, 윤리성은 그러한 도리를 따르는 성질을 의미한다. 한편, 당위는 "마땅히 그렇게 하거나 되어야 하는 것"을 의미하고, 당위성은 그러한 성질을 말한다. 사전적인 정의로만 보면 윤리성과 당위성은 유사한 내용을 담고 있다.

정책의 윤리성을 이야기할 때 '정책의 당위성'을 의미하는 것으로 볼 수도 있지만, 당위성, 실현 가능성, 그리고 효율성을 모두 포함하는 것으로 볼 수도 있다. 당위적 성격이 강할수록, 실현 가능성이 높을수록, 그리고 효율성이 클수록 더 윤리적인 정책이라고 이야기할 수 있는 것이다.[7]

그런데 윤리성에도 차원이 있어서 상위 수준의 윤리성과 하위 수준의 윤리성이 있을 수 있음을 유념할 필요가 있다. 윤리성 차원의 분석은 실현 가능성 차원과 효율성 차원

6) 허범(2007d: 7)은 정책분석 구조를 목적구조화의 방향에 따라 [당위성 분석 – 실현성 분석 – 인과성 분석]을 하나의 계층구조로 조직화하였다. 여기에서는 당위성 차원의 분석을 윤리성 차원의 분석이라고 하였다.

7) 어떤 정책이 좋은 또는 옳은 것인지 판단하고, 또 좋거나 옳다고 판단하는 가치판단의 기준 또는 근거를 물을 때 정책에 대하여 좋거나 옳다는 가치판단을 할 수 있는 일련의 기준 또는 원칙을 '정책윤리'라고 하고, 정책윤리에의 적합성을 '정책의 윤리성'이라고 한다(강근복 외, 2016: 347).

의 분석을 넘어서는 상위 차원의 분석이다. 효율적이고 실현 가능하다고 하더라도 윤리적이지 못하면 그 목적이나 수단은 좋은 것이라고 할 수 없다.

이상목적 차원의 분석에서는 당연히 윤리성 차원의 분석이 이루어질 것이라는데 쉽게 동의할 수 있다.[8] 일반목적과 계획목표 차원에서도 그 목적이 바람직한 것인지, 상위 목적의 윤리성이 하위 목적의 윤리성을 지배하고 있는지를 분석해야 한다. 그러므로 일반목적이나 계획목표가 실현 가능하고, 상위 목적 달성에 기여할 수 있다고 하더라도 윤리성이 결여되었다면 그 일반목적이나 계획목표는 좋은 목적(목표)이 아니다.

정책수단의 분석에서도 윤리성 차원의 분석이 빠질 수 없다. 그러나 실제로 정책수단 차원의 분석에서는 효율성 차원의 분석에 치중하고, 기껏해야 실현 가능성 차원의 분석이 추가될 뿐인 경우가 허다하다. 물론 이는 잘못된 경향이다. 실현 가능하고 효율적인 대안이라고 하더라도 비윤리적인 정책수단은 좋은 수단이 될 수 없다.[9]

(2) 실현 가능성 차원의 분석

실현 가능성 차원의 분석에서는 기술적, 경제적, 사회적, 정치적, 법적, 행정적 실현 가능성 등 여러 유형의 실현 가능성을 분석하게 된다. 이상목적은 그 자체가 영원히 실현 불가능한 것이라고 보기 때문에 이상목적 차원에서는 실현 가능성 차원의 분석은 의미가 없다. 계획목표는 대상 계획 기간 내에, 그리고 일반목적은 언젠가는 실현 가능한 것인지 여부를 분석해야 한다. 계획목표의 실현 가능성은 정책수단의 실현 가능성과, 일반목적의 실현 가능성은 계획목표의 실현 가능성과 밀접한 관련이 있다. 그러므로 일반목적의 실현 가능성, 계획목표의 실현 가능성, 그리고 정책수단의 실현 가능성에 대한 분석은 상호 연관되어 이루어져야 한다. 예를 들어, 실현 불가능하거나 실현 가능성이 낮은 정책수단을 채택한다는 것은, 곧 계획목표의 실현 가능성이 없거나 낮다

---

8) 이상목적 차원에서 취급하는 윤리성은 매우 추상적이고 당위적인 성격이 강한 '당위적 윤리성'으로 하위 목적과 수단 차원에서의 윤리성보다 상대적으로 더 중요하다고 볼 수 있다.

9) 예를 들어, 저소득계층의 소녀들에게 여성용품을 제공하는 방법으로 주민자치센터에 와서 본인이 직접 물품을 수령하는 방법(정책수단)을 택하기로 했다. 정책담당자의 입장에서 보면 이 방법은 실현 가능하고, 능률적이라고 생각할 수 있다. 그러나 정책대상자인 소녀의 입장에서 보면 이 방법은 불편한 일일뿐 아니라 수치심을 유발할 수 있기 때문에 좋은 대안이 아닐 수 있다. 특히, 수치심을 불러 일으키게 할 수 있다는 점에서 이 수단은 비윤리적이다. 실제로 이런 논란 때문에 우리나라에서는 본인의 동의를 받아 택배로 물품을 전달하고 있다.

는 것을 의미하기 때문이다. 그리고 계획목표는 일반목적의 수단적인 하위 목표이므로 계획목표의 실현 가능성이 불투명하다는 것은 곧 일반목적의 실현 가능성이 불투명하다는 것을 의미한다.

정책수단 차원에서의 실현 가능성 분석은 특히 중요하다. 효과적이고 능률적으로 평가되는 정책수단이라고 하더라도 실현 가능성이 없으면 좋은 정책수단이라고 할 수 없다.10)

(3) 효율성 차원의 분석

효율성 차원의 분석에는 정책수단과 수단적 성격의 정책목표의 효과성과 능률성을 평가한다. 효과성은 목표 달성의 정도를 의미하고 능률성은 투입 대비 산출의 비율, 투입한 요소 및 비용에 비해 목표 달성도가 어느 정도인가를 판단하는 기준이다. 정책의 목표-수단 구조에서 효과성과 능률성은 수단적인 성격의 목표(목적)와 정책수단의 적합성과 관련된 것이다. 다른 조건이 같다면 효과성과 능률성이 클수록 더 좋은 수단이라 평가된다.

측정이 쉽지는 않지만 일반목적은 이상목적 달성에 얼마나 기여하게 될 것인지, 계획목표는 일반목적 달성에 얼마나 기여하고, 수단으로서의 능률성은 어떠한지를 평가한다. 그리고 계획목표 달성과 관련해서 정책수단의 효과성과 능률성을 평가한다. 정책분석에서 목표와 수단을 분석할 때 그 초점은 목표-수단의 인과관계 구조에 있다. 정책분석은 바람직한 정책목표의 설정, 그리고 이를 달성하기 위한 적합한 정책수단을 찾는 데 주된 관심이 있기 때문이다. 정책목표들 사이의 횡적 구조나 동일 차원에 있는 목표들 사이의 상호작용 관계 등도 정책분석에서 취급한다. 그런데 이 역시 목표와 수단의 관계에서 파악되어야 한다. 복수의 목표들이 상위 목적 달성에 적합하게 구성되고 수단으로서 적절하게 작동할 것인가를 따지는 것이 주된 관심이 되기 때문이다.

10) 어떤 정책대안(수단)이 정책목표 달성에 크게 기여하고, 투입 대비 산출도 매우 클 것으로 예상되는 경우에도 여소야대 국회에서 야당의 반대가 심하면(정치적 실현 가능성이 낮으면) 그 대안은 정책분석의 결과물로 제안되기 어렵거나 설령 제안되었다 하더라도 채택되기 어렵게 된다.

제 2 절 정책분석의 기본구조

정책분석은 위에서 살펴본 정책의 목표-수단 구조 측면과 평가 기준 측면에서 여러 차원별 분석이 가능하다. 그러나 이러한 두 측면의 여러 차원별 분석은 분리되어 이루어지지만 서로 연계되어 있다. 그러므로 차원별 분석은 체계적으로 구조화되고 통합되어야 정책형성의 질을 높일 수 있는 정책분석이 이루어질 수 있다. 이를 좀 더 자세히 살펴보면 다음과 같다.

1. 정책의 목표-수단 구조 측면에서의 차원별 분석의 구조화

정책의 목표-수단 구조 측면에서 보면, [이상목적 차원의 분석 → 일반목적 차원의 분석 → 계획목표 차원의 분석 → 정책수단(실천 행동) 차원의 분석] 또는 그 반대 순서로 구조화되고 통합되어야 한다.

정책형성은 가치판단(규범의 모색), 사실판단(정책 상황의 정의), 전략판단(정책목표 설정과 목표별 자원배분), 그리고 관리판단(정책수단으로서의 행동의 설계) 등을 통합하는 종합 판단을 통해 이루어진다(허범, 2007d). 이러한 정책형성의 실제에 적합하게 정책분석이 이루어지려면 윤리분석(가치분석), 전략분석, 그리고 관리분석이 통합적으로 이루어져야 한다. 이상목적 차원에서 윤리분석이, 일반목적과 계획목표 차원에서 전략분석이, 그리고 정책수단 차원에서 관리분석이 주로 이루어지고 이들이 통합되어야 하는 것이다. 즉, 정책분석은 [윤리분석 → 전략분석 → 관리분석]으로 구조화되고 종합되어야 한다. 분석을 통해 산출되는 정보의 내용으로 보면, [인간존엄성이 실현되는 바람직한 인간 삶의 양태와 사회 모습의 결정 → 정책의 바람직한 방향, 정책기조의 설정 → 좋은 정책 방향에 부합되는 실현 가능한 계획목표의 설정과 복수 목표들에 대한 자원 배분의 결정 → 계획목표 달성에 효과적이고 능률적인 행동 방안(정책수단)의 설계] 등으로 구조화되어야 한다.

이들 분석 중 어느 하나라도 빠지면 그만큼 정책분석은 불완전하고 실제의 정책결정에서 유용하고 타당한 정책내용을 제안하는 데 실패하게 될 것이다.

2. 평가 기준 측면에서의 차원별 분석의 구조화

평가 기준 측면에서 이루어지는 차원별 분석은 [윤리성 분석→실현 가능성 분석→효율성 분석] 또는 [효율성 분석→실현 가능성 분석→윤리성 분석]으로 구조화되어야 한다(허범, 1988: 93-94). 이러한 세 차원의 분석은 윤리성만을 분석하는 이상목적 차원을 제외하고 모든 목표(목적)와 수단에 대해 이루어져야 한다.

윤리성 분석이 이상목적 차원에서 이루어지는 분석의 핵심이지만, 윤리성 차원의 분석이 이상목적 차원에서만 이루어지는 것은 아니다. 이상목적의 하위 차원인 일반목적과 계획목표, 그리고 정책수단 차원에서도 윤리성 분석이 필요하다는 것을 특별히 유념할 필요가 있다. 윤리성 분석은 정책의 목적·수단 구조의 모든 차원에서 이루어져야 하고, 그래야 정책의 윤리성이 확보될 수 있기 때문이다.

3. 종합

지금까지의 검토를 종합해 보면, 정책분석은 [이상목적 차원의 윤리분석→일반목적과 계획목표 차원의 전략분석→정책수단 차원의 관리분석]이 계층적으로 구조화되고 통합되어야 한다. 또한 이상목적 차원을 제외하고, 일반목적, 계획목표, 그리고 정책수단 등 모든 차원에서 각각 [윤리성 분석→실현 가능성 분석→효율성 분석]의 계층적 구조화와 통합이 이루어져야 한다. 차원별 분석의 계층적 구조화와 통합은 분석의 우선순위, 평가 기준 적용의 우선순위가 있고, 이러한 분석들이 상호 연계되고 통합되어야 한다는 것을 의미한다. 이러한 분석의 체계화와 통합은 윤리적인 이상목적의 설정, 윤리성과 실현 가능성, 그리고 효율성이 확보된 목표(목적)의 설정과[11] 정책수단의 설계, 제안, 채택에 기여할 수 있을 것이다.

지금까지의 설명을 간단히 정리하면 다음 [표 3-1]과 같다.

---

11) 앞에서 설명한 것처럼 이상목적은 마땅히 지향해야 할 목적이나 영원히 실현 가능성이 없는 것이기 때문에 윤리성 차원의 분석은 의미가 있으나, 실현 가능성이나 효과성 차원의 분석은 의미가 없다.

표 3-1 정책분석의 단계, 차원의 구조

<table>
<tr><th rowspan="2">정책분석
핵심 단계</th><th colspan="2">분석의 차원</th><th rowspan="2">산출
정보</th><th rowspan="2">분석 방법</th><th rowspan="2">주된
분석 유형</th></tr>
<tr><th>평가 기준
측면</th><th>목적 · 수단
구조 측면</th></tr>
<tr><td rowspan="3">문제분석 ·
목표 설정</td><td>윤리성 차원</td><td>이상목적 차원
(ideal goal)</td><td>어디로
(where to)</td><td>판단</td><td>윤리분석</td></tr>
<tr><td>윤리성 차원
실현 가능성 차원
효율성 차원</td><td>일반목적 차원
(goal)</td><td>어디로
(where to)
+
무엇을
(what to)</td><td>판단과
계산</td><td rowspan="2">전략분석</td></tr>
<tr><td>윤리성 차원
실현 가능성 차원
효율성 차원</td><td>계획목표 차원
(objective)</td><td>무엇을
(what to)</td><td>판단과
계산</td></tr>
<tr><td>대안분석</td><td>윤리성 차원
실현 가능성 차원
효율성 차원</td><td>정책수단 차원
(means)</td><td>어떻게
(how to)</td><td>판단과
계산</td><td>관리분석</td></tr>
</table>

출처: 허범(2007d: 7)의 [표 1]을 토대로 재작성.

제4장 정책토론과 정책논증

정책분석 과정에서 상이한 관점, 지식, 경험과 주장을 조정하고 통합하는 것은 정책토론을 통해서 가능하다. 이 장에서는 먼저 정책토론의 본질과 합리적 정책토론의 의의와 요건을 검토한다. 다음으로 합리적 정책토론을 위한 정책논증의 구성과 활용에 대해 살펴본다.

제 1 절 정책분석과 정책토론[1)]

1. 정책토론의 의의와 특징

앞에서 지적한 것처럼 정책분석은 정책형성[2)]에 필요한 정책판단의 질(質)을 향상시키기 위하여 정책형성에 직접 또는 간접으로 관여하는 사람과 집단에 의해 제안되거나 수행되고 활용된다. 그리고 정책분석의 주체가 어느 한 사람이나 집단에 한정되는 것이 아니기 때문에 정책분석의 결과는 다르게 나타날 수 있고, 이에 따라 다양한 정책주장

1) 이 부분은 강근복(2013)의 내용을 발췌 · 인용한 것이다.

2) 정책결정과 정책형성은 동일한 의미로 사용되는 경우가 많다. 그러나 여기에서는 정책분석을 위한 정책토론에 초점을 맞추기 위해 정책형성은 정책안을 최종적으로 만드는 것을 의미하고, 정책결정은 작성된 정책안이 권위 있는 기관에 의해 채택되는 것을 의미하는 것으로 본다. 그러므로 정책형성 단계는 정책분석이 이루어지는 단계, 그리고 정책결정 단계는 정책채택을 위해 정책 관련자들 사이에 협상, 타협, 그리고 권력적 작용이 이루어지는 정치 과정으로 나누어 생각해 보기로 한다.

이 전개될 수 있다. 다양한 관점과 지식을 토대로 상이한 주장을 하는 복수의 사람 또는 집단이 정책분석 과정에 참여할 때 참여자들은 합의된 정책분석 결과를 제시하기 위해 정책토론[3])을 전개한다. 그러므로 정책토론은 정책분석의 실행 과정과 분석 결과의 활용 과정에서 매우 중요한 역할을 담당한다고 볼 수 있다.

1) 정책토론의 의미

정책토론은 토론의 한 유형이다. 그러므로 정책토론의 개념적 특성을 검토하기에 앞서 토론의 본질적 특성을 이해하는 것이 필요하다. 토론(討論)은 '공격하다', '탐구하다' 또는 '비판하다'라는 뜻의 토(討)와 '논의하다', '따지다', '문제시하다', '평가하여 결정하다'라는 뜻의 론(論)의 합성어로(http://hanja.naver.com/), 서로 인식과 판단이 다른 복수의 사람들을 전제로 하여 어떤 논제에 대해 서로의 인식, 판단, 그리고 주장을 교환하는 과정이다.

다툼은 규범판단, 사실판단 또는 처방적 판단이 서로 다른 데서 비롯된다. 다툼의 내용을 이해하고 다툼을 해소하기 위해서는 서로의 생각을 (말로) 주고받는 행위가 요구된다. 이때 대립되는 생각, 주장 사이에 '말로 다투는' 토론이 형성되는 것이다. 토론은 서로 다른 생각(대립적 주장)을 드러내고 비교하며, 왜 서로 생각이 다른지를 이해하는 것만을 목적으로 할 수도 있다. 그러나 기본적으로는 상호 이해, 상호 학습, 그리고 상호 조정의 과정을 거쳐 합의에 이르는 것을 지향하는 것이 일반적이다. 이렇게 보면 토론은 "어떤 주제에 대해 복수의 사람들이 서로 다른 정보, 인식, 판단과 주장 등을 논쟁적으로 교환하고 합의를 이끌어 나가는 과정이자 의사소통 방식"이라고 할 수 있다.

토론의 개념을 위와 같이 이해한다면 정책토론은 "정책이념과 방향, 정책문제와 정책목표, 그리고 정책대안 등 정책 관련 주제에 대해 정책 관련자들이 서로 다른 정책정보, 인식, 판단과 정책주장 등을 논쟁적으로 교환하고 주제에 대한 합의를 도출해 나가

---

3) 이 책에서는 정책분석 과정에서의 정책토론에 일차적인 관심을 갖고 있다. 정책분석의 유형에 따라서 정책분석 과정에서 정책토론이 차지하는 비중은 달라진다. 정책토론(담론)식 정책분석에서는 정책토론이 매우 중요하고, 그 다음으로 정책창도적 정책분석과 과학적 정책분석에서는 상대적으로 정책토론의 비중이 낮아진다. 그러나 이러한 정책분석의 유형은 이념형에 해당되고 질 높은 정책형성에 기여할 수 있는 정책분석은 복수의 접근법을 혼합적으로 사용하는 것이 일반적이다. 그러므로 정책토론은 정책분석의 핵심적 접근법이라 할 수 있다.

는 과정"이라고 정의할 수 있다.

2) 정책토론의 특징

위에서 본 것처럼 정책토론의 개념을 정의하면 그 특징은 다음과 같이 정리해 볼 수 있다.[4)]

① 정책토론은 정책 관련 주제를 대상으로 하는 토론이다. 정책토론은 사실적 주제에 관련된 토론, 가치에 관련된 토론, 그리고 처방에 대한 토론으로 나눌 수 있다. 이를 달리 나누면 문제(목적) 중심 토론과 대안 중심 토론으로 나눌 수 있다. 사실적 주제에 대한 토론은 경험하고 관찰할 수 있는 사실의 정확성, 최신성, 그리고 문제 관련성을 다루는 토론이다. 가치에 대한 토론은 '좋다'거나 '나쁘다' 또는 '옳다'거나 '틀리다', 혹은 '가치가 있다'거나 '가치가 없다' 등을 판단하는 것에 대한 토론을 말한다. 처방적 토론은 문제를 해결하거나 목적을 달성하기 위한 전략과 행동 방안에 대한 토론이다. 그리고 문제(목적) 중심 토론은 문제의 정의와 정책목표 설정과 관련된 토론으로 사실 관련 주제에 대한 토론과 가치에 대한 토론을 포함한다. 대안 중심 토론은 문제 해결과 목적 달성을 위한 대안의 탐색·평가에 관한 토론, 처방적 주제에 대한 토론을 의미하는데, 실질적으로는 사실 관련 주제와 가치 관련 주제에 대한 토론을 포함하게 된다.

② 정책토론은 정책 관련자들의 가치관과 규범판단, 현실인식과 상황판단이 서로 다르고 문제의식, 문제 해결의 방향과 구체적인 선호 대안이 다를 수 있다는 것을 전제로 한다. 만일 관련자들의 인식, 판단과 주장이 다르지 않다면 토론은 필요하지 않다. 그러므로 이런 전제 하에서 어떻게 서로 다른 인식, 판단과 주장을 자유롭고 명확하게 드러내고 그 주장 논거와 반박을 논리적으로 교환할 것인지가 중요한 과제가 된다.

③ 정책토론은 상호 학습과 상호 조정의 과정이요 합의를 지향하는 과정이다. 정책토론 과정에서 상이한 지식과 경험, 가치관을 가진 사람들이 참여하고 상이한 주장과 주장 논거를 제시함으로써 서로 학습하는 효과를 거두게 된다. 상대방이 제시하는 정보와 지식, 주장 논거 등에서 학습의 기회를 갖게 되고, 자신의 생각을 바꾸고 심지어는

---

4) 여기에서 이야기하는 정책토론은 정책분석 과정에서 이루어지는 토론만이 아니라, 정책분석 결과를 활용해서 정책형성에 영향을 미치려는 정책 관련자들 사이의 토론도 포함하는 것이다.

자신의 가치관까지도 변화시킬 수 있기 때문이다. 이러한 상호 학습과 변증법적 토론을 통해 서로 다른 주장들을 상호 조정하고 쟁점에 대한 합의에 이를 수 있다.

④ 정책토론은 공적 토론이다. 정책토론은 공적인 것(공공사항, affairs)을 주제로 다루는 토론, 공공성을 띤 토론이다. 그러면 공공성이란 무엇을 의미하는가? 공공성(publicity)의 개념적 내용에 포함되는 것으로 소영진(2003: 6-8)은 전체 또는 다수에 관한 일, 권익, 정부, 전유 불가능성, 이타성, 그리고 공익성 등을, 임의영(2003: 27-29)은 정부 관련성, 공중성, 공식성, 공익, 접근 가능성, 공유, 그리고 개방성 등을 들고 있다. 백완기(2007: 7-13)는 정부 관련성, 정치성, 공개성, 공익, 공유, 공정, 그리고 인권 등 일곱 가지를 공공성 개념의 구성 요소로 보고 있다. 이렇게 공공성의 개념은 복합적이고 규범적인 성격을 갖고 있다. 이러한 공공성의 구현은 민주주의라는 제도에 의해서 확보될 수 있고, 정책토론은 민주주의 실현의 핵심 요소라 할 수 있다. 시민들이 자유롭고 평등하게 참여하는 공적인 토론은 정당한 정치적 의사결정과 자치의 핵심이라 할 수 있기 때문이다. 그리고 정부는 공중의 공적 추론이나 논의를 통해 형성되는 시민의 의지를 구현해야 할 책임이 있다(Habermas, 1975).

하버마스(Habermas, 1984)를 포함한 여러 학자들은 공적 토론의 개념적 조건 속에 예를 들면, '자유로운 접근', '자발적인 참여', '공론의 형성', '의사표현의 자유', 그리고 '공적인 이슈를 논할 자유' 등을 포함시키고 있다. 롤즈(Rawls, 1971) 또한 '적절한 정보의 제공', '제공되는 정보, 토론 과정과 결과에 대한 의도적 조작의 배제', '의사결정에서 논증의 힘이 권력과 권위에 우선하는 정치적 평등의 규범', 그리고 '편협한 사익 추구에 앞서 타당한 해결책을 찾는 공적 태도' 등의 조건들을 예로 지적하고 있다.

⑤ 정책토론의 성패는 자유롭고 공정한 토론 참여의 기회와 환경의 제공, 이성과 증거에 토대를 둔 합리적 논증의 구성과 활용에 크게 의존한다. 그리고 말하고 듣는 기회의 균형과 토론하기에 합당한 태도의 유지 여부 등에 달려 있다. 특히, 토론 과정에서 경청은 특별히 강조될 필요가 있다. '말하기와 듣기'를 기준으로 해서 보면 세상에는 두 부류의 사람, 즉 '말하는 사람'과 '말하려고 기다리는 사람'만이 있다는 이야기가 있다. 말하거나 말할 순서를 기다리는 사람만이 있을 뿐 '듣는 사람'은 없다는 지적이다. 상대방의 주장과 주장 논거를 명확히 이해하는 것은 학습의 기회를 제공할 뿐만이 아니라, 적절한 반박의 제시, 상호 조정을 위해서도 매우 중요하다.

2. 합리적 정책토론의 의미와 장애 요인

1) 합리적 정책토론의 의미[5)]

그러면 정책토론이 합리적으로 이루어진다는 것은 무엇을 의미하는가? 우선, 합리성의 개념부터 살펴보자.

합리성의 개념은 매우 다의적이다. 브루베이커(Brubaker, 1984: 2)에 의하면, 베버(Max Weber)는 합리성을 '사려 깊은', '체계적인', '계산 가능한', '비인격적인', '도구적인', '정확한', '정량적인', '규칙 지배적인', '예측 가능한', '방법적인', '의도적인', '냉정한', '꼼꼼한', '효율적인', '이해할 수 있는', 그리고 '일관된' 등 16가지 이상의 의미로 사용하고 있고, '합리적인 것'의 의미를 '규칙에 의해 지배되는 것', '의미에 대한 논리적 해석', '체계적인 것', 그리고 '지성에 의해 제어되는 것' 등 다양한 의미로 사용하고 있다고 한다(임의영, 2006: 391-392에서 재인용).

이성은 합리성의 조건이다.[6)] 베버는 '이성'에 근거해서 합리적인 것과 비합리적인 것을 구별하였다. 이성에 의존하지 않고, 전통과 같은 외적인 권위나 내적인 감정에 따라 행해지는 전통적 행위나 감정적 행위는 비합리적인 것이라고 보았다. 그에 반해, 사람이 자신의 이성적 사유에 따라 행위할 때 이를 합리적인 행동이라고 하였다(Brubaker, 1984: 50; 임의영, 2006: 392에서 재인용). 이렇게 보면 권위나 내적인 감정에 의해 이루어지는 정책토론은 비합리적인 것이고, 이성에 근거해서 이루어지는 정책토론은 합리적 정책토론이라 할 수 있다.

우리의 현실에서는 주로 직관이나 경험에 의해서 또는 즉흥적으로 생각이 떠오르는 대로 정책주장을 하는 경우가 있다. 정책주장을 하면서 설득력 있는 근거를 제시하지 않는 경우도 허다하다. 물론 이러한 현상은 합리적인 정책토론을 저해하는 것이다. 정책주장을 하는 사람은 항상 자신의 주장을 입증해야 할 의무를 갖는다. 그러나 어떤 사람은 자신의 주장이 옳다고 우길 뿐 그 근거를 제시하지 못하거나 제시하려고 하지도

---

5) 이 부분은 강근복(2013)의 내용을 발췌 · 인용한 것이다.

6) 합리성(rationality)과 이성(reason)의 어원은 동일하게 라틴어 ratio이다. '합리적인(rational)'이라는 말의 의미가 역사적으로 변화되어 온 과정을 보면, 1398년 이래로 '이성이 부여된', '이성의 혹은 이성에 속하는', '합당한'이라는 의미와 '계산' 혹은 '이성'의 의미로 사용되어 왔다(임의영, 2006: 392).

않는다. 설령, 근거가 드러난다 하더라도 판단 근거에 대한 반론을 허용하지도 않는다. 이렇게 자신의 주장에 대한 입증의 의무를 지키지 않는 경우가 많아지면 사회는 무책임한 주장들로 혼란을 겪게 된다. 정책토론이 활성화되지 못하고 그 과정과 내용이 합리적이지 않다면 당연히 합리적 정책결정은 그만큼 기대하기 힘들게 된다.

이제까지의 논의를 종합해 보면 합리적인 정책토론은 토론 과정과 내용의 합리성이 확보되는 정책토론이다. 정책토론 과정의 합리성은 이성과 증거를 토대로 한 정책논증적 토론, 공개적이고 자유로운 토론, 그리고 체계적으로 조직화되고 운용되며 합의를 지향하는 토론을 통해서 확보할 수 있다. 그리고 정책토론 내용의 합리성은 토론 과정에서 제기되는 찬성・반대의 주장과 주장 논거가 과학적으로 검증된 것(warranted by verified truth)일 뿐만 아니라, 주장하는 좋은 이유(warranted by good reason)의 교환과 내용이 공동선의 실현을 추구하는 것에 의해서 확보될 수 있다.

2) 정책토론의 장애 요인

합리적인 정책토론이 이루어질 수 있는 여건을 마련하거나, 그에 필요한 능력을 배양하기 위해서는 합리적인 정책토론을 저해하는 요인들을 규명하는 것이 필요하다.

우리 사회의 경우 정책토론의 합리성을 훼손시키는 요인들로 다음과 같은 것들을 들 수 있다.

(1) 체면과 위신, 전통적 예의를 중시하는 풍토

체면과 위신, 예의를 중시하는 풍토는 합리적인 정책토론을 저해한다. 이러한 풍토는 토론 과정에서 자신의 오류를 솔직히 인정하고 상대방의 의견을 수용하는 것을 막고, 상대방의 판단과 논리상의 오류를 철저히 추궁하지 못하게 만든다. 자신의 논리에 약점이 있음을 인정하거나 주장을 철회하는 것은 체면을 손상시키는 일이라고 생각하기 때문이다. 특히, 전문가, 연장자, 직위가 높은 사람에게서 이런 경향이 더 강하다. 또한 다른 사람이 자기 주장에 반대되는 강력한 주장을 펴는 것을 자신에 대한 인격적인 도전으로 받아들이는 경우도 있다. 이런 경우에는 상대방의 주장에 논리적으로 대응하기보다는 감정적으로 대응할 가능성이 더 크다.

정책토론 과정에서 서로 예의를 지키는 것은 중요하다. 다른 사람의 견해를 존중하고 예의 바른 말과 태도를 보여 주어야 한다. 문제가 되는 것은 나이 많은 사람과 적은 사람, 직위가 높은 사람과 낮은 사람과의 관계 등 수직적 관계를 중시하는 전통적 예의를 앞세우는 것이다.

(2) 흑백 논리가 지배적인 분위기

흑백 논리가 지배적인 분위기일 때 합리적인 정책토론은 기대하기 힘들다. 토론의 결과가 꼭 합의로 연결되어야 하는 것은 아니지만, 정책결정을 위한 토론일 경우 관련자(집단)들 사이에 합의가 도출되는 것이 바람직하다. 합의가 이루어지기 위해서는 서로가 자신의 주장을 수정하고 상대방의 주장을 부분적으로라도 수용하는 것이 필요하다. 이로써 일종의 타협, 협상과 같은 결과를 얻게 되는 것이다. 그러나 흑백 논리는 이러한 타협과 협상을 거부한다. 소위 '화끈하고' 서로 명확히 다른 입장과 주장이 있을 뿐, 양자의 중간에 위치하는 타협적 주장은 회색적이라고 매도된다. 어느 한 주장에 전적으로 동조하거나, 아니면 반대자 또는 적으로 배척될 뿐이다. 그러므로 흑백 논리가 지배적인 분위기에서는 합리적 토론의 여지가 적어진다.

(3) 표현 능력 부족과 진지한 청취 태도의 결여

표현 능력이 부족하고 남의 이야기를 귀담아 듣는 태도가 결여되어 있을 때 합리적 정책토론이 어려워진다. 정확한 용어를 선택하여 자기 주장을 분명하게 표현하지 못하거나, 주장을 하더라도 주장의 논거를 명확히 제시하지 않은 채 열정만을 앞세우는 태도, 추론 과정의 설명 없이 결론만을 제시하는 태도도 합리적 정책토론의 장애 요인이다. 그리고 의사를 개진할 때에 상대방의 의사도 존중하면서 예의 바르게 상대방의 주장을 반박하기보다는 본질적인 토론의 내용과는 상관없는 것으로 상대방의 기분을 상하게 만드는 경우도 허다하다. 이는 표현의 태도나 용어 선택에 신중성이 결여되어 있기 때문이다.

정책토론에서는 특정 주제를 놓고 각자의 의견과 입장을 개진하면서 합의된 결론을 도출해 내는 것을 의도하는 경우가 많다. 이렇게 보면 서로 다른 입장과 의견을 가진 사람들이 이성적 · 논리적 근거를 바탕으로 설득과 납득의 과정을 거쳐 합의된 결론을 이끌어내는 과정이 바로 정책토론이다. 그러므로 서로 다른 주장들은 자유롭고 공정하게 표현되고 취급되어야 한다.

그러나 실제로는 정책토론이 서로 의견을 주고받는 쌍방적 과정이기보다는 토론 참여자가 각각 자기 주장을 일방적으로 토해 내는 일방통행식 연설회가 되어 버리는 경우가 허다하다. 상대방의 주장을 진지하게 경청하여 받아들일 만한 것과 반박해야 할 것을 가려내는 것이 아니라, 일방적으로 자신의 주장만을 되풀이하는 것이다.

(4) 승패의식

토론에서의 승패의식은 합리적 정책토론을 어렵게 만든다. 정책토론에서는 승자와 패자가 있을 수 없다. 오히려, 토론의 모든 참여자가 서로 다른 의견의 비교와 수정을 통해서 더 좋은 결론을 지향하는 데 기여하여야 한다. 그러나 토론 참가자들 스스로가 갖는 승패의식 외에 토론 참가자들을 승자와 패자로 갈라놓으려는 외부의 인식 때문에 합리적 토론이 이루어지지 못하고 마치 싸움판처럼 되는 경우가 있다.

(5) 지식과 정보의 부족

토론 주제에 대한 지식과 정보의 부족이 합리적 정책토론을 어렵게 한다. 당연한 이야기지만 토론 주제와 관련된 정보를 갖고 있지 못할 때 합리적인 정책토론은 기대하기 힘들다. 이러한 경우에는 막연하고 추상적인 토론에 그치거나 엉뚱한 의견의 제시로 끝날 수 있다.

토론 참여자들 사이의 토론 주제에 대한 지식과 정보의 불균형도 합리적 정책토론의 장애 요인으로 등장한다. 과장해서 말하면 권투 경기에서 슈퍼 헤비급 선수와 플라이급 선수를 한 링에 올려놓고 경기를 하는 것과 마찬가지인 경우가 있을 수 있다. 그러므로 토론을 기획하고 진행하는 측에서는, 특히 주장이 대립되는 이슈에 대한 토론일 경우 서로 다른 관점과 주장을 적절히 대변할 수 있는 적합한 토론자의 선정에 신경을 써야 한다.

(6) 일방적 여론의 형성

사회 여론이 어느 한쪽 방향으로 일방적으로 기울어져 있을 경우에도 합리적 정책토론이 어렵다. 우리의 경우 사회적으로 크게 관심을 끌고 있는 특정 문제에 대해서 이미 어떤 여론이 형성되어 있을 때, 이에 반대되는 의견을 공개적인 자리에서 제시하고 자유롭게 토론하기 어려운 경우가 있다.

(7) 조급한 결론주의

조급하게 결론을 기대하거나 급박하게 어떤 결론을 얻어야 할 필요가 있을 경우에는 합리적 정책토론이 어렵다. 우리나라는 짧은 시간에 획기적인 경제 발전을 이룩하였다. 이러한 초고속 성장을 이룬 바탕에는 효율성을 강조하는 사회문화가 깔려 있다. 짧은 시간에 많은 것을 얻으려 하다 보니 자연히 시간이 많이 걸리는 토론은 배제되고 진지한 토론보다는 명쾌한 결단을 원하는 경우가 보편화되었다.

또한 불가피하게 합리적 정책토론이 제약을 받는 경우도 있다. 긴급사태의 발생으로 이를 해결하기 위한 신속한 정책결정이 필요한 경우로서, 이때 대부분은 합리적인 토론보다는 정책결정자의 직관적 판단에 의해 결정이 이루어져 왔다.

3. 합리적 정책토론의 기획과 전제 요건

1) 합리적 정책토론의 기획[7)]

정책토론의 합리성이 제고되도록 하려면 정책토론의 기획이 필요하다. 정책토론 기획에는 다음과 같은 요소들이 고려되어야 한다(허범, 2008).

① 정책토론의 구체적 목적을 명확히 한다. 정책토론의 일반적인 목적은 민주적이고 합리적인 정책형성을 위해서 다양한 정책 관점, 가치관, 지식과 이해관계 등을 교환하는 과정을 통해 정책문제를 정의하고 정책대안을 탐색·평가·합의하기 위한 것이다. 그러나 정책토론의 구체적 목적이 문제가 무엇인지를 정의하기 위한 것인지, 아니면 정책대안을 탐색하고 평가하기 위한 것인지 혹은 두 가지를 모두 포함한 것인지, 그렇지 않으면 위 목적의 하위 목적에 해당하는 다른 어떤 구체적인 목적을 가지고 있는지를 명확히 규정하는 것이 필요하다. 정책토론 목적에 따라 문제(목적) 중심 토론과 대안 중심 토론을 따로 또는 순차적[8)]으로 수행해야 될 것이기 때문이다.

---

7) 이 부분은 강근복(2013: 45-47)의 내용을 발췌·요약한 것이다.

8) 여기에서 순차적이라는 의미는 문제(목적) 중심 토론과 대안 중심 토론이 시간적인 순서에 따라 일방적인 방향으로 수행된다는 것을 의미하는 것이 아니라, 개념상 문제 정의와 목표 설정이 있고 난

② 정책토론에 누가 참여할 것인가를 결정한다. 정책토론은 다른 조건이 같다면, 가능한 한 공개하고 참여를 확대하는 것이 바람직하다. 그러나 현실적으로는 여러 이유와 제약 조건 때문에 정책토론 참여가 제한적일 수밖에 없다. 경우에 따라서는 정책토론자의 범위를 선택적으로 한정할 수밖에 없는 경우도 있을 수 있다.

잠재적 정책토론 참여자들에는 ㉠ 직접적으로 정책문제, 정책의 영향을 받는 문제 관련자, ㉡ 정책문제와 정책의 직접적 영향권 밖에 있으나 여러 이유로 그 문제나 정책에 관심과 정보, 지식을 가진 사람, ㉢ 정책문제의 직접적인 영향권 밖에 있을 뿐만 아니라 문제에 대해 관심과 정보, 지식을 갖고 있지 않았으나, 공공문제(공공의제)로 드러나면 정책토론에 참여하는 관심 대중, ㉣ 평소에 정책문제에 대해 특별한 관심과 정보, 지식이 없고 정책토론에도 참여할 동기를 갖고 있지 않으나, 예외적으로 특별한 정책문제에는 관심을 표명하는 일반 대중, 그리고 ㉤ 공식적인 정책결정 권한을 가진 정부 관계자들이 포함된다(허범, 2008: 5). 정책토론자의 선정은 정책문제의 내용과 특성, 정책토론의 구체적 목적 등을 고려하고 정책 관련자들의 대표성 확보, 가능한 다양한 관점, 입장, 가치관, 문제의식과 선호를 가진 사람의 참여 확대, 그리고 실질적 참여 가능성 등을 고려하는 것이 필요하다. 상식적 의미에서 정책토론 참여자로 적합한 사람은 건전한 상식의 소유자로 정책문제에 관심을 가지고 있는 사람, 자신의 의견을 명확하고 논리적으로 표현할 수 있는 사람, 남의 이야기를 잘 듣는 사람, 그리고 상이한 관점과 견해에 개방적인 사람이다(Anderson, Ida-Elisabeth, Jaeger & Birgit, 2002).

정책토론에서 전문가의 독자적 참여 필요성에 대해서는 논란이 있으나(허범, 2008), 토론을 촉진하고, 사회를 보거나, 지식과 정보를 제공하는 등의 지원이 필요하다는 점에서 전문가의 역할을 인정할 수 있다.

③ 시민의 정책토론 참여 동기를 활성화시킬 수 있는 방법을 고안해야 한다. 정책 관련자들, 특히 시민들이 정책토론에 적극적으로 참여하려는 의욕과 행동을 보여야 정책토론이 실질적 효과를 거둘 수 있기 때문이다. 그러나 현실적으로 시민들은 생계유지 때문에 정책토론에 소요되는 시간을 내기가 쉽지 않고, 정책정보와 지식 부족으로 인한

다음에 대안분석이 이루어지기 때문에 그렇다는 것이다. 실제로 문제 정의와 대안의 탐색·평가는 동시에 이루어질 수도 있고, 대안 탐색·평가 과정에서 다시 문제를 재정의하는 토론으로 되돌아갈 수도 있어서 두 단계의 토론은 쌍방향적, 중첩적 과정으로 전개되는 것이 일반적이다.

자신감 결여, 그리고 정책토론 참여의 실질적 효과성에 대한 의구심 등으로 인해 정책토론 참여 의욕은 크지 않은 편이다.

④ 정책토론의 합리적인 절차와 방법을 준비해야 한다. 준비되지 않고 무질서하게 진행되는 정책토론은 시간과 자원을 낭비할 뿐 정책토론의 실질적 목적을 달성할 수 없기 때문이다. 경우에 따라서는 갈등을 해소하기는커녕 오히려 갈등을 증폭시키는 결과를 가져올 수 있다.

⑤ 합리적 정책토론을 저해하는 의사소통 과정의 억압·왜곡 요인들을 식별하고 이에 대한 대비책을 세우는 것도 필요하다.

2) 합리적 정책토론의 전제 요건

합리적 정책토론이 전개되기 위해서는 적어도 다음과 같은 전제 요건이 충족되어야 한다. 물론 이러한 요건은 합리적 정책토론을 위한 필요조건의 일부일 뿐 충분조건은 아니며, 앞에서 살펴본 장애 요인의 제거와 관련된다고 볼 수 있다.

(1) 서로 다른 입장과 의견의 인정

정책토론 참여자들은 아주 단순한 원칙, 즉 서로 입장과 의견이 다를 수 있다는 사실을 인정하는 것이 필요하다. 이것은 당연한 것이지만 실제의 토론에서는 서로 입장과 의견이 다를 수 있다는 자명한 원칙을 망각하는 수가 많다.

(2) 토론 주제와 토론자의 분리

정책토론의 주제로부터 토론자를 분리시켜 생각하는 것이 필요하다. 토론을 전개하다 보면 토론 주제와 그 주제를 다루는 사람(의 특성)이 혼합되는 경우가 있다. 토론 주제에 주의를 집중하지 않고 토론에 참가한 사람의 특성(연령이나 지위, 성향 등)이나 태도(표현 방식, 언어 사용 등)를 겹쳐 생각할 경우, 이성과 증거를 활용하는 논리에 입각하여 토론이 이루어지기 어렵다. 이러한 경우에는 토론을 벌이는 것이 아니라 자신과 다른 주장을 펴는 사람에 대해 감정적인 대응을 하게 된다. 그러므로 토론 당사자들은 토론 주제로부터 사람을 분리시켜 생각하는 것이 필요하다.

(3) 토론 주제에 대한 충분한 지식과 정보

정책토론에 참여하는 사람들은 토론 주제에 대해 충분한 지식과 정보를 가진 자들이어야 한다. 토론 참여자가 잘 알지도 못하는 주제에 대해 질 높은 정책토론을 할 것이라고 기대하기는 어렵기 때문이다.

그러나 이러한 지적이 정책토론이 마치 전문가들에 의해서만 이루어질 수 있다는 것으로 받아들여져서는 안 된다. 오히려, 가능하다면 다양한 정책 관련자들이 자유롭고 공평하게 정책토론에 참여할 수 있게 기회를 제공하는 것이 필요하다. 이러한 이유 때문에 전문성이 부족한 일반시민들의 토론 참가를 촉진시키기 위한 정책전문가의 지원 방안을 검토해 볼 필요가 있다(유민봉, 1991: 18-19).

(4) 토론 참여자 간의 상호 협조 의식

토론 참여자들은 서로를 경쟁자 또는 적으로 생각하기보다는 문제를 정의하거나 해결하는 데 공통적으로 관심을 갖고 있는 사람들이라고 인식하는 것이 필요하다. 토론 상대자를 경쟁 상대자 또는 적이라고 생각할 때, 상대방의 의견을 경청하기보다 상대방의 주장을 제치고 자신의 주장을 상대방이 받아들이도록 강요하기 때문이다.

(5) 상대방의 존중과 바른 경청 태도

토론자들은 서로 상대방을 존중하는 입장에서 자신의 의견을 예의 바르게 표현하고 상대방의 견해를 경청하는 자세를 갖추는 것이 필요하다. 경청은 특별히 중요하기 때문에 뒤에서 좀 더 자세히 살펴본다.

(6) 공개적 토론에 적합한 분위기의 조성

일반적인 사회분위기와 조직분위기가 자유롭고 공개적인 정책토론이 가능하도록 조성되어야 한다.

(7) 정보공개 제도

정보공개 제도가 정착되고 정보유통이 원활해야 한다. 정확하고 충분한 정보는 합리적 정책토론의 토대가 되므로 토론 주제와 관련된 모든 정보가 공개되고, 누구든지 정당하게 필요로 하는 정보를 손쉽게 이용할 수 있도록 정보유통이 원활하여야 한다.

(8) 이성과 증거에 입각한 논리 전개

정책주장과 반박은 이성과 증거에 입각한 논리의 전개를 통해 제기되어야 한다. 이는 합리적 정책토론의 핵심을 이루는 부분인데, 이를 위해서는 정책논증의 구조를 이해하고 활용하는 것이 크게 도움이 된다.

3) 경청

(1) 경청의 개념과 특성

앞에서 설명했듯이 정책토론은 토론을 통해 상호 학습, 상호 조정, 그리고 상호 합의하는 과정이다. 토론자들 사이에 학습과 조정, 합의가 이루어지기 위해서는 정책토론이 논증과 설득의 전개 과정만이 아니라 경청의 과정이어야만 한다. 대립적 주장의 교환은 주는 사람과 받는 사람이 있어야 가능한 것이기 때문이다.

사전적인 의미에서 보면 경청(傾聽)은 '귀기울여 듣는 것'을 말한다(네이버 국어사전).[9] 경청(listening)은 상대방의 말을 잘 이해하기 위해 주의 깊게 듣는 것을 말한다. 단순히 물리적으로 들리는 것을 듣는 것(hearing)과는 다르다. 후자는 '듣되 제대로 듣지 않는 것(청이불문, 聽而不聞)'과 같다. 그러므로 경청은 상대방이 말하는 의도를 이해하기 위해 그가 말하는 것, 즉 언어적 표현만이 아니라 그의 눈빛, 표정, 그리고 몸짓과 같은 비언어적 표현에도 주의를 기울이는 것이다.

경청(listening, 의견, 보고를 들음)은 깊이에 따라 다음과 같이 몇 가지 유형으로 나눌 수 있다.

첫째, 거짓 경청이다. 겉으로는 듣는 척하지만 말하는 것을 전혀 듣지 않고, 그 말을 이해하려고 하지도 않는 것이다. 이런 경청자는 자신이 잘 듣고 있다는 좋은 인상을 보여주는 것 외에는 관심이 없다.

둘째, 발언대기형 경청이다. 이러한 경청자는 상대방의 말 앞 부분만 좀 듣고, 그 다음부터는 자신이 다음에 무엇을 이야기할 것인가를 생각하는 데 집중하고, 상대방이 말

9) Merriam-Webster 사전에서는 다음과 같이 정의하고 있다. Hearing is the "process, function, or power of perceiving sound; specifically: the special sense by which noises and tones are received as stimuli." Listening, on the other hand, means "to pay attention to sound; to hear something with thoughtful attention; and to give consideration."

하는 도중에 언제 끼어들어 발언의 기회를 잡을 것인지를 모색한다. 이는 정책토론에서 듣는 사람은 없고, '말하는 사람과 말 할 순서를 기다라는 사람 밖에 없다'는 이야기에 등장하는 사람이다.

셋째, 선택적 경청이다. 특정한 것만 선택적으로 듣고 다른 것들은 무시해 버린다. 듣고 싶은 것만 듣고, 듣기 싫은 것은 듣지 않는 것이다. 이러한 유형의 경청은 보고 싶은 것만 보고, 보고 싶지 않은 것이나 관심이 없는 것은 보려 하지 않는 편파적 시각과 같다.

넷째, 상대방이 말하는 것의 일부만을 경청하는 것이다. 의도한 것은 아니지만 상대방의 말을 들으면서 그 말의 뜻을 곰곰이 생각하거나, 의문을 제기할 때 또는 주제와 관련해서 전에 보거나 들었던 것들이 생각날 때에는 상대방의 이야기를 제대로 듣지 못하고 놓치는 경우를 말한다.

다섯째, 진정한 의미의 경청으로 상대방이 이야기하는 내용을 정확하게 이해하기 위해 적극적이고 주의 깊게 상대방의 말에 귀를 기울이는 것이다.

정책토론에서 말을 잘하는 사람이 주도권을 잡는 것으로 생각하는 경우도 있지만, 토론 과정과 내용을 잘 들여다보면, 경청을 잘하는 사람이 토론의 주도권을 잡을 가능성이 더 크다. 다음에는 경청의 중요성을 좀 더 자세히 살펴본다.

(2) 경청의 중요성

① 경청은 합리적인 정책토론의 전제 조건을 이룬다. 경청은 상대방의 말을 주의 깊게 듣고, 상대방의 관점과 입장, 주장을 이해하려 애쓰기 때문에 토론의 분위기를 좋게 만든다.

② 경청은 상대방으로부터 가치관, 세계관, 지식과 경험, 그리고 논리를 배울 수 있는 기회가 된다. 상대방의 가치관이나 세계관에 동의하지 않는다 하더라도 그러한 가치관과 세계관을 통해서 어떻게 문제 상황을 판단하고 대안 구성의 논리를 구성하는지 배울 수 있다.

③ 경청은 상대방의 주장을 효율적으로 반박할 수 있도록 해준다. 상대방과 주장이 대립되는 경우, 상대방이 주장하는 내용과 논리를 정확히 이해하지 않고는 상대방의 주장에 내용과 논리 면에서 설득력 있는 반론을 제기할 수 없기 때문이다.

④ 경청은 서로의 의견을 조정하고 합의에 이를 수 있는 기회를 제공한다. 내 주장과 상대방 주장의 유사점과 차이점을 잘 이해함으로써 상호 조정하고 합의할 수 있는 길을 모색할 수 있게 해준다. 예를 들어, 바나나 한 개를 나누어 먹는 것을 놓고 다투는 자매가 있다고 하자. 언니와 동생은 그 방법을 놓고 서로 자기 주장을 고집하다가 결국에는 반으로 잘라 나누어 갖기로 했다. 그랬더니 언니는 알맹이는 버리고 바나나 껍질로 소꿉장난을 하고, 동생은 껍질은 벗겨서 던져 버리고 알맹이만 먹는 것이었다. 만약 두 아이가 자기 의견을 명확히 제시하는 것과 함께 경청을 통해서 서로의 의도를 정확히 파악할 수 있었더라면 서로에게 더 이익이 되는 합의를 이끌어낼 수 있었을 것이다.

(3) 경청을 위한 전략

정책토론은 말하기와 듣기를 통해 상호 학습, 상호 조정, 그리고 상호 합의를 지향한다. 책이나 논문의 내용을 이해하는 것보다 정책토론 과정에서 상대방의 주장을 잘 이해하는 것은 상대적으로 더 어렵다. 글로 씌어 있는 것은 다시 읽을 수도 있지만 정책토론 과정의 말은 다시 들을 수가 없다. 물론 질문을 통해서 다시 이야기해 줄 것을 요청할 수는 있지만 그것도 제한적일 수밖에 없기 때문이다. 그러므로 정책토론에서는 잘 듣기 위해서 더 주의를 집중해야 한다. 잘 듣지 않고는 상호 학습도 상호 조정이나 상호 합의도 불가능하다. 경청을 실천하기 위한 핵심적인 전략을 생각해 본다면 다음과 같다.

① 상대방의 말에 주의 깊게 집중한다. 경청의 개념 자체에 주의 깊게 집중해서 듣기가 들어가 있지만 의도적이고 적극적으로 주의를 기울이고 상대방의 말에 집중해야 한다.

② 말하는 것을 절제한다. 대부분의 사람은 상대방의 말을 듣기보다 자신의 말을 하는 것을 더 좋아하는 경향이 있다. 그러나 듣는 것에는 관심이 없고 자신의 주장을 더 많이 이야기하게 된다면, 상대방도 자신의 말을 들으라고 요청할 터이고 그렇게 되면 서로가 자신의 말을 먼저 더 많이 듣기를 요구하면서 경청은 어렵게 된다. 다만, 상대방이 같은 말을 반복하거나 주제와 동떨어지게 횡설수설한다면, 신중하게 상대방이 말하는 도중에 끼어드는 것을 고려해 볼 수 있다(윤치영, 2005).

③ 상대방의 말을 잘 듣고 있다는 것을 보여 준다. 예를 들면, 상대방에게 눈을 맞추

거나 메모를 하는 것이다. 메모는 상대방의 논점을 잘 정리애서 이해하게 해주고, 상대방의 말을 정확하게 이해했는지 확인하는 질문을 할 때에 활용할 수 있다.

④ 상대방의 말에 반응을 보이고 환류를 시킨다. 예를 들면, 확인 질문을 통해 상대방의 말에 반응하고 환류를 시키는 것이다. 확인을 위한 질문은 상대방이 이야기한 것을 내가 정확히 이해했는지를 확인하기 위해 질문을 던지는 것이다. 흔히 우리는 상대방의 의도와 전혀 다르게 상대방의 주장을 해석하고 판단하는 경우가 적지 않기 때문에 확인 질문이 필요하다. 확인 질문은 상대방이 이야기한 것을 반복해서 이야기한 후 그것을 자신이 이해한 내용으로 바꾸어 이야기하고 그것이 상대방이 말한 의도와 같은 것인지, 내가 정확히 이해하고 있는지를 묻는 방식을 취한다(윤치영, 2005).

⑤ 상대방의 말에 공감한다. 상대방의 주장에 동의하든 동의하지 않든, 상대방의 관점과 주장을 존중하고, 상대방의 입장에서 느끼고 생각해 보도록 노력하는 것이다(역지사지, 易地思之).

⑥ 판단을 서두르지 말아야 한다. 상대방의 주장에 대한 판단을 서둘러 내려 버리면 경청이 어렵기 때문이다.

⑦ 상대방의 주장을 기꺼이 받아들일 수 있다는 개방적 태도를 갖는다. 정책토론은 대립되는 주장의 교환과정이고 설득과 수용의 과정이다. 그러므로 대립되는 주장을 교환하면서 상대방의 주장을 받아들여 자신의 생각을 수정할 수 있다는 개방적 태도를 가져야 한다.

제 2 절 정책논증의 의의

1. 논증의 의의

논증은 전제가 되는 하나 이상의 명제들(propositions)로부터 하나의 결론을 추론하는(reasoning) 과정을 의미한다(Baker, 1989 참조). 여러 개의 명제로 이루어진 주장이라고 해서 그것이 모두 논증인 것은 아니다. 신문이나 잡지, 책 등은 많은 주장들로 가득 차 있지만 그러한 주장들 중에는 논증이라고 볼 수 없는 것들이 많다. 논증이 성립되기 위해서는 주장되는 전제가 있고, 이로부터 추론되는 주장으로서의 결론이 있어야 한다(민찬홍 역, 1990: 31-32).

논증을 통해 우리가 영향을 미치려고 하는 상대방과 관련하여 살펴보면, 논증은 이성적인 대화라는 수단을 통해서 상대방을 우리가 원하는 대로 생각하거나 행동하도록 영향력을 행사하는 기술이라고 할 수 있다(Rottenberg, 1985: 9). 논증과 유사한 것으로 설득을 들 수 있다. 논증은 논리에 입각한 호소를 우선적으로 강조하는 데 비해, 설득은 윤리적이고 감정적인 요소를 끌어들인다는 데에 차이가 있다. 그러나 이는 강조점의 차이일 뿐, 논증은 어떤 주장을 뒷받침하기 위한 판단의 근거(논리성에 기초를 둔 것 또는 윤리적 · 감정적 요소)를 제시하는 언명(言明, statement)으로 구성되어 있다(Rottenberg, 1985: 9-10). 여기에서 이야기하는 주장에 대한 '근거'라는 것은 '주장을 하게 된 이유'가 아니라 '주장이 참되다는 것을 뒷받침할 만한 이유'를 뜻한다(김광수, 1990: 32).

논증은 크게 두 가지로 나눌 수 있는데, 증명적 논증과 비증명적 논증이 그것이다.

증명적 논증(demonstrative argument)은 전제들을 참인 것으로 받아들이면 결론도 참이라는 것을 받아들일 수밖에 없으므로 전제들의 참이 결론의 참을 보증하는 논증이다. 따라서 이 논증은 결론이 전제들로부터 절대적인 필연성을 갖고 도출된다고 여겨지는 논증으로서 이 필연성은 정도의 문제가 아니라, 경우가 어떠하냐 하는 것과 전혀 무관한 필연성이라 할 수 있다.

비증명적 논증(non-demonstrative argument)은 전제가 결론은 증명하지는 못하지만(전제는 결론이 참이라는 것을 보여 주는 결정적인 근거를 제시하는 것이 아니라, 개연적으로 상당한 근거를 제시할 뿐이다), 전제를 설명하는 가설을 결론으로 추리해 내는 논증 형식이다. 이러한 논증은 결론이 전제들로부터 개연적으로만 도출된다고 여겨지는 논증으로서 이러한 개연성은 정도의 문제이고 다른 경우가 어떠한가에 달려 있다고 할 수 있다(민찬홍 역, 1990: 39-43). 증명적 논증은 보통 연역 논증이라고 부르고, 비증명적 논증은 보통 귀납 논증이라고 부른다.

전제들과 결론 사이에 논리적 관계가 있어 전제로부터 결론이 정확하게 도출되는 논증을 타당한 논증이라고 하는데, 논증 중에는 참인 결론을 가진 부당한 논증도 있고 거짓인 결론을 가진 타당한 논증도 있다. 결론의 참이나 거짓은 논증의 타당성과 무관하다. 결론이 거짓이면서도 완벽하게 타당한 논증이 얼마든지 있을 수 있다. 그러나 그런 논증은 반드시 거짓인 전제를 적어도 하나 이상 가지고 있어야 한다. 논증은 무엇이든 그것을 주제로 삼을 수 있고, 전제들의 진위를 가리는 것은 과학 일반의 과제에 속한다.

한편, 전제가 모두 참이면서 동시에 타당한 논증을 가리켜 건전한 논증이라고 한다. 건전한 논증의 결론은 분명히 참이다. 따라서 논증이 건전하다면 그 논증은 타당한 것이라고 볼 수 있다. 어떤 논증이 건전하지 않을 때, 즉 그 논증이 부당하거나 또는 그것의 전제가 모두 참이 아닐 때 그 논증의 결론이 참이라는 것은 보장되지 않는다(논증의 건전성 평가에 대해서는 김광수, 1990: 207-251 참조).

2. 정책논증의 의의

정책논증은 정책주장의 정당성을 입증하기 위해서 구성되고 활용되는 것으로 본질적으로 앞에서 살펴본 일반적인 논증과 다름이 없다. 정책논증은 정책에 관련된 정보나 자료를 정책주장으로 전환시키는 특정한 논리적 방법을 말한다(Dunn, 1981: 67; Dunn, 2012: 18, 338-368).

정치체제에 따라서 차이는 있지만, 특히 민주주의 사회에서 공공정책은 대부분 공적 토론(public discourse) 과정을 통하여 결정된다. 이 과정에 정책결정자를 포함하여 다양한 관점과 이해관계를 가진 개인과 집단이 참여하여 관련 정책에 대해 토론하는 것은 민주 정치에서의 핵심적 활동이라 할 수 있다. 따라서 정치적 · 사회적 과정을 거치는 정책결정 과정에서 각각의 참여자는 자신의 주장을 뒷받침해 주는 타당한 이유를 제시함으로써 정책토론 과정에서 자신의 주장을 상대방에게 분명하게 전달하고 설득하게 된다. 이때 활용할 수 있는 것이 바로 정책논증이다. 정책과정에 등장하는 여러 정책주장들 중에서 활용 정보가 좀 더 정확하고 주장 논거가 타당할수록 그 주장이 받아들여질 가능성이 크고, 또 이런 것을 가능케 하는 것이 바로 정책논증의 구성과 활용이기 때문이다. 이렇게 보면 실제의 정책결정 과정은 특정한 쟁점에 대해서 다양한 관점과 대립되는 이해관계를 지닌 개인과 집단들 사이의 공개적인 논증 과정을 포함하고 있음을 이해할 수 있다.

정책논증은 참여자들 사이에서 서로 다른 경쟁적 또는 대립적인 주장과 주장 논거를 주고받기 때문에 토론의 형태를 지닌다. 이 토론에서 각 참여자는 상호 설득 과정의 결과로 현실에 대한 자신의 관점과 주장을 수정하거나 더 나아가서는 자신의 가치관까지도 바꾸기도 한다(김재관, 1992: 25). 이러한 정책논증은 정부가 지향해야 할 목표와 이의 달성을 위해 취해야 할 행동대안에 대해 관련자들 사이에 왜 서로 다른 주장을 하게 되는지에 대한 이유를 밝혀 준다. 따라서 정책논증은 정책문제, 목표와 정책수단에 대한 토론을 수행하는 중요한 도구가 된다.

정책논증에 대해 좀 더 구체적으로 살펴보기 전에 먼저 논증과 논쟁, 정책논증과 정책논쟁의 개념을 분명하게 할 필요가 있다. 우선, 논증(argument)은 어떤 주장이 추론되는 과정을 의미하고, 논쟁(argumentation)은 어떤 주장과 이에 대한 반대 주장의 논증을 상호 교환하는 토론 과정을 의미한다. 그러나 정책논증에서는 어떤 정책주장을 정당화하려고 개별적으로 논증을 구성하는 경우에도 가능한 비판과 반대 주장을 미리 고려한다는 것을 전제하기 때문에 논쟁과 같은 논리구조를 갖는다. 따라서 반론에 대한 고려를 전개하는 정책논증의 경우는 논증과 논쟁의 의미를 동일하게 사용한다.

정책논증은 두 가지 유형의 전제, 즉 경험적 전제와 규범적 전제를 포함한다. 정책수단 및 정책목표와 관련해서 보면 경험적 전제는 기존의 맥락에서 특정 행동이 정책목표를 성공적으로 달성할 수 있을 것이라는 주장이다. 한편, 규범적 전제는 정책목표가 규범적으로 바람직하다는, 즉 윤리성의 입장에서 정당한 이유가 있다는 주장이다.

정책논증의 전제가 이와 같은 규범적 성격을 가지는 명제를 포함하기 때문에 전제의 '참'과 '거짓'에 근거하면서 결론을 도출하는 전통적인 형식적 · 연역적 논증의 방식으로 정책논증을 취급하는 것은 적절치 못하다. 따라서 정책에 대한 논증적 접근은 정책주장의 근거로서 '정당화된 좋은 이유(warranted good reason)'를 탐색하는 '실제적 추론의 비공식적 논리(informal logic of practical reasoning)'에 의존한다. 비공식적 논리는 실제 생활 속의 논증에 대한 형식 논리의 부적절함에 대응하기 위하여 일상 언어 철학자들에 의해서 개발된 것인데, 이 방법은 전문가뿐만 아니라 공식적 논리에 익숙하지 않은 일반인 모두에게 유용하다(김재관, 1992: 26-28).

비공식적 논증, 즉 실제적 대화로서의 정책논증에서 가장 중요한 것은 주장의 전달력과 설득력이다. 전달력과 설득력을 강화시키기 위하여 참여자들은 정책주장의 논리를 합리적으로 구성하여 가치판단의 타당성을 증명하며 그러한 주장을 하는 좋은 이유를 제시하여야 한다. 요컨대, 정책주장의 전달력과 설득력을 얼마만큼 향상시킬 수 있느냐는 정책논증을 어떻게 합리적으로 구성하느냐에 달려 있다.

자유로운 토론은 대화를 통한 상호 학습의 과정이라 할 수 있다. 실효성 있는 토론은 참여자들의 관점과 이익을 정책결정 과정에 투입시킬 뿐만 아니라, 다른 한편으로 서로 다른 관점과 주장을 접함으로써 그들의 관점과 주장을 조정할 수 있도록 해주기 때문이다(김재관, 1992: 27). 따라서 실제적 대화에서 중요한 것은 정책주장의 일방적 수용을 강요하는 것이 아니라, 상이한 정책주장의 상호 조정력을 증대시키는 것이다.

그러나 실제적 대화 기반의 정책논증을 통하여 언제나 상호 조정을 거쳐 정당한 합의를 형성하게 되는 것은 아니다. 현실의 정치 상황은 오히려 반대의 성향으로 나타나는 경우가 허다하다. 여러 가지 이유와 형태로 정책논증에의 참여는 제한되고 정치적 의사전달은 제약받는다. 또한 이상적인 공공토론의 장이 마련된다고 하더라도 일반시민들은 전문가들이 주장을 펴는 데 사용하는 전문용어를 이해할 수 없는 경우가 많고, 주장의 근거가 되는 정보에 대한 접근이 쉽지 않다는 점 등의 문제점이 있다(허범, 1983: 29). 그러므로 이러한 제약을 극복하기 위해서는 앞에서 지적한 바와 같이 합리적인 정책토론을 가능케 하는 여건의 형성과 토론방법의 개선은 물론, 합리적인 정책토론을 위한 적절한 제도적인 규칙과 제도의 설계와 운용이 필요하다.

정책논증은 어떤 정책주장과 이에 대한 반대 주장, 그러한 정책주장의 이유와 근거, 정책주장이 받아들여질 수 없는 상황 또는 조건을 제시하는 반박 논거 등으로 구성되는데, 이러한 정책논증은 다양한 차원에서 연쇄적으로 연결되어 논증 연쇄를 형성한다.

3. 정책논증의 구성 요소

정책논증은 정책주장, 정책 관련 정보, 주장 논거, 보충 이유, 정책주장의 확신 정도를 나타내는 한정어, 그리고 반론 등으로 구성되어 있다. 이들 정책논증의 구성 요소와 이들 구성 요소들이 어떻게 정책논증을 구성하는지에 대해 살펴본다.

1) 정책주장

정책주장은 우리가 입증하고자 하는 것으로 정책논증의 결론을 말한다. 정책주장은 논리적 과정을 거쳐 얻어진 것이긴 하지만, 필연적으로 진리이거나 가장 바람직한 것은 아니다. 단지, 이는 논증에 의해 만들어진 명백한 호소나 결론일 뿐, 언제나 이에 대한 반론의 여지가 존재한다. 그리고 이러한 정책주장은 종종 주장되는 내용을 한정하는 용어를 부과함으로써 일반화를 제한한다.

정책주장은 크게 사실, 가치, 정책문제 및 정책대안 등에 대한 주장으로 나누어 볼 수 있다.10) 이러한 네 가지 정책주장은 물론 동일한 차원의 것은 아니다. 정책문제나 정책대안에 대한 주장에는 사실에 대한 주장과 가치에 대한 주장이 함께 포함되어 있기 때문이다. 그러나 여기에서는 설명의 편의상 각각을 나누어 살펴본다.

(1) 사실에 대한 주장

사실에 대한 주장은 어떤 것이 참이거나 참일 것이라는 주장을 말한다. 어떤 사실들은 논증의 대상이 되지 않는다. 우리의 오관을 통해서 사실을 확인할 수 있고, 다른 관찰자들은 그것에 대해 동의할 것이기 때문이다. 그러나 어떤 사실들은 논증의 대상이 될 수 있다. 우리가 내린 결론을 재평가하게 만드는 역사나 과학 분야에서 얻어지는 새로운 자료에 의해 사실에 대한 지도(factual map)는 끊임없이 변할 수 있기 때문이다(Rottenberg, 1985: 24-25).

사실에 대한 주장을 뒷받침하기 위해서는 신뢰할 수 있는 정보원(information source)에서 얻은 적절한 자료(예: 사례, 통계, 믿을 수 있는 사람이나 기관의 보고서 등)를 충분히 활용하여야 한다. 그런데 논증자는 이러한 결론이 사실 그 자체가 아니라, 자료에 대한 해석이거나 추론이라는 것을 분명히 인식할 필요가 있다(Rottenberg, 1985: 28-29).

(2) 가치에 대한 주장

가치에 대한 주장은 어떤 판단을 내리는 것이다. 이러한 주장은 어떤 행위나 신념,

10) 던(William N. Dunn)은 정책주장을 정의적 주장, 서술적 주장, 평가적 주장, 주창적 주장으로 나누기도 한다(Dunn, 1981: 341).

조건(상황)에 대해서 옳다거나 그르다, 좋다거나 나쁘다 또는 아름답다거나 추하다, 가치가 있다거나 바람직하지 못하다는 것을 입증하고자 한다. 논증자는 사람마다 중요하게 여기는 가치가 다르다는 사실을 명심하고, 자신이 지지하는 가치나 원칙이 왜 더 중요하다고 생각하는지에 대한 정당한 이유를 제시할 수 있어야 한다. 그리고 가치용어는 추상적이기 때문에 의미를 분명히 하고 유사한 다른 가치용어와 구별하기 위하여 예를 들어 설명하는 것이 주장을 분명히 하는 데 도움이 된다(Rottenberg, 1985: 31-38).

(3) 정책문제에 대한 주장

정책문제에 대한 주장은 "문제가 무엇이다"라는 문제의 존재 여부와 문제의 정의에 대한 주장이다. 문제에 대한 주장은 사실에 대한 주장과 가치에 대한 주장이 선행적으로 이루어진 다음에야 가능하다. 문제의식은 사실에 대한 판단과 바람직하다고 여기는 가치에 대한 판단을 통해서 얻어지는 것이기 때문이다. 정책문제의 원인과 결과, 성격 등의 규정을 둘러싸고 다양한 주장이 제기될 수 있다. 이러한 정책문제에 대한 주장은 정책주장이기도 하지만 논증의 연쇄구조에서 정책 관련 정보가 될 수도 있다.

(4) 정책대안에 대한 주장

정책대안에 대한 주장은 어떤 조건(상황)이 존재해야 한다는 것이다. 즉, 어떤 문제를 해결하기 위하여 특정한 행동경로를 채택할 것을 주장하는 것이다. 이러한 주장에는 언제나 '~해야 한다', '~하는 것이 바람직하다'는 등의 용어가 포함되어 있거나 이러한 의미가 함축되어 있다(예: 교통문제를 해결하기 위해서 지하철을 건설하여야 한다). 이러한 정책주장을 전개하기 위해서는 실질적으로는 사실에 대한 주장과 가치에 대한 주장이 선행되어야 한다(Rottenberg, 1985: 38-43). 왜냐하면, 정책대안을 주장하기 위해서는 현실에 대한 판단과 가치에 대한 판단을 함께해야 하기 때문이며, 정책은 바람직한 가치와 현실적인 행동을 통합하는 것이기 때문이다.

의학이나 법정 소송과 같은 분야의 논증에서는 한 주장의 타당성만을 문제삼는 것이 보통이나 정책결정을 위한 토론에서는 여러 주장들이 모두 논증의 대상으로 등장한다. 그리고 정책대안에 대한 주장은 '옳다'거나 '그르다'고 판단하는 것이 아니라, '마음에 든다(선호한다)'거나 '마음에 들지 않는다(선호하지 않는다)'로 판단한다. 토론 과정에서 토론자들에게는 '옳은 대안' 또는 '그른 대안'이 있는 것이 아니라, '마음에 드는 대안' 또는 '마음에 들지 않는 대안'이 있을 뿐이다.

정책주장을 할 때에는 정책주장 속에 포함되어 있는 용어를 명확히 정의하는 것이 필요하다. 용어의 애매 모호성을 피하기 위해서나 기존에 널리 받아들여지고 있는 정의와는 달리, 논증자가 독자적으로 정의할 필요가 있다고 여길 때에는 정책주장에 포함되어 있는 용어를 명확히 정의하는 것이 매우 중요하다. 정책주장 속에 포함된 용어를 명확히 정의하지 않으면, 동일한 정책주장도 받아들이는 사람마다 주장하는 바를 달리 해석할 우려가 있기 때문이다. 예를 들면, 가난을 화폐 소득만으로 정의하느냐 아니면 화폐 소득 이외에 편익의 형태를 띤 모든 비화폐 소득까지 포함해서 정의하느냐에 따라 전혀 다른 주장이 제기될 수 있다(용어 정의의 문제에 대해서는 Rottenberg, 1985: 54-74; 민찬홍 역, 1990: 158-206 참조).

2) 정책 관련 정보

정책 관련 정보는 정책주장을 뒷받침하는 증거(evidence)와 욕구, 가치에 대한 호소(appeals to needs and values)로서(Toulmin, 1958: 98), 사실적 언명일 수도 있고, 아니면 다른 논증에서의 결론, 즉 주장일 수도 있다. 과학적 발견, 회계 기록, 조사 결과, 연구보고서 등은 대표적인 정책 관련 정보의 원천이다. 주장을 제대로 뒷받침하기 위해서는 이러한 여러 종류의 정보 중에서 적절한 정보를 수집·활용해야 하고, 그러한 정보가 증거 또는 호소로서 타당할 뿐만 아니라 상대방이 받아들일 만한 것이어야 한다.

그러나 동일한 정책 관련 정보라고 해서 동일한 정책주장으로만 전환되지는 않는다. 동일한 정책 관련 정보로부터 전혀 다른 정책주장을 할 수도 있다. 물론 동일한 정책 관련 정보에서 서로 다른 정책주장을 이끌어내기 위해서는 그러한 정보를 토대로 정책주장을 펼 수 있는 타당한 근거 또는 이유가 있어야 한다. 주장의 근거에 대해서는 뒤에서 따로 설명한다.

주장을 지지하기 위해 사용하는 여러 유형의 증거와 호소를 간단히 살펴보면 다음과 같다(Rottenberg, 1985: 75-106).

(1) 증거

증거에는 사실적 증거와 의견(사실에 대한 해석)이 있다. 사실적 증거에는 사례와 통계 등이 포함되며, 의견에는 두 묶음의 자료들 사이의 인과적 관계 또는 어떤 상황의 특정 조건을 제시하거나 미래예측 또는 어떤 문제에 대한 해결 방안을 제시하는 형태의 것 등이 포함된다.

증거가 얼마나 주장을 잘 뒷받침하느냐는 여러 가지 요소들에 의해 좌우된다. 사실적 증거는 ① 최신성(most recent evidence), ② 주장 관련성(relevance of evidence), ③ 충분성(sufficient evidence), ④ 인용 사례의 대표성, ⑤ 상대방 경험과의 일치성 및 이미 알려진 다른 증거들과의 일관성, ⑥ 입증 가능성, ⑦ 자료원의 신뢰성, ⑧ 용어의 명확성, ⑨ 중요 정보 포함성 등 다양한 측면에서 평가되어야 한다(Freeley, 1990).

논증을 하고자 하는 주제를 잘 알고 있지 못할 때에는 해당 분야 전문가들의 의견을 증거로 채택할 가능성이 크다. 이 경우에도 의견을 제시한 사람이나 기관이 당해 주제에 대해 의견을 진술할 만한 자격이 있는지, 그 사람이나 기관이 편파적인 가치관이나 이해관계를 갖고 있지는 않은지, 그리고 전문가나 전문기관이 적절하고도 충분한 자료를 가지고 그 주장을 뒷받침하고 있는지 등이 확인되어야 증거로서의 가치를 얻을 수 있다. 그런데 때때로 하나의 논증 주제에 대해서 의견을 제시한 전문가 또는 전문기관들 사이에 서로 다른 의견을 제시함으로써 문제가 발생하는 경우도 있다. 이런 때에는 어쩔 수 없이 논증을 불확실한 상태로 남겨둘 수밖에 없을 것이다.

(2) 욕구와 가치에의 호소

이는 상대방이 우리의 주장을 지지함으로써 자신이 원하는 욕구(예: 애정 욕구, 자아실현 욕구 등)를 충족시키거나 소중히 여기는 가치를 실현시킬 수 있다는 것을 보여 주는 경우를 말한다. 이 경우 논증에서 사용되는 증거는 호소하고자 하는 욕구, 가치와 명백히 관련된 것이어야 한다.

3) 주장 논거

주장 논거(warrant)는 정책주장을 받아들이도록 하는 정당한 이유를 말한다. 즉, 주장 논거는 정책 관련 정보를 정책주장에 대한 지지(support)로서 해석하는 것이 가능하게 해주는 가정, 원리, 규칙, 전제, 신념 등을 의미한다. 주장이 특정 시간과 공간에 한정되는 반면에, 논거는 여러 상이한 상황에 적용될 수 있는 광범위한 일반적 언명이다.

주장 논거는 분야에 따라 여러 가지 다른 형태를 띠게 된다. 자연과학 분야의 논증과는 달리 정책논증에서는 어떤 지배적인 영향력을 갖고 있는 주장 논거가 있는 경우는 드물고 다양한 형태의 논거가 복합적으로 이용되는 것이 보통이다.

가장 일반적인 의미에서 논증은 동어반복(tautologies)과 추론(inferences)으로 나눌 수 있다. 정보를 추가시키는 것처럼 보이지만 실제로는 언명(statement)의 한 부분이 단순히 동일한 언명의 다른 부분을 반복하는 것에 불과하다면, 그 언명은 동어반복이라고 할 수 있다. 이 경우 정보 혹은 자료는 그 자체가 결정적인 것이 되며 그것을 입증하기 위한 논거를 필요로 하지 않는다. 동어반복은 흔히 정의에 의해서 당연히 참이 된다. 반면에, 추론은 정책정보로부터 결론이 도출되는 것을 입증하기 위해서 주장 논거가 필요하며, 결코 확정적으로 참이 되지는 않는다(Mason & Mitroff, 1981: 221). 언제든지 주장 논거에 대한 반론이 제기될 수 있기 때문이다.

정책주장의 신뢰도를 한정하는 것과 마찬가지로 주장 논거도 유보 조건(reservation)을 부가함으로써 수정되거나 제한된다. 이런 유보 조건은 상대방으로 하여금 그러한 논거가 타당하지 않은 조건이 있다는 것을 상기시킨다. 그런데 논증자는 때때로 이러한 주장 논거를 명백히 진술하지 않는 경우가 있다. 그 이유는 크게 두 가지로 나누어 볼 수 있다. 하나는 논증자가 주장 논거를 명백한 것이라고 보아 굳이 표현할 필요가 없다고 생각하기 때문이다. 그리고 다른 하나는 상대방이 주장 논거의 약점을 알아차리지 못하도록 논증자가 주장 논거를 숨기고 싶어 하기 때문이다(Rottenberg, 1985: 109-110).

정책 관련 정보를 정책주장으로 전환시키는 추론 과정에서 비록 동일한 정보라고 하더라도 서로 다르게 해석되고 상이한 정책주장이 도출되는 이유는 바로 주장 논거가 서로 다르기 때문이다. 주장 논거의 다양성으로 인해 경험적·규범적 차원의 토론이 가능하게 되는 것이다. 주장 논거는 여러 유형으로 나누어 살펴볼 수 있는데, 이에 따라 논증의 유형을 분류하기도 한다.[11] 여기에서는 몇 가지 대표적인 주장 논거를 간단히 검토한다.

11) 논증의 유형에 대해서는 Mason & Mitroff(1981: 221-222), Rottenberg(1985: 111-119), Dunn(2012: 344-368)을 참조하기 바란다.

(1) 권위

어떤 진술을 전개한 사람의 자격, 신뢰성에 근거하여 정책 관련 정보가 정책주장으로 전환될 수 있다. 권위는 사회적으로 이들이 정책 관련 정보를 해석하고 이를 어떤 주장으로 전환시키는 데 필요한 주장 논거를 산출해 낼 수 있는 충분한 능력, 자격을 갖추고 있다고 인정될 때 받아들여진다. 예를 들면, 교육문제에 관련해서 논증을 전개할 때 세계적 교육전문가로 널리 알려진 사람의 의견을 주장 논거로 사용하는 것이다.

(2) 직관

'그럴 것 같다'는 논증자의 직관, 통찰력 등도 주장 논거로 사용될 수 있는데, 정책주장자가 직관력, 통찰력, 판단력 등에 특별한 능력을 갖고 있다는 것을 전제로 한다. 다른 유형의 주장 논거와 달리 내적이고 극히 주관적인 직관이나 통찰력을 주장 논거로 사용하는 경우에 다른 사람은 이에 대해 반론을 제기하기가 어렵다. 이때 직접적으로 주장 논거에 대해서는 반론을 제기하기 어렵기 때문에 다른 주장을 폄으로써 정책주장에 반론을 제기할 수 있다.

(3) 일반화와 분류

여러 개의 사례를 검토함으로써 어떤 일반적인 원칙을 추출해 낼 수 있는데, 이런 일반화를 주장 논거로 사용할 수 있다. 그러나 이런 경우에도 분석된 사례들이 모집단을 대표할 수 있고, 반대되는 사례가 지나치게 무시되지 않을 때만이 주장 논거로서 신뢰성을 인정받을 수 있다.

분류(classification)는 일반화를 논거로 사용하는 것과 정반대의 것으로, 분류에 의한 논증에서 자료는 이미 분류된 사람이나 사건, 사물 등에 대해 내려진 일반적인 결론을 진술한다. 그리고 분류를 주장 논거로 이용하는 이유는 이전에 검토된 적 없는 어떤 새로운 것 역시 논증에서 사용되는 자료에 의해 대표되는 동일한 분류 체계에 속하고, 그러한 분류 체계의 속성이 새로운 대상도 갖고 있을 것이라고 가정하기 때문이다.

(4) 신호, 징표

논증자는 어떤 상황을 나타내 주는 지표로서 신호(sign), 징표(syndrome)를 주장 논거로 사용할 수 있다. 그런데 신호는 적절성과 충분성이 확보되고 다른 지표들이 그 신호에 반대되는 내용을 담고 있지 않을 때만 주장 논거로서의 역할을 다할 수 있다.

(5) 원인과 결과

원인을 알면 결과를 추론해 낼 수 있고 결과로부터 원인을 추론해 낼 수 있다는 전제 하에서 이를 주장 논거로 하여 논증을 전개할 수 있다. 그런데 실제 세계에서 모든 상황이 언제나 단 한 가지의 원인에서 비롯되는 것이 아닐 뿐만 아니라, 하나의 원인이 필연적으로 하나의 결과만을 낳는 것도 아니다. 그러므로 결과의 연쇄 관계뿐만 아니라 원인의 연쇄 관계를 이야기하는 것이 좀 더 현실적일지도 모른다.

(6) 비교

어떤 한 사례에서 참인 것은 다른 사례의 경우에도 참이라는 것을 입증하기 위하여 둘 또는 그 이상 사례의 특성과 환경을 비교할 수 있다. 비슷한 여건 하에서 유사한 문제를 취급한 다른 나라의 경험, 정책사례가 성공적이었고 좋은 시사점을 준다고 하여 이를 정책주장의 근거로 삼는 경우가 이에 해당한다. 아래에서 보게 될 유추와 다른 점은 여기에서 비교의 대상이 되는 것들이 동일한 분류 계층(class)에 속한다는 점이다. 그런데 서로 다른 시점의 것을 비교할 때는 잘못된 결론을 가져올 우려가 있으므로 상대방의 논증을 분석할 때 주의할 필요가 있다.

(7) 유추

유추에 의한 논증은 다르게 분류되는 대상들 간에 어떤 특성이 본질적으로 유사하다는 가정 하에 이루어진다. 이러한 유추에는 설명적인 것과 서술적인 것이 있다. 유추 논증의 경우에는 둘 또는 그 이상의 정책들 사이에 유사한 특성이 있고 또 그 정책은 좋은 정책이었다는 가정에 기초를 두고 있다. 예를 들면, 수질오염 방지에 관한 정책주장을 할 때 그 정책과 유사한 특성을 갖고 있는 대기오염 방지정책의 성공과 실패를 주장 근거로 삼는 것이 유추에 의한 논증의 예라 할 수 있다.

(8) 방법

정책주장의 도출에 사용한 방법이나 규칙의 타당성에 근거하여 그 주장을 받아들일 것을 설득할 수 있다. 예를 들면, 이행성의 법칙(law of transitivity)[12] 또는 비용-편익 분석 기법 등의 적용 결과를 주장 논거로 삼는 것이 이에 해당된다.

이러한 입장에서 보면, 널리 인정되고 있는 타당한 분석적 방법을 동원하기만 하면 합리적 정책결정을 보장할 수 있는 것으로 믿는다. 즉, 만일 ① 정책분석가가 모든 정책대안의 모든 가능한 결과를 예측하여 서열을 매길 수 있고, ② 이러한 결과들의 서열이 이행적이며, ③ 정책분석가가 일관성과 이행성의 법칙에 의해 비용에 비해 최대의 편익을 산출하는 정책대안을 제안할 수 있다면 정책대안의 합리적 선택이 가능하다고 믿는 것이다.

방법에 의한 논증은 그러한 방법이 좀 더 합리적인 정책주장의 도출을 가능케 할 것이라는 믿음에서 비롯된 것인데, 새로운 방법이 고안되고 이를 사용하는 것이 더 타당한 주장을 도출해 낼 것이라고 믿게 되면(설득력 있는 반론이 제기되면) 이전의 방법은 주장 논거로서의 힘을 잃게 된다.

(9) 가치

주장 논거는 욕구와 가치를 반영할 수 있고, 상대방은 주장 논거가 자신의 가치관, 판단 기준에 얼마나 부합하느냐에 따라 정책주장을 받아들일 수도 있고 거부할 수도 있다. 예를 들면, 어떤 정책주장이 타당하다고 생각되는 도덕적 원칙이나 윤리적 기준을 근거로 하여 제기되었다면 이는 가치를 주장 논거로 삼는 것이라 하겠다.

위에서 살펴본 논증의 세 가지 구성 요소인 주장, 정보, 주장 논거는 전통적인 삼단 논법의 구성과 유사하다. 그러나 논증의 건전성, 타당성 혹은 설득력을 판단하는 기준이 학문 분야에 따라 다르기 때문에 이에 대해서는 삼단 논법과는 다르다고 볼 수 있다.

4) 보충 이유와 반론

하나의 주장 논거에 의해서 어떤 정책주장이 당연히 상대방에 의해 받아들여지는 것은 아니다. 이런 이유 때문에 보충 이유가 추가적으로 필요하게 된다. 보충 이유는 주장 논거에 대한 기초적 지지물(underlying support)을 의미하는데, 주장 논거를 뒷받침하기 위해서 항상 '대기상태'에 있다(Mason & Mitroff, 1981: 215). 주장 논거만 가지고

12) 선호 이행성의 법칙은 만일 A가 B보다 선호되고, B가 C보다 선호되면, 반드시 A는 C보다 선호되어야(또는 합리적으로 반드시 선호되어야) 한다는 것을 말한다.

는 상대방이 받아들이려 하지 않거나 논거에 포함된 전제나 가정이 의문스러운 경우, 주장에 대한 더 근본적인 이유가 요구될 때 보충 이유가 필요하다. 보충 이유는 주장 논거 속에 내재된 가정을 확인하거나 정당화하고 그 밖에 주장 논거를 뒷받침해 줄 수 있는 경험적 기초, 이론적 근거, 사회적 가치관, 이전의 정책 선택, 그리고 주장 논거의 저변에 깔려 있는 신념 등을 밝히는 역할을 한다(Mason & Mitroff, 1981: 216). 보충 이유의 존재로 여러 차원에 걸쳐 정책토론이 계층적·논리적으로 심도 있게 전개될 수 있게 되는 것이다.

한편, 반론(rebuttal, refutation)은 상대방이 제시하는 것과 다른 정책 관련 정보, 주장 논거 또는 주장 등을 포함하는 논증을 전개함으로써 상대방이 제시하거나 주장하는 것에 대항하는 것을 말한다(Freeley, 1990). 이는 원래의 주장이 받아들여질 수 없거나 조건부로만 인정될 수 있는 조건을 진술하는 논증들을 의미한다.

반론은 두 가지의 기능을 수행하는데 하나는 주장과(이나) 주장 논거가 받아들여질 수 없는 조건을 열거함으로써 일종의 안전판 역할을 한다(하지 않는다면 주장 논거는 지지될 수 있다는 형식을 띤다). 반론의 또 다른 기능은 그 논증에 반대 견해를 가진 사람, 다른 정책을 주창하는 사람 등으로부터 오는 강한 도전과 반대를 드러낸다는 것이다. 반론은 대상 논증에 제한을 가하고 신뢰성(plausibility)을 평가하는 데 도움을 준다.[13] 만일에 강한 반론이 제기될 수 있다면 그 논증은 상대적으로 신뢰성이 낮은 것으로 평가될 것이고, 반대로 약한 반론만이 제기될 수 있다면 그 논증은 상대적으로 신뢰성이 높은 것으로 평가될 수 있을 것이다(Mason & Mitroff, 1981: 216).

반론은 주장이 타당할 수 없는 상황과 조건을 나타내고 상이한 주장을 드러낸다. 정책 관련 정보에 대해서는 제시된 정보가 틀리다거나 주장하고자 하는 것과 관련이 없음을 주장할 수도 있고 또는 다른 정보를 제시하는 것으로 반론을 제기할 수 있다. 주장 논거나 보충 이유를 수용할 수 없음을 주장하여 다른 논거를 제시할 수도 있고, 상대방이 제기한 주장과 다른 주장을 제기할 수도 있다. 이를 통해 반론으로 인해 서로 다른 정보, 동일 정보에 대한 다른 해석, 그리고 상이한 주장 논거를 이용하는 복수의 정책 관련자들 사이에 토론 형식의 정책논증이 전개되는 것이다.

13) 신뢰성 분석에 대해서는 Mason & Mitroff(1981: 581-584)를 참조하기 바란다.

5) 확신 정도를 나타내는 한정어

정책주장, 정책 관련 정보, 주장 논거와 보충 이유, 그리고 반론 외에 정책논증의 중요한 요소로 추가되어야 할 것이 바로 주장에 대한 확신의 정도를 나타내는 한정어(qualifier)이다. 정책주장을 정당화시키는 주장 논거의 타당성, 정책 관련 정보에 대해 제기할 수 있는 의문의 가능성 때문에 주장에 한정어를 부가하는 것이다. 어떠한 정책 관련 정보, 주장 논거도 우리로 하여금 주장을 의심 없이 명확하게 받아들이도록 하기는 어렵다. 하나의 주장은 단지 '확률적으로'만 타당할 뿐이기 때문이다.

정책주장을 도출해 내고 이를 뒷받침하는 정보와 주장 논거의 힘의 정도에 따라 정책주장은 0에서부터 1까지의 확률 척도로 평가될 수 있을 것이다. 확률이 0이라는 것은 '전혀 ~하지 않다'는 것을 의미하고, 확률이 1이라는 것은 '필연적으로 ~하다'는 것을 의미한다. 그 중간에는 '아마도 혹시 ~일지 모르는', '할 것 같지 않는' 등의 확률을 표시하는 부사가 한정어로 이용될 것이다. 이렇게 한정어는 특정 사건이 발생할 개연성을 뜻하며 상대적인 빈도, 논리상의 가능성, 그리고 개별적 확률에 기초를 두고 있다. 그리고 이는 외부적 동기나 이유에서보다는 내부적 논리에서부터 도출되는 것이다(Mason & Mitroff, 1981: 227).

한정어를 통해 정책주장의 확신 정도를 나타내는 것은 매우 중요한 의미를 가지고 있다. 이는 정책주장의 불완전성, 정책주장의 근거, 토대가 되는 정책 관련 정보의 부정확성, 불충분성, 그리고 정책논증의 불완전성을 인정하는 것이기 때문이다. 정책논증의 불완전성을 인정하고, 주장, 반론과 수용 또는 재반론의 반복을 통해서 끊임없이 판단과 주장을 수정하고 발전시킬 필요성을 인정하는 것이다. 진리를 추구하는 과학의 결론은 확정적이라고 생각했던 적이 있다. 그러나 이제 과학자 다수는 과학적 결론의 표현도 확률적일 수밖에 없다는 것을 인정한다. 하물며 가치판단적, 주관적 판단이 큰 역할을 하는 정책논증에서 정책주장을 확정적으로 표현한다는 것은 오만한 태도임이 분명하다.

4. 정책논증의 구조

정책논증은 툴민(Stephen Toulmin)의 논증구조 모형을 정책토론에 도입한 것으로서, 그 틀은 본질적으로 일반적인 논증의 구조와 다를 바 없다. 앞에서 설명한 것처럼 정책논증은 정책주장, 정책 관련 정보, 주장 논거, 보충 이유, 정책주장의 확신 정도를 나타내는 한정어, 그리고 반론 등으로 구성되어 있는데, 이러한 정책논증의 구성 요소들 사이의 관계를 예를 들어 정리해 보면 [그림 4-1]과 같다. [그림 4-1]에 나타난 예는 건강보험의 소득 재분배 효과와 관련된 정책논증의 구조이다.

그림 4-1 | 정책논증의 틀

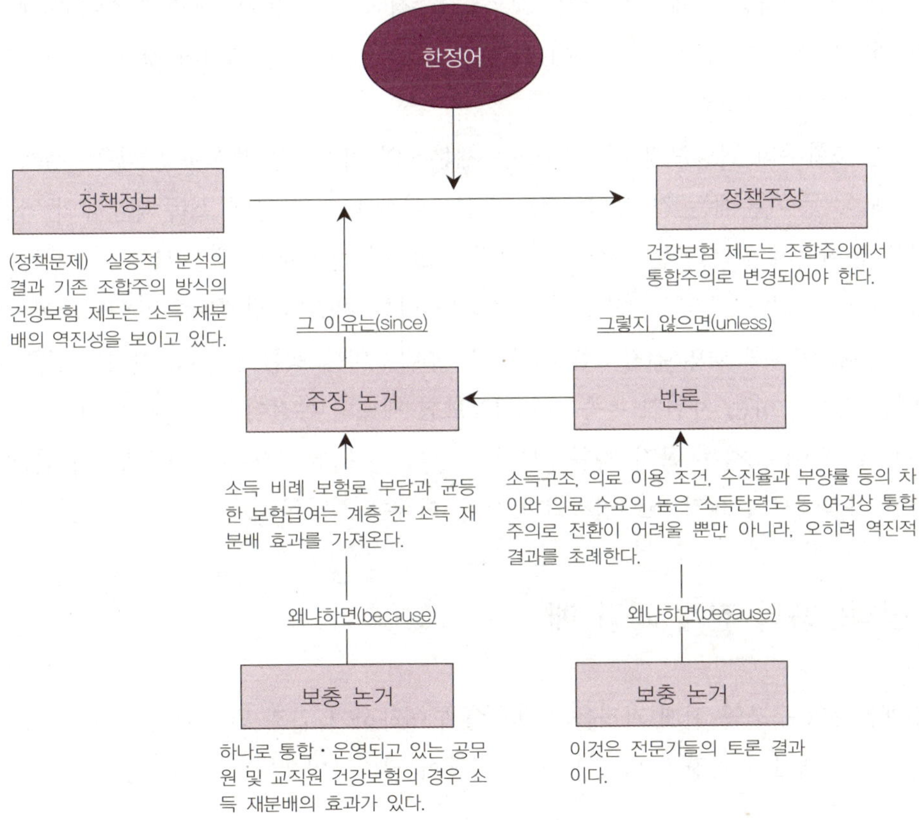

출처: Dunn(1981: 43), 김재관(1992).

우리나라 건강보험은 사회보험 방식을 전제로 하고 있는데, 사회보험 방식의 건강보험은 사회보장 수단이라는 특성과 보험이라는 특성을 함께 지니고 있다. 그런데 어떤 학자 또는 국가는 건강보험의 사회보장적 의의를 더 강조하는가 하면, 또 다른 한편에서는 의료 보장에 필요한 재원을 효과적으로 조달하는 측면을 더 강조한다. 이러한 시각 차이는 "건강보험을 어떻게 운영할 것인가?"라는 관리운영 체계에 관한 쟁점을 형성함으로써 겉으로 표출되었다. 관리운영 체계에 대한 견해 차이는 건강보험의 보험자를 단일 조직으로 할 것인가(통합주의 방식), 아니면 복수의 보험자로 분리시킬 것인가(조합주의 방식)에 대한 대립을 의미한다. [그림 4-1]에 나타난 예는 조합주의 방식을 주장하는 측과 통합주의 방식을 주장하는 측 사이에 벌어지는 정책논증의 일부분이다.

[그림 4-1]에서는 반론이 주장 논거에 대해서만 제기되는 것으로 나타나 있으나 앞에서 설명한 것처럼 실제로는 정책정보, 정책주장과 주장 논거, 보충 논거에 대해서도 각각 반론을 제기할 수 있기 때문에 실제의 정책논증 과정은 예시된 것보다 훨씬 복잡한 논증 연쇄를 형성한다.

"기존 조합주의 건강보험 제도가 소득 재분배의 역진성을 보이고 있다"는 정책정보에 대해 "소득 재분배는 건강보험 제도의 목적이 아니기 때문에 소득 재분배의 역진성 여부는 문제되지 않는다"는 반론이 제기되고, 또 이 반론에 대해 다시 "소득 재분배는 건강보험의 목적이다"라는 재반론이 제기되면 다른 차원의 정책논증이 연결되어 전개될 수 있다. 이렇게 되면 건강보험 제도로서 조합주의를 택할 것이냐, 아니면 통합주의를 택할 것이냐 하는 차원의 논증보다 건강보험 제도의 목적이 '소득 재분배'냐, 아니면 '의료비 보장'이냐 하는 목적 차원에서의 논증이 전개되는 것이다. 이처럼 정책논증은 다양한 차원에서 연쇄적으로 연결되어 논증 연쇄를 형성한다.

5. 정책논증의 전개 과정 예

정책논증의 구조와 전개 과정을 좀 더 쉽게 이해하기 위해 위의 사례를 중심으로 정책논증이 전개되는 과정을 다섯 단계로 나누어 살펴보면 다음과 같다.

1) 정책주장의 제기

정책논증이 이루어지는 첫 번째 단계는 수집된 정책 관련 정보를 토대로 정책주장을 펴는 것이다. 예를 들어, "실증적 분석의 결과 기존의 조합주의 방식의 건강보험 제도는 소득 재분배의 역진성을 보이고 있다"는 정책 관련 정보를 토대로 "건강보험 제도를 조합주의에서 통합주의로 반드시(주장의 확신 정도를 나타내는 한정어) 변경해야 한다"는 정책주장을 펴는 것이다.

또 다른 예를 들면, "독일에서는 경기 불황일 때 개인별 근로시간을 줄이고 일자리를 늘리는 방법(work sharing)으로 실업을 줄이고 있다"는 정책 관련 정보를 토대로 "미국에서도 근로시간을 줄이고 일자리를 늘리는 방법을 도입한다면 아마도(한정어) 실업률을 줄일 수 있을 것이므로, 독일의 사례를 본받아 미국에서도 'work sharing'을 도입하자"는 정책주장을 펼 수 있다.

2) 정책주장의 논거 제시

정책논증의 두 번째 단계는 정책 관련 정보를 토대로 정책주장을 펴는 논거를 제시하는 것이다. 예를 들어, "건강보험 제도를 조합주의에서 통합주의로 반드시 변경해야 한다"는 정책주장의 근거는 "소득 비례 보험료 부담과 균등한 보험급여가 계층 간 소득 재분배 효과를 가져오기 때문이다"라는 것이다. 그리고 "미국도 'work sharing'을 도입하자"는 정책주장은 "미국과 독일의 경제 여건이 유사하기 때문이다"라는 주장 논거를 토대로 제기되는 것"이다.

3) 보충 논거 제시

정책논증의 세 번째 단계는 주장 논거에 대한 보충 논거를 제시하는 것이다. 즉, "소득 비례 보험료 부담과 균등한 보험급여가 계층 간 소득 재분배 효과를 가져온다"는 주장 논거를 "하나로 통합·운영되고 있는 공무원 및 교직원 건강보험의 경우, 실제로 소득 재분배 효과가 있는 것으로 나타났다"는 자료를 통해 보충해 주는 것이다.

4) 반론의 제기

정책 관련 정보, 정책주장 또는 주장 논거와 보충 논거 등 어느 것을 대상으로 해서도 반론은 제기될 수 있다. 따라서 정책논증에서 네 번째 단계인 반론의 단계는 보충 논거가 제시된 후에만 이루어지는 것은 아니며, 정책논증이 전개되는 과정의 어느 단계에서든 이루어질 수 있다.

(1) 정책정보에 대한 반론

먼저, 정책정보에 대한 반론으로 생각해 볼 수 있는 예는 다음과 같다. "실증적 분석의 결과 기존 건강보험 제도는 소득 재분배의 역진성을 보이고 있다"는 정책 관련 정보에 대해서 "건강보험료의 본인 부담률을 포함하여 분석 결과가 다르게 나타날 수 있다"는 반론이 제기될 수 있다. 그리고 "건강보험의 목적은 학자나 국가에 따라 다르게 인식하고 있다"는 것을 근거로 "건강보험의 주된 목적은 소득 재분배가 아니라 의료비 보장이다"라는 반론을 제기하여, 소득 재분배의 역진성이 문제가 될 수 없음을 주장할 수도 있다.

(2) 정책주장에 대한 반론

위에서 제기한 반론을 근거로 "조합주의 방식의 건강보험 제도를 계속 유지해야 한다"는 정책주장을 펼 수 있다. 이는 반론을 제기하는 측면에서 보면, "건강보험의 본인 부담률을 포함하여 분석하면 기존 건강보험 제도는 소득 재분배의 역진성이 나타나지 않으며, 건강보험의 목적은 학자나 국가에 따라 다르게 인식된다"라는 정책 관련 정보를 토대로 "조합주의 방식의 건강보험 제도는 계속 유지되어야 한다"는 정책주장을 제기하는 것이다. 동시에 이것은 상대방의 정책주장에 대한 반론이 되기도 한다.

(3) 주장 논거 및 보충 논거에 대한 반론

"건강보험 제도를 조합주의에서 통합주의로 반드시 변경해야 한다"는 정책주장의 근거로 제시된 "소득 비례 보험료 부담과 균등한 보험급여가 계층 간 소득 재분배 효과를 가져오기 때문이다"라는 주장 논거에 대해, "소득구조, 의료 이용 조건, 수진률과 부양률 등의 차이와 의료 수요의 높은 소득 탄력도 등 여건상 통합주의로의 전환이 소득 재분배 효과를 기대하기 어려울 뿐만 아니라, 오히려 역진적 결과를 초래할 수 있다"는 반론이 제기될 수 있다. 또한 주장 논거에 대한 보충 논거로서 제시된 "하나로 통합·운영되고 있는 공무원 및 교직원 건강보험의 경우, 실제로 소득 재분배 효과가 있는 것으로 나타났다"는 보충 논거에 대해서는 "공무원과 교직원 건강보험을 하나로 통합·운영하여 어느 정도 성공을 거두고 있는 것은 공무원과 교직원의 특성을 고려할 때 예외적인 경우이다"라는 반론이 제기될 수 있다.

5) 반론에 대한 재반론

정책논증에서 정책 관련 정보, 정책주장, 주장 논거, 그리고 보충 논거 등에 대한 반론은 그것으로 그치는 것이 아니다. 다섯 번째 단계인 반론에 대한 재반론, 또 재반론에 대한 반론이 연쇄적으로 전개되어 정책논증은 앞의 [그림 4-1]과 같은 단순한 형태가 아니라 매우 복잡한 연쇄 과정으로 구성된다.

제5장 정책정보의 수집과 관리

정책분석은 정보를 수집·활용하여 정책결정에 필요한 새로운 정보를 산출하여 제공하는 활동이다. 증거 기반의 정책분석은 정책정보의 충실한 수집과 합리적 관리에 의해서 가능하다. 이 장에서는 우선 정책정보의 의의와 특성, 그리고 정보의 수집 방법과 정책지표에 대해 서술한다. 그 다음 체계적이고 합리적인 정책정보 관리를 위한 정책정보체제에 대해 살펴본다.

제 1 절 정책정보의 의의와 특성

1. 정책정보의 의의

1) 정책정보의 개념

(1) 정보의 개념

정책정보의 의미를 파악하기 전에 우선 정보의 개념을 명확히 하는 것이 필요하다. 인간은 일상생활을 영위하면서 의식적이든 무의식적이든 수많은 정보에 노출되고, 또한 이를 수집하고 활용한다.

정보의 개념은 정보의 어떤 측면을 강조하느냐에 따라서(윤은기, 1988: 178) 또는 포괄 범위에 따라서(오명, 1988: 33-34) 조금씩 다르게 정의된다. 그런데 일반적으로 정보는 "특정의 시기에 특정한 상황에서 특정인에게 유용한 메시지 또는 일정한 목적을 위해 의도적으로 가공해 놓은 자료의 집합"이라고 한다(안문석, 1989: 179). 조금 더 넓게 이야기하면, 정보는 "전에 몰랐던 사실을 알려 줌으로써 우리들에게 특정 상황의 파악과 이에 대한 적절한 행동을 마련할 수 있게 해주는 것으로 인간의 생활에 도움이 되는 모든 메시지"로 말할 수도 있다(방석현, 1990: 2).

정보와 자료의 구분은 사용자의 목적과 용도가 반영된 개념으로 어떤 절대적인 차이에 의하여 구분되는 것은 아니다. 일반적으로 자료는 특정한 사건이나 현상을 나타내고는 있지만, 그것을 필요로 하는 사람이나 조직이 특별한 의미를 부여할 수 없는 상태로 있는 것을 의미한다(이윤식, 1990a: 20-21). 그래서 자료와 정보는 상대적으로 원자재와 완제품의 관계와 같다. 즉, 어떤 제품이 다른 제품의 원료가 되는 것처럼 정보도 또 다른 정보의 자료가 될 수 있다(이학종, 1986: 90-91; Davis & Olson, 1985: 200-202). 따라서 어떤 정보는 특정 시기에 어떤 사람에게만 유용하고 다른 사람에게는 처리되지 않은 자료에 불과할 수도 있다(방석현, 1989: 112).

정보는 일반적으로 다음과 같은 특성을 갖고 있다(방석현, 1989: 109-110; 정홍익, 1987: 119; 서남원, 1985: 120-121, 127-128).

첫째, 정보 자체는 물리적인 형태를 지니지 않고, 다만 표현된 내용으로서 존재한다(무형성).

둘째, 정보는 물질과 달리 동시에 여러 곳에 존재할 수 있다(공간 초월성, 동시 다발적 존재성).

셋째, 정보는 타인에게 양도하더라도 자신에게 계속 남아 있다(비전이성).

넷째, 여러 가지 정보가 많이 수집되어 축적될수록 정보의 효용가치가 증대한다(누적 효과성).

다섯째, 정보의 유용성은 시간이 지남에 따라 감소된다(정보의 시간 제약적 유용성).

여섯째, 물질과 달리 정보는 아무리 사용해도 없어지지 않는다(비고갈성).

(2) 정책정보의 개념

정보는 그것이 무엇에 관한 것이며, 어떻게 구성된 것이고, 누가 어떠한 목적으로 사용하느냐에 따라서 그 내용이 달라진다(강신택, 1976: 209; 구광모, 1986: 397). 학자들에 따라 정책정보의 개념 정의가 다양하게 이루어지지만,[1] 정책정보를 단순하게 정의해 보면 정책내용과 정책과정에 관련된 모든 정보를 말한다. 더 구체적으로 보면, 정책환경에 관한 정보, 정책문제와 정책수단에 대한 정보(정책내용에 대한 정보),[2] 정책기조 형성, 정책의제형성, 정책결정, 정책집행과 변동, 그리고 정책평가 등 정책과정에 대한 정보 등이 모두 정책정보를 구성한다(강근복 역, 1990: 3). 이들 중에서 정책분석에서 필요한 주된 정보는 정책환경과 정책 관련자에 대한 정보, 문제 상황과 관련된 정보, 그리고 대안의 내용과 그 예측 결과, 또한 대안의 비교 · 평가 등과 관련된 정보들이다.

2) 정책정보의 중요성

정보는 판단과 결정 근거의 기초를 이룬다. 그러므로 신뢰성 있는 충분한 정보의 확보는 정확한 판단과 합리적인 결정을 위한 필요조건이 된다. 그러나 오늘날과 같이 복잡하고 변화의 폭과 속도가 크고 빠른 현실 속에서 사회 전 영역에 걸쳐 광범위한 영향을 미치는 정책문제 또는 정책대안과 관련된 정보를 수집 · 관리하는 것은 매우 어려운 과제가 되고 있다. 정책 관련 변수의 양적 증대와 질적 복잡성, 정책 관련 변수들 간의 복잡한 상호 관계, 변수들의 역동적 변화, 그리고 정책 관련 집단의 다양한 인식과 요구 등은 이러한 어려움을 더욱 가중시키고 있다.

---

1) 래퍼트(Rapport, 1975: ix)는 정책정보를 "정책결정에 쓸모가 있도록 구성된 자료이며, 모든 목표 지향적인 조직의 생존을 위해서 필수적인 것이다"라고 정의한다. 그리고 강신택(1976: 211-214)은 정책결정자가 필요로 하는 정보는 "환경에 관한 정보, 행위자로서의 자기 자신에 관한 정보 및 다른 행위자들에 관한 정보" 등으로, 정책정보는 "정책형성에 사용되는 자료 및 지식"으로 정의하여 정책정보를 정책형성과 관련시켜 설명하고 있다. 나아가 정책형성을 어느 측면에서 보느냐에 따라서 정책정보의 기능도 달라지며, 정보의 종류 또한 여러 가지로 분류할 수 있다고 한다.

   한편, 이윤식(1990b: 343-344)은 정책정보를 "주로 정책 상황의 분석, 정책대안의 개발 또는 대안의 비교 · 분석 및 미래예측에 필요한 정보일 뿐만 아니라, 정책집행 과정에서의 집행활동의 통제 및 수정에 필요한 정보이고 또한 정책평가를 위해서 불가결하게 요구되는 정보"라고 하면서, 정책정보를 정책과정에 필요한 정보라고 정의하고 있다. 또한 안해균(1990: 232)은 정책정보는 정책문제의 해결과 관련된 각종 정책대안을 개발, 예측, 평가, 선택하는 데 필요한 지식을 제공하며, 정책집행 및 평가활동의 효과성과 적실성을 제고하는 수단을 제공하기 때문에 정책에 관련된 모든 정보를 의미한다고 설명하고 있다.

2) 정책정보는 사전적(ex ante)으로 창출될 뿐만 아니라, 사후적(ex post)으로도 창출될 수 있다. 정책분석에서 산출하는 정보는 사전적인 성격의 것이다.

정책정보의 중요성이 커지고 이러한 어려움이 더해질수록 정책 관련 정보의 체계적인 수집과 관리·활용이 중요해진다. 문제 상황, 정책 관련 집단, 그리고 정책대안과 관련해서 신뢰성 있고 충분한 정보의 확보 여부는 정책분석의 성패를 좌우하기 때문이다. 이성과 증거를 중시하는 정책분석에서 정책정보는 증거의 토대를 이룬다. 적실성 있고 신뢰할 만한 충분한 정책정보의 확보는 증거 기반 정책분석(evidence-based policy analysis)의 핵심적 요소를 이루는 것이다.

또한 정책분석은 정책형성에 필요한 판단에 도움을 줄 수 있는 정책정보를 산출하고 제공하는 활동이다. 그러므로 정책분석은 정책정보를 활용하고, 새로운 정책정보를 산출하는 활동을 포괄한다. 과거와 현재에 걸쳐 다양한 주체에 의해 이루어진 정책분석의 결과 정보, 과거 정책의 경험 등은 정책분석에서 매우 유용한 정보로 활용될 수 있다. 이 모든 것들이 정책정보의 중요성과 정책정보의 체계적 관리의 중요성을 보여주는 것이라 하겠다.

2. 정책정보의 성격과 요건

1) 정책정보의 성격

정책정보는 일반적인 정보의 특성에 덧붙여 행정정보의 특성을 포함하며(이윤식, 1990b: 344), 정보 사용자들에게 의미 있는 형태로 처리되어 현재나 미래의 정책 활동에 실제적으로 활용될 수 있도록 구성되어야 한다.

정책정보는 정보의 활용 수준과 정보의 수집·생산이라는 관점에서 구분이 가능하다.

첫째, 정책정보의 활용 수준에 따라 기술적 정책정보와 전략적 정책정보로 구분할 수 있다. 기술적 정책정보는 조직 운영이나 관리통제와 같이 조직 내부의 일상적인 관리활동을 지원하기 위한 정보이다. 반면, 전략적 정책정보는 일상적인 운영정보와는 달리 조직 외부의 환경에 대한 정보까지 포함하여, 정책목표 설정과 정책대안의 탐색, 결과 예측 등과 같은 전략적인 활동을 수행하는 데 활용되는 정보라고 할 수 있다. 따라서 기술적 정책정보는 좀 더 완벽하고 구체적으로 정의되는 반면, 전략적 정책정보는 구체성이 결여된 비교적 모호한 상태로 정의될 가능성이 크다. 또한 기술적 정책정보는

표 5-1 정책정보의 특성

속성 \ 정책정보의 유형	기술적 정책정보	전략적 정책정보
정보의 출처	내부적	외부적
범위	한정적	포괄적
개별성	세부 · 개별적	종합적
시간지향	과거	미래
정확성	높다	낮다
활용 빈도	매우 빈번하다	드물다
반복성	가능	불가능
재생 가능성	가능	불가능(독특성)
형태	양적	질적

출처: 안해균(1990: 300)을 수정 · 보완.

비교적 계량화가 가능하며 객관적인 성격을 가진 반면, 전략적 정책정보는 좀 더 주관적인 성향을 가짐으로써 정보의 해석 활동이 더욱 중요시된다고 할 수 있다. 기술적 정책정보와 전략적 정책정보의 특성을 비교하면 [표 5-1]과 같다.

둘째, 정책정보는 정보의 수집과 생산이라는 관점에서 1차적 정보와 2차적 정보로 구분할 수 있다.[3] 1차적 정보는 수집 활동을 통해 확보된 상태로 정책과정에 활용되는 정보를 의미하며, 2차적 정보는 수집된 자료와 정보들을 근거로 하여 이루어진 정책과정을 거쳐 새로운 내용과 형태로 생산된 정보를 의미한다. 예를 들면, 정책분석을 수행하는 과정에서 활용되는 정보는 1차적 정보이고, 1차적 정보를 활용하여 산출된 정책결정에 필요한 새로운 정보는 2차적 정보라고 할 수 있다.

그러나 1차적 정보와 2차적 정보와의 구별은 절대적인 것이 아니며, 정보의 수집과 생산(가공)이라는 측면에서 정보의 순환성을 내포하는 것이고 기능상의 구별(강신택, 1976: 222)이라고도 할 수 있다. 즉, 2차적 정보가 추후에 이루어지는 또 다른 정책분석 활동에서는 1차적 정보로서의 기능을 수행하게 되는 것이다.

3) 도이치(Deutsch, 1966: 200-203)도 제1차 메시지(primary message)와 제2차 메시지(secondary message)로 구분하고, 제2차 메시지는 자료 조작이나 처리에 의해서 얻은 것이라고 한다.

2) 좋은 정책정보의 요건

정책분석에서 수집 활용되는 정책정보는 정책분석의 질을 결정하고, 분석의 결과로 얻어진 정책정보를 바탕으로 한 정책결정의 질을 좌우한다. 이런 점에서 좋은 정책정보의 요건을 갖춘 정보의 수집과 활용은 정책의 성패를 결정짓는 핵심적 요소임에 틀림없다. 좋은 정책정보가 갖추어야 할 요건을 살펴보면 다음과 같다.

(1) 적시성

정책분석이 진행되는 과정에서 필요한 정보가 필요한 시점에 활용될 수 있도록 수집되고 관리되어야 한다.

(2) 신뢰성

정책정보 내용이 명확하고 정확해서 신뢰할 수 있는 것이어야 한다.

(3) 수정 가능성

좋은 정책정보는 기존 지식을 보완하고 수정할 수 있도록 수정 가능성이 있어야 한다. 언제, 어떤 상황에서나 정책문제 또는 정책대안의 분석을 위해 이용할 수 있는 정보란 있을 수 없다. 좋은 정책정보란 시간과 공간, 상황의 변화에 따라 수정되고 보완된 정보이다.

(4) 포괄성

정책정보는 그 범위가 넓고 깊을수록 유용하다. 따라서 정보 수집의 대상은 시간 차원에서는 과거, 현재, 미래에 관련되며, 공간적으로는 세계적이고, 전국적이며, 그리고 지역적인 것이다. 내용 면에서는 정책환경, 문제 상황, 그리고 가능한 정책대안과 대안의 예상 결과 등 여러 측면에 관련된 것들을 가급적 많이 포함할수록 좋은 정보이다.

(5) 공개성

정책정보는 공개성(openness)이 있어야 한다(Lasswell, 1975: 13). 어느 체제에서든 정보를 소유하거나 통제하는 사람이 정책과정에서 영향력을 행사할 수 있기 때문에 정보를 독점하고 숨기려는 경향이 있다. 물론 이는 잘못된 경향이다. 정책정보는 정책분석을 수행하는 사람이나 정책분석의 결과를 이용하려는 사람, 그리고 정책 관련자를 포함한 일반시민에게 공개되어야 한다. 그래야 공익과 사익을 조화하고, 효율성을 증대시킬 수 있는 정책안 산출이 가능하다.

(6) 수집·생산과 활용의 능률성

정보의 수집·생산과 활용에는 비용이 들기 마련이다. 정보비용은 정책과정에 필요한 정보의 수집·생산, 활용과 관련하여 투입되는 인적·물적 자원을 의미한다. 정보획득 비용이 정보의 이용에 따르는 편익과 비교하여 적정 수준이어야 한다.

3. 정책정보 활동의 과정

1) 정책정보 활동의 단계

정책정보 활동의 과정은 일반적인 정보활동과 마찬가지로 정책정보의 수집, 분석, 보존, 그리고 제공으로 이루어진다고 보는 것이 일반적이다.[4] 그러나 여기에서는 정책정보 기획을 추가하여 다섯 단계로 나누어 정보활동을 살펴본다.

(1) 정책정보 기획

무슨 일이든 그 일을 체계적이고 합리적으로 수행하기 위해서는 기획이 필요한 것처럼 정책분석에 유용한 정책정보 활동을 위해 기획을 해야 한다. 이 정책정보 기획은 정보의 수집·분석·보존·활용 등 정책 활동 전반에 걸친 기획이다.

정책정보 수집을 시작하기 전에 먼저 해야 할 일이 정책정보 수집을 위한 계획을 수립하는 것이다. 필요한 정책정보의 내용과 유형을 명확히 구체적으로 식별하고, 정책정보 수집의 구체적 목적과 방법 등을 정하는 것이 필요하다. 시간과 자원의 제약 속에서 무엇을, 어떻게 해야 필요한 정책정보를 충분히 수집할 수 있을지를 준비해야 하는 것이다. 정책정보 수집 방법만을 놓고 보더라도 그 방법의 적절성은 수집된 정책정보의

4) 정보활동 단계를 다음과 같이 다섯 단계로 나누기도 한다. ① 자료의 수집(data gathering), ② 자료의 처리(data processing), ③ 정보의 분석 또는 처리(information analysis or processing), ④ 정보의 보존, 즉 정보의 저장 및 기억(information storage and memory), ⑤ 정보의 제공(information delivery or distribution)으로 구성된다(이윤식, 1990b: 346-355; 강신택, 1985: 218-223).

질적 수준과 유용성을 크게 좌우한다.

정책정보의 수집 분석을 위한 접근법은 양적 접근법과 질적 접근법으로 크게 나눌 수 있다. 정책정보의 성격과 내용, 활용 목적, 희망하는 정책정보 산출 내용, 그리고 정책정보 활동 여건을 고려하여 접근법을 선택하고 구체적인 방법을 정해야 한다. 이에 대해서는 뒤에서 좀 더 자세히 설명한다.

이러한 정책정보 기획은 뒤에서 다루게 될 정책정보 시스템의 구축·활용과도 밀접히 연관된다. 그래서 정책정보의 보존과 활용을 위한 기획에 대해서는 정책정보 시스템에서 따로 다룬다.

(2) 정책정보의 수집

정책정보 활동 과정의 두 번째 단계는 정책정보 수집 단계인데, 이 단계는 자료 수집 단계와 자료 처리 단계로 나눌 수도 있다.

자료 수집 단계에서 정책정보 활동의 지침이 되는 것은 정책분석의 목적과 주요 활동에 주목하여 필요한 정책정보의 정확성과 충분성 확보, 그리고 정보 왜곡을 최소화하는 것이다(Agullar, 1967: 19-22). 좀 더 자세히 살펴보면 다음과 같다. ① 광범위하고 다양한 정보원에서 정책정보를 포괄적으로 탐색한다. ② 목표지향적 탐색활동으로 해결하고자 하는 정책문제와 관련된 정보를 수집한다. ③ 적극적인 탐색활동으로서 특별히 고안된 자료수집 계획이나 절차 및 방법에 입각하여 신중하게 자료를 수집한다.[5]

자료 수집에 이어지는 자료 처리는 일반적으로 특정 정보를 산출해 내기 위하여 수집된 자료를 이용할 수 있는 내용과 형태로 가공하는 것을 말한다. 정책정보를 위한 자료의 처리는 양적 자료 이외에 질적 자료의 처리도 적지 않음을 주의할 필요가 있다. 정보가 '처리된 자료'를 뜻하는 것으로 본다면 자료의 수집만으로 정책문제 정의와 정책대안 분석에 필요한 정보를 확보했다고는 볼 수 없다는 점에서 자료의 처리 단계가 중요하다.[6]

---

5) 적극적인 탐사 방식의 구체적인 예로서는 다음과 같은 것을 들 수 있다. ① 불법적이고 비윤리적인 활동, ② 불법적이지는 않지만 비윤리적인 활동, ③ 체계적으로 조사하고 공개적으로 탐색하는 활동, ④ 자신의 조직 기록으로부터의 공개적인 탐색 등이다.

6) 이 책에서는 자료와 정보를 명확히 구분해야 할 필요성이 있는 경우를 제외하고는 자료와 정보를 혼용한다.

(3) 정책정보의 분석

정책정보의 분석 단계는 수집된 정보를 분석하는 과정으로서 획득된 정보의 가치와 활용 가능성 등이 평가된다. 정보를 분석하는 과정에서 정보는 더 구체화되고 조정된다. 이 과정에서는 정책정보들 간의 관계, 수집된 정보들 간의 내적·외적 일관성을 분석한다. 그리고 정책문제의 정의와 인과관계를 기반으로 한 해결 방안을 마련하는 데 필요한 정보를 산출하는 데 중점을 둔다.

이러한 분석 과정을 통해서 정보는 점차 구체화되며 유용성이 더욱 높아지게 된다. 그리고 중요한 정보와 중요하지 않은 정보를 구분하여 정보를 폐기하거나 추가적인 자료 수집 활동을 전개하게 된다. 정책정보 분석 과정에서는 분석가의 주관적인 판단이 크게 작용하며 편견이 개입될 가능성도 있다. 또한 정책정보 분석은 외부 정책환경의 영향을 많이 받게 된다. 이는 정책정보를 둘러싸고 갈등이 심하거나 정책정보 그 자체가 모호하거나 해석이 분분할 때, 그리고 정책정보의 내용이 분석가 자신 또는 정책 관련자의 관점과 다르거나 그들의 이익과 관련된 것일 경우 그럴 가능성은 더욱 커진다.

(4) 정책정보의 보존

정책정보의 보존 단계는 정보의 저장 및 기억 과정으로서, 수집·분석된 정책정보를 당장 사용하지 않고 장차 필요한 경우를 대비하여 일정한 기준과 분류 방식에 의해 체계적으로 보존하는 과정을 뜻한다. 정책정보는 필요할 때 생산되어 활용되고, 이용된 후에는 곧바로 소멸되어 버리는 것이 아니다. 자료와 정보는 계속하여 수집되기 때문에 이용될 때까지 보관되어야 하며, 일단 이용이 끝난 정보도 다시 이용할 때까지 저장할 필요가 있다.

정보의 보존 과정에서 제일 먼저 고려해야 할 과제는 광범위한 정보 중에서 보존할 것과 버릴 것을 결정하는 것이다. 두 번째 과제는 하나의 자료 전체를 그대로 보존하느냐, 아니면 그것을 요약하거나 일부만 보존하느냐 하는 것이다. 세 번째 과제는 보관된 항목 사이의 관계를 결정하는 것이다. 그러나 위와 같은 과제를 수행하기 위해 일반화되고 통일적인 원칙이 정해져 있지는 않다(강신택, 1976: 222). 그런데 과학기술의 급속한 발전과 빅데이터 분석과 같은 새로운 정책정보 수집과 분석 기법은 이러한 과제들을 해결하는 데 크게 기여한다.

(5) 정책정보의 제공

정책정보 활동의 마지막 단계는 정책정보의 제공으로서 정보 이용자에게 유용한 정책정보를 적시에 전달·배포하는 활동을 말한다. 정책정보 이용자의 요구에 부응하기 위하여 생산된 정책정보는 정보 이용자가 이용할 수 있는 내용, 형태와 방식으로 제공되어야 한다. 정보제공 과정에서 중요시되는 것은 이용자에게 유용한 정책정보를 어떻게 적시에 신속하고 정확하게 제공하느냐 하는 것이다. 이때 정책정보를 신속하게 제공하기 위해서는 발전된 과학기술과 향상된 정보 능력을 갖춘 인력의 종합체제로서 정책정보 시스템의 개선과 활용이 이루어져야 한다. 이에 대해서는 뒤의 정책정보체제 부분에서 좀 더 자세히 살펴본다.

2) 정책정보를 수집할 때 유의할 점

자료를 수집할 때 유의해야 할 사항들에 대해서도 조사방법론을 다룬 책들이 잘 설명하고 있지만(김병섭, 2010; 남궁근, 2021), 여기에는 정책분석을 위한 자료 수집과 관련해서 특히 중요하다고 여겨지는 몇 가지를 살펴보고자 한다.

① 정책정보를 수집할 때, 정보원의 다양성을 확보해야 한다. 개인과 조직은 나름대로의 독특한 관점, 배경 지식과 경험, 그리고 이해관계를 가지고 있다. 따라서 그들이 산출하는 정보는 동일하지 않을 가능성이 크다. 동일한 현상에 대해 그들이 생산하는 정보도 유사한 것이 있는가 하면 다른 것도 있다. 정책정보를 수집할 때, 가능한 한 여러 정보원에서 많은 정보를 수집하는 것보다는 색깔이 다른 정보를 산출하는 복수의 정보원을 접촉하는 것이 중요하다. 문제를 다르게 분석하고, 해결 방안도 다르게 제안하며, 특정 정책에 대해 찬성과 반대의 견해가 포괄적으로 수집될 수 있도록 정보원의 다양성 확보에 주의를 기울여야 한다.

② 좋은 정보의 특성에 당연히 포함되는 것이지만 정책정보의 신뢰성 점검이 중요하다. 앞에서 지적했듯이 정책정보를 산출하는 사람과 조직의 특성, 배경 지식과 경험, 그리고 관점과 가치관 등에 따라 동일 사실에 대한 해석과 주장 내용이 달라질 수 있음을 유념해야 한다. '사실은 그 자체 스스로를 말한다'는 말과 달리 '사실' 자체가 자신을 스스로 드러내는 것이 아니라 해석하거나 주장된 사실이라는 것을 명심해야 한다. 중립적

인 정보란 없다. 모든 정보는 산출 주체의 의도, 편견이 담겨있기 때문에 그것을 고려하여 활용해야 한다. 그러므로 앞에서 강조한 정보원의 다양성 확보와 함께 개인과 조직의 신뢰성과 그들이 생산하는 정보의 신뢰성을 점검하는 것이 필요하다.

③ 통계 자료를 비롯하여 수집된 자료가 최신의 것인지, 같은 내용이라도 작성 형식이 활용하기에 더 적합한 것이 있지는 않은지도 확인해야 한다.

인터넷상에는 수많은 정보들이 넘쳐난다. 넘쳐나는 자료들 중에서 수집 목적에 부합되는 정책정보를 식별하고, 그 정확성을 면밀하게 검증해야 한다. 사실과 다른 틀린 정보(misinformation), 의도적으로 사실을 왜곡한 허위정보(disinformation)도 적지 않기 때문이다.[7] 특히, 특정 이슈의 정책의제화, 정책문제 정의에 자신들의 관점과 이해관계를 반영하기 위해 인터넷, SNS 등에 올리는 틀린 정보, 조작해 내는 허위정보를 식별할 수 있어야 한다. 주장에 대한 정보임에도 불구하고 사실에 관한 정보인 것처럼 꾸민 것도 주의해야 한다. 그리고 사실의 일부분을 의도적으로 선택하고, 특정 의도에 따른 해석이라면 그것은 주장과 다름이 없다.

④ 자료 수집을 위해 흔히 사용하는 설문조사나 면접조사는 전문가들에 의해 널리 인정되는 절차와 방법에 따라 수행되어야 한다. 그러나 실제로는 내용과 절차가 부실한 설문조사나 면접조사가 허다하고, 또 그렇게 얻어진 부실한 자료를 정책분석에 활용하는 경우도 있다. 이렇게 부실한 정보를 토대로 한 정책분석의 결과가 부실하거나 왜곡될 수밖에 없음은 자명하다.

7) 인터넷상에서 자료를 검색할 때, 동일한 내용의 정보가 여러 사이트에 나와 있다고 해서 그 정보의 정확성이 보증되는 것은 아니다. 틀린 정보, 왜곡된 정보가 여기저기에 복제되어 확산되는 경우도 적지 않기 때문이다.

제 2 절 정책정보로서의 정책지표

1. 정책지표의 의의

1) 정책지표의 대두

사회과학 분야에서 지표 연구는 그 분야에 대한 설명과 과학적 분석의 기초를 제시해 준다고 하는 학문적 유용성과 함께, 실제로 정책분석가와 정책 관련자들에게 정책적 판단과 정책형성에 필요하고도 중요한 정보를 제공해 준다는 실천적인 면에서도 중요한 의미를 가진다.

지금까지 사회과학 분야에서 이루어진 지표에 대한 연구는 경제지표, 사회지표, 그리고 문화지표 등의 이름으로 개발되어, 각각 그 분야를 연구하는 사람이나 실무자들에게 연구의 기초자료를 제공하고 정책담당자들에게는 정책 판단의 근거를 제공하는 정책정보로서의 기능을 수행하고 있다.

예를 들면, 정책문제의 해결을 도모하기 위해 제안된 정책이 실제로 문제 해결에 기여했다는 주장을 뒷받침하기 위해서는, 그러한 정책이 기대되는 결과를 가져왔다고 믿을 수 있는 타당한 증거를 제시할 수 있어야 한다. 이때 관심 분야의 수준(예: 복지 수준, 교육 수준 등), 문제와 관련된 상황의 변화, 정책의 결과 등에 대한 이해와 판단을 위해서 다양한 형태의 정보들이 활용되는데, 그 중의 하나가 지표(indicator)인 것이다.

지표를 존재 영역 측면에서 살펴볼 때 어떤 지표는 경제지표로 분류되고, 어떤 지표는 사회지표나 환경지표로 분류되고 있다. 이와 같이 다양한 형태의 지표가 정책과정에 활용되고 있는 것은 정책의 유형이 경제정책, 사회복지정책, 환경정책, 그리고 과학기술정책 등과 같이 다양하고, 어떤 한 정책의 산출과 그 파급효과도 어떤 한 종류의 지표만으로는 측정하기 어렵기 때문이다(노화준, 1989: 405).

그렇다면 지표란 무엇인가? 일반적으로 지표는 "자료를 수집하고 결합하는 일련의 절차이며 구조물"로 정의된다(de Neufville, 1978: 173). 또한 지표는 경험적 관찰물(empirical observations)을 조직하고, 경험적 관찰물과 이상을 연결할 수 있으며, 경험적 관찰물에 대하여 실체를 부여할 수 있게 해준다. 예를 들어, 실직자에 관한 지표는 실직한 상태에 있는 사람들에 대한 정보를 얻기 위해 대상 인구에 대해 계산 법칙(counting rule)을 적용한 결과로 나타난 산출물이다. 따라서 실직자에 대한 지표가 나타내고자 하는 의미(idea)는 일하기를 원하는 사람들일 수 있으며, 혹은 일자리가 필요한 사람들을 의미하는 것일 수도 있다. 또한 지표는 이론으로부터 도출된 어떤 개념을 대표하기 위한 것일 수도 있다.

정책지표(policy indicator)의 등장은 공공 통계 체계에 대한 활용의 측면과 과학적 접근방법과는 달리, 가치지향적이고 정책지향적인 관점이 사회지표에서 더욱 강조될 필요성에 따른 것이다(MacRae Jr., 1985: 4-9).[8] 정책지표는 독립적으로 발전된 개념이 아니라 기능적 측면에서 사회지표의 정책적 기능을 좀 더 강조한 것이라고 할 수 있다. 맥래 2세(MacRae Jr., 1985: 5)는 이러한 입장에서 사회지표를 정책지표라는 개념으로 대치시켜서 정책과 연관된 공공의 통계 체계로 파악하고 있다.

아래에서는 사회지표와 관련한 상이한 두 가지 접근방법의 차이를 토대로 정책지표에 대한 개념적 이해를 살펴본다(MacRae Jr., 1985).

2) 사회지표와 정책지표

사회지표는[9] 두 가지 방법으로 정의된다. 하나는 사회변동의 분석과 측정에서 과학적 접근방법을 더욱 강조하는 입장이고, 다른 하나는 가치지향적이고 정책 관련적인 관점에서 사회지표를 정의하는 것이다. 결론적으로 정책지표는 그동안 사회지표를 파악하는 두 가지 접근방법 중에서 가치지향적이고 정책 관련적인 접근방법에 주된 관심을 갖고 이루어진 측정치들을 지칭하는 것이다.

가치지향적, 정책 관련적 입장에서 사회지표를 정의하고 있는 바우어(Bauer, 1966:

---

8) 그러나 이것은 사회지표의 기능 중에 정책적 기능이 없다는 것을 의미하는 것은 아니다. 사회지표는 정책목표의 체계와 정책의 개발, 그리고 정책의 평가 등과 관련하여 주요한 기능을 수행한다. 따라서 여기에서 주장하고자 하는 바는 상대적으로 정책지향적, 가치지향적 관점을 강조하고자 하는 것이다.

9) 1960년대 중반 이후 복지와 사회적 환경의 비경제적 측면에 대한 통계의 개선에 많은 관심이 모아졌다. 이러한 관심은 대개 건강, 교육, 주택, 범죄와 같은 주제에 대한 시계열적인 국가 통계로서 이해되는 사회지표의 창도(advocacy)로서 표현되었다.

1)는 『사회지표(*Social Indicators*)』라는 저서에서 "사회지표는 통계, 시계열적 통계자료 및 기타 모든 형태의 증거물로서 구체적인 사업을 평가하고 사업의 영향을 측정할 수 있도록 하며, 우리들로 하여금 우리가 어디에 서 있고, 우리의 가치와 목적의 관점에서 어디로 가고 있는지를 평가할 수 있도록 하는 데 기여하기 위한 것"이라고 주장한다. 이러한 사회지표의 개념은 사회지표의 규범적 · 사회정책적 기능을 강조한 것으로서, 사회지표가 특정한 사회정책을 평가하고 사회통계 체계를 발전시키며 국가 목표와 그 우선순위를 설정하는 데 도움을 준다는 점을 강조하고 있다.[10]

3) 정책지표의 개념

정책지표는 사회지표보다 가치지향적이고 정책 관련적인 측면이 강조된 지표이다. 정책지표는 과학적 접근방법을 기초로 하여 사회변동이나 사회보고의 관점에만 치중하여 구성되기보다는 좀 더 가치지향적이고 규범적인 측면을 함께 반영한 지표체계이다. 따라서 정책지표는 서술적인 정보뿐만 아니라, 주관적인 삶의 질에 대한 정보를 중시하는 규범적인 정보까지도 포함하여 사회 상태를 종합적으로 파악할 수 있도록 체계화된 것이다.

가치지향적 관점에서 정책지표를 정의하고 있는 맥래 2세(MacRae Jr., 1985: 5)는 사회지표를 정책지표라는 개념으로 대치시켜서, 공공 통계에 포함될 수 있는 정책 관련 변수들에 대한 측정치가 정책지표라고 주장한다.[11]

여기에서는 정책지표를 "가치판단과 사실판단을 수반하는 현실의 조건을 질적 · 양적으로 나타내어 이들의 시계열적 변화에 대한 관찰을 통해서 정책문제와 관련된 환경의 상태와 변동을 요약하고, 현존하거나 미래에 나타날 수 있는 중요한 정책문제를 파악함으로써 정책결정과 정책평가 등 정책과정에 기여할 수 있는 공공 통계"라고 정의한다.

---

10) 미국의 HEW에서 발간한 『사회보고(*Toward a Social Report*)』(Olson, 1969)에서는 사회지표를 "우리들이 진정 얼마나 개선되었는지를 판단할 수 있게 하는 직접적이고 규범적인 관심의 통계"라고 정의하고 있다.

11) 박성복 · 이종렬(1993: 590)은 사회지표가 정책의 수립이나 평가를 위해 사용될 때 정책지표라는 용어로 사용될 수 있다고 한다.

그런데 정책지표와 사회지표가 별개의 것이라고 구분하는 것은 아니라는 점을 유념할 필요가 있다. 왜냐하면, 정책지표는 정책환경의 변화 과정과 추세에 대한 과학적 설명의 근거를 제공하는 사회통계의 역할과 함께, 정책과정에 관한 정책정보의 역할을 동시에 수행하기 때문이다. 그리고 이러한 부분은 바로 사회지표로부터 제공받는 부분이기 때문이다. 따라서 정책지표는 정책환경 변화의 과정을 설명해 주는 근거와 정책분석의 자료를 제공하는 정책판단 지표의 기능을 동시에 수행한다. 이러한 관점에서 경제지표와 비경제지표, 과거 · 현재 · 미래 지표 등 다양한 형태의 지표들이 정책지표의 범주 속에 포함될 수 있는 것이다.

4) 정책지표의 정책분석에서의 활용

정책정보로서 정책지표는 다음과 같은 두 가지 역할을 수행한다. 하나는 측정하고자 하는 현실을 과학적으로 반영하는 기술적(descriptive) 역할이고, 다른 하나는 복잡하고 다면적인 현실의 어느 부분을 측정해야 정책분석에 좀 더 도움을 줄 수 있을 것인가 하는 규범적(normative) 내지는 정책적(policy-oriented) 역할이다.

정책지표는 대상 현실을 잘 반영해야 할 뿐만 아니라, 지표 자체에 타당한 정책판단을 유도할 수 있는 정책적 의의가 있어야 한다. 이러한 정책지표의 주요 기능은 ① 정책목표의 종합적 체계화, ② 현상의 추세파악, ③ 중요한 사회문제의 조기 포착, ④ 새로운 정책대안의 탐색,[12] 그리고 ⑤ 과거정책의 성과 평가[13] 등으로 정리할 수 있다.

2. 정책지표의 성격

사회지표와 정책지표에 대한 개념적 논의, 그리고 사회지표의 성격을 토대로 정책지

12) 정책은 사회체계의 변화에 관한 지침으로서의 기능을 수행한다. 따라서 과거와 현재의 상태를 묘사하고 미래를 예측하는 정책지표와 이러한 정책과의 상관 관계를 분석한다면, 어떤 요소의 변화를 통해 원하는 상태에 도달할 수 있는지를 알 수 있다. 지표를 통해서 나타난 문제점과 전망은 향후에 취하여야 할 정책 방향과 목표를 시사해 주기 때문이다.

13) 정책지표는 정책의 효과를 용이하게 측정할 수 있도록 해준다. 시계열적 통계를 통하여 일정한 시점에서의 상태와 기준 시점의 상태를 비교할 수 있는 자료를 제공하기 때문이다. 시간의 경과에 따른 여건의 변화를 제시해 줌으로써 정책의 성과 평가에 유용하게 활용될 수 있다.

표의 성격을 정리해 보면 다음과 같다(허범, 1976a: 7-11).[14)]

① 인본주의적 의의에 치중하는 정보[15)]

② 규범지향성

③ 사회 상태의 종합적 파악

④ 시간의 변동에 적응할 수 있는 정보

⑤ 개인 수준의 정보 중시

⑥ 성과 중심의 정보 중시

3. 정책지표의 유형

정책지표를 유형화하는 것은 매우 어려운 일이다. 왜냐하면, 정책지표에 대한 연구가 부족할 뿐만 아니라, 지표 작성의 접근방법이나 분류 기준에 따라 다양한 유형화가 가능하기 때문이다.[16)] 여기에서는 정책지표의 유형을 일반적인 기준에 따라 구분해서 설명한다.

정책지표는 일반적인 지표 구분 기준이라고 할 수 있는 시점, 문제 영역, 주·객관성, 시간성, 그리고 정책 방향 등을 기준으로 하여 다음과 같이 분류할 수 있다(허범, 1976a; MacRae Jr., 1985).

14) 그러나 정책지표는 정책지표의 개발 및 활용의 목적에 따라서 지표의 성격 또한 크게 상이해질 수 있다는 점을 유념해야 한다.

15) 정책지표는 인간의 삶의 질의 개념을 더욱 명확하고 다양하게 규정함으로써 경제지표와는 구분되는 것이다. 즉, 경제지표가 양적인 측면에 치중하는 반면에, 정책지표는 질적인 측면에 치중하는 대칭적인 의미로 사용된다. 그리고 정책지표의 주관적인 측면을 강조하는 경우에는 객관적인 사회 상태보다는 주관적인 느낌이나 평가를 삶의 질의 핵심으로 파악하기도 한다.

16) 노화준(1989: 415-420)은 정책지표를 ① 성과지표와 구조지표, ② 체제의 내생 변수와 외생 변수에 의한 분류(정책수단 기술지표, 조작이 불가능한 외생적 기술지표, 최종 산출물 기술지표, 부수효과 기술지표), ③ 지표의 표현 형태에 의한 분류(금전적 단위, 물리적 단위, 사회·심리적 지표), ④ 긍정적 지표와 손상적 지표, ⑤ 추구 가치에 의한 분류(궁극적 가치지표와 기여변수)로 구분하여 설명하고 있다.

1) 과거지표, 현재지표와 미래예측지표

정책지표는 과거나 현재의 상태와 관련된 지표뿐만 아니라, 각 체계에서 예상되는 변화와 발전에 관한 미래예측지표도 포함한다.

2) 문제 영역별 지표

정책지표는 경제지표나 사회지표만을 포함하는 것이 아니라, 사회의 모든 영역에 대한 실태와 변화 추세가 측정되어 구성된다. 정책은 정치 · 경제 · 사회 · 문화 등 인간의 생활과 관련된 모든 영역을 그 범위로 하기 때문이다. 따라서 이상적인 정책지표 체계를 구축하기 위해서는 다양한 부문에 대한 지표가 필요하며, 경제지표나 환경지표, 문화지표, 그리고 과학기술지표 등도 정책지표를 구성한다.

3) 직접지표와 간접지표

정책지표는 직접지표와 간접지표로 구분할 수 있다. 직접지표는 대상 자체를 직접 측정하는 척도로서 속성이 가시적이고 유형적인 경우에 많이 쓰이며, 계량화가 용이하다. 반면, 간접지표는 대상이 무형적이거나 질적인 경우에 이것을 가장 잘 나타내는 근사치 또는 대리변수(best proxy variable)를 이용하여 나타내는 지표이다. 이러한 분류는 객관적 지표와 주관적 지표로 구분하는 것과 유사하다. 가치관, 의식, 만족도 등 주관적인 속성은 간접적인 척도를 통해서 측정되는 경우라 할 수 있다.

4) 주관적 지표(질적 지표)와 객관적 지표(양적 지표)

지표는 일반적으로 양적인 측면에서 개발되는 것이 보통이나 규범적, 가치지향적인 정책지표의 경우에는 대체로 양적 지표와 아울러 질적 지표의 개발이 중요하다. 특히, 인본주의적 의의에 적합한 정보를 얻고자 할 때에는 질적 지표가 강조된다.

5) 정태적 지표와 동태적 지표

시간을 기준으로 보면 정책지표는 정태적 지표와 동태적 지표로 구분할 수 있다. 정태적 지표는 일정 시점에서의 상태를 측정한 것이며, 동태적 지표는 일정 기간 동안에 일어난 변화를 측정한 것이다.

6) 성장지표와 분배지표

정책의 방향과 관련된 정보 제공의 측면에서 정책지표는 성장지표와 분배지표로 구분할 수 있다. 성장지표는 정책목표와 직접적으로 연관이 있는 지표를 말하는 것이며, 분배지표는 인구 및 산업구조의 실태와 같이 구조상의 여러 가지 특징을 반영하는 지표를 말하는 것이다.

7) 투입지표, 과정지표와 산출지표

정책지표는 체제적 관점에서 투입, 과정, 그리고 산출에 대한 측정치로 분류할 수 있다(Carley, 1981: 25).

투입지표는 사회 환경에 영향을 미치는 어떤 과정에 기여할 것으로 판단되는 유용한 자원에 대한 측정치를 말하는 것으로서, 의사 1명당 진료환자 수나 도로 청소에 필요한 재원의 양과 같은 것을 예로 들 수 있다.

과정지표는 대개 작업량이나 취급 건수에 대한 측정치에 근거하여 작성되는 것이다.

산출지표는 집행이 이루어진 구체적·특정적인 활동의 결과에 대한 측정치를 의미하는 것으로, 중간적 산출지표와 최종적 산출지표로 구분할 수 있다. 최종적 산출지표는 종종 주관적인 지표에 의해서 측정되는 반면, 투입과 과정, 그리고 중간적 산출지표는 대개 객관적인 지표에 의해서 측정된다.

4. 정책지표의 개발

지표의 개발 및 선정은 경제 발전과 같이 비교적 수량화가 가능한 영역에서는 큰 문제가 되지 않는다. 다만, 한 가지의 지표가 한 개념을 대표할 수는 없어서 경제 발전을 측정하는 경우에는 1인당 국민소득뿐만 아니라, 제3차 산업이 전 산업에서 차지하는 비율, 무역수지, 에너지 소모량 등을 합쳐서 사용하게 된다. 그러나 정치 발전과 같은 주관적 문제가 개재되어 있는 경우에는 측정이 용이하지가 않다. 특히, 정책지표는 사회변동에 대한 보고의 측면뿐만 아니라 가치지향적이고 정책 관련적이기 때문에 그 지표의 개발과 측정이 용이하지 않다. 그래서 지표의 개발과 선정에서 타당성, 신뢰성, 활용성, 객관성 및 비교성 등을 고루 갖춘 지표를 찾는다는 것은 쉽지가 않다.

이상적인 정책지표의 요건으로, ① 상호 연결성(coherent)을 가질 것, ② 중요한 의의(significant)를 지닐 것, ③ 시계열별 측정(monitoring over time)이 가능할 것, 그리고 ④ 적절한 기준에 의해서 세분화될 수 있을 것 등이 제시되고 있다(박성복 · 이종렬, 1993: 595-596).

정책지표의 개발은 정책지표 변수의 선택과 지표 변수의 조작화, 타당화의 과정을 거쳐서 개발된다(MacRae Jr., 1985: 352-357).

정책지표 변수를 선택할 때에는 다음과 같은 요인들을 고려해야 한다. ① 정책의 기대효과, ② 지표 통계의 작성 가능성, ③ 정보요구, ④ 지표선택 비용과 부수적인 편익, 그리고 ⑤ 궁극적 가치와 윤리적 측면에 대한 고려 등이 그것이다(허범, 1976a).

정책지표 변수를 선택하고 나면 이러한 변수들에 대한 구체적인 조작화의 단계가 진행된다. 즉, 정책지표 변수에 대한 선택이 이루어지고 나면 이들 변수들을 조작적으로 정의하고, 이러한 조작적 정의를 바탕으로 개념들을 측정할 구체적인 지표 개념(indicator concept)을 선택한다. 이어서 최종적으로는 정책지표 세트에 포함될 정책지표들을 선택하게 된다. 그런데 구체적인 지표 개념들 가운데 어떤 지표 개념은 하나의 지표에 의해 측정될 수 있는가 하면, 어떤 지표 개념은 둘 이상의 복수의 지표에 의하여 측정될 수도 있기 때문에 지표 개념에 따라 측정할 적정 수의 정책지표를 선택해야 한다(노화준, 1989: 413).

정책지표 변수의 선택과 조작화가 이루어지고 나면 정책지표의 타당성을 검토하는 것이 필요하다. 정책지표의 타당성이란 정책지표에 포함되어야 할 변수가 제대로 포함되었고, 이것이 적절하게 조작화 되었느냐 하는 것으로 정의될 수 있다(노화준, 1989: 413-414).[17]

---

17) 이와 같은 정책지표의 타당화는 이론적 타당화와 경험적 타당화로 구분될 수 있다. 이론적 타당화는 변수의 선택에 의존하고 있는 이론모형이 타당한가 하는 것을 검증함으로써 정책지표 선택의 타당성을 입증하는 것이다. 경험적 타당화는 정책지표로 선택된 변수들에 대한 조작적 정의를 통

위와 같은 과정을 거쳐 정책지표를 개발하게 되는데, 정책지표의 개발과 활용에서 발생할 수 있는 문제점으로는 ① 지표변수의 의미 측정상의 문제, ② 지표의 범위 문제,[18] ③ 정책지표의 대표성과 포괄성 문제, ④ 정책지표의 정치적 악용 가능성 문제, 그리고 ⑤ 방법론상의 문제[19] 등이 있다. 그러므로 정책지표를 개발할 때에는 이러한 문제점을 고려하여 접근해야 한다(MacRae Jr., 1985).

제 3 절 정책정보체제의 구축

1. 정책정보 관리의 의의

정책분석의 대상이 되는 정책문제는 무수히 많고, 정책문제의 완전한 해결은 거의 기대하기 힘들다. 그러므로 정책분석은 동일한 문제 또는 다른 문제를 대상으로 반복하거나 새롭게 시작한다. 그러므로 지금 수행하고 있는 정책분석을 위해서만이 아니라 다음에 수행할 정책분석을 위해서도 정책정보를 지속적이고 체계적으로 수집하고 관리하는 것이 필요하다. 앞에서 설명했듯이 유용한 내용의 정책정보를 적시에, 적절한 형태로 이용자가 이용할 수 있도록 가공 · 처리 · 보관되어야 한다. 이것이 바로 합리적인 정책정보 관리와 효율적인 정책정보 시스템을 필요로 하는 이유이다.

정책정보 관리는 정책정보의 가치를 증대시키는 활동, 정보의 수집, 분석과 가공, 보

하여 지표화된 경우, 그 지표가 원래의 변수 개념을 측정하고 있다고 하는 것을 경험에 비추어 입증하는 것이다. 이러한 경험적 타당화는 패널 토의 또는 이미 그러한 개념을 측정하는 것으로 밝혀진 기존의 측정 방법과 이 지표에 의하여 측정한 것 사이에 유의미한 차이가 없다고 하는 것을 밝힘으로써 이루어지게 된다(de Neufville, 1978: 171-188).

18) 경제정책, 사회정책, 문화정책, 복지정책, 환경정책 등 정책지표의 활용 범위가 광범위 함에도 불구하고, 실질적으로 활용될 수 있는 지표의 범위는 지표에 대한 계량화의 가능성에 따라 제한될 수 있다. 특히, 어떤 대상의 양(量)과 질(質)에 대한 측정에서 질에 대한 분석은 양에 대한 분석에 비해서 자주 무시되는 경향이 있다. 질적인 것은 양적인 것으로 전환되어 측정이 이루어지게 되고 양적으로 전환될 수 없는 것은 무시되기 쉽다.

19) 사회 현상을 측정한다고 할 때 방법의 타당성이 문제될 수 있다. 특히, 질적인 측면에 대한 측정이나 기술은 쉽지 않다.

관, 그리고 제공하는 활동이다. 정책정보를 효율적으로 관리하는 데 필요한 정보관리 역량은 다음과 같다.[20]

1) 정보 기획력

정보 기획력이란 필요 정보의 확인, 정보 소재의 확인, 정보 수집 방법의 결정 등을 포함하는 것이다. 동일한 정보라도 누구에게나 똑같은 가치가 있는 것이 아니다. 그리고 정보는 필요에 따라서 그 가치가 달라지는 속성이 있다. 그러므로 "정보관리에서 가장 중요한 것은 이용자가 필요한 정보는 어떤 것인가?", "어느 범위까지 수집할 것인가?", "정보의 원천은 어디인가?", "그리고 정보 수집 방법은 무엇인가?" 등에 대한 답을 찾아내는 것이다.

2) 정보 수집력

정보사회에서 정보를 수집하는 방법은 크게 나누어 볼 때 '발'에 의한 방법과 '손'에 의한 방법이 있다. '발'에 의한 방법은 정보 수집자 자신이 발로 뛰어다니면서 직접 정보를 수집하는 것이다. 그리고 '손'에 의한 방법은 인터넷 사이트나 데이터베이스 등 정보통신 서비스를 이용하면서 필요한 정보를 수집하는 것을 말한다.

3) 정보분석 · 평가 능력

수집된 정보는 "어느 정도의 가치가 있는가?", 그리고 "어떻게 가공해야 그 가치가 더 커질 것인가?" 이것이 정보처리에서 중요한 과제가 된다.

4) 정보의 보관 · 축적 능력

수집한 정보를 특정 기준에 맞춰 일정한 형식으로 축적해 놓으면 활용도를 높일 수 있다. 이때 가장 중요한 것이 '찾기 쉽게'라는 점이다. 예전에는 주로 문서 분류 방식에 따른 파일링 시스템을 이용했지만, 이제는 컴퓨터를 비롯한 각종 뉴 미디어를 활용할

---

20) http://cio.seoul.kr/section/ciol7.htm(2002.8.2)

수 있어야 성과를 높일 수 있다.

5) 정보활용 능력

정보관리의 최종 목적은 정보활용에 있다. 정보를 활용하는 데는 대내 · 외적, 전략적 · 업무적, 의사결정 · 비의사결정 등 여러 가지 분별이 필요하다.

6) 정보폐기 능력

정보도 일정한 생애주기가 있어서 생로병사(生老病死)한다. “정보는 많을수록 좋다”라는 생각으로 무조건 정보를 수집하기만 하면, 오히려 정보 홍수라는 새로운 문제에 부딪치게 된다. 유능한 정보관리자는 정보의 수집보다는 오히려 폐기를 잘하는 사람이다.

2. 정책정보체제의 개념과 필요성

1) 정책정보체제의 개념

정책분석에 필요한 정책정보를 관리하는 정책정보체제는 행정학에서 논의되는 행정정보체제와 경영학에서 논의되고 있는 경영정보체제의 유형과 유사하다. 행정정보체제(Public Management Information System: PMIS)와 경영정보체제(Management Information System: MIS)는 관리의 대상인 행정정보와 경영정보, 그리고 행정활동과 경영활동의 본질적인 차이에 의하여 구별되어야 하지만, 실제 설계와 운용하는 기법적 차원에서는 유사하다.[21]

정책정보체제는 관리 대상 정보가 정책정보이고, 그 목적은 정책과정과 정책내용을 이해하고 정책내용(정의된 문제와 정책목표, 정책대안의 조합)의 설계와 정책과정의 운용에 필요한 정보를 체계적으로 제공하는 데 있다. 정책정보체제는 정책분석 과정에서 필요한 정보를 제공하기 위해 자료를 수집하고 가공하며, 전달하는 정책정보 활동과 이

21) 정보관리체계는 “조직에서 운영, 관리, 분석 및 의사결정 기능 등을 지원하기 위하여 정보를 제공하는 사용자-기계의 통합체계”라고 정의할 수 있다(Davis & Olson, 1985: 5).

를 지원하는 정보통신기술을 포함한다. 따라서 정책분석의 관점에서 정책정보체제는 "정책분석에서 활용할 수 있는 정책 관련 자료와 정보의 수집 · 분석 · 가공 · 보존 · 전달, 그리고 환류하는 정책정보 활동을 정보통신기술과 결합해서 수행하는 시스템"이라고 정의할 수 있다.

2) 정책분석에서 정책정보체제의 필요성

정책정보체제의 기능에 대해 강신택(1976: 210-211, 219)은 정책형성체제와의 관계 설정 여부에 따라서 자료 보관소의 기능으로부터 예측과 추리, 목표와 선택의 기준 설정, 나아가서는 정책형성 기능까지도 담당할 수 있는 것으로 설명한다. 이는 정책정보체제의 수준에 따라 정책분석에 기여하는 기능이 다를 수 있다는 것을 보여 준다. 정책분석에서 정책정보체제가 필요한 이유를 살펴보면 다음과 같다.

(1) 문제 탐색과 시민의 참여 효율성 증대

정책정보체제는 문제의 적극적이고 신속한 탐색을 가능하게 한다. 문제를 발생시키는 정책환경에 대한 수많은 정보를 수집 · 축적하여 이를 분석함으로써 어떤 문제시되는 상황이 더 심각한 문제로 발전하기 전에 문제로 인식할 수 있도록 도와준다. 또한 수많은 정보가 관리되는 정책정보체제에 일반시민들의 접근과 정보활용이 용이하게 되면, 시민들이 정책분석 과정에 적극적으로 참여하거나 주도적으로 참여정책분석을 할 수 있는 가능성이 커지게 된다.

(2) 정책문제 분석의 합리성 제고

정책정보체제는 문제분석과 목표 설정에 필요한 정보를 신속하고 체계적으로 제공해줄 수 있다. 문제의 배경에 관한 정책환경 정보, 문제 관련 요소들의 수준과 변화 관련 정보, 과거 관련 정책의 결과 정보, 그리고 관련 문제들의 변화 추이와 상호작용관계 등에 관한 포괄적인 정보를 신속하고 효율적으로 제공해줄 수 있어서 합리적 문제분석을 지원한다.

(3) 정책대안 개발의 지원

정책정보체제는 다양하고 풍부한 국내·외 정책사례의 제공, 정책목표와 정책수단 간의 인과관계를 밝혀주는 여러 연구결과들을 체계적으로 제공해줌으로써 정책대안의 개발을 효율적으로 지원한다. 비교적 짧은 시간에 적은 비용으로 정책대안 개발에 필요한 정보를 풍부하고, 활용하기 쉽게 얻을 수 있는 것은 정책정보체제의 가장 큰 장점이다.

(4) 정책대안의 결과 예측 능력의 향상

정책정보체제는 각 대안에 대한 결과를 예측할 때 불확실성을 감소시킬 수 있다. 사회 변화에 대한 하나의 모형을 작성하여 구체적인 결과 예측을 할 때, 모형의 각 요소에 대한 자료와 자료 간의 변화를 말해 주는 파라미터를 추정할 수 있다(방석현, 1989: 86).

(5) 정책분석가의 능력 보완

정책분석가들은 정책분석에 필요한 지식과 기술을 갖추고 있어야 한다. 해당 정책분야에 대한 지식은 물론 정책과정과 관련된 지식도 필요하며, 경우에 따라서는 실질정책 분야와 관련된 풍부한 경험을 요구하기도 한다. 그러나 현실적으로 정책분석가들이 그러한 능력을 충분히 갖추는 것은 쉽지 않은 일이다. 정책정보체제는 정책분석가들의 이러한 능력의 제약을 보완해줄 수 있다. 방대한 자료를 정책분석가가 쉽게 이용할 수 있는 내용과 형식의 정보로 제공받을 수 있을 것이기 때문이다. 또한 정책정보체제는 정책분석가가 자료 수집과 분석을 위해 사용해야 할 시간과 에너지를 창의적인 분석에 더 투입할 수 있게 해줄 것이다.

3. 정책정보체제 구축의 기본방향

좋은 정보의 조건을 갖춘 정책정보 없이 질 높은 정책분석은 기대하기 어렵다. 정책정보는 정책내용, 즉 정책문제 분석과 목표 설정, 그리고 대안분석을 통한 정책목표와 수단의 적절한 조합을 가능하게 만드는 증거를 제공한다. 정책정보체제는 증거 기반 정책분석의 토대를 이루는 것이다. 그러면 정책정보체제의 구축 또는 발전을 위한 바람직한 기본방향은 무엇인가? 이를 간단히 살펴보면 다음과 같다.

1) 정책정보체제 구축 목표의 명확화

정책정보체제의 설계와 운용이 제대로 되기 위해서는 무엇보다도 먼저 정책정보체제의 필요성, 그리고 정책정보를 수집하고 관리하는 목적이 명확해야 한다. 정책정보체제의 목적은 문제분석과 목표 설정, 그리고 대안의 탐색 및 개발, 결과 예측, 비교 · 평가에 필요한 정보를 적시에, 요구되는 내용과 형태로, 신속하게 제공하는 것이어야 한다.

2) 관련 정책정보체제 간의 유기적 연계

정책정보체제는 정부 내부적인 통합 체제로서 뿐만 아니라, 민간 부문과도 유기적인 연관성을 갖도록 설계되어야 한다. 따라서 공공 부문과 민간 부문 간, 중앙정부와 지방자치단체 간, 지방자치단체 상호 간, 정부부처 상호 간, 조직 내 상 · 하 계층 간에 정보의 흐름을 원활히 하여 정보를 공유할 수 있도록 제도화해야 한다. 이를 통해 중복된 정보의 수집과 처리에 따른 시간과 자원의 낭비를 방지하고, 정보의 양적 확대와 질적인 면에서의 정확성과 유용성을 증대시킬 수 있다.

정보체제 간의 유기적 연관성이 강조되는 이유는 정보의 산출이 정부, 공공기관, 그리고 민간 부문의 여러 곳에서 이루어지기 때문이다. 정부가 좀 더 많은 정보를 산출하기는 하지만, 민간 부문도 적지 않은 정보를 산출 · 축적하고 있다. 어떤 경우에는 정부가 미처 갖고 있지 못한 정보를 민간 부문이 갖고 있거나 정보의 정확도가 더 높은 경우도 있다. 그러므로 정부는 민간 부문을 포함한 다양한 정보체제와의 유기적 연계를 통해 정책정보를 공유하고, 정보활용을 극대화할 수 있는 방향으로 통합적 정책정보체제를 설계 · 관리해야 한다.[22)]

22) 행정자치부는 2012년부터 정책연구관리시스템(Policy Research Information Service and Management: PRISM)을 통해 중앙부처에서 수행하는 모든 정책연구 과제를 관리하고 있다. 또한 경제인문사회연구회는 국가정책연구포털(National Knowledge Information System: NKIS)을 통해 국책연구기관의 연구 성과물을 제공하고 있다. 해당 시스템을 통해 정책연구 보고서의 목록, 초록, 주제어 검색, 그리고 원문 열람이 가능하다. 또한 국토교통부는 2014년부터 공간 관련 빅데이터 체

3) 좋은 정보의 조건을 갖춘 정보의 수집과 관리

정보의 유용성은 정보가 좋은 정보의 조건을 갖추고 있느냐에 달려 있다. 좋은 정보는 적실성, 이용 목적 적합성, 정확성, 신뢰성, 최신성, 적시성, 그리고 충분성의 조건을 충족하는 정보이다. 이러한 좋은 정보를 선별・수집하고, 검증하며 가공하고 수정・보완하는 작업을 지속적으로 수행해야 한다. 그래야 좋은 정보가 유지되고 새로 산출된다.

4) 정보의 공개, 정보의 공유화 확대

정보는 힘이다. 이전의 산업사회와 달리 지식정보사회에서 정보는 물질이나 에너지에 비해 상대적으로 더 큰 힘의 원천을 이룬다. 그러므로 정부나 특정 집단이 정보를 독점하여 정책분석에 참여하는 전문가나 일반시민이 정보를 공유하지 못해서는 안 된다.

정책분석은 정부나 특정 기관이나 또는 권위 있는 전문가들만의 독점물이 아니다. 특정 정책문제의 이해관계자뿐만 아니라 일반시민들도 공적인 관심 사항 또는 자신의 관심 사항과 관련해서 정책분석 과정에 참여할 수 있고, 더 나아가 주도적으로 정책분석을 할 수 있기 때문이다. 이러한 참여정책분석의 확대와 효율화를 위해서 정책정보의 공개, 정보공유가 더 확대되고 실효성을 증대시켜야 한다. 특히, 일반시민이 이해할 수 있도록 정책정보의 내용과 형식이 적합해야 한다.

계구축 사업을 추진 중에 있으며, 행정정보, 민간정보를 융・복합하여 공간 기반의 빅데이터 분석이 가능한 융합DB를 구축하고 분석플랫폼, 분석인프라 도입을 추진 중에 있다.

제6장 정책문제의 분석과 목표 설정

이 장에서는 먼저 정책문제 분석의 개념과 특성, 중요성, 그리고 분석 요소와 분석 방법 등을 설명한다. 그 다음으로, 정책문제 분석과 정의에 이어 이루어지는 정책목표의 설정에 대해 설명한다. 정책문제 정의와 정책목표 설정은 그 본질적인 내용이 매우 유사하고, 서로 밀접한 관계를 갖고 있으나 상이한 측면도 있다.

제 1 절 정책문제 분석과 정의의 본질

1. 의의

어떤 문제를 해결하거나 정책을 형성한다고 할 때 우리가 갖는 주된 관심은 '어떻게' 할 것인가에 집중되어 왔다. 즉, 문제를 해결할 수 있는 '방안'이 무엇인지 찾는 데에 주로 관심을 가졌다. 반면, 문제의 성격이나 내용을 파악하고 무엇이 문제인가를 정의하는 데는 소홀하였다. 물론 오래전부터 문제 정의는 문제 해결의 핵심적인 단계로 인식되어 왔다. 그러나 '문제란 무엇인가?'라는 질문이나 문제 정의에 대한 진지한 관심은 대안분석에 대한 관심보다 상대적으로 적었다.

정책토론 현장에서 흔히 들을 수 있는 말이 있는데 그것은 "자 이제 문제가 무엇인지는 명확해졌으니 해결 방안에 대해 이야기합시다. '어떻게' 할 것인지 그 해결책을 찾는 것이 중요하지, 문제가 무엇인지를 놓고 따지는 것은 시간 낭비입니다"라는 말이다. 그러나 이러한 주장은 옳을 수도 있지만 잘못된 주장인 경우가 적지 않다. 이는 문제를 잘 이해하고 있다고 착각하거나, 자신의 문제 정의와 다른 다양한 관점의 문제 정의들을 진지하게 고려할 의사가 없기 때문이다.

해결해야 할 문제에 대한 치밀한 분석이 전제되지 않고는 좋은 정책을 만드는 것은 기대하기 어렵다(강근복 역, 1990: vi; 노화준, 1985: 57-72). 왜냐하면, 문제에 대한 해결 방안은 문제를 어떻게 정의하느냐에 따라 전혀 달라지기 때문이다. 그리고 여러 해결 방안들이 '동일한' 문제를 해결하기 위한 방안인 것처럼 보이는 경우에도 그 해결 방안들을 체계적으로 분석해 보면 전혀 다른 문제를 해결하기 위한 방안임을 발견하게 된다. 그런데 우리는 흔히 문제가 무엇인지를 명확히 이해하기도 전에 해결 방안을 찾으려 하는 경우가 많다. 이러한 '해결 방안 중심적 사고(solution mindedness)'는 우리로 하여금 문제에 대한 탐색은 제쳐두고 해결 방안만을 찾게 한다. 이러한 경우, 우리는 소수의 제한된 대안들에 대한 평가만을 서두르게 되고 문제 해결을 위한 새로운 방법들을 찾아내는 데는 소홀하게 된다. 잘못된 문제 정의가 우리로 하여금 더 다양한 대안을 탐색하는 것을 부당하게 제한하기 때문이다.

다른 한편으로, '문제 중심적 사고(problem mindedness)'는 문제의 본질에 대한 탐구를 요구한다. 즉, 문제 중심적 사고는 주어진 대안들 중에서 하나의 대안을 선택하는 것에 관심을 가지는 것보다 여러 가지 대안들을 탐색하고 창출해 낼 것을 강조한다. 이때 중요한 것은 일련의 여러 가지 대안들 중에서 어느 하나를 선택하기 전에 대안들을 창출해 내야 한다는 것이다. 문제의 여러 측면과 다양한 구성 요소들을 드러내는 문제분석은 자연스럽게 그에 대응하는 여러 대안들의 탐색으로 이끌어가기 때문이다. 그러므로 '선택 상황'을 '문제 상황'(즉, 해결 방안을 선택하기 위한 절차를 진행시키기 전에 문제의 본질을 규명하고 문제를 정의하는)으로 전환시키는 것이 필요하다. '어떻게 할 것인가?'에 관심을 모으는 '해결 방안 중심적 사고'에서 '무엇이 문제인가?'에 우선적으로 관심을 기울이는 '문제 중심적 사고'로 전환해야 하는 것이다(강근복 역, 1990: 82-83). 앞의 것이 주로 대안분석에 관련된 것이라면, 뒤의 것은 문제분석과 정의에 관련된 것이다.

이처럼 문제분석과 문제 정의는 대안분석과 함께 정책분석의 핵심을 이루는 중요한 활동임에 틀림없다(Wildavsky, 1980: 1-3; MacRae Jr. & Wilde, 1979: 7-12; Dunn, 2012: 66-116; Hogwood & Gunn, 1984: 88-127).

정책문제의 분석은 실질적인 정책문제가 과연 무엇인가를 파악하기 위해서 문제의 내용, 성격 및 중요성 등 관련된 요소들을 분석하는 체계적인 작업을 말한다(정정길, 1988: 341). 그리고 문제의 분석을 통해서 정책문제의 구성 요소, 성격, 원인, 그리고 결과 등을 규명하여 '무엇이 문제인지'를 규정하는 것이 바로 문제 정의이다.

여기에서 '문제 정의'라고 할 때 쓰이는 '정의'가 의미하는 것은 일반적인 의미의 '정의(definition)'와는 다르다. 일반적으로 '정의'란 용어의 의미를 구체적으로 밝히는 것을 말하는데, 여기서는 '문제'라는 용어의 의미를 밝히는 것이 아니라, '구체적인 개별 문제(예: 환경오염 문제, 청년실업 문제 등)'의 내용, 성격, 구성 요소 등을 밝혀 무엇이 문제인지를 규정하는 것을 말한다. 그런데 문제분석, 문제 파악, 문제 정의는 모두 문제가 과연 무엇인가를 명확히 규명하는 동일한 작업을 핵심으로 하고 있으므로 서로 혼용되는 경우가 많다.

앞에서 살펴보았듯이 특정 문제에 대한 정의는 사람마다 다르게 나타난다. 결국, 정책문제 정의의 과정은 본질적으로 어떤 객관적인 현실을 묘사하려는 것이 아니라, 누구의 현실감이 객관적 현실에 더 가까운 것인지를 규명하는 과정(Eden & Sims, 1979: 119-127) 또는 건전한 상식을 가진 이성적 정책 관련자들이 서로 동의할 수 있는 문제를 찾는 과정이라고 할 수 있다.

물론 이러한 문제분석이 정책과정에서 정책의제[1])가 형성된 후에만 이루어지는 것은 아니다. 문제 관련 집단이나 정책담당자들은 평소에 또는 정책의제형성 과정에서 문제를 분석·정의하고 계속해서 문제를 재분석·재정의한다. 다만, 정책의제가 형성된 후에 공식적이고 본격적으로 좀 더 체계적인 분석이 이루어질 뿐이다.

1) 정책문제를 '정책의제'라는 용어와 비교해 볼 때 지칭하는 대상은 본질적으로 같다. 즉, 정책의제나 정책문제는 정부가 정책적 해결을 의도하여 채택한 문제를 의미한다. 다만, 용어의 사용에서 정책의제란 용어는 사회문제가 어떤 과정을 거쳐(예: 쟁점 단계, 공중의제 단계 등) 그 지위가 변화하였는가를 염두에 두거나, 논의의 대상, 검토의 대상에 올랐다는 것을 강조할 때 많이 쓰인다고 할 수 있다.

2. 정책문제 정의의 관점

문제의 실체를 어떻게 보느냐, 문제를 어떻게 정의할 것이냐에 대해서는 크게 두 가지 관점이 있다. 그 하나는 객관(론)적 관점이고, 다른 하나는 주관적(구성론적) 관점이다(강근복 역, 1990: 제3장).[2)]

1) 객관(론)적 관점

객관(론)적 관점에서는 문제를 문제시되는 상황 그 자체로서 경험할 수 있는 객관적 실체라고 본다(Tallman & McGee, 1971: 19-58). 따라서 문제는 객관적인 실체(objective entities)를 가지고 있기 때문에 그 실체를 규명하는 것이 문제분석의 핵심이다. 그러므로 문제시되는 상황을 '있는 그대로' 정확히 묘사하면 문제분석은 끝나게 된다.

한편, 객관(론)적 관점에는 '문제시되는 상황'을 객관적으로 묘사하기만 하면 된다는 입장에서 한 걸음 더 나아가, 문제시되는 상황을 단지 묘사하는 것에 그치지 않고 문제의 원인까지도 분석해야 한다는 주장도 있다. 이 입장에서 보면 정책문제 분석의 핵심은 "객관적인 실체를 가진 문제의 원인을 규명하는 것"이다.

그러나 앞에서 설명한 바와 같이 정책문제는 객관적인 실체를 가지고 있는 것이 아니라, 정책문제를 정의하는 사람의 상황판단과 당위적인 가치판단에 따라 달라질 수 있는 주관적이며 인공적인 축조물이다. 그러므로 상황에 대한 정확한 진단을 토대로 문제의 원인을 규명하는 것이 타당한 문제 정의를 위해 필요한 과정일 수는 있으나, 그것만으로는 문제 정의가 완전하게 이루어질 수는 없다. 정책문제의 정의는 바람직한 상태에 대한 가치판단과 상황적 요인들에 대한 분석이 함께 이루어져야 하기 때문이다.

2) 주관적(구성론적) 관점

문제의 주관성을 강조하는 주관적(구성론적, 구조론적) 관점에서는 문제란 그 자체

2) 데리(David Dery)는 관점에 따라 ① 상황으로서의 문제, ② 괴리(discrepancy)로서의 문제, ③ 해소할 수 있는 괴리로서의 문제, ④ 기회로서의 문제 등 네 가지 유형으로 문제의 의미를 파악할 수 있다고 설명한다(Dery, 1984).

가 관찰 가능한 객관적인 실체가 아니라고 본다. 문제를 인식하는 사람의 마음 속에 있는 '분석적 축조물'이라는 것이다(Wildavsky, 1980: 1-3; MacRae Jr. & Wilde, 1979: 7-12; Dunn, 2012: 66-116; Hogwood & Gunn, 1984: 88-127). 그러므로 문제는 모든 사람에게 같은 모습으로 나타나는 것이 아니라, 사람에 따라 다르게 인식되는 것이라고 본다. 사람들이 서로 다른 다양한 가치관과 관점, 지식과 경험, 그리고 이해관계 등을 가지고 있기 때문이다.

이러한 관점에서 보면, 정책문제 분석의 핵심은 문제의 원인을 비롯한 제반 상황적 여건을 정확히 분석하고, 아울러 정책결정자와 문제에 관련된 사람들이 추구하는 가치를 명확하게 하는 것이다. 왜냐하면, 문제란 현재와 미래 상황에 대한 판단과 규범판단의 통합을 통해서 만들어지는 것이라고 보기 때문이다. 따라서 이 입장에서의 문제 정의는 곧 정책의 개괄적인 목적과 방향을 제시하는 것이 되기도 한다. 이러한 관점은 이 책이 취하고 있는 입장이기도 하다.

한편, 문제는 주관적으로 구성된 것이라는 입장에 서면서도 앞의 주장과는 조금 다르게 문제를 정의하는 입장이 있다. 바람직하지 않은 상태나 또는 현재 상태와 바람직한 상태 간의 차이를 문제로 정의하는 것이 아니라, 현재 상태를 개선할 수 있는 기회를 문제로 정의해야 한다는 주장이 그것이다. 이러한 입장에서 문제 정의는 어떤 문제가 하나의 선택의 문제(problem of choice)로 전환될 때까지 그 문제의 해결 방안에 대하여 아이디어를 모색하고 개발하며 그러한 아이디어를 검토하는 과정이라고 본다(강근복 역, 1990: 37-39).

그러나 이 입장에 따르면, 정부 관여의 실행 가능성(feasibility), 즉 정부가 문제 해결을 위해 실효성 있는 행동을 취할 수 있는 가능성 여부를 지나치게 강조한다. 그래서 지금 개선의 가능성이 없는 문제는 문제가 아니라고 보게 되는 한계가 있다. 그러나 비록 지금 당장은 해결 방안을 마련하기 어려운 문제라고 하더라도 과학기술의 발전과 새로운 이론의 개발 등 시간을 두고 노력하기에 따라서는 해결 방안을 창조할 수도 있다. 그러기 때문에 지금으로서는 '해결할 수 없는 문제'라고 해서 '문제'가 아니라고 보는 것은 타당하지 않다.

3. 정책문제의 개념

한 사회에서 일어나는 모든 사건과 경향이 저절로 '문제'가 되는 것은 아니다. 그 사건이나 경향, 즉 문제시되는 상황이 어떤 기준에 입각하여 불만스러운 것으로 판단되었을 때 비로소 '문제'가 된다(허범, 1984: 19; Levine, 1975: 427). 문제란 객관적으로 실재하는 것이 아니라, 어떤 사건이 사회에서 발생하거나 어떤 문제시되는 상황이 존재할 때 누군가에 의해 특별한 시기에 특별한 방법으로 '인지된' 것이다. 다시 말하면, 어떤 문제시되는 상황(problematic situation)이 있을 때 주체적 인간이 이를 인지하고(Jones, 1977: 30), 어떤 판단 기준과의 비교를 통해서 문제의식(한완상, 1983: 209-222)을 형성함으로써 비로소 '문제'로 나타나게 되는 것이다. 그러므로 이러한 문제의식의 형성에는 규범판단과 상황판단이 통합적으로 작용한다(허범, 1979a: 322). 결국, 문제란 "바람직하다고 여겨지는 상태와 현실 상태 또는 예측되는 미래 상태와의 차이"로 판단되는 것이라고 말할 수 있다.

예를 들어, 어떤 사회 내에 존재하는 소득 분배의 불균형 상태는 그것이 존재한다는 사실만으로 문제가 되는 것은 아니다. 누구도 이를 제대로 인지하지 못하거나, 그것을 자연스러운 사회현상으로 받아들인다면 그것은 결코 사회문제가 될 수 없다(Davies, 1970: 8, 136). 그것이 사회적 형평성, 인간답게 살 권리 등과 같은 어떤 판단 기준에 비추어 보아 부정적으로 평가될 때 소득 분배의 불균형은 비로소 사회문제로 인식되는 것이다. 심지어 어떤 경우에는 특정인이 '문제'라고 생각하는 것이 다른 사람에게는 이익 또는 기쁨의 원천이 될 수도 있다.

사람은 제각기 상황에 대해 상이한 인식과 판단을 하고(상황판단, 현실감의 형성), 그것을 상이한 규범적 기준에 입각하여 판단하기 때문에(규범판단) 문제의식의 내용은 사람마다 다르게 나타난다(Eyestone, 1978: 42; Jones, 1977: 15). 또한 그와 같은 현실감이나 판단 기준은 시간과 장소에 따라서도 달라진다. 비슷한 상황과 경향이라도 사회가 다르고 문제 상황을 취급하는 때와 사람이 달라짐에 따라 그것에 대한 문제의식과 해결 방안이 달라지는 것은 바로 이러한 이유 때문이다. 그러므로 문제는 객관적으로 '던져지거나 주어진 것'이라기보다는 앞에서 살펴본 것처럼 주관적으로 '만들어지는 것'으로 보는 것이 타당하다(허범, 1984: 20).

그러면 문제의식, 즉 기대와 현실의 괴리감은 어디서, 어떻게 형성되는가? 문제의식 형성에 작용하는 기대의 내용은 크게 ① 도덕적 기대, ② 정서적 기대, 그리고 ③ 필요적 기대 등으로 나눌 수 있다(허범, 1984: 20; Hodgkinson, 1978: 100-115).

도덕적 기대는 '옳다-그르다'의 가치판단에서 '옳은 것', 즉 정의의 실현에 대한 바람이다. 정서적 기대는 '좋다-나쁘다'의 가치판단에서 '좋은 것', 즉 심리적·행태적 선호성의 실현에 대한 바람이다. 그리고 필요적 기대는 필요성이 '있다-없다'에 관한 사실판단에서 '있다', 즉 현실적으로 요구되는 것의 충족에 대한 바람이다(허범, 1984: 20).

엄밀한 의미에서 이 세 가지 유형의 기대는 서로 다른 것들이다. 이들은 본질적으로 서로 다른 성격을 가지고 있는데, 도덕적 기대가 규범적이라면 필요적 기대는 인지적이고, 정서적 기대는 이 두 가지의 성격이 혼합되어 있다. 그러므로 이 세 가지 유형의 기대 사이에 있는 필연적인 갈등은 상황적 여건과 상관없이 문제의식을 유발시킨다. 그리고 사회가 달라짐에 따라서 이 내재적 갈등의 내용이 다르기 때문에 이로 인하여 유발되는 문제의식도 다르다. 그런데 가장 전형적인 문제의식은 기대를 충족시킬 수 없는 상황이 전개될 때 형성된다(허범, 1984: 20-21). 그리고 이러한 문제의식이 명백히 형성되었을 때 비로소 '문제'가 등장한다.

사회문제들 중에서 정부가 정책적인 해결을 의도하여 채택한 문제를 우리는 정책문제라고 말한다. 그런데 정책분석을 한다고 할 때 우리가 분석의 대상으로 삼는 것이 정책문제에 국한되는 것은 아니다. 모든 사회문제는 정책문제로 전환될 가능성을 갖고 있기 때문에 모든 사회문제가 정책분석의 대상이 될 수 있는 것이다. 그러므로 지금 사회적으로 논의되고 있는 문제만이 아니라, 앞으로 논의될 가능성이 있는 문제들도 분석할 필요가 있게 되면 그 문제는 당연히 정책분석의 대상이 될 수 있다. 다만, 그 문제를 분석하는 것이 의미가 있는지를 검토하고 실행 여부를 결정하는 것은 정책분석 결과의 이용자나 정책분석가가 판단할 일이다.

4. 정책문제의 특성

문제분석과 문제 정의를 제대로 하기 위해서는 정책문제의 일반적인 특성을 잘 이해하는 것이 필요하다. 정책문제의 특성을 정확히 이해하고 있어야만 정책문제를 분석할 때 고려 사항과 분석 요소를 체계적으로 도출해 낼 수 있기 때문이다. 정책문제의 특성은 다음과 같다.

1) 주관성 · 인공성

앞에서 살펴보았듯이 문제 정의란 문제시되는 상황을 정확히 이해하고 그 상황의 특성을 밝혀내는 것이라고 주장하는 사람도 있다. 문제 정의에 대한 이러한 인식은 문제가 객관적인 실체, 즉 '저 밖에 존재하는 것'이라고 보는 데서 비롯된 것이다. 그러나 문제는 객관적인 실체로서 존재하는 것이 아니라, 현실에 어떤 주관적인 준거틀을 적용하여 얻어낸 산출물(인공물)이다(Dunn, 2012: 70; Etzioni, 1976: 2-3). 문제는 실존하고 있는 문제시되는 객관적인 상태 그 자체가 아니라, 현실 상황에 대한 판단(상황판단)과 바람직한 상태에 대한 판단(규범판단)이 복합적으로 이루어져 사람의 머릿속에서 구성되는 것이다. 그래서 사람마다 상이한 현실감을 갖고 상이한 가치관적 판단을 하게 되기 때문에 서로 다르게 문제를 정의하게 된다.

그러나 문제가 본래 객관적인 실체를 갖고 있는 것이 아니라는 것을 마치 '문제시되는 상황' 그 자체가 객관적으로 존재하지 않는다는 의미로 받아들여서는 안 된다. 예를 들면, 특정 시대에 '가난'이 사회적 문제로 인식되지 않는다고 해서 '헐벗고 굶주리는' 어려운 상황 그 자체가 존재하지 않는다는 것을 의미하지 않는다. 다만, 그러한 '어려운 상황' 자체를 사회문제라고 인식하지 않고 있을 뿐이다.

2) 가치판단의 함축성

정책문제는 그 정의 속에 가치판단이 개재되어 있다. 정책문제를 바람직하다고 여겨지는 가치와 불일치된다고 여겨지는, 즉 문제시되는 것(Ozbekhan, 1969: 157)으로 정부가 해결을 의도하여 공식적으로 채택한 것이라고 볼 때 정책문제에는 가치판단이 개재되어 있을 수밖에 없다. 이렇듯 정책문제는 단순히 현실적 필요성이나 실현 가능성에만 입각해서 정의되는 것이 아니라, 당위적인 가치관과 연결됨으로써 좀 더 근본적인 문제를 다룰 수 있고 사회의 질적 변개(變改)를 도모할 수 있는 것이다.

3) 상호 연관성 · 복잡성

상당수의 문제들은 동일한 사건으로 인해 발생하는 경우가 많으며, 다른 문제와 관련 없이 홀로 존재하지는 않는다(Dunn, 2012: 69). 어떤 문제든지 발생 원인, 해결 방안, 해결의 영향 등이 다른 문제들과 상호 연관성을 갖고 있다. 따라서 어느 특정 문제의 해결은 다른 문제를 악화시키거나 새로운 문제를 야기할 수도 있고 또는 다른 정책문제의 해결에 도움을 줄 수도 있다. 그래서 어떤 문제 하나만을 따로 떼어놓고 해결하기보다는 오히려 상호 관련된 문제들을 묶어서 해결하는 것이 훨씬 쉽고 바람직한 경우가 많다. 그러므로 특정 문제를 분석하거나 이를 해결하고자 할 때는 체제론적인 관점에서 다른 문제들과의 연관성을 파악하는 것이 중요하다.

우리가 분석 대상으로 삼게 되는 문제들은 대개 단순한 문제라기보다 복잡한 문제인 경우가 많다. 일반적으로 복잡하다는 것은 구성 요소들이 쉽게 이해될 수 없을 정도로 서로 엉켜 있고 난해한 경우를 말한다. 복잡한 체제란 상호작용하는 많은 부분들이 단순하지 않은 방식으로 구성된 것으로, 그러한 체제에서 전체는 단순한 부분의 합 이상의 것이다. 그러므로 체제를 구성하는 각 부분들의 특성과 부분들 간의 상호작용 법칙이 알려져 있다고 하더라도 전체의 특성을 추론하는 것은 그리 간단하지 않다(강근복 역, 1990: 98). 정책문제는 일반적으로 이러한 복잡한 성격을 갖고 있다.

4) 가변성

특정 문제는 항상 일정한 형태와 내용을 지니고 있는 것이 아니다. 상황도 변하고 문제 인식의 기초가 되는 현실에 대한 해석과 바람직한 상태를 결정하는 당위적인 가치판단의 내용도 변화한다. 그러므로 지금은 문제가 아닌 것이 시간이 지남에 따라 문제로 인식되기도 하고, 지금은 심각한 문제로 인식되는 것도 시간이 지남에 따라 전혀 문제시되지 않을 수도 있다.

그리고 어떤 문제가 그 이후에 계속해서 문제로 남아 있는 경우에도 현실과 가치관이 변함에 따라 처음에 정의된 문제와는 전혀 다른 새로운 문제로 정의될 수도 있다. 이러한 정책문제의 가변성 때문에 우리가 정의하고 있는 문제는 임의적이고 항상 불완전할 수밖에 없다. 따라서 정책문제는 정책과정 속에서 끊임없이 새로이 재정의되어야 한다.

5) 중요성 · 심각성

일반적으로 정책문제는 중요하고 심각하다고 여겨지는 문제이다. 대부분의 정책문제는 정도의 차이는 있지만 그 문제로 인해 피해를 입고 있는 사람이 비교적 많고, 그 피해의 정도가 심각하고 다른 문제에 파급성이 큰 문제이다.

6) 차별적 이해관계성

정책문제는 어떤 이익에 대해 차별적인 성격을 갖고 있다. 대개의 경우, 어떤 문제로 인해 고통을 받고 있는 사람이 있는 반면에, 그 문제의 방치로 인해 반사적 이익을 누리는 사람이 있기 때문이다. 그러므로 어떤 문제가 정책문제로 채택되어 해결이 되면 그것은 관련된 사람들 사이에 이익 또는 불이익을 차별적으로 배분하는 셈이 된다. 여러 집단이 동일한 문제로 인해 고통을 입고 있는 경우에도 어떠한 문제의식을 정책문제로 연결시키느냐에 따라 어떤 집단에게는 더 큰 이익(손해)을, 다른 집단에게는 더 적은 이익(손해)을 배분하게 되는 것이다.

7) 정치성

정책문제 정의의 과정은 정책의제형성 과정과 마찬가지로 정치적 과정의 성격을 띠고 있다. 문제인지 자체의 주관적 성격 때문에 문제 정의가 사람에 따라 다르고, 문제를 어떻게 정의하느냐에 따라 정책목표의 설정이나 문제 해결 방법이 달라진다. 그리고 정책목표나 문제 해결 방법이 달라짐에 따라 관련된 사람들 사이에 이익과 불이익이 차별적으로 배분된다. 그러므로 특정 문제에 대해 이해관계를 갖고 있는 집단들은 서로 자기들에게 유리한 방향으로 문제 정의가 이루어지도록 정치적 활동을 벌이게 된다. 이렇게 정책문제는 분석적인 활동에 의해서만이 아니라, 정치적 갈등, 타협과 협상의 과정을 거쳐 정의되기도 하므로 정책문제는 정치적 성격을 갖고 있다고 할 수 있다.

5. 정책문제 분석의 중요성

문제의 내용과 성격 등을 명확하게 분석하여 정책문제를 타당하게 정의하는 것은 좋은 정책을 형성하기 위한 필수 작업이다. 이제 정책문제 분석의 필요성 혹은 중요성에 대해 살펴본다.

1) 제3종 오류의 방지

문제분석은 해결해야 할 문제를 정확히 파악함으로써 잘못 정의된 문제를 해결하는 오류를 피할 수 있다. 즉, 제3종 오류를 범하지 않기 위해서 문제분석이 필요하다. 제3종 오류(Type Ⅲ error)란 문제 정의 자체가 잘못된 경우를 말한다. 한편, 문제를 해결하기에 적절한 정책대안을 적절치 못하다고 잘못 판단한 경우를 제1종 오류라고 하고, 적절치 못한 대안을 적절하다고 잘못 판단한 경우를 제2종 오류라고 한다.

이른바 제3종 오류 또는 잘못된 문제를 해결할 가능성을 이해하기 위해서 (또는 문제 정의 자체를 잘못 정의했을 때 발생할 수 있는) 한 일화를 살펴보자. 어떤 호텔 지배인이 호텔 고객들로부터 엘리베이터를 타기 위해 오랫동안 기다려야 한다는 불평을 계속해서 듣게 되었다. 그래서 그는 엘리베이터 기술자에게 문제의 해결을 의뢰하였는데, 기술자는 이 문제의 해결책으로서 기존 엘리베이터의 운행 속도를 더 빠르게 하거나, 아예 새로운 엘리베이터를 설치하는 방안을 제시하였다. 또한 호텔 지배인은 심리학자에게도 문제의 해결을 의뢰하였는데, 그 심리학자는 엘리베이터 앞의 복도마다 대형 거울이나 어항 등 관심을 끌 수 있거나 흥미 있는 정보를 제공해 줄 수 있는 것들을 비치하거나 설치할 것을 제안하였다. 이 일화는 동일한 문제 상황에서 "상이한 문제 정의(기술적인 측면에서 본 문제 정의와 인간의 심리적 측면에서 본 문제 정의)"가 이루어지는 사례를 잘 보여 준다. 그리고 이러한 "상이한 문제 정의가 어떻게 전혀 상이한 해결 방안을 제시하게 되는가"를 잘 설명해 주고 있다(Kilmann & Mitroff, 1979: 29).

이 예에서 기술자가 생각해낸 해결 방안은 엘리베이터를 기다리는 실제의 대기 시간을 줄이는 것이었다. 반면에, 심리학자가 제안하는 해결 방안은 고객의 심리적 대기 시간을 줄이는 것이었다. 심리학자는 분, 초와 같은 물리적인 시간의 관점에서가 아니라,

고객들의 심리적 관점에서 그들이 인지하는 심리적 대기 시간이 긴 것이 문제라고 보았기 때문이다. 이렇듯 상이한 해결 방안은 상이한 문제를 가정하고 있다(강근복 역, 1990: 26). 만약 엘리베이터의 실제 운행 속도가 느린 것이 문제가 아니라 고객들의 심리적 대기 시간이 진정한 문제였다면, 엘리베이터를 속도가 더 빠른 엘리베이터로 교체하는 것은 적합한 해결 방안이 될 수 없을 것이다. 그 반대로, 엘리베이터 속도가 문제인데, 호텔 지배인이 엘리베이터를 기다리는 동안의 지루함 때문에 고객들이 불평을 하고 있다고 판단하여 해결 방안을 찾아 나선다면, 이는 엉뚱한 문제를 해결하려고 시도하는 것과 다름이 없다. 그러므로 만일 우리가 문제를 정확하게 파악하지 못하면 '실제의 그' 문제를 해결할 수 있는 방안이 아니라 '실제와는 다른' 문제를 해결하기 위한 방안을 마련하게 되는 꼴이 된다.

2) 타당한 정책목표의 설정

타당한 정책목표 설정을 위해서도 정책문제 분석이 선행되어야 한다. 정책목표는 정책 활동을 통해 달성하고자 하는 상태 또는 얻고자 하는 결과를 말한다. 이를 달리 말하면, 정책목표는 정책문제를 해결하여 얻고자 하는 어떤 결과라고 말할 수 있다.[3] 이렇게 타당한 목표 설정을 위해서는 문제분석이 먼저 이루어져야 한다. 과거에 의사결정과정이나 정책형성 과정을 설명할 때 흔히 첫 번째 단계가 문제의 인지 단계, 혹은 목표의 설정 단계라고 구분 짓는 것은 바로 문제파악 단계와 목표 설정 단계가 본질적으로 유사한 활동이라는 것을 보여 준다.

"정책목표를 무엇으로 정하는 것이 타당한가?"라는 질문은 "어떠한 문제 요소를 어느 정도 해결하는 것이 타당한가?" 하는 질문과 같은 의미를 갖는다. 문제시되는 상황의 어떤 부분을 어느 정도 해결하는 것이 타당한 것인지는 문제에 대한 치밀한 분석이 이루어진 다음에야 제대로 판단할 수 있다(정정길, 1988: 341). 결국, 문제를 정확히 파악하지 못하면 타당한 목표 설정이 불가능하게 되고, 실제로 문제가 되고 있는 것을 제대로 규명하지 못한 채 엉뚱한 문제를 해결하는 오류에 빠지게 된다.

3) 어떤 상황의 변화로 인하여 새로운 기회가 제공되었을 때 이러한 기회를 어떻게 활용할 것인가라고 하는 의미에서 정책문제를 해결하는 것도 목표에 포함된다.

3) 정책대안의 개괄적 파악과 범위 한정

정책문제의 정확한 분석은 정책대안을 개괄적으로 파악할 수 있게 해주며, 정책의 전제, 내용, 성격까지도 규정해 준다(허범, 1984: 15-16). 문제에 대한 진단은 아무리 묵시적인 것일지라도 이후의 행동노선을 결정해 주고(Quade & Boucher, 1968: 35-40), 문제의 정의가 이루어지면 그 속에 이미 문제 자체에 대한 해결책을 내포하고 있는 경우가 많기 때문이다(Lineberry, 1978: 25). 이러한 의미에서 문제 정의는 일종의 무대를 설치하는 행위(stage setting)라고 볼 수 있다(Mintzberg, Raisinghani, & Théorêt, 1976: 235-260). 연극이 설치된 무대 위에서 공연되는 것과 마찬가지로 문제 정의에 의해 규정된 범위 내에서 문제 해결을 위한 대안이 탐색되기 때문이다.[4] 예를 들면, 환자가 앓고 있는 병이 과연 무엇인지 정확하게 진단해야(문제분석), 진단 결과에 따라 그 병을 치료하기 위한 방법(대안분석) 선택의 범위가 결정되는 것과 같다.

정책문제 정의가 대안분석의 범위를 제한하게 되는 특성을 설명해 주는 예를 살펴보자(강근복 역, 1990: 27-29). 우리가 수영장에서 샤워기가 달려 있는 벽에 부착되어 있는 "물을 아껴 씁시다"라는 문구를 적은 가로, 세로 각각 20~30cm 크기의 노란색 표지판을 보게 되었다고 해보자. 수영장 운영자는 이러한 표지판이 어떠한 성과를 거둘 것이라 믿고 표지판을 부착하였을 것이다. 즉, 표지판의 부착은 어떤 문제에 대한 하나의 해결 방안으로 간주할 수 있다. 샤워기 사용에 따른 수영장 이용자 1인당 물 소비량이 증가한 상황을 가정할 때 '물 낭비'라는 바로 '그' 문제를 해결하기 위해 "물을 아껴 씁시다"라는 표지판을 부착한 것으로 볼 수 있다.

또 다른 예를 살펴보자. 우리가 수영장에서 샤워기를 사용할 때 물이 계속 나오게 하려면 샤워기의 핸들을 오른쪽으로 돌린 채 그것을 붙잡고 있어야 하는 경우를 생각해보자. 수영장 운영자가 스프링 작동 수도꼭지(spring-driven faucets)를 설치하여 샤워기의 핸들이 풀리자마자 물의 공급이 중단되도록 만들었기 때문이다. 물론 이러한 특수장치도 문제에 대한 하나의 해결 방안으로 생각할 수 있다. 그러나 이러한 해결 방안이라는 것들이 과연 동일한 문제를 해결하고자 하는 것인가?

만약 "물을 아껴 씁시다"라는 표지판이 해결 방안이라고 한다면 과연 문제는 무엇인

4) 그러나 오늘날에는 연극무대가 확장되어 관중석까지도 연극의 무대에 포함되기도 한다.

가? 만약에 우리가 수선공을 불러서 파이프를 점검하도록 한다거나 혹은 수영장 회원권의 가격을 인상한다면, 이 경우에도 우리는 동일한 문제를 다루고 있는 것일까? 이들 모든 수단들이 똑같이 바람직하지 못한 상태 — 말하자면, 물 소비의 증가 — 와 관계는 있지만, 각각의 해결 방안들은 서로 다른 문제를 염두에 두고 있다. 문제는 해결 방안들을 통해 가장 잘 이해될 수 있다. 노란 표지판은 사용자들의 경각심을 일깨워 줌으로써 그들이 특정 상태에서 좀 더 바람직한 상태로(물을 낭비하는 태도에서 물을 아껴 쓰는 태도로) 옮겨가 주기를 원하여 이용된 것이다. 표지판을 부착함으로써 실제로 샤워기 사용자들이 물을 더욱 절약해야 되겠다고 인식이 바뀌게 된다면 사용되는 물은 절약될 수 있을 것이다.

한편, 스프링 작동 수도꼭지를 설치하는 것을 해결 방안으로 제시할 때는 문제가 샤워기 사용자의 습관과 관계가 있다고 가정하고 있는 것으로 보인다. 이러한 방안은 낭비적 습관을 가진 사람에게 그만큼 더 불편을 가중시키고 대가를 더 치르도록 하려는 것이다. 따라서 샤워기 꼭지를 붙잡고 있으면서 샤워하는 것이 불편하면 불편할수록 그들이 샤워기를 틀어 놓는 시간은 줄어들 것이며, 또한 그들이 사용하는 물도 줄어들게 될 것이라고 보는 것이다.

말할 필요도 없이 송수관을 점검하는 것은 샤워기 사용자들을 염두에 두고 행해지는 것은 아니며, 단지 파이프의 상태와 누수 가능성을 점검하는 것일 뿐이다. 그리고 회원권 가격의 인상은 물의 소비를 줄이게 해주는 것이 아니라, 수도 요금의 증가분을 이용자들이 부담하도록 하는 것이다.

만일 물 절약에 대한 경각심이 결여된 것이 그 주된 이유라고 보는 입장에서 문제를 정의한다면 해결 방안은 상이한 크기와 색깔, 상이한 메시지를 담은 표지판, 인쇄물, 강연 등과 같은 경각심을 일깨워 줄 수 있는 방법들 중에서 찾게 될 것이다. 같은 이치로 사용자가 부담하는 비용(불편)의 측면에서 문제를 정의한다면 우리는 낭비적인 행동을 하는 데 드는 비용을 증가시키는 수단, 예를 들면 동전을 넣어 작동시키는 샤워기에서부터 사용자들이 '감수할 수 있을 만큼의' 불편을 야기하는 방법들을 찾게 될 것이다.

이제 "물을 아껴 씁시다"라는 표지판을 부착하는 방안과 앞에서 예를 든 호텔 엘리베이터 옆에 대형 거울을 달아 놓는 방안의 효과를 평가하려 한다고 가정해 보자. 만약 1인당 물의 소비량이 줄어들지 않고 또한 호텔 손님들의 엘리베이터에 대한 불만이 계속된다고 가정해 보자. 이때 우리는 문제를 다시 분석하고 새롭게 정의된 문제를 해결하기 위해 전과 다른 새로운 방안을 찾아 나서는 경우는 많지 않다. 오히려, 기존의 문제 정의를 그대로 유지한 채 동일한 문제를 해결하기 위한 다른 대안적인 수단을 탐색하게 될 가능성이 크다. 이렇게 우리는 문제가 정의된 영역 내에서만 문제 해결을 위한 수단을 찾으려고 하는 경향이 강하다. 물론 이는 잘못된 경향이다. 그러므로 이미 제안된 해결 방안이 적절하지 않다는 것이 드러났을 때 동일한 문제 정의를 토대로 다른 해결 방안을 찾아보려고만 해서는 안 된다. 그러기 보다 기존의 문제 정의를 새롭게 재정의해보고 그에 따라 새로운 해결 방안을 찾아보려는 노력이 필요하다.

4) 정책목표와 정책수단들 사이의 우선순위 암시

정책문제가 어떻게 정의되느냐에 따라 서로 갈등관계에 있거나 경쟁관계에 있는 여러 정책목표와 정책수단 간의 우선순위가 암묵적으로 정해지게 된다. 문제를 분석하면 문제의 요소, 심각성, 영향력의 정도, 그리고 유발 비용 등 문제와 관련된 여러 가지 측면이 드러나게 된다. 이렇게 되면 문제의 어떤 요소가 우선적으로 해결되어야 하고, 어떠한 것은 그 다음에 해결되어야 하는지를 파악할 수 있게 해준다. 따라서 문제의 분석과 정책문제의 정의는 정책(목표)의 우선순위를 잠정적으로 알 수 있게 해준다(정정길, 1988: 355-356).

1980년대 강원도 사북에서 탄광 노동자와 가족들이 폭동을 일으켰을 때, 문제가 무엇인지 정의하려고 한 경우를 예로 들어보자. 당시 두 가지의 서로 다른 문제 정의가 이루어졌다. 하나는 광부와 그 가족들의 폭동으로 인한 질서 파괴를 문제의 핵심으로 보는 것이었고, 또 다른 하나는 문제의 핵심이 광부들의 열악한 근로 조건과 기업주와 관계 당국의 노동자 억압에 있다고 보는 것이었다.

이렇게 동일한 문제 상황에 대해 상이한 문제 정의가 이루어지면 그에 따라 정책목표와 정책수단의 내용과 우선순위가 달라진다. 문제의 핵심을 광부들의 폭동으로 인한 질서 파괴라고 정의한다면 우선시되는 정책목표는 당연히 질서의 회복이 될 것이고, 경찰이나 군대를 동원한 폭동 진압이 하나의 중요한 정책수단으로 고려될 수 있었을 것이다. 반면에, 광부들의 열악한 근로 조건과 기업주 및 관계 당국의 노동자 억압이 문제의 핵심이라고 정의한다면, 근로 조건 개선과 노동자 억압 철폐가 우선적인 정책목표로 제시되었을 것이다. 이에 따라 기업주의 의법 조치, 관련 제도의 개편 등이 정책수단으로 고려될 수 있다. 만일에 광부들의 열악한 근로 조건, 질서 파괴 두 측면을 똑같이 문제의 내용으로 정의할 경우에는 어느 측면을 더 중요시하느냐에 따라서 추구할 목표와 정책수단들 간의 우선순위도 달라졌을 것이다.

제 2 절 정책문제 분석의 과정과 내용

정책문제는 문제와 관련된 여러 중요한 요소들을 다양한 분석 방법을 동원하여 체계적인 과정을 거쳐 분석해야 한다. 정책문제의 분석 과정은 크게 나누어 예비분석과 본분석으로 나누어 볼 수 있다. 물론 이러한 문제분석은 한 번만으로 끝나는 것이 아니라 여러 번 반복해서 이루어질 수 있으며, 그에 따라 문제 정의의 내용이 달라진다. 이제 각 단계에서 어떠한 요소들을 어떤 방법으로 분석하여야 하는지를 살펴본다.

1. 예비분석

문제에 대한 본격적인 분석에 앞서 예비분석을 하게 된다. 이는 문제분석의 효용성을 평가하고 문제분석을 좀 더 효율적으로 하기 위해서이다. 이 단계에서는 문제를 분류·여과하고 문제에 대한 개괄적 분석이 이루어진다.

1) 문제의 분류와 여과

정책문제를 정밀하게 분석하기 위해서는 많은 노력과 시간, 비용을 투입하여야 한다. 그러므로 여러 문제를 취급해야 할 경우, 분석이 용이한 문제와 어려운 문제, 정밀한 분석이 필요한 문제와 그럴 필요가 없는 문제를 분류하고, 중요한 문제만을 골라서 체계적으로 분석하는 것이 바람직하다. 이러한 작업을 문제의 분류와 여과라고 한다(Hogwood & Gunn, 1984: 91-99).

(1) 문제의 분류와 여과의 기준

그러면 어떤 기준에 따라 체계적으로 분석할 필요가 있는 문제와 그럴 필요가 없는 문제를 골라낼 것인가? 그 기준은 크게 두 가지로 나눌 수 있다. 하나는 분석의 여건이고 또 하나는 문제의 유형과 특성이다.

① 분석의 여건

(가) 분석의 실시 가능성

현실적으로 문제분석에 필요한 시간이나 자원, 능력이 부족한 경우에는 정밀한 문제분석이 불가능하다. 물론 능력과 자원의 부족은 분석 능력을 향상시키고 필요한 자원을 더 확보함으로써 부분적으로 극복할 수 있다. 그러나 일정한 시간 내에 문제를 해결해야 할 필요성이 있는 경우와 같이 시간상의 제약을 받을 때는 충분한 시간적 여유를 가지고 문제를 분석하기가 곤란하다.

정치적으로 쟁점화되기 쉽고 강력한 정치세력들 간에 갈등을 일으키고 있는 문제들에 대해서도 합리적 분석이 어려운 경우가 많다. 설령, 분석이 이루어졌다고 하더라도 실제의 정책결정에서 활용되지 못할 가능성이 크다. 그러나 정치적으로 민감한 문제는 대개 중요한 문제인 경우가 많기 때문에 이들을 분석의 대상에서 제외시키는 것은 바람직하지 못하다(정정길, 1988: 354).

(나) 분석 결과의 활용 가능성

정책문제에 대한 체계적 분석의 결과가 실제의 정책결정에 활용되느냐 여부는 분석의 질적 수준에도 달려 있지만, 정치 풍토나 권력구조 등에도 크게 영향을 받는다. 만약 정책결정에 영향력이 큰 사람이나 집단이 정책문제 자체의 특성에 대해서 어떤 선입견을 갖고 있거나 확고한 신념을 갖고 있는 경우 또는 정책 관련자들 사이에 문제의 해결 방안에 대해 이미 합의가 이루어졌을 경우에는 분석의 활용 가능성은 그만큼 적어지게 된다.

그러나 이러한 제약에도 불구하고 분석가의 노력 여하에 따라서는 분석 결과의 활용 가능성을 증대시킬 수 있다. 문제에 대한 좀 더 철저한 분석으로 관련자들의 선입견과 고정 관념을 바꿀 수도 있고, 문제에 대한 좀 더 현명한 해결 방안을 모색할 수 있는 계기를 마련할 수도 있을 것이기 때문이다.

② 문제의 유형과 특성

비록 분석의 여건이 좋다고 하더라도 문제에 대한 체계적인 분석을 할 필요성이 적은 경우가 있다. 즉, 노력, 시간과 비용을 투자해서 체계적으로 문제를 분석한다 하더라도 그렇게 하지 않은 것보다 정책형성의 질을 더 향상시킬 가능성이 적다면 분석의 유용성은 낮다. 이러한 분석의 유용성은 주로 문제의 유형과 특성에 의존한다.

중요한 문제일수록 정밀한 분석의 필요성은 증대한다. 그 문제로 인해 피해를 입고 있는 사람들이 많고 피해의 강도가 클수록, 문제 해결을 위한 비용의 규모가 클수록, 다른 문제나 정책과의 연관성이 클수록 그 문제는 중요한 문제라고 할 수 있다. 또한 문제의 내용이나 성격, 범위 등에 대해서 관련자들 사이에 의견 불일치가 크고, 복잡한 문제, 그리고 문제 자체가 가져올 결과가 불확실한 문제는 정밀한 분석이 필요하다(Dunn, 1981: 103).[5)]

(2) 문제의 여과 방법

위에서 살펴본 기준에 입각하여 문제를 여과하는 구체적인 방법으로는 여러 가지가 있다. 여기에서는 예시적으로 요소별 점검법과 나뭇가지모양 분석법, 그리고 이 두 방법의 혼합에 의한 방법(우선순위 행렬표)(Hogwood & Gunn, 1984: 99-107)에 대해서만 간략하게 살펴본다.

① 요소별 점검법

이 방법은 한쪽(세로변)에 문제 여과의 기준들을 나열하고 다른 한쪽(가로변)에는 검토 대상이 되는 문제들을 나열하여 문제별로 각각의 여과 기준에 비추어 보아 기준에 부합되면 ○표, 그렇지 않으면 ×표를 한다. 그 후 그 개수를 합하여 ○표의 개수가 ×표 한 것의 개수보다 많으냐 적으냐에 따라 체계적인 분석이 필요한지 여부를 판단하는 방법이다([표 6-1] 참조).

---

5) 던(William N. Dunn)은 문제의 상대적 복잡성의 정도에 따라 문제를 구조화된 문제(단순한 문제), 산만한 구조의 문제, 그리고 중간적 성격의 문제 등 세 유형으로 나누고, 비구조화된 복잡한 문제일수록 체계적인 분석의 필요성이 증대된다고 한다(Dunn, 2012: 73-75).

표 6-1 요소별 점검법

여과 기준	문제		
	A	B	C
1. 분석 활동의 실행 가능성			
자원의 동원	○	X	X
분석시간	○	○	○
분석비용	○	○	X
2. 분석 결과의 활용 가능성			
정치적 민감성	○	X	X
가치 함축성	○	○	○
문제에 대한 관련 집단의 신념과 선입관	X	○	○
3. 문제의 유형			
복잡성	○	X	X
불확실성	X	X	X
4. 문제의 특성			
불일치의 정도	○	○	X
변화 가능성	○	○	○
합계	8 − 2 = +6	6 − 4 = +2	4 − 6 = −2

출처: Hogwood & Gunn(1984: 100).

이 방법은 각 기준의 비중을 고려하지 않고 단지 문제 여과의 기준을 충족시키는지 여부만을 검토함으로써 지나치게 단순하다는 약점이 있다. 그래서 위의 단순한 방법을 보완해서 기준의 충족도를 1에서 10까지의 수치로 평가하여 합계를 내거나(물론 이 경우에도 각 기준의 중요도는 동일한 것으로 간주한다)([표 6-2] 참조), 더 나아가서 각 기준의 상대적 중요도에 따라서 가중치를 부여해 기준별 합계 점수를 매기는 방법을 생각해 볼 수 있다. 이 방법에 따르면, 기준별 합계 점수가 높은 문제일수록 체계적인 분석의 필요성이 크다고 평가한다([표 6-3] 참조).

표 6-2 문제 여과 기준의 충족도를 고려한 요소별 점검법

여과 기준	문제		
	A	B	C
1. 분석 활동의 실행 가능성			
자원의 동원	7	5	4
분석시간	8	7	8
분석비용	9	8	5
2. 분석 결과의 활용 가능성			
정치적 민감성	6	2	3
가치 함축성	5	6	7
문제에 대한 관련 집단의 신념과 선입관	4	8	6
3. 문제의 유형			
복잡성	7	3	4
불확실성	4	5	3
4. 문제의 특성			
불일치의 정도	8	7	2
변화 가능성	7	5	6
합계	65	56	48

출처: Hogwood & Gunn(1984: 100).

표 6-3 문제 여과 기준의 상대적 중요성을 고려한 요소별 점검법

여과 기준	문제		
	A	B	C
1. 분석활동의 실행 가능성			
자원의 동원	7×6＝42	5×6＝30	4×6＝24
분석시간	8×9＝72	7×9＝63	8×9＝72
분석비용	9×4＝36	8×4＝32	5×4＝20
2. 결과의 활용 가능성			
정치적 민감성	6×8＝48	2×8＝16	3×8＝24
가치 함축성	5×9＝45	6×9＝54	7×9＝63
문제에 대한 관련 집단의 신념과 선입관	4×7＝28	8×7＝56	6×7＝42

3. 문제의 유형			
복잡성	7×6＝42	3×6＝18	4×6＝24
불확실성	4×7＝28	5×7＝35	3×7＝21
4. 문제의 특성			
불일치의 정도	8×5＝40	7×5＝35	2×5＝10
변화 가능성	7×7＝49	5×7＝35	6×7＝42
합계	430	374	342

출처: Hogwood & Gunn(1984: 104).

이 방법은 ① 특정 정책문제를 체계적으로 분석할 필요성이 있는지 여부를 개괄적으로 평가할 수 있게 해주고, ② 여러 정책문제들을 동시에 취급할 필요가 있을 때 상대적으로 문제분석을 더 철저히 해야 할 것과 그럴 필요가 없는 것을 구분하여 우선순위를 알게 해줌으로써 한정된 자원을 더 중요한 문제의 분석을 위해서 효과적으로 이용할 수 있게 해주는 장점이 있다. 그러나 이 방법에서 이용되는 가중치의 배정이 주관적인 것이어서 객관성을 기하기 어렵다는 점과, 어떤 기준은 다른 기준들에 비해서 월등하게 중요한 것이어서 10등급에 의한 서열화가 무의미하다는 약점을 갖고 있다.

② 나뭇가지모양 분석법

이 방법은 문제 여과의 기준들을 중요도에 따라 우선순위를 정할 수 있다는 전제 하에, 중요도가 높다고 여겨지는 몇 개의 기준을 순차적으로 적용해서 기준에 어긋나는 문제는 체계적인 분석이 불필요한 것으로 보고 더 이상의 여과 과정을 진행시키지 않는다. 반면에, 기준에 부합되면 계속 여과 과정을 거치게 하거나 체계적인 분석이 필요한 문제로 판단하는 방법이다([그림 6-1] 참조). 이 방법은 의사결정 나무를 이용한 기준에의 부합 여부를 단순히 '예' 혹은 '아니오'의 응답만을 가지고 판단하므로 앞의 단순요소별 점검법에 의한 분석과 마찬가지로 단순하다는 결점을 갖고 있다. 그러나 이 방법은 몇 개의 중요한 기준만을 순차적으로 적용하여 본격적인 문제분석이 필요한지 여부를 가려내기 때문에 많은 기준을 일일이 적용해 보는 노력과 시간을 절약할 수 있다는 장점을 갖고 있다.

그림 6-1 | 나뭇가지모양 분석법

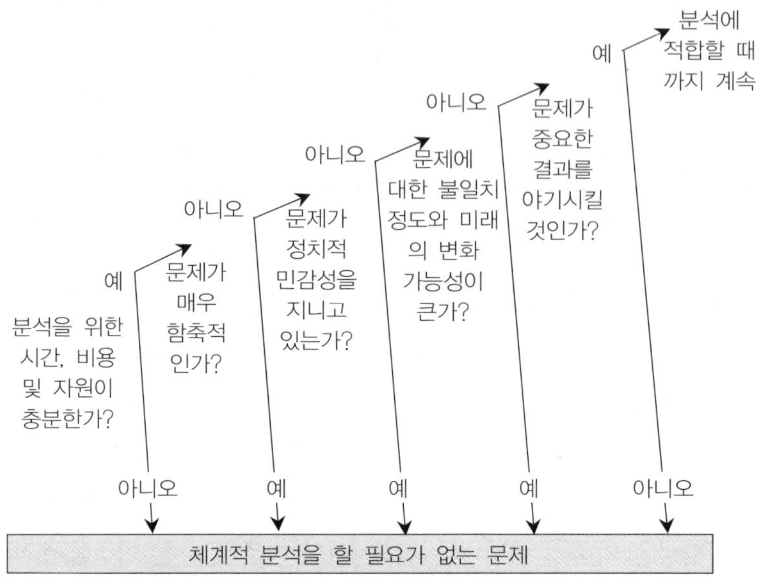

출처: Hogwood & Gunn(1984: 105).

③ 위 양자의 혼합에 의한 방법(우선순위 행렬표)

이는 요소별 점검법에 의한 여과 방법(①의 방법)과 나뭇가지모양 분석법을 이용한 여과 방법(②의 방법)을 혼합한 방법이다. 이 방법은 먼저, 나뭇가지모양의 분석틀을 만들어 여과를 진행해 나가되, 이 과정에서 문제가 어떤 기준에 부합하지 않다고 해서 바로 체계적인 분석이 불필요하다고 판단하지는 않는다. 다른 기준에의 합치 여부를 검토하여 여과해 나가다가 최종적으로는 요소별 점검법에 의해 체계적인 분석의 필요성 여부를 결정하는 방법이다([그림 6-2] 참조).

그림 6-2 | 우선순위 행렬표에 의한 문제 여과 방법

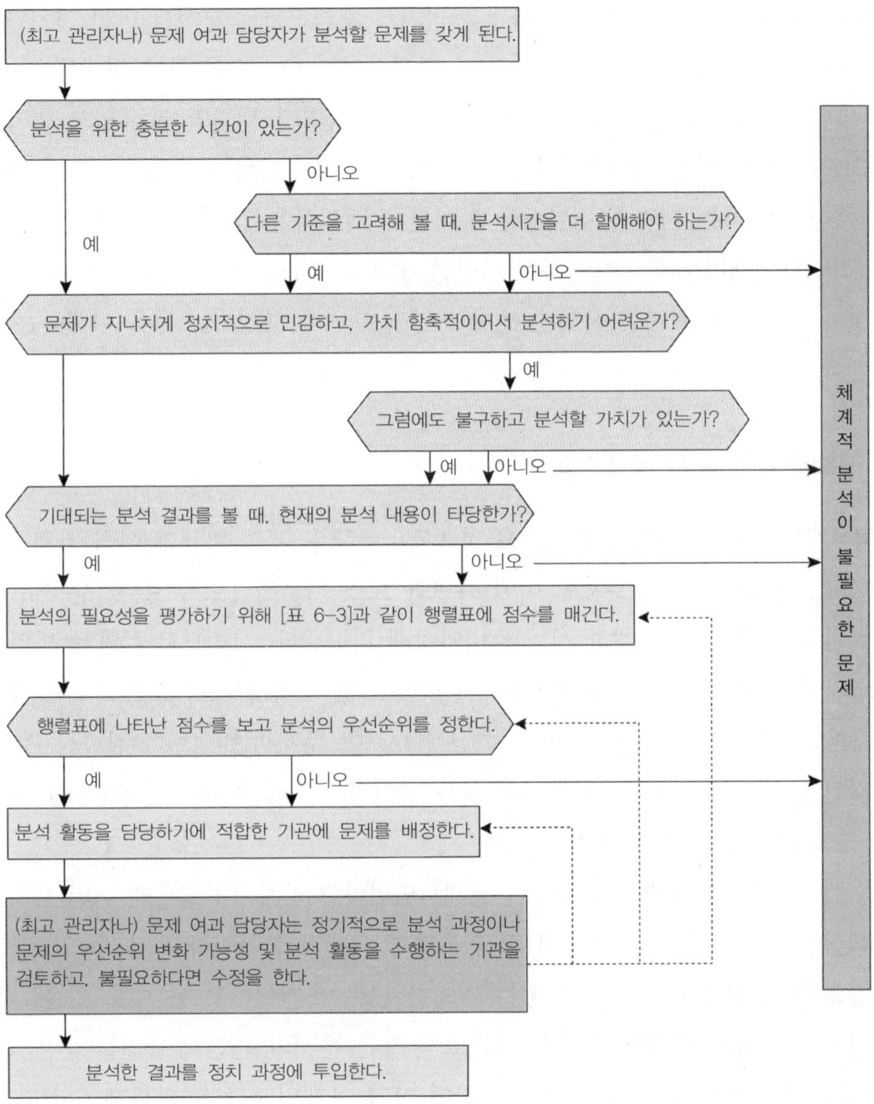

출처: Hogwood & Gunn(1984: 106).

2) 경쟁적이고 대안적인 문제 정의 목록 작성

특정의 정책문제가 분류와 여과 과정을 거쳐서 체계적으로 분석할 만한 가치가 있다고 판단되면, 먼저 그 문제 상황과 관련한 경쟁적이고 대안적인 문제 정의들을 수집한다. 앞에서 살펴보았듯이 동일한 문제 상황에서도 하나의 문제의식, 유일의 명확한 문제 정의만이 있는 것은 아니다. 다양한 가치관과 관점, 지식과 경험을 갖고 있으면서 이해관계를 달리하는 사람과 집단들은 상이한 문제의식을 갖고 상이하게 문제를 정의한다. 그러므로 예비분석 단계에서는 다양한 문제의식과 문제 정의들을 수집하고 정리하는 것이 필요하다. 이러한 작업은 문제의 여러 측면과 구성 요소들을 이해하는 데 도움을 준다.

3) 정책문제의 구성 요소 분석

정책문제는 여러 측면에서 분석되고 정의될 수 있다. 문제 자체가 여러 가지 요소들의 복합체일 뿐만 아니라, 문제의 어떤 측면과 요소들을 핵심으로 보는가는 사람에 따라 다르기 때문에 문제에 대한 정의는 다양하게 나타난다. 그러므로 문제를 파악할 때 제일 먼저 수행해야 할 일은 정책문제를 구성하고 있는 여러 가지 요소(측면)들을 개괄적으로 파악하는 것이다. 이때 문제의 핵심적 요소를 문제의 원인이나 결과적 측면에서 찾을 것인지, 아니면 문제 그 자체에서 찾을 것인지는 사람에 따라 달라진다(Hogwood & Gunn, 1984: 99-107).

예를 들어, 탄광 노동자들의 폭동이 문제시되었다고 하자. 이 경우에 어떤 사람은 문제의 핵심을 폭동으로 인한 극도의 질서 문란과 사회적 불안이라고 볼 수 있고, 또 다른 사람은 탄광 노동자들이 처해 있는 열악한 근로 조건이라고 볼 수도 있을 것이다. 이때 전자는 문제의 결과적 측면을, 그리고 후자는 문제의 원인적 측면을 문제의 핵심으로 보고 있는 것이다. 이렇게 보는 사람에 따라 문제의 핵심을 다르게 인식하고, 핵심적 요소를 무엇이라고 보느냐에 따라 목표나 고려되는 대안이 달라진다. 그래서 본격적인 분석에 앞서 정책문제에 대한 개괄적 분석이 필요한 것이다(정정길, 1988: 343).

4) 문제와 관련된 기존 정책의 분석

다음으로 그 정책문제와 관련이 있는 정책을 찾아내어 분석하는 것이 필요하다. 분석 대상인 정책문제가 이전에는 전혀 문제로 등장하지 않았거나 과거에 그와 유사한 문제를 해결하기 위한 정책이 수립된 적이 없는 경우도 있다. 그러나 '태양 아래 새로운 것이란 하나도 없다'는 말이 있듯이 지금 우리가 취급하려는 정책문제들 중 상당수는 과거에 정책문제로 등장하였거나 그와 유사한 것들이다. 만일 그 문제 또는 그와 유사한 문제를 해결하기 위한 정책이 있었다면 그 정책의 성패를 평가하고 그 원인을 분석하는 것이 유용하다. 과거에 이루어진 문제분석과 정의의 내용을 분석하고 그를 토대로 모색된 해결 방안의 적절성 분석을 통해서 지금 우리가 다루는 정책문제를 더 잘 이해할 수 있기 때문이다. 물론 위의 말과 반대로 '태양 아래 새롭지 않은 것이라고는 하나도 없다'는 말처럼 같아 보이지만 서로 다르고, 엄밀한 의미에서 반복되는 문제 상황이란 있을 수 없다는 점도 유념해야 한다.

2. 본분석

예비분석을 통해 정책문제들을 분류・여과하여 개괄적으로 분석한 후 본격적인 문제분석을 하게 된다. 이 단계에서는 정책결정자나 문제 관련 집단들이 추구하는 가치, 문제의 원인과 결과, 문제와 관련된 집단과 문제의 변화 가능성 등을 분석한다. 여기에서는 이들 요소들에 대해서 어떤 방법으로 분석하는지를 살펴본다.

1) 문제시되는 상황의 배경

우선, 문제시되는 상황의 과거, 현재의 상태와 조건을 분석한다. 그리고 문제시되는 상황이 과거에서 현재까지 어떻게 변화되어 왔는지를 분석한다. 이러한 분석은 문제에 대한 포괄적 이해를 도울 뿐 아니라, 문제시되는 상황이 앞으로 어떻게 전개되어 나갈지를 예측할 수 있게 해준다. 그리고 문제 해결을 위한 행동의 시기를 판단하는 데 도움을 준다. 즉, 지금 당장 해결 방안을 마련하는 것이 좋은지, 아니면 문제 상황의 변화 추이를 더 지켜볼 것인지를 판단하는 데 필요한 정보를 제공해 준다. 무엇을 "깊이 파려면 넓게 파고, 깊이 알려면 넓게 알아야 한다"는 말이 있다. 분석의 대상인 문제를 깊이 잘 이해하기 위해서는 문제 상황의 여러 배경적 요소들을 잘 이해하는 것이 필요하다. 진료를 받으러 온 환자에게 과거에 유사한 또는 다른 질환을 앓은 적이 있는지, 가족 중에 특정 질환을 앓는 사람이 있는지, 그리고 평소에 운동 등 생활 습관은 어떠한지 등을 의사가 묻는 것도 병을 진단(문제분석)하기 위한 배경 정보를 파악하기 위한 것이라 할 수 있다.

2) 정책문제의 원인 분석

문제를 정의할 때 원인과 결과를 나타내는 인과적 개념이 개입되는 것은 문제의 해결 방안을 탐색하는 행동반경을 제한하기 때문에 가급적 인과적 요소를 배제해야 한다고 지적한다(노화준, 1985: 64; Bardach, 1981: 165). 예를 들어, 노숙자 문제를 정의할 때 문제를 '집이 없어 길거리에서 잠을 자는 사람들이 늘고 있는 것'이라고 정의하는 것은 바람직하지 않다는 것이다. 문제 정의 속에 문제의 원인을 포함시키게 되면 대안의 탐색을 그 원인의 해소(잠 잘 수 있는 집 또는 시설의 제공)에 국한시키게 될 가능성이 크기 때문이다(이에 대해서는 '바람직한 문제 정의' 부분에서 좀 더 자세히 설명한다).

그런데 문제분석에서 그 원인을 분석하는 것은 핵심 중의 핵심적인 작업이다. 왜냐하면, 가장 중요한 정책수단은 바로 문제시되는 상황을 발생시킨 원인을 파악하여 이것을 제거하는 것이기 때문이다(정정길, 1988: 437). 그리고 어떤 정책목표를 달성하기 위한 수단을 강구한다는 것은 결과로서 얻기를 희망하는 어떤 상태(목표)에 도달하기 위한 원인적 요소들을 통제하는 방안(수단)을 강구한다는 것과 같은 의미이다. 이때 정책목표와 수단은 인과관계를 갖도록 구조화되어야 한다.

문제의 원인을 밝혀낸 다음에는 그 원인이 통제(조작) 가능한 것인지 아닌지를 판단한다.[6] 원인은 전적으로 통제 가능한 것, 전적으로 통제가 불가능한 것, 그리고 부분적으로 통제 가능한 것 등 세 유형으로 나눌 수 있다.

문제의 원인은 하나가 아니라 복수인 경우가 일반적이다. 그러므로 복수의 원인들

6) 통제 가능성을 기준으로 해서 보면 문제의 원인은 전적으로 통제 가능한 원인, 전적으로 통제 불가능한 원인, 그리고 부분적으로 통제 가능한 원인으로 구분해 볼 수 있다.

사이의 관계를 규명하는 것이 필요하다. 문제의 원인들 사이에는 서로 독립적인 관계, 상호 의존적인 관계(어떤 하나의 원인이 다른 원인의 발생에 긍정적이거나 부정적인 영향을 미치는 관계) 또는 상하의 관계(어떤 원인은 다른 원인의 결과적 측면에 해당되는 경우)가 있다. 그러므로 단순히 문제의 원인들을 나열할 것이 아니라, 원인들 사이의 관계를 분명히 파악해야 타당한 문제 정의가 가능하다.

3) 정책문제의 결과적 측면과 중요성 · 심각성 파악

정책문제의 원인을 파악하고 나면 정책문제의 결과적 측면을 분석하는 것이 중요하다. 교통체증 문제의 경우를 예로 들면, 유동 인구와 물동량의 증가, 차량의 증가, 그리고 자동차 크기의 장대화와 협소한 도로 등은 문제의 원인이라고 볼 수 있다. 반면에, 교통 체증으로 인한 시간 낭비, 에너지 사용의 증가, 그리고 자동차 배기가스 증가 등은 문제의 결과적 측면이라 할 수 있다. 문제의 원인이 하나가 아니듯이 이처럼 문제의 결과도 복수인 경우가 일반적이다. 그러므로 복수의 문제들 사이의 관계를 분석하듯이 복수의 결과들 사이의 관계도 분석할 필요가 있다. 물론 당연히 문제의 어떤 원인과 결과가 고정적인 지위를 차지하지 않는다는 것을 유념해야 한다. 어떤 원인은 다른 원인의 결과일 수 있듯이, 어떤 결과는 다른 결과의 원인일 수 있다는 점에서 그 지위는 절대적이라기보다 상대적이다.

그래서 더욱 중요한 것은 문제의 특정 원인과 연계된 특정 결과의 인과구조를 분석하는 것이다. 복수의 문제 원인들과 복수의 문제 결과들을 단순 나열하는 것만으로는 의미 있는 문제분석이 될 수 없기 때문이다. 청년실업 증가 문제를 예로 들어 보자. 그 문제의 결과적 측면으로 청년 빈곤, 결혼의 포기나 만혼, 출생률의 저하, 청년 범죄의 증가, 그리고 부모 세대의 부담 증가와 이로 인한 노후 준비의 곤란 등을 들 수 있다. 이들 결과의 측면 역시 서로 독립적인 관계, 상호 의존적인 관계 또는 인과관계를 이루는 상 · 하 관계 등으로 나누어 볼 수 있는데 이것 또한 분석이 필요하다. 청년실업 증가의 결과인 청년 빈곤은 서로 독립적인 관계인 청년 범죄의 증가와 청년들의 결혼 포기나 만혼이라는 2차 결과를 가져온다. 이렇게 문제의 결과적 측면들을 파악하고, 그들 간의 관계를 분석하는 것은 문제 정의와 목표 설정, 그리고 인과관계에 토대를 둔 정책수단의 탐색을 위한 필수적 선행 작업이 된다.

다음으로 이러한 정책문제가 얼마나 중요하고 심각한지를 분석해야 한다. 문제로 인한 피해 규모와 정도, 피해 집단의 성격, 그리고 그 문제의 다른 문제들에 대한 파급 효과 등을 분석해야 한다.

4) 관련 문제의 분석

어떤 정책문제도 고립되어 존재하지 않는다. 하나의 정책문제는 다른 정책문제들과 연결되어 있어서 서로 영향을 주고받는다. 예를 들어, 출생률 저하 문제는 청년실업 문제, 가족문제, 그리고 경제 저성장 문제 등과 관련이 있다. 어떤 문제의 악화가 다른 문제를 더 악화시킬 수도 있고, 또 어떤 문제의 해결 노력은 다른 문제의 해결에 도움이 되는 경우가 있는가 하면, 다른 문제를 더 악화시키는 경우도 있다. 앞에서 살펴본 문제의 원인이나 결과도 다른 문제들과 관련되어 있는 경우가 일반적이다. 그러므로 취급 대상인 정책문제와 관련된 문제들에 대한 분석이 개괄적으로라도 이루어지지 않으면 문제분석은 그만큼 불완전해진다.

5) 문제의 구성 요소 파악과 경계 설정

대부분의 문제가 다른 문제들과 연관되어 있기는 하지만 '그' 문제와 다른 문제들을 구분하여 정의하는 것이 필요하다. 그래야 구체적인 문제 정의가 가능하기 때문이다. 이는 문제의 구성 요소들을 명확히 파악하고 그러한 요소들을 원소로 하는 집합을 문제로 정의함으로써 가능하다. 이것은 '그' 문제와 다른 문제들 사이의 경계를 설정하는 것이기도 하다.

6) 정책문제 관련자의 특성과 문제의식 분석

어떤 문제에는 그것 때문에 피해를 입는 사람 또는 집단이 있는 반면에, 반사적 이익을 누리는 사람 또는 집단이 있게 마련이다. 문제 피해 집단은 문제의 측면에 따라 다르다. 문제의 각 측면이 야기하는 피해가 서로 다른 집단에게 상이한 영향을 미치기 때문이다.

특정 문제에 대해서 이해관계를 갖고 있는 집단들은 상이한 문제의식을 갖고 상이하게 문제를 정의한다. 그리고 자신들에게 유리하게 정책의제가 형성되거나 억제되고 정책문제가 정의되도록 노력한다. 그러므로 우선적으로 문제와 관련된 사람과 집단들이 누구인지, 그들은 문제와 어떤 연관성을 갖고 있는지, 그리고 그들은 어떤 특성을 갖고 있는지를 분석하는 것이 필요하다.

그 다음으로 그러한 정책문제 관련 집단들의 문제의식, 문제 정의들을 수집하고 분석해야 한다. 앞에서 살펴보았듯이 문제 정의는 현재 또는 미래 상태에 대한 판단과 바람직하다고 여겨지는 상태에 대한 가치판단의 통합적 작용으로 이루어진다. 정책결정자, 이해관계자 등을 포함한 정책문제 관계자들은 상이한 가치관과 관점, 지식과 경험, 그리고 이해관계 등을 토대로 상이하게 상황을 판단하고, 서로 다르게 문제를 정의한다. 그러므로 그들이 문제시되는 상황에 대해 어떠한 상황판단(현실 인식)을 하고 있는지, 그러한 상황과 관련하여 어떠한 규범적 판단을 하고 있는지를 분석해야 한다.[7] 그래서 그들이 문제를 어떻게 정의하고 있는지를 파악하는 것이 중요하다. 그들이 명시적으로 문제를 정의하지 않을 경우에는 그들이 제시하는 해결 방안을 검토하는 것이 유용하다. 그들이 주장하는 해결 방안을 검토해 보면 그들이 무엇을 문제의 핵심으로 삼고 있는지 이해할 수 있기 때문이다.

정책문제 관계자들의 상황판단과 규범판단의 내용, 그리고 문제 정의를 분석하는 것은 문제의 다양한 측면에 대한 통찰력을 얻기 위해서만이 아니라 정책문제 관계자들이 합의할 수 있는 정책문제 정의를 위해서도 필요한 일이다. 타당한 문제 정의는 문제의 다양한 측면을 포괄하는 것이어야 하고, 또 실제의 정책문제 정의의 과정은 기술적 과정이면서 정치적 과정이라는 것을 생각하면 이는 지극히 당연한 일이라 할 수 있다.

7) 정책문제의 변화 가능성과 새로운 문제 발생의 예측

문제는 시간이 지남에 따라 변화한다. 현실 상황의 변화, 상황에 대한 인식의 변화 또는 규범적 판단의 변화는 문제를 다르게 정의하게 만드는 요인이다. 현실 상황과 관

7) 앞의 정책문제 관련 집단과는 관련이 적지만 정책 관련자로 공익 집단을 생각해 볼 수 있다. 이들은 특정 문제에 의해 직접적으로 영향을 받고 있지는 않지만, 사회정의나 공익의 관점에서 특정 문제에 관심을 갖고 문제를 정의하고 정책대안을 제시하기도 한다.

련해서는 지금 중요시되는 정책문제가 앞으로 점점 더 심각해질 것인지, 아니면 시간이 지남에 따라 저절로 해결될 것인지를 예측하여 문제의 변화 가능성을 분석해야 한다(Dunn, 1981: 125). 사회적 규범의 변화도 문제를 새롭게 정의하는 중요한 요인이므로 이의 변화 과정과 변화 내용을 추적 · 분석하는 것도 필요하다.

그리고 상황의 변화가 새로운 문제를 야기할 가능성에 대해서도 예측해 볼 필요가 있다. 기존 정책문제의 변화와 새로운 문제의 등장을 예측하기 위해서는 질적 예측 방법과 통계적 또는 계량적 예측 방법 등을 활용할 수 있다(제8장 제2절 정책대안 결과의 예측 방법 참조).

3. 정책문제의 분석 방법

정책문제는 주관적 · 직관적인 방법과 객관적 · 경험적인 방법을 이용하여 분석할 수 있는데, 여기에서는 중요하다고 여겨지는 몇 가지 방법에 대해 설명한다.

1) 문제 경계분석

경계분석(boundary analysis)은 분석 대상이 되는 문제의 경계를 설정하여 문제의 범위를 한정하고, 문제를 구체적으로 정의하기 위한 선행 활동이다(Dunn, 1981). 문제의 경계를 모호한 채로 놔두면 문제의 범위를 특정하여 정의할 수 없고, 문제의 중요한 측면, 요소가 누락되거나 범위를 잘못 제외하게 될 우려가 있기 때문이다. 이렇게 되면 문제를 잘못 정의하는 데서 오는 제3종 오류를 범할 수 있다.

여기에서 문제의 경계를 분석 · 추정한다고 할 때의 '문제'는 드로어(Dror, 1971)가 말하는 메타문제(metaproblem)를 의미하는데, 문제기술 과정을 통해 실질적 문제로 전환된다. 메타문제는 메타문제를 구성하는 요소들인 1차적 문제들의 집합인 2차적 문제를 말한다(Dunn, 1981). 집합(set)은 특정한 조건에 맞는 별개의 원소들의 모음(a collection of distinct elements)이며, 구성 요소인 원소들과는 다른 새로이 등장한 주체이다. 그러므로 구성 요소들의 집합으로서의 문제와 구성 요소들인 하위 문제와는 구분되어야 한다. 다만, 엄밀한 의미에서의 집합은 내적 구성 요소와 외부의 구성 요소들이 명확히 구분되어야 하는 것이지만 경계분석에서 '집합'의 의미는 느슨한 형태의 집합과 유사한 것으로 추정된 것이다.

경계분석은 일반적으로 다음과 같은 과정을 거쳐 이루어진다(Dunn, 1981).

첫 번째 단계는 표본추출을 통해 다양한 정책문제 관계자들을 찾아내는 것인데, 그 방법은 스노우볼 표본추출법을 응용한 포화표본추출법(saturation sampling)을 사용한다. 먼저, 정책문제 관련자 한 명을 찾아내어 그 사람에게 자신의 주장과 가장 가까운 견해를 가진 사람과 가장 거리가 먼 견해를 가진 사람을 각각 한 명씩 지명하도록 한다. 지명을 받은 사람은 역시 자신의 주장과 가장 가까운 견해를 가진 사람과 가장 거리가 먼 견해를 가진 사람 한 명씩을 지명하도록 한다. 이러한 과정이 몇 차례 반복되는데, 이 과정은 특정 정책문제에 관련된 새로운 주장이나 반대 주장을 가진 어떤 다른 정책문제 관련자들이 지명되지 않을 때까지 계속된다. 그렇게 하면 그 정책문제에 대한 다양한 의견을 가진 대부분의 정책 관련자를 포함시킬 수 있게 된다.

어떤 문제 상황에서 우리는 오직 하나의 잘 정의된 문제를 만나게 되는 경우는 매우 드물다. 오히려, 다양한 가치관과 관점, 지식과 경험, 그리고 이해관계 등을 가진 정책문제 관계자들에 의하여 각기 다르게 정의된 복수의 문제에 직면하는 것이 보통이다. 따라서 첫 번째 단계에서는 이러한 다양하게 문제를 정의하는 정책문제와 관계자들을 찾아내는 것이다.

두 번째 단계에서는 문제에 대한 표현이나 진술 또는 표출된 문제의식을 분류하여 정리한다. 이 단계에서는 각각의 표본마다 가지고 있는 다른 문제의식과 문제 정의들을 수집해 정리하고 목록을 작성한다. 이를 통해 문제 상황에 대한 다양한 문제의식과 문제 정의들을 드러낼 수 있다.

세 번째 단계에서는 앞의 두 단계를 거쳐 수집된 자료를 이용하여 문제의 경계를 추정한다(boundary estimation). 즉, 앞의 과정에서 얻은 자료를 누적도수분포표에 나타내면서 문제의 경계를 알아내는 과정이다. 다음 [그림 6-3]에서 보듯이 정책문제 관련자의 수를 수평축에 놓고 앞의 단계에서 도출된 문제의 구성 요소, 문제 정의의 수를 수직축에 나타냄으로써 기울기의 변화에 따라 문제의 구성 요소의 범위 및 전체적인 정책문제의 경계를 추정하게 된다.

[그림 6-3]에서 보는 것처럼 문제의 구성 요소가 점으로 표시됨에 따라 곡선의 기울

그림 6-3 | 파레토 차트-문제의 경계 추정

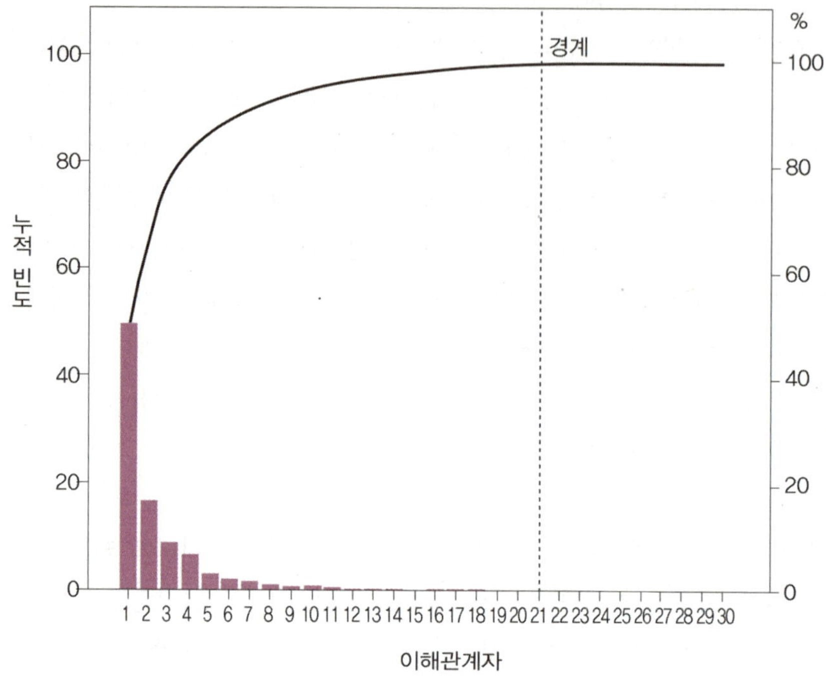

출처: Dunn(2012).

기는 각기 다른 변화율을 나타낸다. 초기에는 급격한 변화를 보이다가 점점 변화가 느려지고 나중에는 평평한 형태에 이르게 된다. 이렇게 선이 평평해진다는 것은 이제 더 이상 새로운 구성 요소나 문제 정의가 나타나지 않는다는 것을 의미한다. 이는 곧 해당 정책문제의 경계가 설정된 것이라 볼 수 있고, 이전까지 수집된 문제 구성 요소나 진술들은 그 경계 내에 포함된다. 이렇게 경계분석은 어떤 문제 상황과 관련된 다양한 문제뿐만 아니라 정책문제의 여러 구성 요소들을 포괄적으로 취급할 수 있게 해준다.

2) 계서분석

계서분석(hierarchy analysis)은 문제시되는 상황을 야기했을 것으로 보이는 원인을 발견하기 위한 분석 방법이다(Dunn, 1981). 계서분석은 원인들을 여러 차원으로 구분하여 세밀하게 분석함으로써 문제를 야기한 근본적인 원인을 파악하고, 그것을 통해 문제의 근본적 해결 방안을 모색할 수 있게 한다.

계서분석에서는 문제의 원인을 가능한 원인, 개연적 원인, 그리고 조작 가능한 원인의 세 가지 유형으로 나누어 분석한다. 가능한 원인이란 문제 상황을 야기했을 가능성이 있는 사건이나 행동을, 개연적 원인은 과학적 연구와 직접적인 관찰의 결과 문제 상황에 상당한 영향을 미쳤다고 생각되는 것을, 그리고 조작 가능한 원인이란 정책결정자들이 통제할 수 있는 원인을 말한다.

농촌의 빈곤 문제의 원인을 분석하기 위해 계서분석을 활용한 예를 들면 [그림 6-4]와 같다.

그림 6-4 | 농촌 빈곤 문제의 계서분석

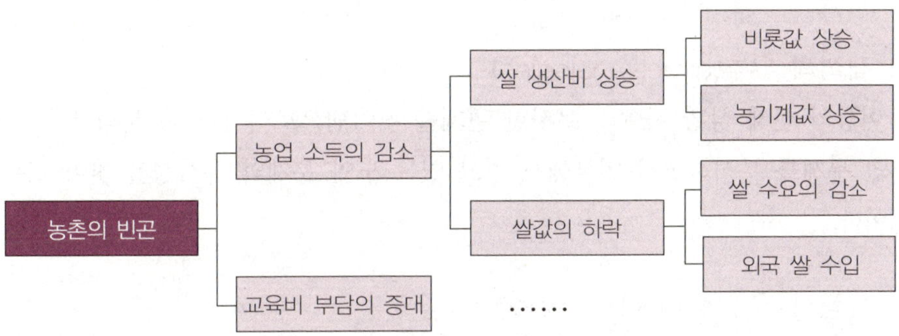

농촌 빈곤의 원인은 농업 소득의 감소와 교육비 부담의 증대에서 오는 것이고, 농업 소득의 감소는 쌀 생산비의 상승과 쌀값의 하락에서, 또한 쌀 생산비의 상승은 비룟값과 농기계값의 상승에서 그 원인을 찾을 수 있다는 것을 [그림 6-4]는 보여 주고 있다.

3) 유추분석

유추분석(synectics)은 과거에 등장하였거나 다루어 본 적이 있는 유사한 문제에 대한 분석에 활용할 수 있는 방법이다(Dunn, 1981). 이 기법은 기본적으로 새로운 문제인 것처럼 보이는 것들도 단지 과거에 등장했던 문제를 새롭게 인식한 것에 불과하다고 전제한다. 기본적으로 '태양 아래 새로운 것이란 없다'고 보는 것과 유사하다. 그래서 현재의 문제를 해결하기 위해서는 지금 다루고자 하는 문제와 유사한 과거의 문제를 제대로 이해하면 문제의 해결 대안을 쉽게 찾을 수 있을 것으로 가정한다.

유추분석에서 문제를 분석하기 위해서 '유추(analogies)'를 이용하는데, 유추는 네 가지 유형으로 구분된다. 그리고 분석하고자 하는 문제 상황과 유추된 상황이 얼마나 일치하고 있는가에 의해 문제분석의 타당성이 좌우된다(Dunn, 1981).

(1) 인적 유추(personal analogies)

정책분석가 자신이 정책 관련 집단들이 처해 있는 것과 유사한 상태에서 문제 상황을 경험해 봄으로써 문제를 파악한다. 교통 체증 문제를 분석하기 위해 만원버스를 타고 이용객들의 불편을 함께 겪어보는 것이 그 예이다.

(2) 직접적 유추(direct analogies)

둘 이상의 문제 상황 사이의 유사한 관계를 찾아냄으로써 문제를 분석한다. 우리나라 노인 문제를 분석하면서 일본에서 겪고 있는 노인 문제와 유사성을 찾아보는 것이 그 예이다.

(3) 상징적 유추(symbolic analogies)

다루고자 하는 문제 상황과 어떤 상징적 대용물 사이의 유사한 관계를 찾아내어 문제를 분석하는 것이다. 예를 들면, 일정한 기준에 따른 문제 인식을 토대로 정책 채택과 집행이 이루어지는 정책의 순환적 과정을 자동 온도 조절 장치에 비교하는 것이 그 예이다. 자동 온도 조절 장치는 실내 온도가 일정한 온도를 넘어서면 보일러 작동을 중지시키고, 기준 온도 밑으로 실내 온도가 떨어지면 보일러를 작동하도록 하는 장치이다. 실내 온도의 변화에 따라(문제 상황의 변화에 따라) 보일러를 켜고 끄기를 반복하는 번거로움을 해소하는 장치이다. 이러한 원리를 이용하여 일정한 경제지표의 기준점을 정하며 측정된 지표값이 기준점을 넘어서면 경기 과열로, 기준점 이하로 떨어지면 경기 침체로 판단하여(문제 상황의 변화를 판단하여) 자동적으로 미리 선택한 정책수단이 실행되도록 하는 것이다.

(4) 가상적 유추(fantastic analogies)

정책분석가들이 문제 상황과 어떤 가상적인 상황 사이에 일정한 유사성이 있다고 자유롭게 상상해 보는 것이다. 안보정책의 경우, 가상적인 핵공격 상태를 가상해서 안보문제를 분석하는 것이 한 예에 속한다.

4) 가정분석

가정분석(assumptional analysis)은 문제 상황의 인식을 둘러싼 여러 대립적인 가정들을 드러내고 이를 창조적으로 통합하는 것을 목표로 하는 문제분석 방법인데, 다음과 같은 다섯 단계를 거쳐 이루어진다(Dunn, 1981).

(1) 정책 관련 집단의 확인

먼저, 문제 정의나 문제 해결에 영향을 미치거나 그러한 결정에 의해 영향을 받게 될 정책 관련 집단들을 확인한다. 그 다음에는, 관련 집단들을 문제 정의와 문제 해결에 미치는 영향력의 정도와 그러한 결정에 의해 영향을 받는 정도에 따라서 서열을 매긴다.

(2) 가정의 노출

문제를 이해하는 것은 문제 그 자체의 분석을 통해서 이루어지지만, 그 문제를 해결하기 위해 제안된 해결 대안에 대한 분석을 통해서도 문제를 이해할 수 있다. 특정한 해결 대안은 특정의 문제 정의를 전제로 하는 것이기 때문이다.

정책 관련 집단들로부터 제안된 해결 대안들의 밑바닥에는 문제에 대한 명시적이거나 묵시적인 가정들이 내포되어 있다. 그러므로 관련 집단들이 제안한 해결 대안들에 내포되어 있는 가정들을 드러냄으로써 제안된 각각의 해결 대안들이 대상으로 삼고 있는 '그' 문제를 명확히 할 수 있게 된다.

(3) 가정들의 비교 · 평가(assumption challenging)

각각의 해결 대안이 내포하고 있는 가정들을 드러내고 난 후에는 이들을 비교하고 평가한다. 이는 어떤 가정과 이에 대립되는 가정을 체계적으로 비교 · 평가하는 작업이다.

(4) 가정들 사이의 우선순위 결정과 목록 작성(assumption pooling)

가정들의 비교·평가가 끝나고 나면 가정의 상대적 확실성과 각 집단에 대한 중요도에 따라 가정들 사이의 우선순위를 매기고 종합한다. 이 단계에서는 가능한 한 많은 정책 관련자들이 동의할 수 있는 가정들의 목록을 만드는 것이 중요하다.

(5) 가정의 통합(assumption synthesis)

여러 정책 관련자들이 동의할 수 있는 가정들을 통합하는 단계이다. 가정들의 복합체는 문제에 대한 새로운 개념화 작업의 토대로 활용될 수 있다.

가정분석 방법은 크게 두 가지의 특징을 갖고 있다. 첫 번째는 이 방법이 문제 그 자체가 아니라 제안된 문제 해결 대안들을 중심으로 분석을 시작한다는 데에 있다. 그 이유는 해결 대안에 내포되어 있는 가정을 정확히 파악하면 해결의 대상이 되는 문제를 명확히 파악할 수 있다고 보기 때문이다. 두 번째 중요한 특징은 가정분석 방법이 가능한 한 동일한 자료 또는 정책 관련 정보에 초점을 맞추려고 한다는 점이다. 그 이유는 정책문제의 개념화를 둘러싼 갈등이 '사실(fact)'에 관련된 것이라기보다는 동일한 자료에 대한 상이한 해석에서 비롯된다고 보기 때문이다.

5) 분류분석

분류분석(classificational analysis)은 문제시되는 상황을 정의하고 분류하기 위해 사용되는 개념들을 명확히 하는 기법이다(Dunn, 1981). 정책분석가는 문제시되는 상황을 정확히 이해하기 위해서 가난, 범죄, 공해 등과 같은 추상적인 개념들을 특정의 구체적인 대상이나 상황으로 나타내는 귀납적 추론 과정을 통하여 경험을 분류하는 것이 필요하다. 분류의 기준과 방법은 매우 다양하다. 그러므로 어느 하나의 분류체계를 이용한 분류분석만을 고집한다면 다른 유용한 분류체계를 개발하고 적용할 기회를 저버리는 것이 되기 때문에 주의할 필요가 있다.

분류분석은 기본적으로 두 가지의 주요한 절차, 즉 논리적 분할과 논리적 분류에 토대를 두고 있다. 논리적 분할(logical division)은 어떤 하나의 부류(class)를 선택하여 그것을 구성 요소로 나누는 것을 말한다. 반면에, 논리적 분류(logical classification)는 여러 상황, 물적 대상 또는 사람 등을 더 큰 집단 또는 부류로 결합시키는 것을 말한다.

이러한 분류는 정책분석가가 분석 대상을 분류하고자 하는 의도와 실제 문제 상황에 대한 정책분석가의 지식 수준에 토대를 두고 이루어진다.

예를 들어, '빈곤 문제'를 분류분석에 의해 분석해 보자. 가계 수입이 정부가 정한 최저생계비의 수준에 미달일 때 그 가구를 빈곤 가구라 정의해 보자. 그러면 우리나라의 모든 가구는 가계 수입이 최저생계비 수준에 미달하는 가구와 최저생계비 수준 이상인 가구의 두 하위 부류(subclass)로 나누어 볼 수 있다. 그 결과가 다음의 [표 6-4]에 나타나 있는데, 만일에 정책분석가가 빈곤 상황에 대한 논리적 분할을 이 단계에서 끝낸다면, 우리나라의 빈곤 문제는 점진적으로 개선되고 있는 것으로 판단할 수 있을 것이다. 그리고 그렇게 된 이유는 시장 경제의 활성화에 있다고 해석할지도 모른다.

그러나 만일에 논리적 분할이 한 단계 더 진행되어 빈곤 가구를 다시 정부의 생계보조비를 수령하기 전후를 기준으로 나누어 두 개의 하위 부류를 만들면 문제 상황은 다르게 인식된다. 이때 우리는 우리나라의 빈곤 가구가 점진적으로 감소하는 것이 아니라, 오히려 증가하고 있다는 것을 알게 될 것이기 때문이다. 그리고 빈곤 가구가 줄어든 것처럼 보이는 것은 정부보조금에 의해 빈곤 가구의 수입이 늘어났기 때문이라는 결론을 얻게 될 것이다([표 6-5] 참조).

어떤 분류체계의 토대를 이루는 것들이 타당한 것인지 여부를 가릴 수 있는 유일한

표 6-4 빈곤 가구의 수(1)

구분	2000년	2005년	2010년
빈곤 가구 수	20만	19만	18만
빈곤 가구/총가구	2.0%	1.9%	1.8%

표 6-5 빈곤 가구의 수(2)

구분	2000년	2005년	2010년
범주	가구 수(%)	가구 수(%)	가구 수(%)
정부보조금 지급 전 빈곤 가구	25만(2.5)	27만(2.7)	28만(2.8)
정보보조금 지급 후 빈곤 가구	20만(2.0)	19만(1.9)	18만(1.8)

주: 편의상 총가구 수는 증감 없이 1,000만 가구로 가정함.

방법이 있는 것은 아니지만, 하나의 분류체계가 문제시되는 상황과 연관성이 있고 또한 논리적으로 일관성이 있기 위해서는 적어도 다음과 같은 규칙을 준수해야 한다(남궁근, 1998).

(1) 실체적 적실성

분류의 기초는 정책분석가의 의도나 문제시되는 상황의 성격에 맞도록 개발되어야 한다. 이는 각 부류들(classes)과 하위 부류들(subclasses)이 가능한 한 문제시되는 상황의 '실제'와 일치되어야 한다는 것을 의미한다.

(2) 포괄성

하나의 분류체계 속에 들어 있는 범주들(categories)은 포괄성을 갖고 있어야 한다. 이는 분석가가 관심을 가져야 할 모든 주제와 상황들이 어느 한 범주 속에는 포함될 수 있어야 된다는 것을 의미한다.

(3) 상호 배타성

모든 범주들은 서로 배타적이고 독립적이어야 한다. 이는 모든 주제와 상황들은 오직 하나의 부류 또는 하위 부류에만 속해야만 된다는 것을 의미한다.

(4) 일관성

각각의 범주와 하위 범주는 하나의 분류체계에 토대를 두고 설정된 것이어야 한다. 만일 이러한 규칙을 어기면 하위 부류들이 중복될 수 있고 교차분류(cross-division)의 오류에 빠지게 된다.

(5) 계층적인 명백한 구분

이는 분류체계의 수준(범주들, 하위 범주들, 하하위 범주들)이 명백히 구분될 수 있어야 한다는 것을 의미한다. 분류분석에서 가장 유용한 접근방법 중의 하나가 집합이론이다. 집합이론은 여러 집합 상호 간의 관계 및 부분집합과의 관계를 연구하는 것인데, 집합과 부분집합은 분류분석에서 부류와 하위 부류와 같은 개념이다.

6) 복수관점분석

동일한 문제 상황도 그 상황을 취급하는 사람의 관점에 따라서 다르게 인식되고 정의된다. 가치관, 세계관 등을 포함하는 넓은 개념으로 '관점'을 이해한다면 더욱 그러하다. 문제를 다르게 정의하는 것은 바람직한 상태에 대한 견해의 차이뿐만 아니라 상황판단의 차이에서도 비롯되는 것이다. 그런데 상황판단의 차이는 문제시되는 상황에 대한 서로 다른 사실 정보를 갖고 있어서 라기보다는 동일한 사실을 기술하는 정보에 대한 해석이 다르기 때문이고, 그 가장 중요한 이유는 관점의 차이라 할 수 있다. 그러므로 문제에 대한 통찰력을 확장하고, 타당한 정책문제의 정의를 위해서는 정책문제 관련자들의 다양한 관점을 분석하고 이해하는 것이 중요하다.

여기에서는 복수의 관점들을 네 그룹, 즉 개인적 관점과 집단적(조직적) 관점, 그리고 해결 방안 중심 관점과 문제 본질 중심 관점으로 나누어 설명한다.

(1) 개인적 관점과 집단적(조직적) 관점

개인적 관점은 그 사람의 개성, 지식, 경험, 이해관계, 그리고 가치관 등에 따라 달라진다. 물론 개인적 관점은 고정된 것이 아니라 시간의 흐름과 상황적 조건, 지식과 경험 등이 달라짐에 따라 변화될 수 있다.

집단적(조직적) 관점은 그것을 구성하는 개인들의 관점과는 달리 특정 집단이나 조직에 특유한 관점이다. 집단이나 조직의 결성, 설립 동기와 목적, 기능, 주요 관심사, 문화, 그리고 내부의 문제 취급과 해결 방식 등에 따라 문제 정의에 대한 독특한 관점을 형성하게 된다. 안보 문제를 예로 들면, 국방부는 군사력의 위협과 실행을 통한 문제해결의 측면에서 문제를 정의하는 반면에, 외교부는 협상과 타협의 대상으로서 문제를 취급한다.

(2) 해결 방안 중심 관점과 문제 본질 중심 관점

해결 방안 중심의 관점에서는 해결할 수 있는 문제만이 문제라고 인식하고(해결할 수 없는 것은 문제가 아니라고 봄), 기술적 해결 방안의 측면에서 문제를 바라본다. 그러므로 해결 방안을 마련할 수 있도록 문제 상황을 가급적 단순화시킨다. 문제를 있는 그대로 복잡한 상태로 놔두어서는 해결 방안을 마련하기 어렵기 때문이다. 이러한 관점에서는 문제를 정의하기 위해 여러 모형을 즐겨 활용한다.

반면에, 문제 본질 중심 관점은 문제의 현재 기준 해결 가능성 유무나 잠재적 해결 방안의 측면에서 문제를 바라보는 것이 아니라 문제 자체의 본질에 초점을 둔다. 이러한 관점에서는 근본적인 문제(의식)에 관심을 갖고, 다양한 관점의 존재와 그로 인한 다양한 문제 정의를 중시한다. 그래서 상이한 문제 정의들을 드러내고 정책문제 관련자들 사이에 동의가 이루어질 수 있는 합리적 문제 정의에 관심을 갖는다.

7) 빅데이터 분석

(1) 빅데이터와 빅데이터 분석의 개념 및 특징

빅데이터(Big Data)는 양적인 측면과 질적인 측면에서 정의할 수 있다. 우선, 양적인 측면에서 볼 때 빅데이터란 지금까지의 관리 및 분석 체계·기법으로는 감당하기 어려운 거대한 데이터의 집합을 의미한다(Kaisler et al., 2013: 995). 질적인 측면에서 빅데이터는 정형적이지 않은 다양한 형태의 데이터로, 정제되거나 정리되지 않은 상태로 계속 생성되는 상태에서 활용할 수 있고, 이질적인 데이터를 연동해서 분석할 수 있는 것을 의미한다(Russom, 2011: 6).

그리고 빅데이터 분석은 조직의 내·외부에 있는 다양한 형태의 데이터를 수집, 처리, 저장하여 데이터 활용 목적에 맞게 분석하여 필요한 지식을 추출하고, 이것을 조직의 전략적 의사결정에 활용, 의사결정의 질적 수준과 성과를 향상시키고자 하는 패러다임으로 정의할 수 있다(신경식, 2021). 빅데이터의 예로 개인의 소셜네트워크 활동 정보, 고객의 카드 사용 정보, 진료기록 정보, 국토지리공간 정보 등을 들 수 있다.

(2) 빅데이터 분석의 유용성

최근 기업뿐만 아니라 세계 각국의 정부는 문제분석, 대안분석(대안의 탐색, 대안 결과의 예측, 그리고 대안의 비교·평가 등)에 빅데이터 분석을 적극 활용하고 있다.[8] 문

---

8) 해외 주요 국가들은 사회문제 분석 및 정책수립 등에 빅데이터를 활용하고 있다(이미숙 외, 2014: 15-21). 영국은 The Horizon Scanning Center를 설립·운영하여 비만대책, 기후 변화, 전염병 등 사회 전반의 다양한 문제들을, 프랑스는 환경 관련 정책에 빅데이터를 활용하고 있다. 그리고 호주는 정책개발 및 공공서비스 개선 등에 활용 방안을 모색 중이다.

제분석과 문제 해결 대안을 찾는 정책분석 과정에서 빅데이터는 매우 중요한 정보원이고 증거를 제공하는 토대가 된다. 예를 들어, 문제분석을 할 때 문제 관련 키워드 등을 확인한 다음 그에 적합한 데이터를 수집하고, 적절한 빅데이터 분석 기법을 활용한다면 매우 의미 있는 정보를 얻을 수 있는 것이다.

그런데 빅데이터를 정책분석에 활용하는 데는 일정 부분 한계가 있다. 빅데이터가 주로 정보통신기술의 이용에 익숙한 사람들을 통해 생산된 것이기 때문에 그렇지 않은 사람들의 문제의식과 해결 방안에 대한 주장들은 빅데이터에 포함되지 않을 가능성이 크기 때문이다. 그리고 SNS 등을 통해 사회현상에 대한 자신의 의견 등을 표출한 데이터를 수집하는 것은 개인의 사생활 보호 문제와도 연관될 수 있다.

빅데이터를 정책분석에 활용하기 위해서는 빅데이터를 효과적으로 분석하는 다양한 기법들에 대한 이해가 선행되어야 한다. 빅데이터 분석의 대표적 기법으로는 빈도분석(frequency analysis), 문서정보추출법(text mining), 소셜 네트워크 분석(social network analysis), 그리고 연관어 분석(association keyword analysis) 등을 들 수 있다.

빈도분석은 대중매체 등에서 특정 기간 동안 확인하고자 하는 관심 키워드가 얼마만큼 언급되었는지, 그 언급의 정도가 어떻게 변화하였는지를 분석함으로써 특정 사회문제에 대한 시민의 관심도 변화를 살펴볼 수 있다.

문서정보추출법은 방대한 양의 텍스트에서 의미 있는 정보를 추출하고, 그 추출된 정보들 간의 연계성을 파악할 수 있는 기법이다. 문서정보추출법은 빅데이터 분석의 핵심으로 평가받고 있다(박대현 외, 2014: 9).

소셜 네트워크 분석은 소셜 미디어상에서 네트워크를 형성하고 있는 사용자 또는 문서 간의 상관관계를 분석하여 특정 이슈가 발현·전파되는 경로를 보여 준다(이미숙 외, 2014: 42).

연관어 분석은 특정 문서, 데이터 등에서 관심을 가지고 있는 키워드가 어떤 키워드와 함께 사용되는지를 분석하여, 사람들이 어떤 주제와 키워드를 연결시켜 생각하는지를 분석하는 기법이다(이미숙 외, 2014: 41).

이제까지의 빅데이터 분석 기법에 대한 설명에서 알 수 있듯이 빅데이터 분석의 경우, 분석하고자 하는 대상과 관련된 키워드의 선정이 매우 중요하다. 키워드는 데이터 수집과 분석 결과에 직접적인 영향을 미치므로 객관적, 전문적 검증을 통해 선정할 필요가 있다(이미숙 외, 2014: 43).

8) 시스템 다이내믹스[9]

과거에 비해 현대 사회의 문제들은 사회의 여러 시스템 간의 상호 연관성과 상호 의존성이 상당히 높아졌다. 특정 부문의 문제에 영향을 미치지 않고 다른 부문의 문제를 해결할 가능성은 점점 더 낮아지고 있다. 이는 앞서 살펴본 정책문제의 특성 중 상호 연관성 · 복잡성을 통해서도 확인한 바 있다. 이런 점에서 시스템의 순환적 구조에 초점을 두고 있는 시스템 다이내믹스는 정책문제의 동태성 분석과 정책대안의 효과성 분석 등을 위해서 활용될 수 있다.[10]

(1) 시스템 다이내믹스의 개념과 특징

시스템 다이내믹스의 개념과 특징을 정리해 보면 아래와 같다.

시스템 다이내믹스(System Dynamics)[11]는 시스템적 사고를 모델화하는 도구로, 시뮬레이션 조건을 변경하면서 문제 해결에 적절한 대안을 찾는 기법이다(곽상만 · 유재국, 2016: 31). 시스템 다이내믹스는 사회 시스템과 관련된 전략과 정책대안의 효과 예측, 여러 사회정책의 효과 예측 등의 문제를 주로 모델화(modeling)한다. 또한 시스템 동태성(dynamics)의 원인인 시간, 구성 요소들 간의 피드백, 정보 흐름의 시간 지연을 모델화하는 데 적합하다.

시스템 다이내믹스 모델의 주목적은 시스템 거동을 재현하는 것이며, 시스템 거동이 왜 발생하는지를 밝히는 것이다. 시스템 다이내믹스는 선형적인 인과관계 분석이 아닌 동태적 · 순환적 인과관계 분석에 초점을 두고 있다. 따라서 시뮬레이션 조건을 여러

9) 시스템 다이내믹스의 자세한 내용은 곽상만 · 유재국(2016), 김도훈 · 문태훈 · 김동환(2001), 최한림 외(2011)를 참조하기 바란다.

10) 최근 여러 연구자들이 시스템 다이내믹스를 연구하고 활용하고 있다. 최한림 외(2011)은 시스템 다이내믹스에 기반하여 미래 줄기기술 선정 방법론을 연구하였으며, 김도훈 외(2001)는 시스템 다이내믹스에 관한 저서를 출판한 바 있다. 또한 최남희(2015)는 시스템 다이내믹스를 활용하여 미래 사회의 정책문제의 유형과 동태성의 구조에 관한 연구를 수행하였다.

11) 시스템 다이내믹스는 1961년 포레스터(Jay W. Forrester)의 『산업동태론』에서 출발하였다. 포레스터는 『산업동태론』의 서문에서 시스템 다이내믹스를 "산업시스템들의 행태를 연구하는 방식으로 정책, 의사결정, 구조, 그리고 시간 지연 등이 어떻게 상호 연결되어 시스템의 성장과 안정성에 영향을 주는지 밝히고자 한다"(Forrster, 1961: 서문)라고 소개하였다.

차례 바꾸어 문제 해결에 적절한 대안을 찾아간다. 이는 시스템 다이내믹스 모델의 주요 특징이다. 이러한 점에서 사회 속의 많은 요인들이 서로 어떤 영향을 미치는지를 시스템 다이내믹스를 활용하여 분석함으로써 정책효과 분석 또는 미래예측에 활용할 수 있다.

(2) 시스템 다이내믹스의 시뮬레이션 방법 및 절차

일반적으로 시스템 다이내믹스는 다음 [그림 6-5]와 같이 문제 정의, 인과지도 작성, 모델 구축, 모델 시뮬레이션과 모델 행태분석, 모델의 타당성 평가, 그리고 정책대안 분석의 여섯 단계를 거쳐 수행된다(김도훈 · 문태훈 · 김동환, 2001: 55).[12] 하지만, [그림 6-5]에서도 알 수 있듯이 여섯 개의 단계가 방향성을 가지고 차례대로 진행되는 것은 아니다.

첫 번째 단계는 적합한 모델 설계를 위해 문제를 인식하고 정의하는 것이다(problem identification and definition). 문제의 정의는 시스템의 경계를 어떻게 설정하느냐에 따라 달라질 수 있다. 시스템의 경계는 분석하고자 하는 문제가 어떤 것인지, 그 문제에

그림 6-5 | 시스템 다이내믹스 시뮬레이션 절차

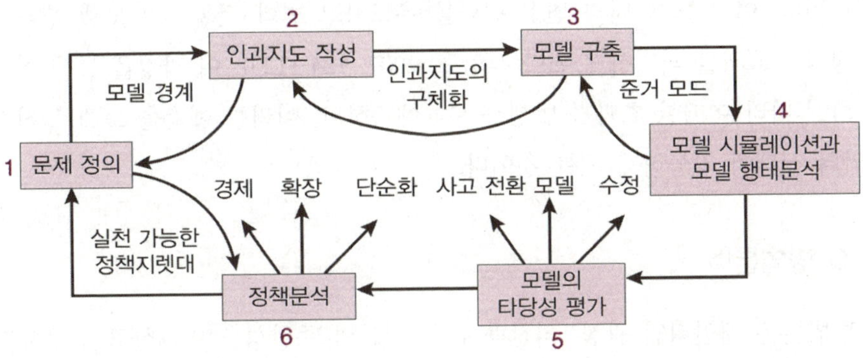

출처: 김도훈 · 문태훈 · 김동환(2001).

12) 곽상만 · 유재국은 시스템 다이내믹스 시뮬레이션 절차를 ① 문제 정의, ② 변수 선정, ③ 인과관계도 작성, ④ 저량 · 유량도 작성, ⑤ 시뮬레이션 및 분석의 다섯 단계로 구분하였다(곽상만 · 유재국, 2016: 62).

관심을 갖는 사람이 누구인지, 시간에 따라 변수가 변하는 원인이 무엇인지를 고려해서 결정해야 한다.

두 번째 단계는 인과지도를 작성하는 것이다. 시스템 다이내믹스의 인과지도는 시스템 내의 각 변수들의 복잡한 인과관계를 (+), (−) 부호와 함께 화살표로 표시함으로써 시스템 내의 변수 간 정보의 흐름을 구체화한다.[13] 여러 인과관계들이 하나의 폐쇄된 원으로 표현될 때 이를 피드백 루프라고 한다(김동환, 1996: 363−365).[14]

세 번째 단계는 모델을 구축하는 것이다. 이 단계에서 실제로 정책분석에 활용할 모델을 작성하고, 시뮬레이션을 위한 변수들을 수학적으로 정의하고 방정식을 작성하게 된다.

네 번째 단계에서는 구축한 모델을 활용하여 모델의 행태를 분석한다. 모델 행태는 외부의 개입이 없는 시스템 그 자체의 특성을 나타내는데, 이는 추후 개별 정책의 영향과 효과를 파악하는 데 기초자료가 된다(김영표, 2007: 123).

다섯 번째 단계는 모델의 타당성을 평가하는 것이다. 이때 구축한 모델에서 보여지는 주요 변수들의 변동을 과거 통계자료 또는 문헌자료의 경향성과의 비교를 통해 모델이 안정적으로 움직이는지를 확인해야 한다.

여섯 번째 단계로 모델의 타당성이 확인될 경우 이 모델을 이용하여 정책대안을 분석하게 된다. 이때 모델 내의 변수 변화를 유도하고 변화 전·후의 모델 행태 비교를 통해 정책의 효과를 파악하게 된다(김영표, 2007: 124−125). 이 과정을 통해 어떠한 변수 변화에 따라 어떠한 효과가 발생하는지 예측하고, 이러한 예측을 토대로 적절한 정책대안의 선택이 가능하게 되는 것이다.

9) Q 방법론[15]

Q 방법론은 개인적인 관점, 의견과 같은 인간의 주관성을 이해하고 연구하기 위해 고안된 방법인데, 최근 정책 연구에서도 적용을 위한 시도가 활발히 이루어지고 있

---

13) 화살표의 기점은 원인이 되는 변수, 화살표의 종점은 결과가 되는 변수이다.
14) 인과지도 구축의 궁극적인 목적은 이러한 피드백 루프를 찾는 데 있다.
15) Q 방법론에 관한 보다 자세한 내용은 김순은(2010), 길병옥 외(2020), 김순은(2016), 와츠와 스테너(Watts & Stenner, 2005)를 참조하기 바란다.

다.[16] 특히, Q 방법론은 정책행위자의 인식 차이를 연구하는 데 효과적인 방법론으로 평가받고 있다(김순은, 2010).

(1) Q 방법론의 개념과 특징

Q 방법론은 요인분석을 활용하여 행위자가 현상을 바라보는 관점을 객관적으로 파악하고자 하는 방법이다.[17] Q 방법론은 요인분석을 활용함으로써 정책분석가 혹은 연구자의 편향된 결정과 주관성을 해결할 수 있다. 이런 점에서 Q 방법론은 행위자의 주관성을 객관적으로 혹은 과학적인 방법을 통해 파악하는 연구방법으로 볼 수 있다.

Q 방법론은 '해석을 통해 경험적으로 보는 것'을 그 목적으로 하고 있으며, 어떤 사람이 특정 항목에 대해 찬성 또는 반대했는지를 중요하게 보는 것이 아니라 어떤 항목들을 어떻게 배열하고 있는지를 주요하게 본다(오진관 외, 2016). 즉, 개개인이 중요하게 인식하고 있는 것이 무엇인지를 볼 수 있으며, 이를 통해 특정 주제 또는 정책대안의 중요성을 판단하는 가중치 자료를 산출할 수 있다(김순은, 2010: 21-22).

(2) Q 방법론의 적용 절차

일반적으로 Q 방법론은 다음과 같은 단계를 거쳐 수행된다. 즉, 표본의 작성, P 표본의 작성, Q 분류, Q 자료의 분석, 그리고 Q 자료분석의 해석 등의 다섯 단계가 그것이다.[18]

첫 번째 단계는 Q 표본의 작성 혹은 자료를 구성하는 것이다. Q 표본은 연구를 위해 수집된 항목 집합체에서 추출하며, 주제에 대한 포괄적인 표현을 담은 진술문이다. Q 표본은 전문서적, 학술서적, 저널 등 해결하고자 하는 정책문제와 관련된 다양한 의견

---

16) 최근 Q 방법론은 정책행위자의 인식 유형을 구분하고 이를 바탕으로 정책개선 방안을 도출하거나(이유현, 2019; 김서용, 2006), Q 방법론의 정책학 혹은 행정학의 영역에 적용 가능성(김순은, 2010; 은종환 외, 2020)을 탐구하는 등 연구가 활발하다.

17) Q 방법론은 스티븐슨(Stephenson, 1953)이 요인분석에 관한 『*The Study of Behavior: Q-Technique and its Methodology*(1953)』를 출판하면서 시작되었다(Watts & Stenner, 2005). Q 방법론의 기본적인 가정은 인간이 각기 다른 신념과 의견을 지닌 차별화된 주관성을 지닌 존재라는 것이다(Brewer et al., 2000: 256).

18) 연구자에 따라 Q 표본 구성, P 표본 선정, Q 분류, 자료의 분석과 해석의 네 가지 단계로 분류(오진관 외, 2016)하거나, 집합체 수정, Q 표본 추출, P 셋 선정, Q 분류, 그리고 Q 분석의 다섯 단계로 분류하기도 한다(은종환 외, 2020). 하지만, 각각의 단계에서의 활동이 자료 구성, 연구 대상자 선정, 진술문 분류, 자료분석·해석이라는 점에서 큰 틀은 대동소이하다.

을 추출하여 구성한다. 이때 주의해야 하는 것은 Q 진술문은 사실을 설명 또는 묘사하는 문장이 아닌 주관성을 나타내는 것이어야 한다는 점이다(김순은, 2010).

두 번째 단계는 P 표본을 작성하는 것인데, 이는 연구 대상자를 선정하는 것을 의미한다. Q 방법론은 개개인의 가치체계를 탐색하기 때문에 P 표본의 크기를 중요하게 보지는 않지만, 무작위 추출이나 층화표본을 제안하는 경우도 있다(김흥규, 2008; 오진관, 2016; 김순은, 2010).

세 번째 단계는 Q 분류이다. Q 분류는 정책행위자 혹은 연구 대상자의 주관성을 측정하는 것으로, 정도 측정 방식을 활용한다. 정책문제 분석 혹은 정책대안 개발 과정에서는 특정 정책대안 혹은 정책문제에 관한 진술문을 정책행위자 혹은 정책대상자에게 제공하여 개개인의 선호도 차이를 측정하게 된다. 이때 P 표본은 Q 진술문을 자신이 동의하는 순서에 따라 분류하는데 이를 통해 P 표본의 주관성을 측정할 수 있다.

네 번째 단계는 Q 자료를 분석하는 단계로, SPSS 혹은 SAS와 같은 통계분석 프로그램을 활용하여 요인분석을 진행하게 된다. 이 과정에서 P 표본에 속한 개개인 간의 상관관계와 요인분석이 진행된다.

다섯 번째 단계는 Q 자료분석을 해석하는 단계이다. SPSS 혹은 SAS를 활용한 요인분석의 결과물은 상관관계표, 요인분석표 등이 포함되어있다. 이 결과를 활용하여 각 요인의 특성을 파악하고, 특정 정책문제나 정책대안에 대한 P 표본 개개인의 주관성을 분류하고 인식 유형을 파악하게 된다.

10) 주관적 · 직관적 방법

주관적이고 직관적인 판단을 이용해서 문제를 분석하는 방법은 크게 두 가지로 나누어 볼 수 있다. 첫 번째로는 개인적인 분석으로서 개개인의 통찰력과 창의력 및 직관적 판단에 의해 문제를 분석하는 방법이 있다. 두 번째로는 집단적인 분석으로서 회의 방법이나 집단자유토론, 그리고 정책 델파이 등을 들 수 있다.

회의 방법은 관계자들의 대면적 토의를 통해 문제의 원인을 종합적으로 밝히려는 방법이다. 그러나 이러한 대면적인 회의 방법은 분위기에 휩쓸려 몇 사람의 영향력에 의해 결론이 달라지거나, 참여자들 사이의 인간관계나 체면 등의 이유 때문에 합리적인 문제분석이 어려워질 우려가 있다. 이러한 약점을 극복하기 위해서는 익명성, 통제된 환류, 반복 질문, 의견의 합의 유도 등을 핵심적 요소로 하는 정책 델파이법을 활용함으로써 큰 도움을 얻을 수 있다(김신복, 1983; 정정길, 1988; Dunn, 2012; 이 책 제7장 참조).

집단자유토론(brainstorming)(Dunn, 2012: 99-101)은 자유분방하게 여러 가지 아이디어를 제기하고 토론하는 방법이다. 즉, 다양하고 많은 아이디어를 얻기 위해서 전문가들뿐만 아니라 상상력이 풍부하고 독창적인 사람, 문제에 관련된 사람들을 함께 모아 개방적이고 허심탄회한 분위기에서 머리에 떠오르는 대로 아이디어를 제시하게 하여 창의적인 문제 진술과 해결 방안을 구하는 방법이다.

11) 조사연구 방법의 활용

문제를 분석하기 위해서 조사방법론에서 다루어지고 있는 여러 방법들이 활용될 수 있다. 특히, 조사연구의 사전조사, 예비조사, 현지조사, 그리고 실태조사 등에 사용되는 여러 조사방법들은 그대로 문제분석에 이용될 수 있다. 예를 들면, 질문지법이나 면접법을 통해서 문제의 배경, 원인, 피해 집단, 잠정적인 해결 방안 등을 알아볼 수 있다(김경동 · 이온죽, 1986 참조).

4. 바람직한 정책문제의 정의

바람직한 정책문제의 정의란 앞에서 살펴본 과정에 따라서 중요한 요소들을 빠짐없이 체계적으로 분석하여 '무엇이 문제인지'를 타당하게 정의하는 것이다. 바람직한 정책문제 정의를 위해서는 앞에서 설명한 분석 요소들에 대한 체계적인 검토 외에 적어도 다음의 몇 가지를 유념해야 한다.

1) 근본적 문제의 추구

정책문제는 근본적인 성격의 문제와 연결될 수 있도록 분석되어야 한다. 즉, 정책문제는 일시적으로 발생하거나 피상적으로 제기되는 내용의 것이 아니라, 인간 사회에 내재하는 좀 더 근본적인 문제와 연결하여 취급해야 한다. 정책이 현실적으로 나타나는 갈등과 욕구의 해결이나 충족에만 국한된다면, 그 심층에 내재하는 근원적인 갈등의 해결이나 근본적인 변화는 기대할 수 없고, 정책을 통한 인간존엄성의 실현을 기대할 수도 없기 때문이다. 물론 현실 세계에서 취급되는 모든 정책문제가 이러한 근본적인 문제인 것은 아니다. 그러나 정책의 윤리적 성격에 비추어 볼 때 정책에서 취급하는 문제는 당장 해결이 필요한 갈등이나 욕구의 근원을 추적하고 당위적인 가치관을 탐색하는 것까지를 포함함으로써 본질적이며 좀 더 근원적인 것을 다룰 수 있도록 노력해야 한다. 그러므로 정책문제를 분석하고 정의할 때는 좀 더 근본적인 문제의식에 입각하는 것이 좋다. 앞에서 살펴보았듯이 정책의 목적구조(계획목표 → 일반목적 → 이상목적)를 생각해 볼 때 당면한 문제 해결은 계획목표 달성을 지향하는 것이고, 근본적인 문제를 추구하는 것은 일반목적, 이상목적을 설정하는 것과 연관되어 있다. 이에 대해서는 뒤에서 설명한다.

2) 사회 · 경제적 약자의 문제의식 우선적 고려

앞에서 설명한 바와 같이 정책문제의 주관적 · 인본적 특성은 정책문제를 정의할 때 과연 누구의 문제의식, 문제 정의를 우선적으로 고려해야 할 것인가? 하는 질문을 던지게 한다. 이에 대한 통설적인 답변은 아직 마련되지 않았지만, 원론적으로 말해서 문제로 인해 고통을 받고 있는 사회 · 경제적 약자의 입장을 우선적으로 고려하면서 사회 전체의 입장에서 문제를 정의하는 것이 바람직하다고 말할 수 있다(Lindblom, 1968: 13-14; 허범, 1982: 275-291).

3) 편견의 배제

정책문제의 정의는 주관적인 작업이다. 그러나 문제 정의가 주관적으로 이루어질 수밖에 없다는 것이 문제 정의가 전혀 객관성을 유지할 필요가 없다는 것을 의미하지는 않는다. 바람직하다고 여겨지는 상태와 현실 상태에 대한 판단 사이의 괴리를 문제라고 인식한다면, 객관성의 유지는 현실 상태에 대한 판단을 내릴 때 요구되는 것이다. 현실 상황에 대한 판단도 역시 주관적인 성격을 띠고 있는 것이긴 하지만, 좀 더 현실에 가

깝게 상황판단을 해야 한다는 점에서 "객관성을 유지해야 한다"는 것이다. 그러기 위해서는 선입견, 특정 계층이나 집단의 관점 등에서 오는 편견을 배제하여 타당한 현실감을 형성할 수 있도록 하는 것이 필요하다.

그러면 규범판단은 주관적인 것이기 때문에 전적으로 정책분석가의 주관적 판단에 맡겨져야 하는가? 이에 대한 대답은 부정적이다. 개인적 문제를 정의할 때 작동하는 개인적 가치관이 아니라, 정책문제를 정의할 때 작동하는 사회적 가치관, 사회적 규범은 정책토론을 통해서 드러낼 수 있는 것이기 때문이다. 그러므로 정책문제의 정의에서 적용되는 규범판단은 사회적 합의에 토대를 둔 사회 규범을 근거로 이루어져야 한다. 그리고 정책분석가의 편파적인 규범판단이 정책문제 정의를 지배하지 않도록 해야 한다.

제 3 절 정책목표의 설정

1. 정책분석에서의 목표 설정 및 분석의 의미

문제분석이 이루어지고 나면 목표 설정을 위한 분석이 전개된다. 목표 설정은 문제분석 · 정의와 그 내용이 상당히 유사한 활동이다. 설령, 분석 의뢰자에 의해 정책목표가 제시되는 경우에도 정책분석가는 그 목표를 의문의 여지가 없는 당연한 것으로 받아들일 것이 아니라 목표의 타당성과 구체화의 필요성, 그리고 구체화시킬 경우 어떤 하위 목표가 설정되어야 하는지를 분석해야 한다.

정책분석 의뢰자가 어떤 목표 달성을 위한 좋은 대안을 마련해 주도록 정책분석가에게 요구할 때, 분석 의뢰자는 목표를 명확히 제시해 주지 못할 수도 있고, 심지어는 자신이 추구하는 목표가 무엇인지에 대해서 명확히 인식조차 못하는 경우도 있다. 때로는 자신들의 정책주장에 대해 더 많은 정치적 지지를 얻기 위해서 목표를 구체적으로 명확하게 제시하기를 꺼려 할 수도 있다. 그리고 목표가 하나가 아니라 복수일 수도 있고 목표들 사이에 갈등이 생기는 것들도 있다. 이러한 모든 것들이 정책분석 과정에서 목표 분석 또는 목표 설정의 필요성을 제기한다.

민주주의 사회에서 공공정책의 목표는 대개 정책결정자 개인에 의해서 결정되는 것이 아니라 정치 과정의 산물이다. 어떤 구체적 목표에 대한 합의는 그 목표를 해결하기 위한 개괄적인 해결 방안에 대한 잠정적 합의를 내포하는 경우가 많다. 그러므로 어떻게 보면 구체적인 목표의 설정에 대해 관련자들 사이의 합의를 얻어내기보다 이를 달성하기 위한 행동 방안에 대한 합의가 오히려 더 쉽다고 말할 수도 있다(Quade & Boucher, 1968: 88). 서로 다른 목표에 대한 상이한 주장과 그 논거를 공개적으로 표출시키고, 사회적으로 바람직한 목표의 설정에 합의할 수 있도록 토론을 유도하는 것이 정책분석이 기여할 수 있는 중요한 영역이다.

타당한 정책문제의 정립에 이어 올바른 정책목표를 설정하는 것이 중요함은 두말할 나위가 없다. 그릇된 목표의 설정은 잘못 정의된 문제의 해결을 시도하는 것과 같다. 그러므로 정책분석은 문제에 대한 분석과 분석 의뢰자가 추구하는 목표에 대한 분석을 통해서 올바른 목표를 설정하는 데 기여해야 한다. 물론 정책분석가가 분석을 의뢰한 사람이나 조직보다 항상 타당한 목표를 설정할 수 있는 더 뛰어난 능력을 갖고 있다는 보장은 없다. 그러나 분석가는 분석을 통해서 고객이 추구해야 할 목표를 좀 더 분명히 인식하는 데 기여할 수 있는 것이다.

한편, 여러 사람이 상이한 목표를 구상하고 있을 때 누구의 목표가 적합한 것인가를 분석하는 것도 중요하다. 그리고 현재 또는 가까운 미래에 달성하고자 하는 목표인지, 아니면 먼 미래에 달성하고자 하는 목적인지를 분석하는 것, 즉 시간 선호(time preference)를 분석하는 것 역시 중요하다. 어떤 사람이나 조직들은 높은 할인율을 적용하여 먼 미래의 목적보다 현재 또는 가까운 미래의 목표에 더 높은 비중을 두기도 하기 때문이다.

문제 정의는 해결 방안을 탐색하기 위한 무대를 설정하고, 그 대강의 범위와 내용을 좌우한다. 그러므로 창의적이고 다양한 대안들을 탐색하기 위해서는 문제 정의를 개방적인 형태로 해야 한다. 이를 개방적 문제 정의라 한다면 부당하게 대안 탐색의 창의성과 다양성을 제약하는 문제 정의를 폐쇄적 문제 정의라 할 수 있다.

앞에서 예로 들었던 '노숙자 문제'를 정의하는 것을 다시 살펴보자. 노숙자의 영어 표현(homeless)처럼 노숙자 문제를 '잘 곳이 없어 길거리에서 자는 사람들이 많은(증가하는) 것'이라고 정의한다면 해결 방안은 자연스럽게 그들에게 잘 곳(집이나 시설)을 제공할 수 있는 방법을 찾는 쪽으로 모아지게 된다. '잘 곳이 없는 것'이 문제의 원인이라고 문제 정의에서 밝히고 있기 때문이다. 그러면 그들에게 잘 곳, 쉴 곳을 마련해 주면 문제는 해결될 것인가? 실제로 그들에게 쉬고 잘 곳(쉼터라는 시설)을 마련해 주었지만 아예 그곳에 가려 하지 않거나, 그곳에 살던 사람 중에서도 다시 나와 노숙 생활을 하는 사람이 적지 않다고 한다. 자는 시간, 일어나는 시간이 정해져 있는 등 여러 지켜야 할 규칙이 많아 부자유스럽고, 사생활이 보장되지 않는다는 것이 그들이 제기하는 이유다.

쉼터 제공으로 노숙자 문제를 해결하려던 정책은 적어도 부분적으로는 실패했다고 볼 수 있다. 이 실패는 정책대안의 실패인가? 정책문제 정의의 실패인가? 만일 이 정책을 실패한 정책이라고 평가한다면 이는 정책대안의 실패라기보다 문제 정의의 실패라고 보는 것이 더 타당하다. 쉼터를 제공하는 것이 문제의 해결 방안 중 하나임은 틀림없다. 그러나 앞에서 본 문제 정의는 노숙자 문제의 다양한 측면, 다양한 원인적 요소들을 종합적으로 분석하고 창의적인 대안을 찾는 노력을 방해했기 때문이다.

노숙자 문제는 주거 문제 측면에서 만이 아니라 알코올 중독, 사회 불안과 범죄, 그리고 사회적 소외 등 여러 측면에서 정의할 수 있다. 문제의 다양한 측면, 다양한 구성요소들을 포괄할 수 있도록 문제를 개방적으로 정의함으로써 창의적이고 다양한 정책대안들의 탐색이 개방적일 수 있다.

2. 정책목표의 의의와 기능

1) 의의

정책목표는 "정책(활동)을 통하여 달성하고자 하는 바람직한 상태(정책이 추구하는 바람직한 미래상), 얻고자 하는 결과"를 말한다.[19]

이러한 정책목표는 본질상 미래지향성과 방향성을 갖고 있다. 즉, 정책목표는 시간적

19) 정책의 목적은 계획목표-일반목적-이상목적의 계층구조를 가지고 있다(이에 대한 자세한 설명은 제3장 참조). 각 목적(목표) 차원에 따라 정책목표 설정에 대한 논의가 달라질 수 있지만, 여기에서는 주로 계획목표를 염두에 두고 설명하되 부분적으로 일반목적과 이상목적에 대한 설명도 포함한다. 정책목적과 정책목표를 구분해서 사용하기도 하지만, 여기에서는 특별히 구별해야 할 필요성이 있는 경우를 제외하고는 혼용한다.

으로 보아 미래에 실현하고자 하는 바람직한 상태이며, 어떤 방향으로의 변화를 지향하는 것이다. 정책목표의 내용을 이루는 바람직한 상태가 과연 어떠한 것인가를 판단하는 것은 주관적인 가치판단에 해당한다. 따라서 정책목표의 설정은 바람직한 상태에 대한 가치판단에 의존하게 된다. 따라서 정책목표는 규범성을 지니게 되며, 이러한 주관적인 성격 때문에 누구의 가치관이 정책목표 설정에 반영되어야 하느냐 하는 문제가 등장하게 된다. 이는 정책문제를 정의할 때 누구의 문제의식을 주로 반영시킬 것이냐 하는 것과 같은 성격을 지닌다.

2) 기능

정책목표의 기능 또는 역할은 크게 두 가지로 나눌 수 있다. 첫째는 정책목표가 달성될 때 실현되는 것으로 구체적 내용에 따라 환경의 개선, 물가안정, 사회적 형평의 달성 등 사회를 바람직한 상태로 변화시키는 역할이다. 둘째는 정책과정에서 이루어지는 것으로 정책 활동의 기준 또는 지침으로서의 기능이다. 정책목표는 정책의 존재 이유요, 정당성의 근거가 되기 때문에 정책과정이나 정책 활동에서 판단의 기준 또는 지침으로서의 역할을 수행한다. 즉, 정책목표는 정책형성 과정에서는 최선의 대안을 선택하는 판단 기준으로서(다른 조건이 같다면 목표 달성도가 큰 대안일수록 좋은 대안이라고 볼 수 있다), 정책집행 과정에서는 집행과 관련된 결정과 행동의 지침으로서, 그리고 정책집행 과정 중이나 집행이 끝난 뒤 정책을 평가할 때는 평가 기준으로서의 역할을 수행한다.

정책목표가 정책과정에서 기준이나 지침으로서의 역할을 제대로 수행하기 위해서는 목표의 명확성, 구체성이 확보되어야 하며, 또한 동시에 추구되는 여러 목표들 사이에 상호 모순·충돌이 없어야 한다.

3. 정책문제 정의와 정책목표 설정의 관계

정책목표는 달리 말하면 정책문제를 해결하여 얻고자 하는 어떤 결과라고 할 수 있다. 그러므로 해결해야 할 문제를 정의하는 것은 바로 개괄적인 정책목표를 정의하는 것과 다름없다.

문제를 해결함으로써 얻게 되는 결과 또는 달성하게 되는 상태는 논리적으로 보면 두 가지의 경우를 생각해 볼 수 있다. 그 하나는 문제시되는 상황 이전의 원래 상태로 환원시켜 원상을 회복하는 경우이다. 또 다른 하나는 과거에 존재하지도 경험하지도 못한 새로운 상태를 창조하는 경우이다. 이때 흔히 전자의 상태를 목표로 삼는 것을 치유적·소극적 목표라 하고, 후자의 상태를 목표로 삼는 것을 적극적·창조적 목표라 한다(정정길, 1988: 47-48). 그래서 치유적 목표는 '문제'와 관련되지만 창조적 목표는 '문제'와 관련되지 않는 것으로 보기도 한다. 그러나 문제를 '바람직한 상태와 현재 또는 미래 상태와의 괴리'라고 개념화한다면 정책을 통해 달성하고자(얻고자) 하는 것인 목표는 문제의식과 무관한 것일 수 없다. 옳다-그르다, 좋다-나쁘다 또는 '필요하다-필요 없다'의 판단에서 유발되는 문제의식과 무관한 목표가 있을 수 있을까?

현재 상태에 대한 불만이나 어떤 바람직한 상태에 대한 동경이 없다면 창조적 목표를 설정하는 것은 있을 수 없기 때문이다. 결국, 현재 상태에 대한 불만에서 출발했든 아니면 어떤 바람직한 상태에 대한 동경에서 시작했든 문제의식이 없는 목표 설정은 생각하기 어렵다. 치유적 목적이 절실한 문제의식과 연관된다면 창조적 목적은 덜 절실하고, 희망 섞인 문제의식과 연관된다는 점에서 차이가 있을 뿐이다.

그리고 치유적 목표와 창조적 목표의 구별이 언제나 명확한 것은 아니다. 문제 해결을 통해 달성한 상태가 과거에 존재했던 것인지, 아니면 전혀 새로운 것인지를 구별하기 힘든 경우가 많기 때문이다. 엄격한 의미에서 보면, 원래의 상태를 회복한다는 것은 실제로 불가능하고, 기껏해야 그와 유사한 상태를 만들어내는 것에 불과할 뿐이다. 이런 측면에서 보면, 치유적 목표와 창조적 목표의 엄격한 구별은 쉽지 않다고 할 수 있다. 양자를 명백히 구분하는 것이 어렵기는 하지만, 이들 목표의 상대적 차이에 따라 정책수단의 탐색 방법, 정책수단의 성질, 정책 관련자의 정책에 대한 태도 등이 달라질 수 있기 때문에 양자를 구별하는 것이 어느 정도는 실익이 있다.

정책문제와 정책목표의 관계를 정리해 보면 [그림 6-6]으로 나타낼 수 있다.

바람직하다고 여겨지는 상태(A)와 현재 또는 미래 상황에 대한 인식(B) 사이의 괴리를 정책문제라고 한다면, 정책목표는 A 또는 A와 B의 중간 어떤 수준에서 설정된다고 볼 수 있다.[20] 그 차이를 모두 없애서 바람직하다고 여겨지는 상태의 실현을 정책목표

그림 6-6 | 정책문제와 정책목표

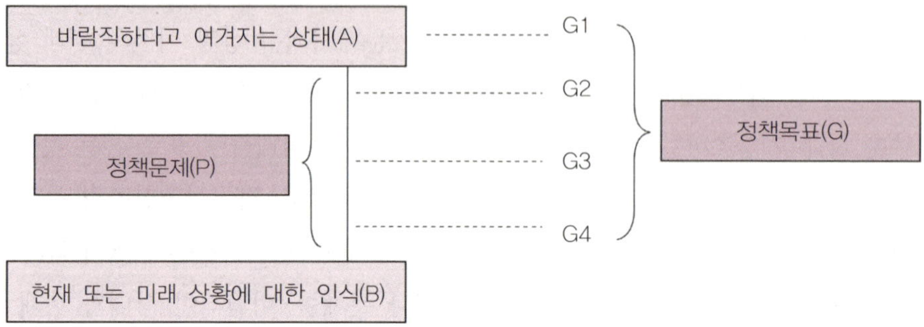

로 삼을 수도 있고(G1), 아니면 실현 가능성 등을 고려해서 그 중간의 어느 수준(G2 또는 G3)에서 결정할 수도 있다. 그리고 A와 B 사이의 괴리에는 여러 요소들이 포함되어 있는데, 그 중에서 어떤 요소를 우선적으로 해결해야 할 것으로 보느냐에 따라 각기 다른 정책목표가 설정될 수 있다. 예를 들면, 물가가 오르고 실업자가 증가하는 경제 상황에서 높은 물가를 문제의 핵심으로 정의할 수도 있고, 실업자의 증가를 문제의 핵심으로 정의할 수도 있다. 이 경우에 문제가 되고 있는 두 가지의 요소 중 어느 것을 먼저 해결해야 할 대상으로 선정하느냐에 따라 다른 목표가 설정될 수 있다.

정책문제 정의가 이루어지면 일단 개괄적이고 잠정적인 정책목표가 설정된 것이나 거의 다름이 없다. 따라서 타당한 정책문제 정의는 바람직한 정책목표를 설정하기 위한 전제라고 할 수 있다.

정책문제 정의나 정책목표 설정이 유사한 성격의 활동이라는 설명에 대해서 다음과 같은 의문이 제기될 수 있다. 즉, 문제로 인식하지는 않고 바람직하다고 여겨지는 상태를 추구하는 경우가 있는데, 이때 문제 정의와 정책목표 설정은 관계가 없지 않느냐 하는 것이다. 그러나 앞에서도 설명했듯이 명백한 문제의식이 드러나지 않았을 뿐, 현재 또는 미래 상태에 대한 판단과 바람직한 상태에 대한 판단, 그리고 그 둘 사이의 괴리

20) A수준의 달성을 희망하기는 하지만 이것이 영원히 달성할 수 없는 상태라면 이는 이상목적에 해당한다. 그러나 그러한 바람직한 상태가 계획 대상 기간 내에 달성할 수 있거나 언젠가는 달성할 수 있는 상태라면 이는 각각 계획목표, 일반목적에 해당한다.

여부에 대한 판단 없이 정책목표를 설정한다는 것은 생각하기 어렵다. 그러므로 정책목표의 설정은 언제나 분명한 문제의식 또는 적어도 막연하게나마 어떤 문제의식을 전제하고 있다고 보아야 한다.

4. 바람직한 정책목표의 요건

바람직한 정책목표는 내용의 타당성과 수준의 적절성, 그리고 목표 구조상의 내적 일관성을 확보해야 한다. 또한 정책목표 구조상의 최하위 목표(계획목표)는 구체적·조작적으로 설정되는 것이 좋다.

1) 내용의 타당성

바람직한 정책목표는 그 실질적 내용 면에서 타당성(적합성, appropriateness)을 확보하여야 한다. 정책목표의 타당성은 여러 문제 요소들 중에서 가장 중요하고 해결이 시급한 문제 요소를 해결 대상으로 삼음으로써 확보된다. 높은 물가의 해결이 더 시급한데 실업 문제의 해소를 우선적 정책목표로 설정하게 되면 이는 타당성을 잃은 목표 설정이 된다. 앞에서 본 제3종 오류처럼 잘못된 문제 정의는 적합성을 잃은 목표 설정으로 직결된다.

2) 목표 수준의 적절성

정책목표의 적절성은 문제로 인해 발생하는 피해를 어느 정도 완화시키거나 일정한 수준의 성과를 얻을 수 있도록, 그리고 목표 달성을 위해 지나치게 많은 희생이나 비용을 부담하지 않도록 목표를 적정 수준에서 결정함으로써 확보된다. 정책목표의 구체성과 정책목표들 사이의 내적 일관성에 대해서는 아래에서 따로 설명한다.

5. 정책목표들 사이의 관계와 우선순위의 결정

1) 정책목표들 사이의 관계

정책이 한 개의 목표만을 지니고 있는 경우도 있지만, 구체적인 수준에서 보면 정책은 몇 개의 목표를 지니고 있는 것이 보통이다. 여러 목표를 포괄적이고 추상적인 하나의 목표로 표현하기도 하는데, 이러한 목표는 더 구체적인 하위 목표로 구조화되어야 한다. 그렇지 않고서는 대안의 탐색 과정은 물론 이후의 정책과정에서 의미 있는 목표로서의 역할을 제한 받기 때문이다. 그러므로 포괄적이고 추상적으로 표현된 정책목표는 구체적이며 명확하게 재규정되는 것이 바람직하다.

이러한 목표의 명확화·구체화 과정에서 여러 개의 하위 목표가 등장하게 되는데, 이들 목표들 사이에는 다음과 같이 여러 유형의 관계가 형성된다. 서로 다른 차원에서 종적인 구조를 이루어 상하 관계를 이루는 경우가 있는가 하면, 동일한 차원에서 상호 보완적 관계, 독립적인 관계, 서로 우선순위를 다투는 경쟁관계를 이루거나 또는 상호 모순(충돌) 관계를 나타내기도 한다. 이를 살펴보면 다음과 같다.

(1) 종적인 관계(목표의 계층구조)

먼저, 목표들은 서로 상하 관계를 이루고 있으며, 이는 목표-수단의 계층제로 표현된다(이상목적 → 일반목적 → 계획목표의 계층구조). 이상목적은 현실적으로 달성은 불가능하지만 끊임없이 그곳을 향해 나아가야 할 곳을 말한다. 정책의 이상적 궁극목적인 온전한 인간존엄성의 실현은 현실 세계에서 구현할 수 있으리라 기대할 수는 없지만 꾸준히 그것을 향해 나아가야 할 방향을 제시해준다. 일반목적(상위 목적)은 계획목표를 달성하고 꾸준히 노력하면 언젠가는 달성할 수 있는 목적을 말하고, 계획목표는 일정한 기한 내에 달성하려고 의도하고, 또 그럴 수 있는 당면 목표를 말한다.

예를 들면, 경제 발전은 국민 복지의 향상이라는 목표를 달성하기 위해 존재하는 것이며, 경제 발전을 위해서는 농업 발전과 공업 발전 등이 이루어져야 한다([그림 6-7] 참조). [그림 6-7]에서 각 계층의 아랫부분은 바로 윗부분에 대한 수단의 역할을 하고, 반대로 윗부분은 각 계층의 아랫부분에 대하여 목표의 역할을 수행한다. 정책목표가 구체화되어 적합한 정책수단이 마련되기 위해서는 목표의 계층구조가 목표-수단의 계층

그림 6-7 | 정책목표의 계층구조

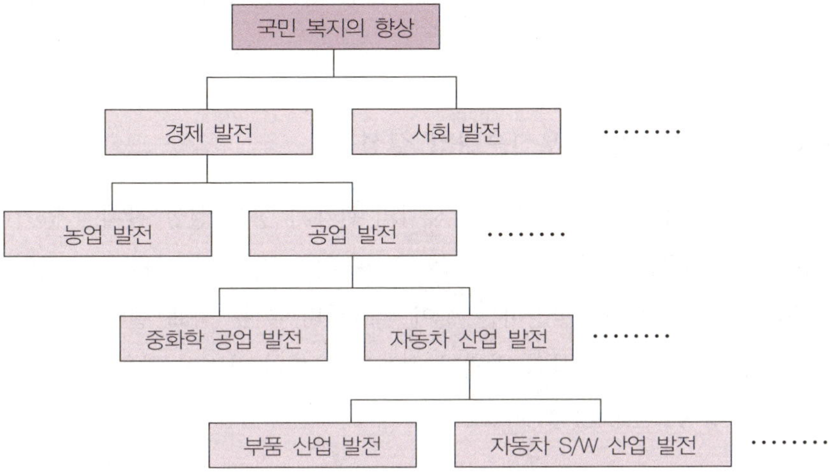

구조로 구조화되어야 한다. 그리고 시간적인 차원에서도 장기목표, 중기목표, 단기(당면)목표의 계층구조를 생각해 볼 수 있다.

목표는 내용 면에서 상위 목표일수록 추상적 · 가치 함축적이며, 하위 목표일수록 구체적 · 실제적 성격이 강하다. 그리고 상위 목표에 비해서 하위 목표일수록 관련자들 간의 합의를 구하기가 어렵다. 왜냐하면, 하위 목표일수록 수단적 성격이 강하고 그것이 자신에게 어떠한 이익과 손해를 가져올 것인지를 쉽게 알 수 있어서 관련자들 사이에 갈등이 일어날 가능성이 크기 때문이다.

(2) 횡적인 관계(동일 차원의 목표들 사이의 관계)

하나의 정책에 포함되어 있는 여러 가지 정책목표들 중에서 동일한 차원에 있는 목표들 사이에는 다음과 같은 네 가지 유형의 관계가 있다. 첫째, 독립적인 관계: 어느 정책목표의 추구가 다른 목표 달성에 영향을 미치지 않는 관계 유형, 둘째, 상호 영향 관계: 어느 정책목표의 달성을 추구하는 것이 다른 목표 달성에 긍정적이거나 또는 부정적으로 영향을 미치는 관계 유형, 그리고 셋째, 상호 경쟁관계: 자원 제약 때문에 정책목표 달성(정책문제의 해결)에 필요한 자원의 획득을 위해서 목표들 사이에 경쟁을 벌이는 관계 유형이 그것이다. 여기에 하나를 더 추가한다면 넷째, 모순 관계: 서로 공존하기가 어려운 관계 유형을 들 수 있다. 그러므로 이러한 유형의 목표 설정은 피해야 한다.

2) 목표들 사이의 조정과 우선순위의 결정

위에서 살펴본 바와 같이 정책목표들 사이의 관계가 상호 영향 관계에 있거나 경쟁적인 관계에 있는 경우, 정책목표들 사이의 우선순위를 결정하고, 또 그들 간의 비중에 따라 각 목표의 달성 수준을 결정하는 것이 필요하다. 이는 목표 설정 과정의 핵심적 작업에 해당하는데, 이에는 이상적 방법과 현실적 차선의 방법이 있을 수 있다(김신복, 1991: 269-272; 정정길, 1988: 379-386).

(1) 이상적 방법

그러면 정책목표들 사이의 우선순위나 각 목표의 달성 수준은 어떻게 결정하는 것이 바람직한가? 일반적으로 말해서 이는 크게 다음의 네 가지 요소를 고려해서 결정하는 것이 좋다.

① 정책효과의 크기

동일한 자원을 투입했을 때 더 많은 성과를 가져오는 목표를 우선순위에 두는 것이 바람직하다. 정책목표의 달성으로 얻게 되는 효과는 정책문제의 심각성·중요성에 따라 크기가 달라진다. 효과가 클수록 그 목표는 더욱 중요한 목표라고 할 수 있다.

② 정책비용의 크기

위의 정책목표 달성으로 인한 효과뿐만 아니라 정책목표 달성을 위해서 희생되는 사회적 가치 또는 사회적 비용(정책비용)의 크기가 함께 고려되어야 한다.

③ 정책효과와 정책비용의 사회적 배분

누가 정책효과를 누리고, 누가 정책비용을 부담해야 하는가를 고려해야 한다. 공평성이나 사회적 정의라는 기준에 입각하여 그 문제로 인해 고통을 받고 있는 집단이 실질적으로 혜택을 받고, 비용을 부담해야 될 입장에 있는 집단이 실질적으로 비용을 부담하게 될 것인가를 고려해야 한다.

④ 목표의 달성 가능성

목표의 달성 가능성(문제의 해결 가능성)을 고려해야 한다. 흔히, 해결할 가능성이 없는(수단이 존재하지 않는) 문제의 해결을 정책목표로 설정하는 것은 바람직하지 못하다고 한다. 그러나 문제의 해결 가능성이나 목표의 달성 가능성에 대한 판단은 정책수단에 대한 탐색과 평가가 끝난 후에야 이루어질 수 있기 때문에 성급하게 달성 가능성이 없는 목표라고 논의에서 배제하는 것은 바람직하지 않다. 그리고 현재의 경제적 · 기술적 여건에서는 실현이 불가능하다고 여겨지는 목표라 할지라도 우리의 노력에 따라서는 가까운 장래에 실현될 수도 있고, 또 실현시키려는 노력들을 자극하기도 한다는 점에서 정책목표로서 가치가 있는 경우가 있다. 물론 이는 일반목적(상위 목적)에 해당하는 것이다. 계획목표의 경우에는 실현 가능한 수단의 존재 여부가 매우 중요한 판단 요소가 된다.

(2) 현실적 차선의 방법

위의 방법들은 말 그대로 이상적이기는 하지만 여러 가지 제약 때문에 현실적으로 그대로 적용하기는 어렵다. 각각의 목표 달성에서 얻게 되는 결과나 이에 따르는 비용을 측정 · 비교하기가 어렵고, 목표의 우선순위를 판단하는 평가 기준 간에 모순 · 충돌이 있는 경우, 어느 기준에 더 큰 비중을 두어야 할지를 결정하기가 어렵다. 더군다나 여러 목표들이 서로 성격이 다른 정책효과를 산출할 때 어떤 효과가 더 중요한가를 판단하는 것은 쉬운 일이 아니다(정정길, 1988: 382-383).

그래서 이상적인 방법을 적용하는 대신에 현실적으로 적용 가능한 방법의 하나로 생각해 볼 수 있는 것이 여러 목표들 중에 일부를 제약 조건으로 취급하여 다른 목표의 달성을 극대화시키는 방법이다(강신택, 1976: 51-55). 이 방법에 따르면, 여러 이질적인 목표들의 달성 수준을 각각 어떤 수준으로 하는 것이 좋은가를 결정하려고 하지도 않고, 서로 이질적인 효과를 동일 척도로서 측정하려고 하지도 않는다. 여기에서는 몇 개의 목표를 어느 수준만큼만 달성하도록 하고, 그 범위 내에서 나머지의 자원을 배분하여 다른 목표를 극대화시키고자 한다. 결국, 이는 몇 개의 목표를 제약 조건으로 하여 그 조건의 제약 범위 내에서 관심 목표의 달성을 극대화하려는 방법이다. 예를 들면, 물가안정과 경제성장이라는 상호 갈등관계에 있는 목표를 동시에 추구한다고 할 때 물가인상률을 연 5% 이내로 억제하면서 이 범위 내에서 경제성장률을 극대화하는 것과 같다.

그런데 이 방법에서는 제약 조건으로 취급되는 목표의 달성 수준을 어느 선에서 결정하느냐가 어려운 과제로 남는다. 이는 결국 현실적으로 정책분석에 참여하는 사람들 또는 정책 관련자들 사이의 토론을 통해서 합의를 도출할 수밖에 없다.

6. 정책목표의 구체화

앞에서 살펴본 바와 같이 정책과정에서 판단의 기준, 행동의 지침으로서의 기능을 제대로 수행하기 위해서는 정책목표가 가능한 한 구체적이고 명확하게 설정되어야 한다. 달성해야 할 목표가 무엇인지 분명하지 않으면 그것을 달성하기 위한 수단을 찾을 수 없다. 목표가 구체적 · 조작적인 형태로 표현될수록 목표 달성에 기여할 수 있는 구체적인 정책수단을 찾기가 쉽다.[21] 또한 목표를 구체화시켜 감에 따라 목표들 사이에 목표-수단의 연쇄 관계가 명료화된다.

21) 예를 들면, 주택정책의 경우, '주택 보급의 확대'라는 것과 달리 "2020년까지 주택보급률을 98%로 향상시킨다"라는 정책목표는 구체적이다.

제 7 장 정책대안 분석 Ⅰ: 대안의 탐색 · 개발

정책대안 분석의 단계는 대안의 탐색 · 개발 단계, 대안 결과의 예측 단계, 그리고 대안의 비교 · 평가 단계로 크게 나누어진다. 이 장에서는 정책대안의 개념과 유형, 탐색 · 개발의 방법, 그리고 대안의 예비분석 등에 대해 살펴본다.

제 1 절 정책대안 분석의 의의

1. 정책대안의 의의

정책문제의 분석과 목표 설정이 되고 난 뒤에는 이 목표(계획목표)를 달성할 수 있는 대안을 분석하게 된다. 정책대안은 정책문제를 해결하거나 정책목표를 달성하는 데 기여하리라고 여겨지는 수단 또는 수단의 조합을 의미한다. 정책수단(policy means, tools, instruments)[1]은 정책목표를 달성하기 위해 활용되는 수단, 도구 또는 방법을 의

1) 정책수단을 나타내는 영어 표현은 policy means, policy tools(Schneider & Ingram, 1990; Salamon, 2001), policy instruments(Vedung, 1998), government tools(Salamon, 2002) 등으로 매우 다양하다. 정책수단을 정책 도구로 표현하기도 하는데(전영한, 2010: 95), 이는 means, tool, instrument 개념의 유사성에서 기인한다. Means는 “a way of doing or achieving something”, tool은 “a piece of equipment or a skill that is useful for doing your job”, instrument는 “something that is used to get a particular result”이다. 즉, means, tool, instrument는 모두 목표, 목적을 달성하기 위해 사용하는 도구, 수단, 방법을 의미한다(Longman, Dictionary of Contemporary English, 온라인).

미한다(Mood, 1983: 5; 정정길, 1989: 403-404).[2] 정책목적과 수단의 구조를 생각해 보면, 이상목적을 제외하고는 모두 상위 목적을 달성하기 위한 수단으로서의 성격을 갖고 있고, 목표-수단의 연쇄관계를 이루고 있다. 이에 대해서는 이미 제3장에서 자세히 살펴보았다.

앞에서 설명한 것을 보면, 정책대안은 정책수단과 매우 유사한 것으로 볼 수 있다. 그런데 정책대안과 정책수단을 구분해 본다면 정책대안은 정책목표와 정책수단의 조합으로 이해된다. 정책대안은 정책수단만을 의미하는 것이 아니라 그 정책수단을 통해 달성하려고 하는 직접적인 정책목표를 함께 고려할 때 사용될 수 있는 용어라는 것이다. 즉, 정책목표와 특정 정책수단의 조합 하나하나를 정책대안이라고 한다(정정길 외, 2010: 332-334).

대개의 경우, 정책의 일반목적은 복수의 계획목표들과 목표-수단 관계를 이루고, 계획목표 역시 복수의 정책수단들과 목표-수단의 관계를 갖는다. 일반목적의 내용을 이루는 문제의 어떤 측면을 어느 정도 해결하는 것을 목표로 삼느냐에 따라 상이한 계획목표를 설정할 수 있다. 그리고 상이한 계획목표[3]에 따라 상이한 정책수단을 고려하게 되는데, 이때 특정 정책목표와 특정 정책수단의 조합 각각을 정책대안이라고 하는 것이다.[4] 물론 동일한 정책목표를 달성하기 위한 복수의 정책수단 각각을 정책목표와 조합해서 정책대안이 되기도 한다.

이렇게 정책수단과 정책대안을 구분해서 볼 수 있기는 하지만 정책대안의 핵심은 정

2) 정책수단에 대한 정의는 학자에 따라 조금씩 다르다. Schneider & Ingram(1990)은 정책수단을 개인 또는 집단들이 공공정책에 부응한 결정을 내리거나 행동을 하도록 유도하기 위해 정부가 사용하는 개입수단(means of intervention)으로 정의한다. Vedung(1998)은 정부가 사회 변화에 영향을 미치기 위하여 활용하는 기법(techniques)으로, Salmon(2002)은 공적문제 접근을 위해 집합적 행동이 구조화되는 판별 가능한 방법으로, 전영한(2007: 261)은 의도적인 기법이나 수단이며 주로 정부에 의해 활용되고 문제 해결을 위한 성격을 갖는다고 정의한다. 한편, 정정길 외(2010: 44-46, 66-67)는 정책수단과 정책 도구를 구별하여, 정책수단은 정책목표를 달성하기 위한 수단이고, 정책 도구는 정책수단 실현을 위해 정부가 사용하는 수단과 장치를 지칭한다고 한다.

3) 정정길 외(2010: 333)는 정책목표의 다른 측면이라고도 표현한다.

4) 예를 들어, 청년실업 문제 해결(G)이라는 목적을 달성하기 위해 청년 직업교육 확대(O1)와 청년 해외진출 확대(O2) 등을 하위 목표로 설정하고, 청년 직업교육 확대를 위해 직업교육비 지원(O1M1), 직업훈련기관 신설(O1M2)을 정책수단으로 검토하고 있고, 청년 해외진출 확대라는 목적을 달성하기 위해 청년 해외연수 확대(O2M1), 청년 외국어교육비 지원(O2M2) 등을 정책수단으로 검토하고 있다고 할 경우, 이때 O1-O1M1 또는 O2-O2M1 등을 정책대안이라고 한다.

책수단이라 할 수 있기 때문에 우리가 정책대안이라고 이야기할 때 대부분 정책수단을 의미하는 경우가 많다. 이 책에서도 그러하다.

2. 대안분석의 의의

정책분석의 핵심은 좋은 정책내용을 설계하고 제안하는 데 있다. 정책내용은 문제분석 · 목표 설정과 정책수단으로 구성된다. 그러므로 정책목표를 달성할 수 있는 좀 더 바람직한 대안의 선정을 위해 각종 대안을 탐색 · 개발하고, 비교 · 평가하는 정책대안 분석은 정책분석의 핵심을 이룬다(Hogwood & Gunn, 1984; Dunn, 2012; Wildavsky, 1980; MacRae Jr. & Wilde, 1979; Dror, 1971).

전통적으로 정책분석의 초점은 정책문제의 해결을 위한 대안의 탐색과 선택이었다. 즉, 정책분석은 정책문제의 해결을 위한 일련의 대안 중에서 최선의 대안을 선정하는 데 도움을 주려는 활동이었다. 그것도 이미 주어진 대안들 중에서 현실적으로 가장 좋은 대안을 선택하는 절차, 즉 합리적인 선택의 논리에 주된 관심을 기울여 왔다. 그런데 오늘날과 같이 변화가 일상화된 시대에는 여타 다른 환경적인 요소뿐만 아니라 정책환경 역시 매우 복잡하면서 급변하고 있다. 따라서 이미 알려진 대안들 중에서 가장 좋은 것을 선택하는 절차를 통해 제시되는 정책대안은 새롭게 나타나는 복잡한 문제를 해결할 수 없다. 그러므로 우선적으로 중요한 것은 좀 더 좋은, 다양한 정책대안들을 탐색 · 개발하는 일이라 할 수 있다.

이처럼 복잡하고 급변하는 환경 속에서 정책분석이 문제 해결에 실질적으로 기여하기 위해서는 타당한 정책문제 정의와 정책목표 설정이 우선이다. 그 다음으로 창의적인 정책대안의 탐색 · 개발, 각 대안이 가져올 결과의 예측과 비교 · 평가를 통해 좋은 정책의 형성에 필요한 유용한 정보를 제공할 수 있어야 한다. 정책분석의 핵심 단계는 정책문제 분석 단계와 정책대안 분석 단계라 할 수 있다. 정책대안의 분석은 정책대안의 탐색 · 개발 단계, 대안 결과의 예측 단계, 그리고 대안의 비교 · 평가 단계 등 크게 세 단계로 나눌 수 있다.

3. 정책대안의 분석 과정

1) 의의

정책대안의 분석 과정에 대해서는 매우 다양한 견해들이 있다. 무드(Alexander M. Mood)는 대안분석 단계에서 다음과 같은 세 가지 기본적인 활동이 이루어진다고 한다. 첫째, 문제의 해결 및 목표의 달성을 위한 대안의 탐색, 둘째, 대안이 초래할 결과 및 영향에 대한 평가, 셋째, 최선의 대안을 선택하기 위하여 각 대안의 결과 및 영향에 근거하여 비교하는 것 등이 그것이다(Mood, 1983: 5). 일반적으로 사람들은 어떤 선택의 문제에 직면하게 되면 가장 먼저 목표를 설정하고, 그가 원하는 것(목표)을 달성할 수 있는 가능한 수단을 탐색하며, 그 후에 대안의 선택으로 인하여 초래할 가능성이 있는 결과와 그 영향을 예측한다. 이 경우, 대부분 대안을 실행하는 데 필요한 비용과 대안의 목표 달성도가 주요한 결과 및 영향으로 제시된다. 그리고 결과 및 영향에 대한 분석을 위해서 일반적으로 모형(model)으로 불리는 분석 장치를 활용한다. 모형을 활용하여 획득한 정보를 토대로 대안들의 우선순위를 정할 수 있는 기준을 얻고 이를 통해 최선의 대안을 제안한다. 퀘이드(Edward S. Quade)는 좋은 정책의 형성을 위해 최선의 대안을 선택할 때는 ① 목표 설정, ② 대안 탐색, ③ 영향 측정, ④ 기준 설정, ⑤ 모형에 의한 비교 · 평가의 과정을 거치게 된다고 하였다(Quade, 1989: 43-47).

2) 정책대안의 분석 과정

정책대안의 분석 과정은 ① 대안의 탐색 · 개발, ② 대안의 예비분석, ③ 대안의 투입 요소 분석, ④ 대안 결과의 예측, ⑤ 대안의 비교 · 평가 등의 다섯 단계로 나누어 생각해 볼 수 있다([그림 7-1] 참조).

정책대안의 분석 과정은 일방향적인 과정이 아니라 반복적이고 순환적인 과정이다. 이러한 반복과 순환을 통해 좀 더 바람직한 대안을 얻을 수 있게 된다. 이 과정을 간단히 살펴보면 다음과 같다.

그림 7-1 | 정책대안의 분석 과정

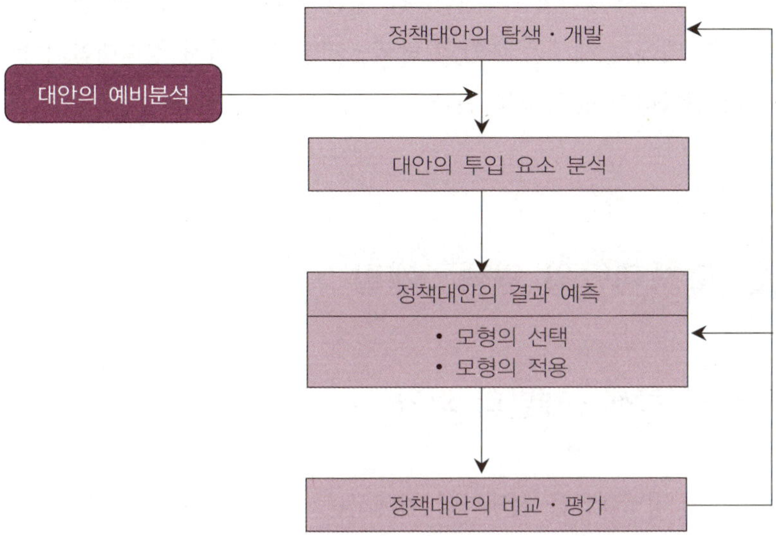

① 먼저, 정책대안의 탐색과 개발 단계에서 정책목표의 달성에 기여할 수 있는 다양하고 창의적인 아이디어들이 제안되어 다수의 대안을 설계한다.

② 그 다음에 여러 가지 기준을 적용하여 본격적인 분석이 필요한 대안들을 선별하는 예비분석이 실시된다. 예비분석의 결과 검토된 대안들이 모두 불만족스러울 경우에는 다시 대안의 탐색 · 개발 단계로 되돌아가게 된다.

③ 예비분석을 통해 어느 정도 만족스러운 대안들이 드러나면 본격적인 대안분석을 수행하여 각 대안의 실행을 위해 필요한 투입 요소(예: 인적 · 물적 자원 등 비용적 요소)를 검토한다.

④ 각 대안을 실행했을 때 나타나리라 예상되는 결과를 예측한다.

⑤ 예측된 대안 결과를 토대로 일정한 기준을 적용하여 대안들을 비교 · 평가한다. 그런데 대안의 실행에 필요한 직접적인 투입 요소가 무엇이고, 그 양이 어느 정도인가에 대해서는 비교적 분석이 단순하기 때문에 여기에서는 별도로 검토하지 않는다.

정보의 부족, 예측 방법의 부적합, 상황의 변화 등 다양한 요인으로 인해 대안의 비교 · 평가가 어려울 수 있다. 그 경우, 새로운 정보의 탐색과 적절한 예측 방법의 선택 및 상황 변화에 따른 예측 가설의 재설정 등을 통해 새로 또는 추가적으로 대안 결과를 예측하여 대안을 비교·평가할 수 있다. 각 대안들을 비교·평가한 결과 어느 대안도 만족스럽지 못할 때에는 새로운 대안의 탐색·개발로 이어져 정책대안의 분석 과정은 다시 처음부터 반복하여 순환하게 된다.

제 2 절 정책대안의 탐색·개발

1. 정책대안의 탐색·개발의 의의

좀 더 바람직한 정책대안을 선택하기 위해서는, 우선 다양한 정책대안들을 광범위하게 탐색하고 개발하는 것이 필요하다. 여러 가지 대안들을 비교·평가한 후에야 어떠한 대안이 좋은 대안인지 알 수 있지만, 기본적으로 중요한 대안 또는 바람직한 대안들이 빠짐없이 탐색·개발되어 그 결과가 정확히 예측되어야 한다. 그러므로 좀 더 바람직한 정책대안을 선택하기 위해서는 중요한 대안들을 찾아내고 개발하여 비교·평가의 대상에서 이들이 제외되지 않도록 하는 것이 우선적으로 중요하다. 맥래 2세(D. MacRae Jr.)와 와일드(J. A. Wilde)는 광범위한 대안 탐색은 대안의 정치적 실현 가능성을 증대시키기 위해 벌어지는 협상과 타협을 위해 필요하다고 지적한다(MacRae Jr. & Wilde, 1979: 97).

정책대안의 탐색·개발에는 두 가지 유형이 있는데, 그 하나는 과거 시행되었거나 현재 시행되고 있어 이미 알려져 있는 기존의 대안들 중에서 문제 해결을 위한 대안 또는 아이디어를 발견하는 것이다. 또 다른 하나는 전혀 새롭고 창의적인 대안을 개발하고 설계하는 것이다. 이러한 의미에서 정책대안의 탐색과 개발의 핵심은 '개발'이 되며, 가장 성공적인 '개발'은 '창조적 개발'이 된다. '창조적 개발'의 본질은 '발명'으로서 그것은 특별한 개발지향성을 요구한다. 창조적 개발은 가치비판적 발전관을 전제로 한다.

그런데 가치비판적 발전관을 갖추기 위해서는 다음과 같은 성향과 능력을 구비하는 것이 중요하다(허범, 1995 참조).

① 이 세상의 모든 것은 그것이 무엇인가에 상관없이 과거, 현재의 것보다 더 바람직한 것이 있을 수 있다는 낙관적 관점
② 과거, 현재의 것보다 더 바람직한 것은 인간의 이성을 통하여 찾아낼 수 있고, 하나의 이상적인 모형으로 설계할 수 있다는 이성에 대한 믿음
③ 설계된 이상 모형에 입각하여 과거 상황과 현재 상황을 비교 · 평가함으로써 기존의 것의 모순과 결함을 발견할 수 있다는 비판적 진단 자세
④ 과거, 현재의 것이 이상 모형으로 향상 또는 발전하는 것을 방해하는 장애 요소를 제거하기 위한 실천 방안을 강구하는 창조적 처방 능력

2. 정책대안의 탐색 · 개발 과정

정책대안의 탐색 · 개발은 다음의 세 단계를 거쳐서 이루어지는 것이 보통이다.

첫 번째 단계는 정책문제를 정확하게 인식하고 정책목표를 명확화 · 구체화하는 것이다. 물론 앞에서 설명한 바와 같이 문제분석과 목표 설정은 본격적인 대안분석이 이루어지기 전에 실행되는 단계이다. 그러나 앞에서 정책문제에 대한 분석과 정책목표 설정이 이루어졌다고 해서 이 활동이 완전히 끝나는 것은 아니다. 정의된 문제에 대해 대안분석의 과정에서 다시 검토할 필요가 있다고 판단하거나 새롭게 목표의 명확화 · 구체화가 필요하다고 판단되면, 문제를 재정의하고 목표를 재설정하게 된다. 해결해야 할 문제 또는 달성해야 할 목표가 타당하지 않거나 분명하게 제시되지 않으면, 문제를 해결하거나 목표를 달성하기 위한 대안을 탐색하는 것이 불가능하거나 잘못된 해결책을 만들게 될 우려가 있기 때문이다.

정책대안의 탐색 · 개발을 위한 두 번째 단계는 정의된 문제의 해결, 구체적인 목적의 달성을 위해 여러 가지의 정책대안을 광범위하게 탐색하고 개발하는 것이다. 이 작업은 아래에서 살펴보게 될 여러 가지 정책대안의 탐색 · 개발 방법을 통해 이루어진다.

세 번째 단계는 탐색 · 개발된 여러 가지 다양한 아이디어 및 대안들을 가지고 구체적인 정책대안을 만드는 과정이다. 유사한 아이디어나 대안들을 통합 · 조정하고 서로 다른 아이디어를 결합하여 제3의 대안을 마련하는 등 상황에 적합한 정책대안으로 구조화 또는 설계하는 것이다.

3. 정책수단의 유형과 특성

정책대안을 탐색・개발하는 방법을 살펴보기 전에 먼저 정책수단의 유형과 특성을 검토하는 것이 필요하다. 정책대안을 탐색・개발한다는 것은 적절한 정책수단을 탐색・개발하는 것과 거의 같은 것이기 때문이다. 그러나 여기에서 다루는 정책수단은 실제로 고안할 수 있는 것들 중 일부에 불과하다. 정책수단의 종류가 매우 많고 새로운 정책수단이 계속 등장하기 때문이다.

학자들에 따라서 정책수단의 유형을 다양하게 분류하고 있는데,[5] 여기에서는 정책수단의 유형을 정책수단의 구속력과 정부개입의 직접성 정도에 따라 네 가지 유형으로 분류한다([표 7-1] 참조).[6]

---

5) 학자에 따라 정책수단의 유형 분류는 다양하게 이루어진다.

연구자	유형
Hood (1986)	정부가 보유한 정보(information 또는 nodality; 자문, 교육, 훈련, PR 등), 권위(authority; 규제 등), 자금(treasure; 대출, 보조금, 조세 지출), 공식조직(formal organization; 공기업 등)
Bardach (1980)	강제집행(enforcement), 유도(inducement), 혜택제공(benefaction)
McDonnel 외 (1987)	명령(mandate), 유도(inducement), 역량형성(capacity-building), 체제변화(system-changing)
Linder 외 (1989)	운영 복잡성, 공적 가시성, 사용자 적응성, 개입성, 상대적 비용, 실패 가능성, 대상 정밀성, 시장의존성 등 8개 연속적 기준(continuums)에 의한 분류
Vedung (1998)	규제 도구(채찍), 경제적 도구(당근), 정보 도구(설교)
Salamon (2002)	직접적 수단(정부소비, 공기업, 경제적 규제, 대출)과 간접적 수단(계약, 보조금, 공적 보험, 사회적 규제, 현물보조증서, 대출보증, 조세지출, 부과금, 피해보상청구권)
전영한 (2007)	직접규제, 직접유인, 직접정보, 준직접규제, 준직접유인, 준직접정보, 간접규제, 간접유인, 간접정보

출처: 전영한(2010)의 [표 2]와 남궁근(2012)의 [표 3-2]를 일부 수정・편집함.

6) Salamon(2002)은 정책수단으로 정부지출, 사회적 규제(social regulation), 경제적 규제(economic regulation), 계약(contracting), 보조금(grant), 정부 대출(direct loan), 대출보증(loan guarantee), 보험(insurance), 조세 지출(tax expenditure), 부과금(fees, charges), 부채법(liability law), 공기업(government corporations, quasi-public agency), 바우처(voucher)의 총 13개를 제시하였다. Bardach(2005)는 조세(taxes), 규제(regualtion), 보조금(subside, grant), 서비스 제공(service provision), 정부기관 예산(agency budget), 정보(information), 사적인 권리의 구조(structure of private rights), 경제활동의 구조(framework of economic activity), 교육과 상담(education and consultation), 대출과 계약(financing and contracts), 관료적・정치적 개혁(bureaucratic and political reforms)의 총 11개

표 7-1 정책수단의 유형: 구속력과 정부개입의 직접성 기준 정책수단 유형

<table>
<tr><th colspan="2" rowspan="2">구분</th><th colspan="2">정책수단의 구속력</th></tr>
<tr><th>낮음</th><th>높음</th></tr>
<tr><td rowspan="7">정부개입의 직접성</td><td rowspan="3">높음</td><td>정부 정보 제공</td><td>경제적 규제</td></tr>
<tr><td>공기업</td><td>사회적 규제</td></tr>
<tr><td>정부 직접 지출</td><td>조세 징수</td></tr>
<tr><td rowspan="4">낮음</td><td>보조금[7]</td><td rowspan="2">대출보증</td></tr>
<tr><td>조세 지출</td></tr>
<tr><td>바우처</td><td rowspan="2">공적 보험</td></tr>
<tr><td>민간 정보 제공</td></tr>
</table>

이들 중 주요한 정책수단의 특성과 장 · 단점을 간단히 살펴보면 다음과 같다(남궁근, 2012: 89-97; 문명재, 2009: 468-469; Howlett & Ramesh, 2003: 105; Beam & Conlan, 2002: 341-380; Howard, 2002: 411-414; Steuerle & Twombly, 2002: 446; Leman, 2002: 49; 문명재, 2010: 57-65).

우선, 정부개입의 직접성이 높으며 구속력이 낮은 정책수단으로 정부 정보(public information) 제공, 공기업, 정부 직접 지출을 들 수 있다. 정부개입의 직접성과 구속력이 낮은 정책수단으로는 보조금, 조세 지출, 바우처(voucher), 민간 정보(private information) 제공이 있다. 정부개입의 직접성과 그 구속력이 높은 정책수단으로는 규제, 조세 징수가 있으며, 정부개입의 직접성은 낮지만 구속력이 높은 정책수단으로는 대출보증, 공적 보험이 있다. 이들을 나누어 살펴보면 다음과 같다.

① 규제

규제(regulation)는 규칙, 표준, 법률 등의 다양한 형태를 포함하며, 규제의 성격에 따

를 제시하였다.

7) 강제성은 그 수단이 개인이나 그룹의 행동을 제한하는 정도를 측정하는 것이다. 이런 의미에서 일반적으로 보조금은 강제성이 없다. 보조금은 행동을 제한하는 것이 아니라, 보조금 수령인의 특정 행동을 장려하는 목적을 가지기 때문이다. 또한 보조금 수령은 적어도 이론적으로는 전적으로 자발성에 근거하고 있다. 하지만, 보조금에 따라 보조금 수령과 관련된 규칙이 종종 강제성을 띠는 경우도 존재한다(예: 국가 연구개발자금 지원 시 기업의 매칭 펀드, 혹은 외국 기업과의 공동연구 요구 등).

라 경제적 규제와 사회적 규제로 구분할 수 있다. 경제적 규제는 시장실패 방지 또는 개선을 위해 정부가 시장에 개입할 때 사용하고, 사회적 규제는 개인 및 기업의 사회적 행동을 규제하는 정책수단이다. 이런 규제는 다른 정책수단에 비해 필요 정보와 소요 비용이 적으며, 즉각적 대응이 필요할 때 적합하다는 장점을 가진다. 반면, 규제의 단점으로는 민간의 자발적 활동을 왜곡할 가능성이 있으며, 혁신과 기술 발전을 제한하고 신축성이 적은 규제의 특성 때문에 의도하지 않은 결과가 야기될 수 있다는 것을 들 수 있다(Howlett & Ramesh, 2003: 105).

② 보조금

보조금(grant or subsidies)은 정부가 공여자가 되어 공공이나 비영리 조직 또는 개인에게 지급하는 자금이다(Beam & Conlan, 2002: 341-380). 보조금은 수령인의 활동이나 특정 부류의 서비스를 장려하고 지원하기 위한 목적을 가진다. 보조금은 다양한 형태를 가질 수 있다. 현금 지급이 가장 일반적이지만 경우에 따라서 비품이나 현물 자원으로 제공되기도 한다. 무엇보다도 보조금 수령은 적어도 원칙적으로는 자발성에 기반을 두고 있어서 보조금은 사용과 관리가 용이하다. 정부는 정책수단으로서의 보조금을 지급할 때 수령자 선발, 보조금 지급액 결정 등을 위한 제도를 마련한다. 이 방법은 보조금 수혜 여부에 따라 이익과 상대적 손해의 배분, 경쟁력의 차이 유발, 그리고 수혜자의 자율성 상실 우려 등 경제적 관계 왜곡의 우려가 있다(오준근, 1995: 410-411).

③ 조세 지출

조세 지출(tax expenditures)은 정책목표 달성을 위해 개인이나 기업의 납세 의무를 감면하거나, 조세 납부기한 연장 등을 통해 특정 행동을 장려하는 정책수단이다(Howard, 2002: 411-414). 조세 지출은 정책수단으로 사용이 용이하고 비용이 덜 든다는 장점이 있는 반면, 세수 부족의 가능성, 형평성 저해, 그리고 조세 제도의 복잡화 등과 같은 단점이 있다(채은동 외, 2015: 24-28).

④ 바우처

바우처(voucher)는 보조금, 조세 지출과 같은 재정적 지원을 위한 정책수단이다. 바우처는 일정한 상품과 서비스 중에서 선택할 수 있도록 개인에게 제한된 구매력을 부여하는 보조금이다(Steuerle & Twombly, 2002: 446). 바우처를 수단으로 삼는 주요 정책대상은 사회 취약계층이며, 사회복지, 보건의료, 교육, 그리고 문화 분야 등을 중심으로 활용되고 있다(보건복지부, 2015).

한편, 바우처는 정책대상자가 직접 자신에게 적합한 상품과 서비스를 선택한다는 점에서 보조금과는 다르다(Steuerle & Twombly, 2002: 446). 바우처 제도는 상품과 서비스를 공급하는 기업으로 하여금 경쟁을 통해 원가를 절감하고 품질을 향상시키는 노력을 하게 만드는 효과가 있다. 정부는 바우처를 통해 사회 취약계층에게 공공서비스를 제공하는 한편, 공공 부문이 직접 상품과 서비스를 제공하는 데서 오는 비효율성을 극복할 수 있다는 장점이 있다. 반면, 바우처에 대한 충분한 수요가 없을 경우 원가 절감 및 품질 향상의 가능성은 저하되며, 바우처를 이용해 선택할 수 있는 상품과 서비스의 선택에 제약(예: 지역적 제약)이 있을 경우 효과적인 정책수단으로 작동할 가능성이 낮아진다. 수요자와 공급자 간의 결탁 및 바우처 전매 등으로 인해 정책효과가 저하될 수 있으며, 수혜자에게 수치심을 유발하는 등의 일종의 낙인효과가 발생할 수 있다(유한욱, 2006: 7-8).

⑤ 대출보증

대출보증(loan guarantee)은 기업이나 개인이 은행 등과 같은 금융기관에서 대출을 받고자 할 때, 정부가 이를 보증하는 것이다. 이때 정부는 채무자가 채무 불이행 시 대출의 전부 또는 일부를 지불하는 계약 또는 협정을 맺는다(Stanton, 2002: 381-384). 대출보증은 민간이 금융시장 이용을 돕는 제도로 간접적 정책수단이고, 민간의 경제활동을 활성화할 수 있는 장점이 있는 반면, 채무자가 도덕적으로 해이할 경우 정부의 재정 악화를 가져온다.

이상의 보조금, 바우처, 조세 지출, 대출보증은 그 특성상 재정적 인센티브로 볼 수 있다. 재정적 인센티브는 정부와 정책대상 집단의 선호가 동일할 경우 사용이 용이하며, 그 관리가 쉽다는 장점을 가진다. 반면, 인센티브 부여를 위한 재원조달이 필요한 만큼 해당 정책수단 채택이 어려울 수 있다. 또한 재정적 인센티브는 정부가 간접적으로 개입하는 간접적 수단의 성격을 가지므로 정책효과가 나타나기까지 소요되는 시간이 길다는 단점이 있다(Howlett & Ramesh, 2003: 109-110).

⑥ 정부 직접 지출(정부 지출)

정부 직접 지출(정부 지출)은 정부 활동을 위한 인건비 지급, 물품과 서비스 구매 등의 전통적인 정부의 지출 활동, 소비 행위이다(Leman, 2002: 49). 정부 지출은 정책수단으로서 사용과 관리가 용이하다는 장점을 가지는 반면, 정부 재정의 한계 때문에 지출을 위한 재원 배분의 우선순위가 논란이 되고 지출의 효율성, 낭비가 문제시되는 경우가 있다.

⑦ 정보 제공

정보 제공에는 정부 정보 제공과 민간 정보 제공이 있다. 정부 정보 제공은 정부가 주체가 되어 정부가 보유하고 있는 정보를 국민에게 제공하여 시민과 기업이 정책목표에 부합되는 선택과 행동을 하도록 유도하는 정책수단이다. 반면, 민간 정보 제공은 민간이 주체가 되어 민간이 보유하고 있는 정보를 시민과 기업에 제공하도록 하여, 그들이 정책목표에 부합되는 선택과 행동을 하도록 유도하는 정책수단이다.

정부 정보 제공이나 민간 정보 제공은 의무적일 수도 있고, 자율적일 수도 있다.[8] 국민의 알 권리를 충족하기 위한 정부 정보 제공의 의무를 규정한 경우나 소비자의 권리를 보호하기 위해 기업으로 하여금 물품의 성분을 공개하도록 요구하는 법령이 있을 경우에 정보 제공이라는 수단은 강제성이 높다고 볼 수 있다. 반면에, 시민과 기업의 경제활동을 지원하기 위해서 정부가 자율적으로 관련 정보를 제공하거나 민간의 정보 제공을 유도하는 경우에는 강제성이 낮다. 이 수단은 다른 정책수단에 비해 사용이 용이하다는 장점이 있지만, 그 효과가 나타나기까지는 상당한 시간이 소요된다는 약점이 있다.

⑧ 공적 보험

공적 보험은 사회복지정책에서 사용되는 정책수단으로 공공기관이 보험을 통해 상해, 질병, 실업 등의 위협으로부터 국민을 보호하는 간접적 수단이며 법에 의해 강제성을 가진다(김준기, 2007: 14-15; 남궁근, 2012: 87). 우리나라의 공적 보험에는 산업재

8) 전영한(2007: 30)은 정책대상자의 입장에서 정보 제공이 강제성이 낮은 정책수단이라고 보는 반면, 문명재(2010: 57-65)는 정보 제공의 주체를 기준으로 정보 제공의 강제성 정도를 구분할 수 있다고 하였다.

해보상보험, 건강보험, 연금보험, 그리고 고용보험이 있고, 이 네 가지를 묶어 4대 사회보험이라고 한다.

⑨ 조세 징수

조세 징수는 정책집행에 필요한 재원 마련을 위한 재정 수입 확보의 대표적인 수단이다. 정부는 이를 통해 보조금, 바우처 등의 재정적 인센티브를 제공할 수 있다. 조세 관련 내용은 법률에 의해 정해지고, 정부가 직접적으로 개입하여 정책대상자를 강하게 구속한다. 따라서 정책수단 집행이 용이한 측면이 있지만, 어떤 것에(조세 대상), 얼마나(세율), 어떻게(조세징수 관리 체제) 조세를 부과하고 징수할 것인가를 설계하는 것이 쉽지 않다(Cordes, 2002: 258-259).

⑩ 공기업

공기업은 정부가 자본의 전부 또는 일부를 소유하고 있으면서 민간이 제공하기 힘들거나 공적 성격이 강한 물품과 서비스를 제공하기 위해 설립된 기업이다. 공기업은 어느 정도 정부로부터 독립되어 자율성을 가지면서 공익성과 능률성을 동시에 추구할 수 있는 장점이 있다. 그러나 다소 상충될 수 있는 공익성과 능률성의 추구가 실질적인 자율성 확보의 결여 때문에 때로 공익성은 정부 조직에 못 미치고 능률성은 기업 조직에 미치지 못한다는 비판을 받는 경우가 있다.

4. 정책대안의 탐색 · 개발 방법

정책대안을 탐색하고 개발하는 방법은 학자에 따라 다양하게 제시되고 있으나[9] 크

9) 존스(C. O. Jones)는 정책결정을 위한 대안의 주요 원천으로 행정부 내의 관료집단과 의원, 그리고 민간 부문의 각종 집단과 공공서비스를 제공하는 비공식 조직과 주요 이익집단 등을 들고 있다(Jones, 1977). 앤더슨(James E. Anderson)은 문제 해결을 위한 대안의 주요 원천으로 정책대안을 개발하는 데 관여하는 참여자를 지적하고 있는데, 대통령과 그의 보좌관들, 행정부처의 공무원들, 시민과 관료들로 구성된 전문 연구집단 또는 자문위원회 위원, 각 부문의 이익집단 등이 그들이다(Anderson, 1979). 맥래 2세(D. MacRae Jr.)와 와일드(J. A. Wilde)는 대안개발을 위한 아이디어를 얻을 수 있는 것으로 첫째, 시장의 작용(operation of the market)에 따른 시장 메커니즘의 작용원리를 유추하는 것, 둘째, 이전의 경험, 즉 다른 국가나 도시들이 겪었던 비슷한 문제나 상황을 해결하기 위해 사용했던 방안이나 선례, 셋째, 과학적 지식이나 기술의 응용 등을 제시하고 있다(Ma-

게 두 가지로 분류해 볼 수 있다. 그 하나는 점진주의적 접근에 의해 대안을 탐색하는 방법이다. 다른 하나는 정책대안의 탐색을 위한 과학적 지식과 이론, 방법들을 이용하거나 지식, 경험, 직관, 그리고 통찰력 등을 활용한 주관적인 판단을 통해서 새로운 정책대안들을 창조·개발하는 방법이다. 전자에는 이미 알려진 정책 또는 다른 정부의 정책에서 선택적으로 대안을 모방하는 방법이 있다. 후자의 경우에는 이용되는 방법의 특성에 따라 다시 주관적 판단에 의한 방법과 과학적 지식과 기술 및 모형에 의한 대안 개발로 나눌 수 있다.[10)]

1) 점진주의적 대안탐색의 논리와 방법[11)]

(1) 점진주의의 기본논리

점진주의는 이미 알려진 대안들을 중심으로 선택적 모방에 의해 대안들을 탐색하는 가장 대표적인 대안탐색의 접근방법이다. 점진주의(incrementalism)는 린드블롬(Charles E. Lindblom)과 윌다브스키(Aaron Wildavsky)에 의해 대표되는 이론으로서 합리모형을 전적으로 거부하고, 정책의 실현 가능성(feasibility)을 중시하는 이론이다.

린드블롬은 정책결정에서 선택되는 대안들은 기존의 정책이나 결정을 점진적으로 개선해 나가는 것이며, 정책결정은 부분적·순차적으로 진행되고 정책결정의 과정에서 대안분석의 범위는 크게 제약받는다고 보았다. 따라서 기존 정책대안을 기본대안으로 생각하여 거기에 약간의 수정[$\pm\alpha$, 실제로 (-)의 경우는 거의 없다]을 가하게 된다는 것이다(Lindblom, 1979: 517-526; Dror, 1964: 258-259). 린드블롬이 제시하고 있는 점진주의 논리를 살펴보면 다음과 같다.

---

cRae Jr. & Wilde, 1979). 또한 린드블롬(Charles E. Lindblom)을 비롯한 일단의 점진주의자들은 대안의 개발을 이미 존재하는 대안에 대한 점진적 수정으로 보고 있다.

10) 엠스덴(Alice H. Amsden)은 『아시아의 다음 거인 한국의 후발공업화(*Asia's Next Giant: South Korea and Late Industralization*)』란 저서에서 한국, 대만, 브라질, 터키, 인도, 멕시코, 일본 등의 국가는 후발공업국으로 볼 수 있으며, 이들 국가들 간의 동질성은 없다고 보았다. 그러나 이러한 다양성에도 불구하고 모든 후발공업국들은 한 가지 공통점을 가지고 있는데, 이들은 선진국들로부터 배워서 공업화를 달성했다는 것이다. 즉, 엠스덴은 한국이나 일본 등이 비교적 빨리 공업화할 수 있었던 것은 선진국들의 공업화 전략을 학습했기 때문이라고 주장하면서 정책대안 탐색의 학습론적 관점을 설명하고 있다(Amsden, 1989 참조).

11) 이 부분은 정정길(1989)의 내용에 많이 의존하였다.

① 목표나 가치를 선택하는 일과 목표 달성을 위한 행동을 분석하는 일은 서로 밀접히 연결되어 있기 때문에 구분하기가 어렵다. 목표에 관해서는 관련자들이 합의를 이루기가 쉽지 않으며, 시간과 장소에 따라서 목표의 성격은 달라질 수 있다. 따라서 이러한 목표는 대안을 선택함으로써 오히려 명확해질 수 있다.

② 합리모형에서는 목표의 설정과 대안의 탐색 단계를 뚜렷하게 구분하지만, 이것은 사실 어려운 일이고 실제로는 거의 동시에 진행된다.

③ 목표와 수단은 끊임없이 상호 조정되고 재정의된다.

④ 어떤 정책대안이 좋은가를 판단하는 기준은 정책에 관련된 자들의 합의에 달려 있다. 달성해야 할 목표가 명확하지 않거나, 적절한 정책목표에 대한 합의가 이루어지지 않는다 하더라도 정책대안의 선택에 관한 합의는 이루어질 수 있다.

⑤ 인간의 능력과 활용 가능한 시간에는 한계가 있으며 정보도 제한되어 있기 때문에 고려할 수 있는 대안의 범위는 제한된다. 따라서 정책결정자들은 복잡한 문제를 단순화해야 하는데, 이를 위해서는 두 가지 방법이 있다. 즉, 기존의 정책과 차이가 적은 정책대안들만 선별하여 비교하는 방법과 정책대안이 실현됨으로써 발생할 수 있는 중요한 결과의 일부와 그 가치를 무시해 버리는 방법이다.

⑥ 문제 해결을 위한 단일의 해결책은 없다.

⑦ 정책대안을 비교하거나 선택할 때는 한꺼번에 하지 않고 점진적이고 순차적으로 해나간다.

⑧ 정책은 미래의 사회 목표를 증진하는 것보다는 현재의 사회 병리에 대한 개선에 더 비중을 두는 치유적인 성향을 갖는다.

(2) 점진적인 정책대안 탐색의 근거

린드블롬이 제시하고 있는 점진주의 논리를 기초로 정책대안이 점진적인 방법으로 탐색될 수밖에 없는 근거를 살펴보면 다음과 같다.

① 제한된 합리성(bounded rationality): 만족모형에서 마치(James G. March)와 사이먼(Herbert A. Simon)의 주장처럼 과거의 정책을 완전히 무시하고, 새로운 정책을 만들어낸다는 것은 정책결정자의 시간, 지식, 그리고 비용의 한계가 있기 때문에 어렵다. 따라서 정책결정에서 자기의 관심 분야만 생각하게 되고, 한정된 수의 대안만 탐색하며,

결과를 예측할 때도 한정된 범위만을 살펴본다. 또한 시간 측면에서도 미래를 생각하기보다 현재와 가까운 것만 생각하게 된다는 것이다.

② 매몰 비용(sunk cost): 과거에 집행되었던 정책이 비합리적이더라도, 국민은 그 정책을 계속 집행하는 것을 기정사실로 받아들인다. 그리고 과거의 집행 정책을 근거로 사업 투자와 모든 활동을 하게 된다. 그리고 만일 기존 정책이 비합리적이라고 판단하여 중단하게 되면 그때까지 투입된 비용(매몰비용)이 손실되므로 기존의 정책을 받아들이게 되고, 거기에 조금의 수정($\pm\alpha$)만을 가하여 채택하게 된다는 것이다.

③ 정치적 실현 가능성(political feasibility): 사회적 가치의 근본적인 재분배를 초래하게 되는 새로운 혁신적 정책보다는 점진적 정책이 대개 정치적으로 실현 가능성이 높다고 하겠다. 왜냐하면, 기존의 정책이란 다양한 정치세력들 간의 타협과 조정의 산물이기 때문에 새로운 정책을 도입하게 되면 기존의 관계를 파괴하게 된다. 따라서 기존의 정책에 의해 혜택을 받아온 집단뿐만 아니라, 기존의 정책에 근거하여 행동해 온 개인이나 집단들도 그러한 새로운 정책을 회피하려 한다는 것이다. 그렇기 때문에 사회에서 지배적인 위치를 점하고 있는 정책결정자들은 특별한 경우 외에는 기존의 정책을 고수하거나 거기에 약간의 수정만 가하려 한다. 휴이트(Ralph K. Huitt)는 "가장 실현 가능성이 높은 것은 점진적인 것이다"라고 지적하면서 이러한 견해를 뒷받침하고 있다(Huitt, 1968: 274).

④ 안정성(stability): 점진주의는 현재의 정책을 근본적으로 개혁하는 것을 반대하기 때문에 정책의 안정성을 도모하는 장점이 있다. 즉, 점진적인 변화를 추구하기 때문에 정책의 계속성 · 지속성이 있어서 안정성을 얻을 수 있다. 과거 우리나라의 경우처럼 조령모개(朝令暮改)식의 정책변동이 있게 되면 국민들은 큰 혼란을 겪게 되는데 점진주의적 접근에 의해 대안이 탐색 · 개발되고, 이에 근거하여 정책이 결정된다면 정책의 안정성이 확보될 수 있다(정정길, 1989: 415).

(3) 점진주의적 접근에 의한 대안탐색의 원천

정책분석가들이 점진주의적 접근방법으로 정책대안을 탐색하는 원천은 정책의제, 선거 공약, 관련 연구 문헌, 과거 또는 현존의 정책, 언론기관의 보도, 다른 정부의 정책, 그리고 정책참여자 및 주민의 의견 등 매우 다양하다. 그러나 여기에서는 이미 시행되었거나 현재 시행되고 있는 정책으로부터 또는 다른 정부의 정책으로부터 대안을 탐색하는 것을 중심으로 살펴본다. 이러한 경우, 정책대안은 이미 시행되었던 정책이나 현재 시행되고 있는 정책이 아무런 수정 없이 그대로 하나의 정책대안으로 제시될 수도 있으며, 약간의 수정을 거쳐 새로운 정책대안으로 제시될 수도 있다. 또한 어떤 경우에는 전혀 새로운 정책대안을 개발하는 데 하나의 아이디어로 작용할 수도 있다.[12]

① 정부가 과거에 시행하였거나 현재 시행하고 있는 정책

정부가 과거에 이미 시행하였거나 현재 시행하고 있는 정책은 정책대안 탐색의 가장 중요한 원천이 된다. 이러한 정책 중에는 정부가 문제를 해결하기 위해 적극적인 행동을 취하는 경우도 있고, 아무런 행동도 취하지 않는 경우도 있다. 후자의 경우는 대부분 문제를 해결할 방법이 없다거나 정부의 개입이 부적절한 경우 또는 정책문제가 사회의 자체 회복력, 즉 자동 개선 능력을 가지고 있는 것으로 보는 경우이다. 어떤 경우이든지 과거에 시행되었거나 현재 시행 중에 있는 정책대안은 중요한 대안 중의 하나로 고려될 수 있다.

일반적으로 정책문제의 해결에 참여했던 개인이나 조직은 정책문제의 해결을 위하여 이전에 사용했던 정책대안들 중 비교적 만족할 만한 결과를 가져온 정책대안들을 기억장치 속에 보관하게 되는데, 이렇게 보관된 것이 정책대안 목록(policy program repertory)이다. 정책대안 목록은 동일한 문제 또는 유사한 문제에 대하여 과거에 채택해 보았던 정책대안들의 집합으로서, 이 정책대안 목록 속에 포함된 정책대안 하나하나가 동일한 문제 또는 유사한 정책문제가 등장했을 때 사용할 수 있는 정책대안들이 되는 것이다(정정길, 1989: 299).

이와 같이 정책대안 목록 속에 포함된 정책대안들에서 정책대안이나 아이디어를 추

---

12) 이시원(1995)은 정책대안 탐색의 학습론적 방법으로 복사(copy), 모방(imitation), 혼합(mix), 그리고 영감(inspiration)을 제시하고 있다. 복사는 가장 단순한 방식의 학습론적 정책대안 탐색방법으로 기존의 정책대안을 있는 그대로 가져다 활용하는 것을 말한다. 모방은 단순한 복사와는 달리 정책이 작용하는 역사적 · 문화적 · 제도적 요소들을 고려하여 기존의 특정 정책을 적절히 수정하여 정책대안으로 검토하는 것을 말한다. 모방에 의한 정책대안의 탐색은 때에 따라서는 기존 정책대안보다 더 개선된 대안을 만들 수도 있다. 혼합은 두 개 이상의 기존 대안을 혼합하여 하나의 정책대안으로 검토하는 것을 말하며, 영감은 기존의 정책 경험을 단지 새로운 정책문제에 효과적으로 대응할 수 있는 정책대안을 설계하는 하나의 영감 혹은 단서로만 받아들이는 것을 말한다(이시원, 1995: 113-128).

출하는 것은 몇 가지 장점을 지닌다.

첫째, 무엇보다도 정책분석가들이 앞으로 만들어질 정책의 집행 과정에서 나타날 수 있는 대안의 결과들을 과거의 정책추진 결과 정보를 통해 미리 짐작하고 예측할 수 있다. 정책대안의 결과 예측이 매우 어려운 점을 감안해 볼 때 이러한 장점은 매우 중요하다.

둘째, 정책대안의 채택·집행 과정에서 등장하게 될 여러 정치적 세력, 집단들의 활동 내용과 방향 등을 쉽게 예측할 수 있다. 일반적으로 정책과정에 등장하는 정치적 세력, 집단들은 공식적 또는 명시적으로 활동하는 집단과 비공식적 또는 묵시적으로 활동하는 집단으로 구분할 수 있다. 예를 들면, 한의약 분업정책의 경우, 명시적인 정치세력 집단으로는 한의사회와 약사회가 가장 대표적인 반면, 묵시적인 활동 집단으로는 일반 시민들이나 민간단체 등을 들 수 있다. 대체로 공식적 또는 명시적인 활동 집단들은 정책이 집행되지 않더라도 쉽게 짐작할 수 있으나, 비공식적·묵시적인 집단들은 정책이 집행되지 않으면 확연하게 드러나지 않기 때문에 어떠한 집단들이 그 정책과 관련되어 있는지 파악하기는 쉽지 않다. 그러나 이미 시행된 정책의 경우에는 공식적·비공식적 집단들이 어느 정도 명확하게 드러난 상태이고 이들의 활동 내용과 방향에 대한 자료나 정보를 얻을 수 있기 때문에 그 결과를 쉽게 예측할 수 있다.

셋째, 집행 과정의 세부적인 활동 및 자원 소요량 등을 미리 예측·계획할 수 있다. 일반적으로 정책이 집행되기 전에 집행 과정에서 발생하게 될 개략적인 비용이나 활동 등은 어느 정도 짐작하여 알 수 있으나, 세부적인 내용이나 예상치 못했던 내용에 대해서는 정확하게 알 수 없다. 이것은 집행 상황의 특수성이나 변화 가능성 등에서 비롯된다고 볼 수 있다. 그러나 유사한 정책이 이미 시행되었을 경우에는 집행 상황의 특수성이나 상황 변화의 예측력이 증대되므로 집행 과정에서 나타날 제반 요건들을 예측하여 계획하는 데 도움이 된다.

이외에도 정책대안의 결과 예측에 소요되는 비용이나 시간을 절약할 수 있으며, 정책결정자들이 이전에 채택했던 정책이기 때문에 좀 더 친근감을 지니게 되고 그럼으로써 정책대안으로 선택될 가능성이 좀 더 커진다는 장점이 있다.

이러한 장점에도 불구하고 이미 시행되었거나 현재 시행되고 있는 정책으로부터 정책대안이나 아이디어를 추출할 때에는 다음과 같은 점을 주의해야 한다.

첫째, 특정 정책대안이 채택되었던 당시의 상황과 앞으로 선택될 정책대안의 미래 상황은 서로 다를 수 있다. 더 정확히 표현하면 똑같은 정책 상황은 결코 반복되지 않는다. 대안이 가져올 결과는 구체적인 상황적 조건에 따라 달라지기 때문에 상황적 조건이 다르면 동일한 대안이라 할지라도 다른 결과를 가져오는 것은 당연하다. 예를 들면, '쌀값 안정'이라는 목표를 달성하기 위하여 정부가 과거에 '비축미 방출'이라는 수단을 이용하였고 또 그것이 성과를 거두었다고 하자. 몇 년이 지난 후 다시 쌀값이 많이 오르자 정부는 과거에 채택하여 성과를 거두었던 정책 수단인 '비축미 방출'을 통해 쌀값을 안정시키고자 하였다. 그러나 이번에는 비축미 방출로 쌀의 공급이 충분히 확대되었음에도 불구하고 쌀값은 떨어지지 않았다. 왜 그런가? 그 이유의 하나로 생각해 볼 수 있는 것이 일반미보다 품질이 떨어지는 비축미에 대한 국민들의 선호 변화이다. 과거에는 값이 싸기만 하면 품질이 다소 떨어지더라도 비축미를 사먹었는데, 이제는 비용을 더 많이 지불하더라도 품질이 좋은 일반미를 사먹으려는 국민이 많아졌기 때문이다. 이제는 더 이상 '비축미 방출'이라는 정책수단이 '쌀값 안정'이라는 정책목표 달성에 효과적인 것이 될 수 없게 된 것이다.

둘째, 만약에 과거의 정책대안이 정책 관련자들 사이에 많은 갈등을 겪은 뒤 선택되었을 경우에 정책결정자들은 다시는 그러한 정책대안이나 그것과 유사한 정책대안을 선택하지 않으려고 할지도 모른다. 이러한 경우, 과거의 정책대안이 여러 가지 상황의 변화로 인해 과거에 가졌던 정책효과보다 더 큰 정책효과를 가져올 수 있다 하더라도 오히려 과거에 (힘들게) 선택되었다는 이유만으로 거부될 가능성이 있다.

② 다른 정부의 정책

또 다른 정책대안의 원천은 다른 정부의 정책 경험, 즉 다른 정부의 정책대안 목록들이다. 이때의 정부란 한 국가 내의 다른 지방정부 또는 다른 국가의 중앙정부나 지방정부를 포함한다. 전자의 경우, 오늘날과 같이 지방자치가 활발하게 진행되고 있는 상황에서는 동일한 정책문제를 해결하기 위해 여러 지방정부에서 동시에 또는 시차를 두고 유사한 정책을 결정하는 경우가 많다. 이럴 경우, 어떤 한 지방정부의 정책결정은 다른 지방정부의 정책결정에 명시적 또는 묵시적으로 영향을 미칠 수 있다. 예를 들어, 서울시의 쓰레기 문제 해결을 위한 정책대안은 대전시의 쓰레기 정책결정에서 하나의 정책대안으로 고려될 수 있다. 미국의 정보통신사업 규제 완화를 위한 여러 조치들이 우리나라 정보통신사업의 규제 완화를 위한 하나의 정책대안으로 고려될 수 있다. 예를 들어, 우리나라에서 차세대 이동통신으로 불리는 IMT-2000 사업자를 선정할 때 미국에서 이동전화 사업자를 선정하는 데 활용되고 있는 '주파수 경매제도'가 하나의 대안으로 검토되었다.13)

이와 같이 다른 정부의 정책을 하나의 정책대안이나 아이디어로 채택할 경우에도 이미 시행되었거나 현재 시행되고 있는 정책이 갖고 있는 장·단점이 그대로 나타날 수 있다. 특히, 동일한 국가 안에서 다른 지방정부의 정책을 정책대안으로 고려할 경우에는 시간과 공간의 차원이 비록 다르다 할지라도 근본적으로 역사적·문화적 전통이 같기 때문에 정책의 실시로 인한 지역 주민들의 반응을 어느 정도 짐작해 볼 수 있다. 반면에, 다른 나라 정부의 정책으로부터 정책대안을 고려할 경우에는 역사적·문화적·정치적 환경의 상이함에서 오는 여러 요인들로 인해 똑같은 대안이 전혀 다른 정책 결과를 가져올 수 있다. 동일한 국가 내에서도 상이한 문화체계를 지닌 여러 민족들로 구성되어 있는 정부의 정책은 비록 한 국가 내의 다른 지방정부라 할지라도 그 지방정부가 어느 문화체계를 가진 민족으로 구성되어 있느냐에 따라 정책대안의 반응, 효과 등이 다를 수 있다.

그러므로 다른 나라 정부의 정책을 대안으로 고려할 때는 상황적 조건의 차이를 면밀히 검토할 필요가 있다(Hogwood & Gunn, 1984: 172-173; MacRae Jr. & Wilde, 1979: 9-10; Mood, 1983: 32; 정정길, 1989: 409-410).

(4) 점진주의적인 대안탐색 방법의 한계

점진주의적인 방법에 의한 정책대안의 탐색은 비용 절감, 불확실성 감소 및 정치적 실현 가능성 증대 등의 측면에서 매우 좋은 방법이다. 그러나 점진주의적인 대안 탐색 논리는 다음과 같은 한계를 지닌다.

첫째, 점진주의적인 대안탐색은 이미 알려진 정책대안에 약간의 수정을 가하는 것으

13) 주파수 경매제도는 정부의 심사 할당 방식이 아닌 사업자 간 가격 경쟁으로 주파수를 할당하는 제도이다. 실제로 우리나라에서 이 대안이 2011년 초 전파법 개정안이 발표되면서 공식적으로 도입·채택되어 실행되었다.

로, 이때 어느 정도의 변화를 '약간'으로 볼 것이냐의 문제가 제기될 수 있다. 어떤 대안은 이미 알려진 대안을 수정했어도 그 수정의 정도가 너무 커서 이전과는 전혀 다른 새로운 대안이 될 수 있기 때문이다.

둘째, 정책 상황은 일반적으로 매우 복잡하고 가변적일 뿐만 아니라 이전에 없었던 전혀 새로운 정책문제들이 등장하고 있다. 이러한 문제들은 대체로 획기적인 변화를 요구하고 있기 때문에 기존의 정책대안을 기초로 대안을 탐색하기보다는 문제에 대한 전혀 새로운 방식의 접근과 창의적인 정책대안의 개발이 필요하다. 점진주의적 대안탐색 방법은 기존 정책의 타당성을 어느 정도 인정한 상태에서 이루어지기 때문에 한정된 변화만을 가져오게 되어 기존의 틀을 벗어나는 획기적인 변화를 기대할 수 없다.

2) 새로운 정책대안의 개발

(1) 의의

점진주의적인 대안탐색 방법은 대안 내용이 이미 어느 정도 주어져 있기 때문에 정책분석가는 단지 적절한 정보 처리를 통해 해결 대안을 탐색해 내거나, 이미 존재하는 구성 요소들을 재결합하는 정도의 일을 하게 된다. 이 경우, 정책대안은 대부분 과거의 경험이나 선례의 모방을 통해 도출된다. 그러나 오늘날과 같이 복잡하고 가변적인 시대에 발생하는 정책문제들 중에는 발상의 전환이나 획기적인 변화를 요구하는 것들이 많다. 이러한 정책문제들을 해결하기 위해서는 새로운 대안의 개발이 요청된다.

새로운 정책대안의 개발을 위해서는 창의적인 요소가 절실히 필요하다. 대안의 개발을 무(無)로부터의 창조라고 주장하는 입장에서 볼 때, 해결 대안은 이미 존재하고 있는 것이 아니며 새롭고 창의적인 아이디어를 통해서 창출되는 것이라고 볼 수 있다. 새로운 대안의 창출은 과학적인 지식과 기술 또는 계량적인 모형 등을 통해 이루어지거나 주관적인 판단에 의해 이루어지게 된다. 주관적인 판단에 의한 대안 개발의 경우는 정책분석가의 개인적인 착상에 의해 이루어지거나 대부분의 경우 집단적인 사고나 전문가의 조언을 통해 이루어진다.

(2) 과학적인 지식과 기술 및 모형에 의한 대안 개발

새로운 정책대안은 과학적인 지식과 기술 및 모형을 통해 개발될 수 있다. 과학적 지식이나 기술은 정책목표와 정책수단 간의 인과관계를 파악하거나 적절한 관계 구성에 필요한 모형을 창출하는 데 기초를 제공한다. 모형은 정책문제를 발생시킨 원인을 찾아내고 그 원인을 제거하는 정책대안을 찾아내는 데 매우 중요한 역할을 한다(모형에 대한 설명은 제8장 제2절 참조).

(3) 주관적 판단에 의한 대안 개발

주관적 판단에 의한 대안 개발은 주로 개인 또는 집단의 판단력・직관력・통찰력을 기초로 하는 것으로 대면적 토론법, 집단 자유토론법, 기술식 집단 자유토론법, 서술식 순위결정토론법(brainwriting), 정책 델파이 등이 대표적인 방법이다.

① 대면적 토론법

대면적 토론법은 한 사람의 지혜보다는 여러 사람의 지혜가 더 다양하며 정확하고 합리적일 것이라는 원칙(N-head rule)에 입각해 있다. 다수의 사람들이 대면하여 상호 의견을 교환함으로써 다양하고 창의적인 의견들을 제시하도록 하는 것이다. 대면적 토론법은 여러 참여자들의 다양한 관점과 의견이 제시되므로 고려되는 변인(變因) 및 동원되는 정보의 양이 많다는 장점이 있다. 그러나 집단 내의 압력이나 토론의 분위기 또는 인간관계나 체면 때문에 자신의 의견 표명에 제약을 받을 수 있다. 달변가, 공격적인 사람, 연장자나 상급자 등의 의견에 의해서 결론이 좌우될 수도 있다. 그리고 다수의 판단이나 의견과는 엉뚱하게 다른 결론에 도달하는 등의 왜곡 현상이 일어날 우려도 있다는 단점이 있다(김신복, 1989: 359).

(가) 토론 시 고려 사항

대면적 토론을 통해 좀 더 다양하고 창조적인 대안이 개발되도록 하기 위해서는 다음과 같은 점들이 고려되어야 한다(양도기 역, 1991: 255-259).

첫째, 가능한 한 관련된 많은 사람에게 참여의 기회를 보장하며, 의사소통이 원만히 이루어질 수 있도록 분위기를 조성하고, 아이디어의 발의와 판단을 분리하여 자유스럽게 창의적인 대안의 개발을 촉진해야 한다.

둘째, 문제 해결에 초점을 맞추어야 한다. 토론의 목적은 문제 해결을 위한 바람직한 대안을 개발하는 것이다. 따라서 토론에 참여하는 사람들은 이러한 목적의식을 분명히 하면서 좀 더 질서 있고 효율적이며 결과지향적인 토론이 될 수 있도록 노력해야 한다.

셋째, 다양한 특성을 가진 사람의 참여를 통해 관점과 사고를 다양화할 필요가 있다. 비슷한 연령, 교육 수준, 경험, 가치관, 문화 및 직업 등을 가진 사람들에 의한 토론은 관점과 사고의 폭을 좁게 만들 우려가 있기 때문이다. 따라서 다양하고 창의적인 아이디어의 발산과 대안의 개발을 위해서는 관점, 지식, 경험과 사고가 다양한 사람들을 참여시켜 창의적인 토론이 이루어질 수 있도록 해야 한다.

넷째, 유능한 토론 사회자가 필요하다. 유능한 토론 사회자란 토론을 질서 있게 진행하고, 토론 참여자들이 적극적으로 토론에 참여할 수 있도록 하며, 최대의 효과를 내도록 개인의 창의력과 능력을 존중하고 토론자들의 의견과 주장에 조심스럽게 귀를 기울이며, 자기의 아이디어나 논평 등으로 회의를 지배하려 들지 않는 사람이다.

이외에도 토론에 참여하는 사람들은 가장 좋은 아이디어를 찾기 위해 서로 협력하고 남의 의견을 경청하는 것이 필요하다.

(나) 대면적 토론의 유형

대면적 토론에는 세미나, 패널, 심포지엄, 포럼, 분임토의 등과 같이 소수의 인원에서부터 다수의 인원이 참여할 수 있는 다양한 방법들이 있다.

첫째, 세미나(seminar)는 어떤 주요 주제에 관한 논의 내지 토론이 이루어지는 공식적인 모임으로서 전문가 회의라고도 한다.

둘째, 패널(panel)은 토론 주제에 관하여 풍부한 지식과 경험 또는 대표적인 견해를 가진 복수(3~6명)의 사람들이 청중들 앞에서 의견을 발표하고 이에 대해 토론하는 방법이다. 청중들은 토론 내용을 청취함으로써 새로운 지식, 관점과 주장을 접하게 되고 토론 주제에 관한 관심과 사고를 향상시킨다. 이러한 방법은 직접 청중 앞에서 하는 경우가 많지만, 최근에는 TV나 라디오에서도 많이 이용하고 있다.

셋째, 심포지엄(symposium)은 토론 주제에 관해 복수(2~5명)의 전문가들이 각각 서로 다른 측면에서 전문적 의견을 발표하고, 청중들의 질문을 중심으로 질의 응답식으로 토론하는 방법이다.

넷째, 포럼(forum)은 특정한 주제에 관하여 청중들에게 새로운 자료와 견해를 제공하여 그들로 하여금 그 주제에 대한 관심을 높이고 나아가 필요한 정보를 제공하여 문제를 명확하게 한 후, 그들 자신의 의견을 표명하도록 촉진하는 방법이다. 일반적으로 포럼은 강의라든지 영화 상영이 있은 뒤 또는 패널, 심포지엄 등에 이어서 이루어지는 경우가 많다.

다섯째, 분임토의(syndicate)는 사람들을 소속과 배경이 고루 섞인 10명 내외의 소집단으로 나누고, 각 집단별로 동일한 주제(문제)에 관해 토론하고 그 문제에 대한 해결 방안을 마련하도록 한다. 그런 후에 다시 전체가 모인 자리에서 각 집단별로 작성한 문제분석과 문제 해결 방안을 발표하고 토론하여 하나의 문제 해결 방안을 모색하는 방법이다. 일단 소집단에서 1차적인 토론을 통해 대안이 탐색되므로 시간을 절약할 수 있어 여러 사람의 토론에 의한 대안을 개발하는 데 유용하다.

② 집단 자유토론법

집단 자유토론법(brainstorming)은 기발하고 다양한 아이디어를 자유롭게 제안할 수 있도록 함으로써 가능한 한 많이 창의적인 아이디어를 얻기 위해 활용되는 방법이다. 이 방법은 본래 오스본(Robert J. Osbom)이 창의성을 고양시키기 위해 제안하였는데, 미래 상황이 어떻게 전개될 것인가에 대한 예측뿐만 아니라 문제를 해결할 수 있는 여러 가지 방안을 고안하고, 그러한 방안이 어떠한 결과를 초래할 것 인지를 예측하는 데 이용할 수 있다. 집단 자유토론법은 다음과 같은 몇 가지 절차를 거쳐 진행된다(Dunn, 2012: 99-101; Mood, 1983: 31-35).

첫째, 다양한 아이디어를 많이 얻기 위해서 다루고자 하는 문제에 정통한 전문가들, 전문가는 아니지만 상상력이 풍부하고 선입견에 구애받지 않는 독창적인 사람, 그리고 당해 문제나 정책에 의해 직접적인 영향을 받는 관련자들을 선정하여 집단을 구성한다.

둘째, 독창적인 아이디어를 얻기 위하여 아이디어를 제안하는 것과 제안된 아이디어에 대한 평가는 엄격히 분리한다. 즉, 첫 번째의 아이디어 개발 단계에서는 허심탄회하게 의견을 개진할 수 있도록 가능한 한 자유롭고 개방적인 토론 분위기를 마련하는 것이 무엇보다 중요하다. 이 단계에서는 각자가 자신의 아이디어만을 제시하고 다른 사람의 아이디어에 대해서는 평가를 하지 않도록 해야 한다. 그래서 심지어는 실현 가능성이 희박하거나 엉뚱하다 싶은 아이디어들도 거침없이 자유롭게 제시될 수 있도록 한다.

셋째, 모든 아이디어가 제안되고 나면 그 다음 단계로 이들 아이디어를 평가하고 종합한다. 비슷한 아이디어들의 통합, 전혀 실현 가능성이 없는 대안의 제거, 아이디어에 대한 서열 매김 등을 통해서 몇 가지 대안으로 종합함으로써 토론이 끝난다.

그러나 어느 경우에나 집단 자유토론법이 위와 같은 절차에 따라 조직적으로 행해지는 것은 아니다. 집단 자유토론법은 정책분석가의 의도나 현실적인 상황적 제약에 따라 상대적으로 치밀하게 조직화되어 진행될 수도 있고, 느슨한 형태로 진행될 수도 있다.

③ 기술식 집단 자유토론법

기술식(記述式) 집단 자유토론법(nominal group technique: NGT)은 위의 집단 자유토론법과 매우 유사한 방법이다. 그러나 이 방법은 아이디어를 제시하거나 토론이 끝난 후에 제시된 아이디어를 점수로 평가할 때 구두로 하는 것이 아니라, 종이에 써서 하는 점에서 집단 자유토론법과 차이가 있다. 이 기법에는 다음과 같은 절차가 포함된다(Lock, 1987: 115).

첫째, 집단(약 10명 정도의 인원이 적합)의 각 개인은 정책대안에 대한 자신의 아이디어를 종이에 쓴다.

둘째, 각자는 차례대로 자신의 아이디어를 간단히 진술한다.

셋째, 각자가 제안한 아이디어를 칠판이나 플립차트(flip chart: 한 장씩 넘길 수 있게 된 도해용 차트)에 나열해서 옮겨 적는다. 모든 아이디어가 기록되기 전까지는 토론을 벌이지 않는다.

넷째, 모든 아이디어가 기록되고 난 후 제시된 아이디어들을 각 개인에게 알려 준다. 그 다음 하나하나의 아이디어를 놓고 토론을 벌인다.

다섯째, 토론이 끝난 후 개개인은 제시된 각 아이디어들에 서열을 매기거나 점수를 부여한다. 그 다음 마지막으로, 서열을 매긴 것과 점수를 부여한 것을 합계하여 하나의 집합적 결정을 하게 된다.

④ 서술식 순위결정토론법

서술식 순위결정토론법(brain writing)은 토론자들이 토론 진행자로부터 주어진 주제나 문제에 대한 의견이나 해결 대안을 직접 써서 제출하게 하는 의견 발표 또는 의견

수렴의 방법이다. 기술식 집단 자유토론이 아이디어를 먼저 제시하고 그 후에 토론을 벌여 제시된 대안들의 우선순위를 결정하는 것과는 달리, 서술식 순위결정토론법은 아이디어의 제시 단계에서부터 참여자들로 하여금 의견을 기록해 제시하면서 중요한 대안들을 종합해 가는 방법이다.

서술식 순위결정토론법의 사용 목적은 두 가지로 분류해 볼 수 있는데, 첫째는 토론 참가자들의 주된 관심사가 무엇인가를 묻는 경우로서 이런 경우에 제시될 수 있는 질문의 예로 "저출산의 원인은 무엇이라고 생각하십니까?"를 들 수 있다. 둘째는 서술식 순위결정토론법은 특정 문제의 해결을 위한 대안을 수집하기 위하여 사용될 수 있다. 이러한 경우에 제시될 수 있는 질문의 예로 "출산율을 향상시키기 위한 바람직한 방안은 무엇입니까?"를 들 수 있다.

서술식 순위결정토론법은 일반적으로 토론자들은 진행자가 제시하는 주제나 문제에 대한 자신의 생각과 의견을 기록하여 제출한다. 토론 진행자는 이를 수집・분류・정리하여 유형화함으로써 전체 의사를 파악하고 이를 몇 개의 주제로 집약하게 된다.

서술식 순위결정토론법의 과정을 좀 더 자세히 살펴보면 다음과 같다.

첫째, 진행자는 질문이나 주제를 참가자들에게 제시한다.

둘째, 질문이 주어지면 참가자들은 카드에 의견을 기록한다. 한 카드에는 한 개념만을 쓰며 한 사람이 여러 장의 카드를 사용할 수 있다.

셋째, 진행자는 참가자들이 카드를 기록할 충분한 시간을 주고 난 뒤 이를 회수한다.

넷째, 카드가 모아지면 진행자는 사전에 자신이 마음속으로 정한 분류 기준에 따라 핀보드의 난을 구분하여 이 구분에 따라 카드를 분류하고 부착한다.

다섯째, 진행자가 정한 기준에 따라 모든 카드가 붙여지고 나면 진행자는 각 주제별 카드 그룹을 구름 형태의 그림으로 그려서 묶음을 표시한 다음에, 그 그룹에 상응하는 좀 더 포괄적인 개념(상위 개념)을 붙인다.

여섯째, 이렇게 해서 정해진 상위 개념들 가운데서 몇 개의 주제나 대안만을 선별해서 다루고자 할 때는 이들 간의 우선순위를 참가자의 관심과 중요성의 인식도에 따라 선정해야 하는데, 이를 위해서는 '스티커 붙이기' 등의 방법[14]이 사용될 수 있다.

---

14) 스티커 붙이기 방법이란 서술식 순위결정토론법 참가자들의 의사를 차트나 핀보드의 해당 항목에 손쉽게 스티커를 부착함으로써 우선순위를 표시하도록 하는 방법이다. 스티커 붙이기 방법의 사용-

서술식 순위결정토론법의 과정을 통해서 제시 · 집약된 의견은 그것이 문제 해결의 방법이나 대안이 되기도 하지만 대개는 토론의 작은 주제로서 주제별 토론 또는 그룹 토의의 주제로서 활용된다. 다시 말하면, 서술식 순위결정토론법은 그 토론에서 다루어야 할 가장 적절한 분야 또는 주제를 참가자들 스스로의 관심과 흥미에 따라 집약 · 도출해냄으로써 이를 좀 더 구체적인 문제 해결의 주제로 선정하는 데 유용한 방법이다.

⑤ 정책 델파이

대면적 토론이 갖는 문제점을 극복하기 위해 델파이 방법의 기본논리를 적용하여 정책대안을 개발하는 방법으로 정책 델파이(policy delphi)가 있다.15)

델파이 방법은 본래 단순한 미래예측, 특히 미래의 사건 발생에 대해 전문가들 간의 합의를 도출하기 위해 개발된 것이다. 그런데 정책 델파이는 정책문제의 잠재적인 해결방안을 둘러싸고 다양하게 제기되는 의견들을 노출시키고 종합함으로써 바람직한 대안의 개발을 위해 델파이 방법을 응용한 것이다. 즉, 정책형성 과정에서는 다양한 관점, 입장, 지식과 경험을 가진 참여자들이 서로 다른 선호와 판단에 입각하여 다양한 정책대안을 제기하고 지지하게 된다. 정책 델파이는 여러 사람들의 다양한 정책대안을 드러냄으로써 창의적이고 바람직한 대안을 개발하는 데 목적이 있다. 델파이 방법은 설문지를 이용하거나 컴퓨터를 이용할 수 있는데(제8장 제2절 미래예측 델파이 참조), 정책 델파이도 이러한 방법을 모두 활용할 수 있다.

설문지를 이용한 정책 델파이나 컴퓨터를 이용한 정책 델파이는 똑같이 아래와 같은

을 위해서 진행자는 스티커 붙이기로 의사를 표출시키기 위한 적절한 주제와 도표를 작성하는 것이 중요하며, 사용할 스티커를 준비하고 1인당 사용할 수 있는 스티커의 개수를 지정해 주어야 한다. 일반적으로 참가자 개인이 사용하여 붙일 수 있는 스티커의 개수는 n/2+1(n은 상위 개념의 수)이다. 예컨대, 서술식 순위결정토론법을 통하여 10개의 상위 개념을 얻었다면 10/2+1=6이므로 1인당 6개의 스티커를 나눠 갖고 참가자 각자가 가장 중요하다고 생각하는 상위 개념에 붙일 수 있다. 단, 여기서 주의해야 할 것은 스티커를 하나의 상위 개념에 하나씩만 붙여야 되는 것은 아니며, 자신이 중요하다고 판단되는 상위 개념에는 2개까지 붙일 수 있게 한다. 이렇게 해서 모든 참가자들이 스티커를 붙이게 되면 스티커가 가장 많은 상위 개념부터 우선순위가 부여되며 이를 기초로 해서 또다시 토론을 벌일 수도 있다.

15) 앞에서 살펴본 바와 같이 대면적인 토론법은 외향적이고 공격적인 한두 사람에 의한 발언권의 독점, 동료집단의 의견에 대한 동조 압력, 상급자의 의견에 반한 하급자의 의견 개진의 어려움 등 대면 접촉으로 인해 발생하는 문제들로 인해 다양하고 합리적인 아이디어를 얻기 곤란한 경우가 많다.

단계를 거쳐 이루어진다. 다만, 컴퓨터를 이용한 정책 델파이는 참여자들을 동시에 컴퓨터 단말기 앞에 앉아 있게 하고, 컴퓨터를 이용하여 아래의 절차를 진행한다는 점에서 차이가 있다.

첫째, 모니터팀(정책분석팀)이 델파이 참여자를 선정한다. 이때 보통 10명 내지 30명 정도의 전문가를 선정하는 데 주제의 범위가 넓고 복잡한 경우에는 참여자가 많아질 수 있다.

둘째, 설문지를 설계한다. 정책 델파이는 반복적인 질문과 응답의 통제된 환류를 핵심으로 하기 때문에 질문을 할 때마다 설문지를 설계해야 한다. 대체적으로 첫 단계에서 쓰여질 설문 내용은 비구성적(개방형 질문)인 경우가 많지만, 분석팀이 정책문제와 가능한 해결 방안에 대해 잘 알고 있는 경우에는 비교적 구성적(선택형 질문)인 설문지가 될 수도 있다.

셋째, 설문지에 문제 해결을 위한 하나 또는 두세 가지의 대안을 적거나 설문지에 제시된 대안목록 중에서 선택하도록 하는데 누가 어떤 의견을 제시했는지 모르도록 익명으로 한다.

넷째, 설문지가 회수되면 응답 결과를 분석하여 델파이 참여자들의 의견을 파악하여 정리한다.

다섯째, 정리된 대안들을 참여자들에게 제공하여 검토하게 한 후 각자 제시된 대안들 중에서 가장 좋다고 생각하는 대안을 선택하거나 자신의 의견을 제시하도록 한다.

여섯째, 설문지를 회수하여 제시된 의견을 정리한 후, 다시 이를 참여자들에게 회람시켜 의견 제시를 요구하는 반복된 설문을 몇 차례 되풀이한다. 이 과정에서 각자는 자신의 의견을 자유롭게 진술할 수 있는 기회를 가질 수 있어야 함은 물론 자신의 주장이 다른 사람의 주장과 다를 경우 어떻게 다르며, 왜 다른가를 검토할 수 있어야 한다. 그리고 자신의 생각을 재검토하고 수정할 수 있도록 해야 한다.

일곱째, 대안이 2~3개로 압축되면 회의를 소집해서 설문에 대한 응답을 통해서 충분히 드러나지 않은 가정, 대안의 특징, 비용과 효과 등을 밀도 있게 토론한다.

미래예측 델파이가 어떤 이해관계나 입장과는 상관없이 비교적 객관적인 입장에서 주관적 판단에 따라 아이디어를 모으려는 것과는 달리, 정책 델파이는 가능한 한 상이한 관점과 의견을 노출시킴으로써 좀 더 바람직한 대안을 개발하는 데 목적이 있으므로, 미래예측 델파이와는 다른 특성을 지닌다(Linstone & Turoff, 1975: 149-171; Dunn, 2012: 166-167).

첫째, 공개적인 토론을 위한 회의가 소집되기 전까지는 누가 어떠한 의견을 제시했는지 모르게 한다는 선택적 익명성을 특징으로 한다. 다양한 의견들이 모두 제시되어 검토 · 종합되고 몇 가지 대립되는 정책대안으로 압축되면 델파이 참여자들은 대면하여 토론을 벌인다.

둘째, 참여자들의 다양한 의견을 모으기 위하여 정책 델파이의 참여자는 전문성뿐만 아니라, 문제에 대한 관심의 정도 또는 창의력과 통찰력의 정도 등을 고려하여 선발한다. 그리고 가능한 한 다양한 의견과 대립되는 의견을 표출시키기 위해서 여러 입장을 대표하는 관련자들을 참여시킨다.

셋째, 의도적으로 다양한 의견의 차이점을 부각시키는 통계처리 방식을 채택한다. 정책 델파이는 정책문제를 둘러싸고 항상 갈등이 수반된다는 기본가정으로부터 출발한다. 따라서 정책대안 및 그 결과에 대한 의견의 불일치와 갈등을 창의적으로 활용하여 여러 가지 정책대안을 창출하고 정책대안의 결과도 예측하고자 한다. 또 이런 다양한 의견의 근저에 깔려 있는 가정이나 논증들을 명백히 밝히는 데 노력한다. 개개인의 판단을 종합할 때도 일치되지 않고 갈등을 일으키는 의견들에 초점을 맞추고, 개인이나 집단 간의 의견이 어떤 차이가 있는지를 부각시키는 방향으로 통계처리가 이루어진다(예: 집중도, 분산, 양극화 정도 등을 그래프 형태로 표현한다).

⑥ 정책대안 설계표의 작성[16]

(가) 정책대안 설계표의 작성

정책대안의 설계는 먼저 ㉠ 대안의 구성 요소를 가급적 포괄적으로 탐색 · 분류하고, ㉡ 각 구성 요소의 가능한 내용들을 대안적 내용의 형식으로 분석 · 정리한 뒤에, ㉢ 모든 구성 요소의 대안적 내용들을 연관시켜 조합하는 순서로 진행한다(허범, 1995; Bardach, 2012).[17]

통일 이후 신의주와 부산 사이의 교통망을 구축하는 정책을 추진하려고 할 때, 대안

16) 이 부분은 강근복 외(2016: 201-202)의 내용을 발췌한 것이다.
17) 이 부분은 주로 허범(1995)에 의존하여 쓰인 강근복 외(2016: 200)의 내용을 발췌한 것이다.

설계의 예를 살펴보자. 우선, 정책대안을 구성하는 주요 요소로서 (A) 교통수단, (B) 교통망 구축 사업주체, (C) 교통망 운영주체, (D) 주 운송대상 등을 찾아낼 수 있다. 그리고 이들 구성 요소는 각각 대안적 내용으로 다시 세분할 수 있다. 예를 들면, (A) 교통수단은 (A_1) 고속버스 중심, (A_2) 고속철도 중심, (A_3) 항공 중심 등이며, (B) 교통망 구축 사업주체는 (B_1) 정부, (B_2) 공기업(한국교통공사), (B_3) 민간기업 등이다.

이렇게 탐색된 정보를 종합하여 [표 7-2]와 같은 '정책대안 설계표'를 작성한다.

표 7-2 정책대안 설계표의 예

(A) 교통수단	(B) 교통망 구축 사업주체	(C) 교통망 운영주체	(D) 운송대상
(A_1) 고속버스 (A_2) 고속철도 (A_3) 항공	(B_1) 정부 (B_2) 공기업 (B_3) 민간기업	(C_1) 공기업 (C_2) 민간기업	(D_1) 화물 (D_2) 사람 (D_3) 사람과 화물

정책대안의 설계는 이들 구성 요소의 대안 내용을 연결시킴으로써 가능하다. 예를 들면, "공기업이 고속철도를 건설하고, 공기업이 고속철도망을 운영하며, 사람과 화물을 함께 운송하는 고속철도 중심 교통망을 구축하는 대안($B_2-C_1-D_3-A_2$)"이라는 하나의 정책대안이 작성된다. 물론 이 경우에 교통수단 유형(대안) 중 어느 하나의 대안(예: 항공기 중심 교통망)을 기준 대안으로 먼저 선택하고 난 후에 다른 요소의 대안들의 조합을 설계해 볼 수도 있다.

(나) 소수의 중요한 정책대안의 선정

정책대안의 수가 지나치게 많아지면, 현실적으로 그것을 관리하기 어려워진다. 그러므로 대안설계의 다음 단계는 정책대안의 수를 중요하면서도 관리 가능한 범위로 줄이는 것이다. 이를 위해서 가장 먼저 생각할 수 있는 방법은 대안목록 가운데서 상식적으로 가장 탁월하다고 생각되는 3~4개의 대안을 선택하는 것이다. 이러한 작업은 정책 관련자들의 토론을 통해서 이루어질 수 있다.

정책대안의 수를 관리 가능한 범위로 줄이기 위하여 적용할 수 있는 분석적인 방법은 설계된 모든 정책대안을 망라하는 '정책대안 목록표'를 작성하는 일부터 시작한다. 포괄적인 정책대안의 목록이 마련되면, ㉠ 규범적 기준(사회 가치관에 합치하고 바람직한가?), ㉡ 수단적 기준(효율적이며 실현 가능성이 있는가?), ㉢ 정치적 기준(채택이 가능하고 관련 집단이 수용할 수 있는가?) 등의 세 가지 기준을 적용하여 이들 기준에 배치되는 대안들을 삭제시켜나가는 순서를 따른다. 이 작업은 세 가지 기준의 반복적인 적용에 의하여 3~4개의 대안이 남을 때까지 계속한다. 이 작업도 관련자들의 토론을 통해 수행하는 것이 바람직하다.

5. 정책대안 탐색 · 개발의 제약과 극복

정책대안의 탐색 · 개발의 핵심은 정책문제를 해결할 수 있는 다양하고 창의적인 대안을 개발하여 바람직한 정책형성을 가능케 하는 데 있다.

정책대안은 발견과 창조의 과정을 거쳐서 구성되는 것으로 결국 과거와 현재의 정보를 바탕으로 미래에 나타나게 될 상황과 그 대안이 초래할 미래의 결과에 대한 예측을 전제로 하여 작성된다. 그러나 여러 가지 제약으로 인해 정책대안의 탐색 · 개발에서 모든 변수를 고려하고, 그들 변수 간의 상호 관련성을 완전히 파악한다는 것은 불가능하다. 더군다나 불확실성의 시대 또는 '소용돌이의 장(場)'이라고 일컬어지는 현대 사회환경 속에서 미래를 예측하여 문제를 해결하기 위한 좋은 정책대안을 개발하는 데는 많은 한계가 있게 마련이다.

첫째, 시간의 한계로서 대안의 탐색 · 개발은 상당히 많은 시간이 요구되는 것이 보통이다. 특히, 이전에는 없었던 새롭고 독창적인 대안을 개발하기 위해서는 많은 시간이 필요하다. 그런데 위급한 상황이나 문제의 신속한 처리가 요구될 때는 시간적 여유를 가지고 다양한 대안을 개발하고 이들을 치밀하게 비교 · 평가하는 것이 어렵게 된다. 그러나 오늘날과 같은 정보화 시대에는 이러한 시간상의 한계는 어느 정도 극복이 가능해진 면이 있다. 즉, 오늘날 집단적 의사결정을 위해 흔히 사용되고 있는 집단 의사결정 지원시스템(group decision support systems: GDSS)은 의사결정을 위해 소요되었던 많은 시간을 단축하는 데 크게 기여하고 있다(방석현, 1989: 213).

둘째, 정책정보의 한계로서 정책대안을 탐색 · 개발하려면 문제와 관련된 양질의 많은 정책정보가 요구된다. 그러나 사회 변화의 속도가 너무 빠르고 정보수요는 날로 늘어가지만, 정보의 수집 · 관리는 거기에 미치지 못하고 있는 실정이다. 따라서 정책대안의 탐색 · 개발을 위해 정책정보의 생산과 관리, 유통, 활용의 체계가 구비되어야 한다. 과거의 정책과 관련된 자료의 관리 및 정책정보체제의 구축, 정보 산출기관들 사이의 긴밀한 연계 등을 통해 필요한 정보를 생산 · 관리 · 활용하는 노력이 필요하다(제5장 정책정보의 수집과 관리 참조).

셋째, 정책분석가의 자질상의 한계로서 대안의 탐색 · 개발에 필요한 전문지식과 경험, 판단력이 부족한 경우이다. 이는 정도의 차이는 있지만 아무리 유능한 전문가에도 불가피한 제약이다. 인간의 불완전성 때문이다.

넷째, 정책분석가의 편견으로서 정책분석가가 개인의 편견에 토대를 둔 판단에 의해 대안의 탐색 · 개발의 초기부터 특정 대안을 배제시키거나 또는 어떤 대안을 최종안으로 미리 정해 놓는 경우에는 문제의 해결에 기여할 수 있는 좋은 대안의 탐색 · 개발을 어렵게 한다.

따라서 좀 더 바람직한 대안의 탐색 · 개발을 위해서 정책분석가는 다음과 같은 조건을 갖추는 것이 필요하다.

첫째, 전문적인 지식과 기술을 갖추어야 한다. 대안의 탐색 · 개발에서는 구체적이고 심도 있는 내용을 다루어야 하기 때문에 이에 대한 전문적인 지식과 기술이 없으면 창의적인 대안의 개발이 불가능하다. 그리고 기존 대안의 활용 가능성이나 창의적으로 개발된 대안의 실현 가능성 및 가치에 대한 타당한 분석이 어려워진다.

둘째, 정책분석가는 자신의 전문적 지식과 기술을 향상시킬 뿐만 아니라 넓은 세계관과 더불어 정책정보를 체계적으로 수집 · 활용할 수 있는 능력도 함께 지녀야 한다.

셋째, 자신의 한계를 인식하면서 정책분석의 오류 가능성을 항상 염두에 두고 개방적으로 문제분석과 대안분석의 개선을 위해 지속적으로 노력한다.

제 3 절 대안의 예비분석

1. 예비분석의 의의

정책대안을 탐색 · 개발한 후에는 원칙적으로 이 대안들 모두에 대해 결과를 예측하고 이를 비교 · 평가해야 한다. 그러나 모든 대안을 상세하게 검토하는 일은 거의 불가능한 일이다(Quade, 1989: 134). 정책대안의 숫자가 지나치게 많아지면 현실적으로 그것을 관리하기 어려워지기 때문이다. 인간이 습관적으로 비교 · 평가하는 대안의 숫자는 3~4개에 불과하다. 그러므로 대안탐색의 다음 단계는 정책대안의 수를 관리 가능한 3~4개로 줄이는 것이다.

설계된 여러 대안들 중에서 상대적으로 좋은 대안으로 평가되는 몇 개의 대안들을 일차적으로 골라내 이것들을 중심으로 본격적인 분석이 이루어지도록 하는 작업이 필요하다. 이렇게 이미 탐색 · 개발되어 설계된 정책대안들 중에서 본격적인 분석을 할 필요가 있는 대안들을 골라내는 작업을 정책대안의 예비분석(screening)이라고 한다(Mood, 1983: 33).

2. 예비분석의 방법과 기준

그렇다면 설계된 많은 정책대안들 중에서 본격적인 분석의 대상이 될 정책대안을 어떠한 방법으로 무슨 기준에 의해 선별하는 것이 바람직한 것인가? 가장 먼저 생각할 수 있는 방법은 대안목록 중에서 개괄적으로 윤리성, 실현 가능성, 그리고 효율성의 기준을 적용해서 우월하다고 생각되는 3~4개의 대안을 선택하는 것이다. 이 작업은 정책분석 참여자들의 토론을 통해서 가능할 수 있다.

정책대안의 수를 관리 가능한 범위로 줄이기 위하여 적용할 수 있는 분석적인 방법은 설계된 모든 정책대안을 포함하여, 기타 다른 방법을 통하여 탐색할 수 있는 다른 대안까지 전부 망라하는 '정책대안 목록표'를 작성하는 일이다. 그리고 포괄적인 정책대안의 목록이 마련되면 일정한 기준을 적용하여 이들 기준에 배치되는 대안들을 삭제시켜나가는 작업 순서를 따른다. 이 작업은 기준의 반복적인 적용에 의해 3~4개의 대안이 남을 때까지 계속한다. 물론 이 작업도 정책분석 참여자들의 토론을 통해 수행하는 것이 바람직하다.

이와 같은 예비분석 과정에서 적용될 수 있는 기준의 한 예로 ① 규범적 기준(결정권자의 가치관과 합치하는가?), ② 수단적 기준(실현 가능성이 있는가?), ③ 정치적 기준(대상 집단이 수용할 수 있는가?) 등을 들 수 있다(허범, 1995 참조).

또한 ① 비용과 효과, ② 대안의 실현 가능성, ③ 지배의 원리 등을 기준으로 삼을 수도 있다(정정길, 1992: 306; Quade, 1989: 198-200; Mood, 1983: 33-34). 이를 나누어 살펴보면 다음과 같다. 첫째, 비용(costs)과 효과(effects)는 정책효과보다 이에 소요되는 정책비용이 지나치게 많이 초과될 경우 그러한 정책대안은 분석의 대상에서 제외시킨다. 여기에서 비용은 정책을 추진하는 데 소요되는 직접비용뿐만 아니라, 정책의 추진으로 야기되는 환경오염이라든가 소음 등의 간접적인 비용을 포함하는 개념이다. 효과의 경우도 간접적인 편익을 포함한다.

둘째, 만약에 어떤 대안이 기술적, 경제적, 정치적인 실현 가능성이 매우 낮게 평가된다면 이러한 대안들은 본분석의 대상에서 제외시킨다. 특히, 실현 가능성과 관련해서 정치적 실현 가능성이 주목을 끈다. 정치적 실현 가능성이란 정책대안이 정책으로 채택될 가능성(acceptability)과 집행 가능성(implementability)을 모두 포함하는 개념이다. 어떠한 대안을 그것의 채택이나 집행을 방해하는 강력한 집단이 명확하게 반대할 것이라면 그러한 대안들은 정책으로 채택될 가능성이 희박해진다. 따라서 그러한 대안들은 본격적인 대안분석의 대상에서 제외시키는 것이 불가피할지 모른다. 그러나 여기서 주의해야 할 점은 엄밀한 분석은 뒤에서 이루어지게 되겠지만, 예비분석 단계에서 비록 어떤 대안이 실현 가능성은 낮지만 다른 기준에 비추어 보아 매우 좋은 대안이 될 수 있다면, 실현 가능성을 증대시키는 방안을 모색하여 본격적인 분석의 대상에 포함시킬 필요가 있다는 것이다(이에 대해서는 제9장 제2절 정책대안의 비교·평가 참조).

셋째, 하나의 정책대안이 다른 정책대안에 비해서 대안 실행에 필요한 투입 요소나 대안이 가져올 결과 측면에서 명백히 우월한 지위에 있어서 전자의 정책대안이 후자의 정책대안을 지배하는 경우이다. 이 경우는 정밀한 분석을 해볼 필요도 없이 개괄적인 검토를 통해서 대안의 우열이 명백히 가려지는 경우이다. 그러므로 명백히 열등한 대안으로 평가된 것은 본격적 분석에서 제외시키는 것이 시간과 노력을 절약하게 한다. 그러나 서로 성질이 크게 다른 정책대안들을 예비분석할 때 주의할 필요가 있다. 좀 더 체계적인 분석을 해보아야만 대안 간의 우열이 가려질 수 있음에도 불구하고 성급하게 어떤 대안을 열등하다고 판단하여 본분석에서 배제하는 일이 없도록 주의할 필요가 있다.

3. 대안의 수정 및 재설계

설계된 정책대안들 중에서 일정한 기준을 적용하여 다른 정책대안에 비하여 우수한 결과를 가져올 수 있는 바람직한 대안들을 본격적인 분석에 앞서 일차적으로 선별하는 대안의 예비분석은 정책대안의 탐색 · 개발에 매우 중요한 의의를 지닌다. 앞에서 살펴본 바와 같이 정책대안의 탐색 · 개발에서 가장 중요한 것은 정책문제를 좀 더 잘 해결할 수 있는 창의적인 대안의 개발이기 때문이다. 예비분석에서도 바로 이러한 목적의식이 간과되어서는 안 된다는 것이다.

따라서 예비분석은 일정 최소 기준을 충족시키지 못하는 대안들을 제거하는 것이다. 더 나아가서 좀 더 창의적인 대안의 개발을 위해 설계된 대안들을 수정하고 개선하는 작업과 대안의 탐색 · 개발 설계 과정에서 간과했던 또 다른 좋은 대안들을 탐색하여 새롭게 설계하는 작업이 이루어져야 한다. 이렇게 볼 때 정책대안의 탐색 · 개발 작업은 대안분석의 전 과정에서 반복적이고 지속적으로 이루어져야 한다.

제8장 정책대안 분석 Ⅱ: 대안의 결과 예측

이 장에서는 대안분석의 두 번째 단계로서 대안 결과 예측의 의의, 특성을 살펴보고 대안 결과 예측의 방법에 대해서 살펴본다. 앞에서 설명하였듯이 예측된 대안의 결과가 일정한 기준을 충족시키지 못할 경우 다시 대안의 탐색·개발이 이루어지게 된다.

제 1 절 정책대안 결과 예측의 의의

1. 정책분석에서의 예측

여러 정책대안들 중에서 어느 것이 좀 더 나은지를 알기 위해서는 정책대안들 하나 하나가 채택되고 실행될 경우, 어떠한 결과가 나타나게 될 것인지를 미리 예측해 보아야 한다. 정책대안이 실현되었을 경우, 나타나게 될 결과들을 미리 예측해 보는 것을 정책대안의 결과 예측이라 한다. 정책대안의 결과 예측은 대안분석에서 가장 어려운 단계 중 하나이며, 전문적인 능력과 시간이 부족한 정책결정자에게 정책분석이 기여할 수 있는 중요한 작업이기도 하다.

정책대안의 결과 예측은 미래의 상황과 여건에 대한 정확한 예측을 바탕으로 해야 한다. 여러 정책대안들 중에서 어떤 정책대안이 정책문제의 해결(정책목표의 달성)에 더 큰 기여를 할 것인가의 여부는 미래의 정책 상황에 의해 좌우되기 때문이다. 그런데 모든 종류의 예측은 오류를 범하기 쉽다. 이 오류는 주요 요소나 논리성이 부족한 가정들, 제도적 유인체계의 오류 증폭 효과, 그리고 정책 이슈들의 복잡성 등에서 기인한다. 그럼에도 불구하고 예측을 통해서 정책분석가들은 미래를 이해할 수 있게 될 뿐만 아니라 정책대안의 실현을 통해 얻게 될 긍정적 효과를 극대화하고, 부정적인 결과를 최소화할 수 있는 방법을 생각하게 한다. 또한 예측을 통해 과거의 사건들에 의해 야기된 미래의 변화에 적절하게 반응하게 되며, 미래를 능동적으로 설계해 나가기 위해 필요한 정보를 얻게 된다.

2. 결과 예측의 대상

1) 미래와 예측

미래는 과거와 현재에 의해 결정되는 것이기도 하지만, 한편으로는 과거, 현재와 상관없이 우리가 능동적으로 만들어가는 것이기도 하다. 미래가 과거와 현재에 의해 결정되는 것이든, 아니면 우리의 노력의 결과이든 미래는 예측을 통해서 이해할 수 있다. 따라서 미래지향적인 정책분석가는 어떤 가치가 미래의 행동을 이끌 수 있고, 이끌어야 하는가를 물어야 한다. 여러 가능한 미래들 중에서 어떤 미래가 과연 바람직한지를 평가하지 않고는 방향을 제시하는 예측(guiding predictions)은 불완전할 수밖에 없다. 그러므로 '바람직한 상태'가 지금 우리가 선호한 것에 의해서가 아니라, 우리가 미래에 선호하게 될 것에 의해서 결정되어야 한다는 전제를 받아들인다면, 우리는 미래를 예측하기에 앞서 우리가 추구하고자 하는 가치를 먼저 예측(설계)하여야 한다.

정책분석에서 이루어지는 예측에서 미래가치(future values)를 취급한다는 것은 이 예측이 과거의 가치에 기초해서 이루어지는 예견을 강조하는 전통적인 사회과학 분야와는 다르다는 것을 의미한다. 전통적 사회과학 분야에서의 예측이 보였던 가치에 대한 소극성은 정책분석에서의 예측이 보이는 능동적인 가치지향성과 대비해서 설명될 필요가 있다. 왜냐하면, 정책분석에서의 예측은 과거에 관한 지식을 토대로 하여 가치의 변화를 설명하고 예견할 뿐만 아니라 현재와 미래의 가치에 대한 능동적인 변화까지도 예측하기 때문이다.

정책분석에서의 예측이 대상으로 하는 미래는 세 가지 형태가 있다. 가능한 미래(potential future)와 개연적 미래(plausible future), 그리고 규범적 미래(normative future)이다(Dunn, 2012: 121－122).

① 가능한 미래는 잠재적 미래 또는 대안적 미래(alternative future)라고도 한다. 이는 실제로 발생하게 될 미래의 상태가 아니라, 단순히 발생 가능한 또는 나타날 수도 있는 미래의 상태를 말한다. 가능한 미래는 그것이 현실적으로 나타날 때까지는 전혀 확실치 않다. 예를 들어, "2030년에는 한국이 OECD 회원국 중에서 1인당 GNP가 세 번째로 높은 국가가 될 것이다" 또는 "2040년에는 남북이 통일될 것이다"라는 것은 가능한 미래에 해당한다. 따라서 잠재적으로 발생 가능한 미래는 무수히 많이 존재할 수 있다.

② 개연적 미래는 확률적 미래라고도 하는데, 정책 활동을 통해 방향 전환을 시도하지 않는다면 자연이나 사회의 인과관계에 관한 가정들에 기초하여 자연스럽게 나타나게 될 가능성이 큰 미래 상태를 말한다. 예를 들어, "2025년에는 현재에 비해 지구의 물 부족 현상이 더욱 심화될 것이다"라는 것은 개연적 미래에 해당한다고 볼 수 있다. 시간이 흐를수록 세계적으로 물 부족이 심해지고 있고, 여러 연구 결과들도 이러한 예측을 뒷받침하고 있기 때문이다.

③ 규범적 미래는 바람직한 미래이다. 이는 우리가 바람직하다고 여기는 미래의 상태, 그렇게 나타나기를 희망하는 미래를 말한다. 예를 들어, "누구나, 언제든, 비용 걱정 없이 최고 수준의 의료서비스를 받게 되는 것"은 규범적 미래에 해당한다. 이러한 미래는 예측의 대상이라기보다는 우리의 노력으로 실현시키길 희망하는 미래라는 점에서 창조의 대상, 설계의 대상이 된다. 바람직한 미래의 내용은 과거에 어떠한 일이 일어났는가 또는 현재의 상태가 어떠한가 하는 것과 전혀 관계가 없다. 또한 실현 가능성 여부에 의해서도 제약받지 않는다. 다만, 특정 시기에 그러한 모습의 상태가 나타나는 것이 바람직하다고 판단되어 설계된 것이다. 이런 의미에서 규범적 미래는 가능한 미래나 개연적 미래의 욕구, 가치, 기회 등과 일치할 수도 있다.

일반적으로 정책은 바람직한 미래에 대한 설계와 개연적 미래에 대한 예측을 통해서 문제를 인식하고, 그러한 문제를 해결하기 위한 노력으로 나타나는 것이다([그림 8－1] 참조).

그림 8-1 | 정책과 미래예측

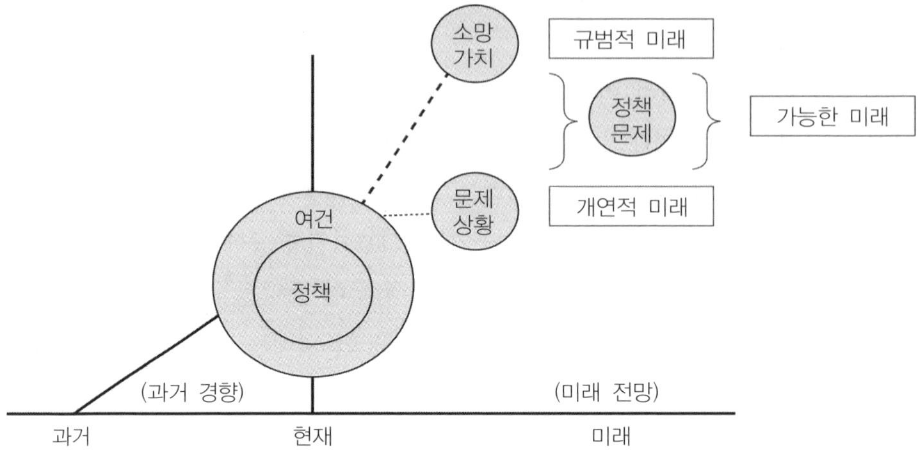

출처: 허범(1988).

2) 예측의 대상

예측은 미래가 어떻게 전개될 것인가에 대한 정보 또는 어떤 목적을 달성하기 위해 취하려고 하는 행동(정책)이 가져오게 될 결과(비용을 포함하여)에 대한 정보를 얻기 위해서 행해진다. 이를 좀 더 구체적으로 살펴보면 다음과 같다.

첫째, 단순한 미래 상황에 대한 예측이다. 이는 아무런 행동을 취하지 않았을 때, 즉 어떤 새로운 정책도 시행되지 않았을 때 나타나게 될 미래 상태를 말한다. 예를 들면, 현재의 교통 상태를 그대로 방치해 두었을 때 미래의 일정 시점에서 나타나게 될 교통 상황에 대한 예측이 이에 해당한다. 이러한 예측은 문제의 진행 상황이나 심각성 등에 관한 정보를 획득하는 데 유용하다.

둘째, 정책대안의 등장에 대한 예측으로 장래의 일정 시점에서 등장하게 될지도 모를 새로운 정책과 그 내용이다. 즉, 현재의 상황을 그대로 두었을 때, 이의 해결을 위해서 어떠한 정책대안들이 등장할 수 있을 것인가에 대한 예측이다. 예를 들면, 경제 불황으로 실업이 증가하고 있다면, 그 상태를 그대로 두었을 때 실업문제의 해소를 위해 어떠한 정책대안들이 제기될 수 있는가를 예측하는 것이다. 이러한 예측은 정책대안의 탐색 · 개발과 결과 예측에 필요한 정보를 획득하는 데 유용하다. 첫 번째와 두 번째 예측 대상은 모두 정부가 현재의 상태에 아무런 조치를 취하지 않았을 때 나타날 수 있는 미래 상태라는 점에서는 유사하다. 그러나 첫 번째의 예측이 문제 상황에 초점을 맞춘 것이라고 한다면, 두 번째의 예측은 문제 해결에 초점을 맞춘 것이라고 볼 수 있다.

셋째, 정책대안의 결과에 대한 예측으로 문제 해결을 위해 새로운 정책이 채택되고 실행되었을 경우 일어날 수 있는 미래 결과이다. 예를 들면, 환경오염 규제정책이 수립되어 집행되었을 경우, 미래의 일정 시점에 그 결과로서 나타나리라고 예상되는 상태를 예측하는 것이다. 탐색 · 개발된 정책대안 각각이 가져오게 될 긍정적 또는 부정적 결과를 정확히 예측하여야 한다. 이러한 예측은 정책대안의 비교 · 평가에 필요한 정보를 획득하는 데 유용하다.

넷째, 정책 관련 집단들의 반응이다. 어떠한 정책이든 그 정책을 지지하는 집단과 반대하는 집단이 있게 마련이다. 따라서 새로운 정책이 채택되었을 때 누가, 어떠한 이유로, 어느 정도 찬성 또는 반대하고, 어떠한 방식으로 찬성 또는 반대의 의사 표시 또는 반응을 보일 것인지를 예측하는 것이다. 이러한 예측은 정책 관련 집단의 정책에 대한 찬성과 반대에 대한 정보의 파악을 통해 정책의 실현 가능성과 수용성을 확보할 수 있는 방법 및 여건을 조성하도록 하는 데 유용하다.

다섯째, 미래의 바람직한 상태에 대한 예측이다. 이러한 예측은 미래의 창조와 설계를 목적으로 하기 때문에 단순한 예측과는 다르다(허범, 1988: 87-88). 이 경우 미래의 가치가 예측의 대상에 포함된다. 미래를 설계 · 창조하기 위해서는 과거와 현재의 가치가 미래에 어떻게 변화하고, 어떤 새로운 가치가 등장하는지가 예측되어야 하기 때문이다.

3. 대안 결과의 예측과 불확실성

정책대안 분석에서 불확실성(uncertainty)은 정책형성을 위해서 알아야 할 것과 실제로 알고 있는 것과의 차이 또는 정책대안의 성공에 영향을 미치는 요소들에 대한 예측 불가능성이라고 정의하기도 한다. 바람직한 정책형성을 위해서 고려해야 할 불확실성의 요소들은 여러 가지가 있으나 다음과 같이 분류해 볼 수 있다.

첫째, 정책문제의 내용이나 원인을 정확히 모르는 경우, 둘째, 바람직한 정책목표가 무엇이어야 하는지 모르는 경우, 셋째, 어떤 종류의 정책대안이 있는지 모르는 경우, 넷째, 정책대안이 어떠한 결과를 가져올지 모르는 경우, 다섯째, 정책대안의 비교·평가 기준으로서 무엇이 적합한지 모르는 경우 등이다. 여기에서 우리가 관심을 갖는 것은 넷째의 정책대안 결과 예측의 불확실성이다.

이러한 불확실성에 대처하는 방안은 논리적으로 보아 두 가지로 구분할 수 있다. 첫째는 불확실한 것을 적극적으로 극복하거나 해소시키는 방안이며, 둘째는 불확실성을 주어진 것으로 전제하고 이 불확실성을 감안하여 정책을 형성하는 소극적 방법이다(정정길, 1989: 320).

먼저, 불확실한 것을 적극적으로 극복하거나 해소시키는 방법은 성질에 따라 크게 두 가지로 나눌 수 있다. 하나는 가장 이상적으로 불확실성을 극복하는 방법으로 이론이나 모형을 개발하여 정책대안과 결과의 관계를 명확하게 정립하고, 이론이나 모형을 현실에 적용될 때 개입되는 여러 가지 조건이나 상황변수들에 대한 자료나 정보를 획득하여 반영함으로써 정책대안이 가져올 결과를 예측하는 방법이다. 다른 하나는 불확실성을 발생시키는 상황 자체를 통제하는 것이다. 예를 들면, 동일한 상품을 만드는 두 회사가 상품의 생산량을 증가시키려고 할 때 상대편의 행동을 미리 예측해 보아야 한다. 상대편에서도 많은 양을 생산하려고 하는데 이쪽에서도 많이 생산하여 상품의 과잉공급이 되면 남은 양이 팔리지 않기 때문이다. 이런 경우에 상대편의 행동을 예측하기가 곤란해 불확실성에 직면하는데, 이를 극복하기 위해서 두 회사가 서로 공급량을 타협하여 불확실성을 해소시키는 것이다.

불확실성을 주어진 것으로 보고 불확실한 상태 하에서 정책대안의 결과 예측이나 정책형성을 진행해 불확실성에 대처하는 소극적인 방법도 있다. 이러한 방법에는 보수적인 접근방법, 중복성(redundancy)의 확보, 민감도 분석 등이 있다.

1) 보수적인 접근방법

보수적인 접근방법은 불확실성 하에서 발생될 최악의 상황이 실제로 나타나리라고 전제하고, 이 전제 하에서 정책대안의 결과를 예측하여 그 결과를 기초로 최선의 대안을 선택하는 방법을 말한다. 일반적으로 위험에 대한 정책결정자나 분석가의 태도는 세 유형으로 나눌 수 있다. 즉, 위험을 가능한 한 회피하려는 위험 회피형, 위험을 무릅쓰는 모험 추구형, 그리고 위험 중립형 등이다. 이때 첫 번째의 위험 회피형이 보수적인 접근방법을 취하는 태도에 해당된다.

2) 중복성의 확보

중복성(redundancy, 가외성)의 확보란 위험 발생 상황에 대비하여 중복성, 신축성 등의 추가 안전장치를 확보하는 방법이다. 중복성이란 체제 내의 여러 하위 체제들이 동일한 기능을 중복적으로 수행하고 있거나 또는 유사시에 중복적으로 수행할 수 있도록 체계화되어 있는 상태를 의미한다. 인간이 지닌 지식과 정보는 불완전하며 미래 또한 불확실하다. 이러한 불완전성과 불확실성은 정책결정 상황이 불확실하다는 것을 의미한다. 환경은 언제나 가변적이기 때문에 정확하게 기술될 수 없고, 선호된 가치체계나 그것을 달성하는 수단에 대해서도 정확하게 아는 바가 없다. 또한 좀처럼 의견이 한곳에 모아지지도 않는다. 따라서 상황의 불확실성이나 가치 간의 갈등에 대한 대책이 요구되는데, 그러한 대책 중의 하나가 중복성이라 볼 수 있다(백완기, 1988: 169-170). 즉, 정책대안의 결과가 어떻게 될지 불확실할 때 이 정책대안의 추진을 위해서 일종의 중복적 수단을 보유하도록 하고, 중복적 수단을 추진하는 데 소요되는 비용을 이 정책대안의 전체 비용에 추가 계상하여 다른 대안들과 비교하도록 하는 것이다.

3) 민감도 분석

불확실성 하에서 정책결정을 할 때 위험 발생의 경우에 대비하여 널리 사용되는 방법은 민감도 분석이다. 민감도 분석은 분석하기 위한 모든 값들이 확실히 알려져 있지 않을 때 원래의 분석에서 사용해야 할 값들 대신에 다른 값으로 대치하여 분석하고, 이것이 대안의 결과에 미치는 영향을 검토하는 분석 방법이다. 민감도 분석은 수행하는 상황에 따라 분기점 분석과 악조건 가중 분석 등으로 구분해 볼 수 있다(노화준, 1989: 217).

첫째, 분기점 분석(break-even analysis)은 최선 및 차선으로 예상되는 몇 가지 대안들을 대상으로 하여, 이 대안들이 동등한 결과를 산출하기 위해서는 불확실한 요소들에 대해서 어떠한 가정들을 해야 하는지를 파악하는 방법이다. 이렇게 가정들이 만들어지면 이것을 그 분야의 전문가들에게 의뢰하여 어떤 가정이 그럴듯한지 판단하도록 하여 가장 발생 가능성이 높다고 생각되는 가정을 지닌 정책대안을 최선의 대안으로 판단하는 방법이다.

둘째, 악조건 가중 분석(a fortiori analysis)은 예비분석이나 지금까지의 분석 결과로 보아서 가장 우수하다고 판단되는 정책대안에 대해서 그 결과를 다시 예측하되, 결과를 좌우하는 요인에 불확실성이 있을 때 우수한 정책대안에서는 최악의 상태를 가정하고, 나머지 대안들에서는 최선의 상태가 발생할 것이라는 가정 하에서 각각 대안들의 결과를 새로 예측하는 방법이다. 이때 최초에 가장 우수하다고 판단되었던 대안이 여전히 가장 우수한 대안으로 판명되었다면 자신 있게 그 대안을 채택할 수 있게 된다.

제 2 절 정책대안 결과의 예측 방법

1. 예측의 근거

예측에는 세 가지의 중요한 근거가 있는데, 경향치의 투사(trend extrapolation), 이론적 가정(theoretical assumptions), 그리고 주관적 판단(subjective judgement)이 그것이다(Ascher & Overholt, 1983: 69-91, 132-139; Dunn, 2012: 118). 이러한 예측 근거에 따라서 예측 방법은 투사(projection), 예견(prediction), 그리고 추측(conjecture)으로 나누어진다. 즉, 투사는 과거로부터 현재까지의 추세를 미래로 연장한 것에 기초하는 예측 방법이다. 예견은 명백한 이론적 가정들에 기초하는 예측 방법이다. 그리고 추측은 사회적 미래 상태에 대한 식견 있는 판단이나 전문가의 판단에 기초한 예측 방법이다.

2. 대안 결과의 예측 방법

1) 경향치의 투사

경향치의 투사(投射)는 과거부터 현재에 이르기까지 관찰된 역사적 경향을 미래의 시점까지 확장시키는 것이다. 그러므로 돌발적인 사건에 의해서 이제까지의 경향치가 바뀌거나 기존의 사태 진행이 방해받지 않는다면 또는 새로운 정책이 행동화되어 어떤 변화를 야기하지 않는다면 과거에 일어났던 과정이나 결과가 미래에도 유사하게 같은 모습으로 나타날 것이라고 가정한다. 경향치의 투사는 귀납적 논리(inductive logic)에 기초하고 있어서, 특정한 관찰 결과(예: 시계열 분석자료)로부터 일반적인 결론이나 주장을 이끌어낸다. 이러한 경향치의 투사에 활용할 수 있는 방법으로는 시계열 분석, 선형 경향 추정이 있다.

(1) 시계열 분석

시계열 분석(time series analysis)이란 시간을 독립변수로 하여 과거로부터 현재에 이르는 변화를 분석함으로써 미래를 예측하는 동태적인 분석 방법이다. 시계열 분석에서는 모든 시계열이 지속적 경향, 계절적 변동, 순환적 파동, 불규칙적 진동 등 네 가지 구성 요소를 가지고 있다고 본다(김신복, 1991: 364-365).

첫째, 지속적 경향성(secular trend)은 시계열상에서 장기적으로 평탄하게 증가하거나 감소하는 것을 말한다. 예를 들어, 1969년에서 1999년까지 30년 간 우리나라의 청소년 범죄 건수가 지속적으로 증가하고 있는 경향을 들 수 있다.

둘째, 계절적 변동(seasonal variation)은 1년 혹은 그보다 짧은 기간 동안에 주기적으로 반복해서 나타나는 시계열상의 변동이다. 예를 들어, 계절에 따른 난방 연료 사용량이나 음료 판매량의 주기적인 증감 현상을 들 수 있다.

셋째, 순환적 파동(cyclical fluctuations)은 주기적이기는 하지만 주기가 예상할 수 없을 정도로 수년 간에 걸쳐 길어질 수 있는 것을 말한다. 지속적 경향을 나타내는 경우라 하더라도 시계를 넓혀 보면 순환적 파동으로 설명될 수 있는 것들이 많다. 순환적 파동은 미지의 요인들의 결과일 수 있어 이에 대한 설명이 어려운 경우가 많다.

넷째, 불규칙적 진동(irregular movements)은 규칙성이 없어 보이는 시계열상의 예측할 수 없는 변동을 말한다. 불규칙적 진동은 정부의 변화, 파업, 자연 재해 등 많은 요인들의 결과일 수 있다. 이들 요인들이 설명되지 않는 한 이들은 무작위 오차로 처리된다.

시계열 분석은 과거의 변화 경향에 관한 계량적인 분석을 토대로 미래를 추정하는 방식이므로 예측의 객관적인 준거를 제시해 주며, 변화의 유형과 요소들을 분리시켜 파악할 수 있게 함으로써 합리적인 판단과 통제에 기여한다.

(2) 선형 경향 추정

경향치의 투사에 표준적으로 사용되는 방법은 선형 경향 추정(linear trend estimation)이다. 이것은 선형회귀 방법을 이용하여 시계열의 관측치를 기초로 미래 상태의 정확한 추정치를 수학적으로 얻는 절차이다.

선형회귀 방법은 지속성, 규칙성, 자료의 신뢰성 등의 가정에 기초하여 경향치를 추정하는데, 계절 변동이나 주기적 파동 및 불연속적 진동과 같은 요소를 제거하거나, 이와는 반대로 계절 변동이나 주기적 파동 및 불연속적 진동을 나타내는 시계열로부터 선형 경향 요소를 제거할 때 사용된다. 따라서 선형회귀 방법은 지속적인 경향을 연장하는 방법이지만, 몇 가지 조건에 의해 제약을 받는다. 첫째, 시계열이 선형이어야 한다. 즉, 시계열이 추세 직선을 따라 계속해서 증가하거나 감소하는 모양이어야 한다. 만약 관측치가 비선형이면 다른 기법을 사용해야 한다. 둘째, 역사적 경향이 미래에도 지속된다는 그럴듯한 논거를 제시해야 한다. 셋째, 시계열의 모양이 주기적 파동이나 급격한 불연속 등이 없이 규칙적이어야 한다.

2) 이론적 가정

이론적 가정은 한 사건의 발생을 예측할 수 있는 체계적인 구조를 가지고 있으면서 경험적으로 검증 가능한 일단의 법칙과 명제를 말한다.

이론적 가정은 대개 변수와 변수 사이의 인과관계를 기초로 연역적 논리(deductive logic) 과정을 통해 예측한다. 이렇게 이론적 가정에 근거해서 이루어지는 미래의 투시를 예측(forecasting)이라고 한다. 벨(Daniel Bell)은 이와는 달리 예견(prediction)을 예측과 구별하는데, 이는 순전히 사적 통찰력에 의한 미래에 대한 투시로서, 그러한 판단의 근거를 제시할 수 없는 주관적 예상을 가리키는 것이라고 한다(Bell, 1976: 3-6).

이론적 가정에 근거한 미래예측 방법으로는 모형의 활용, 모의분석법, 그리고 회귀분석 등이 있다.

(1) 예측모형의 선택과 개발

① 모형의 의미와 기능

일반적으로 모형은 현실에서 분석에 필요하고 중요한 측면만을 선별하여 단순화시킨 것, 즉 현실의 추상적인 표현을 의미한다. 따라서 모형은 현실을 있는 그대로 표현하는 것이 아니라 현실을 단순화시킨 것이다. 또한 모형은 실제 현상의 복잡성을 대신하여 그 주요한 구조와 기능만을 대표하는 유질동형(類質同形)이며 이론과는 다르다. 모형은 어떤 현상에 대한 인식의 도구이지 이론과 같이 일반화의 역량을 갖는 설명의 도구는 아니다. 그러나 간접적으로 설명에 기여할 수는 있다.

모형이 갖는 주요 기능으로 첫째, 모형은 자료를 조직화한다. 무엇보다도 모형은 실제 현상에 대한 자료를 과학적으로 처리 가능하게 한다. 둘째, 모형은 인식의 도구 역할을 한다. 모형은 실제 현상을 더욱 과학적으로 파악하기 위해 만들어지기 때문이다. 그러나 우리가 모형을 만드는 가장 큰 이유는 결과를 좀 더 정확하게 예측하기 위해서이다. 따라서 정책분석에서 모형은 주로 정책대안의 결과 예측을 위해 활용된다.

정책분석에서 모형이 적용되는 영역은 다음과 같다(김신복, 1991: 347-348).

첫째, 어떤 적극적인 정책을 추진하지 않고 현재의 추세가 지속될 경우에 나타날 상황을 예측한다.

둘째, 예측 결과를 토대로 상황의 긍정적인 측면과 부정적인 측면을 구분한다.

셋째, 바람직한 방향으로의 변화를 실현하기 위한 대안들을 추출한다.

넷째, 각 대안들이 가져올 결과를 예측한다.

② 모형의 선택과 개발

정책분석에서는 각 대안들이 가져올 결과를 정확하게 예측하기 위해 기존에 나와 있는 모형 중에서 적절한 것을 선택하거나 새로 개발한다.

[그림 8-2]는 국내의 열악한 설비투자 부족 문제(정책문제)를 해결하기 위해 매우 단순하게 만들어진 모형이다. 이 모형은 정책자금이 방출되거나 금리가 인하되면(정책

그림 8-2 | 설비투자의 활성화를 좌우하는 요인에 대한 모형

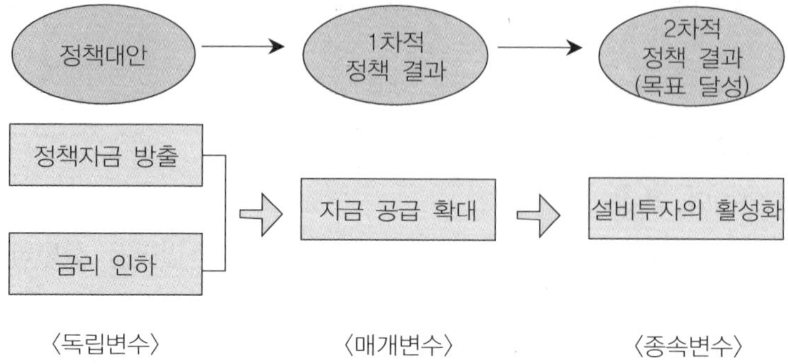

대안 실행) 시중에 자금 공급이 확대되고, 그럼으로써 (만약 자금 공급의 확대를 투기자금 등 다른 용도로 사용하지 않는다고 한다면) 설비투자가 활성화될 수 있다(정책대안의 결과: 정책목표의 달성)는 것을 단순화한 것이다.

정책분석에서 모형을 개발할 때에는 먼저 해결해야 할 정책문제를 명확히 정의하고, 정책문제를 발생시킨 원인변수와 정책대안이 추진되었을 때 나타날 수 있는 결과변수들을 탐색하여 변수 간의 상호 관계 및 방향과 강도 등을 면밀히 파악해야 한다.

정책대안의 결과를 예측할 때는 결과를 확정적으로 예측하는 방법과, 상황에 따라 달리 나타나는 결과들을 예측하면서 상황의 발생 확률을 밝히는 방법이 있다. 전자는 확정적 모형을 이용한 예측 방법이고, 후자는 확률적 모형을 이용한 예측 방법이다. 확정적 예측모형은 예측을 할 때 한 가지 확정적인 미래 상태만을 제시하는 데 반해, 확률적 모형은 미래의 불확실성을 감안하여 어떤 상태에 이르게 될 가능성을 확률로 환산하여 제시한다. 선형계획과 의사결정 분석은 각각 확정적 모형과 확률적 모형의 한 예이다.

③ 모형의 예측력과 정보

모형을 이용하여 정책대안의 결과를 정밀하게 예측하는 것은 매우 어려운 작업이다. 대안의 결과에 대한 정확한 예측을 위해서 모형은 예측력이 있어야 하는데, 모형의 예측력은 모형 자체의 정확성과 모형에서 사용되는 변수들에 관한 정보의 정확성에 의해 좌우된다. 즉, 모형이 얼마나 정확하게 설계되었느냐 하는 것과 모형을 이루고 있는 변수들에 대한 정보가 얼마나 충분하고 정확한가에 따라 모형의 예측력이 크게 달라진다. 모형의 정확성이란 모형의 구성 요소에 중요한 변수들이 어느 정도 포함되어 있느냐와 변수들 간의 인과관계의 방향이나 강도가 얼마만큼 사실(현실)을 적절하게 표현 또는 반영하고 있느냐이다. 모형의 변수들 간의 인과관계 방향이나 강도가 사실(현실)과 많이 일치할수록 모형의 예측력은 강화되고 모형에 의한 결과 예측은 더욱 정확해질 것이다. 또한 사실(현실)과 관련된 좀 더 많은 변수가 포함되어야만 모형이 사실(현실)을 더욱 정확히 표현하게 되어 그 예측력도 커지게 된다.

모형이 중요한 변수들을 포함하고 있고 그 변수들 간의 인과관계의 방향이나 강도가 아무리 정확하여도 변수들의 상태에 대한 자료나 정보가 정확하지 않으면 결과 예측은 부정확해진다. 오늘날에는 각종 자료와 정보가 데이터베이스로 구축되어 있어 좀 더 정확한 정보를 얻을 수 있고, 여러 가지 다양한 모형들이 프로그램화되어 있어 모형의 예측력을 향상시키고 있기는 하다. 그러나 근본적으로 모형의 부적절성과 정보의 부족은 모형의 예측력을 제약하는 요인이 되고 있다.

④ 모형의 한계

모형이 비록 정책대안의 결과를 예측하는 데 크게 기여한다 하더라도 모형을 사용하는 데는 한계가 있다.

첫째, 모형은 실제 현상이 아니라 단지 실제 현상을 단순화시킨 것에 불과하기 때문에 그 예측력에는 한계가 있다. 모형은 실제 현상에 비해 항상 불완전하고 불충분하며 부분적인 현상을 나타내는 데 그친다. 따라서 모형에 의해 예측된 결과가 실제 현상에서도 온전히 그대로 나타날 것이라고 확신하는 것은 위험하다.

둘째, 모형은 인위적인 구성체이다. 그러므로 경우에 따라서는 중요한 변수들이 생략될 수도 있고, 이것은 모형의 결과 예측의 신뢰성을 저하시키게 된다. 따라서 정책대안의 결과를 예측하기 위해 모형을 사용할 때에는 이러한 한계점을 충분히 인식할 필요가 있다.

(2) 모의분석법

모의분석법은 시뮬레이션(simulation)이라 부르기도 한다. 기본 아이디어는 어떤 실제 체제의 성질, 행태 및 특성들을 연구하고 이해하기 위하여 그 체제를 모방한 모형을 활용하는 것이다. 정책분석에서 모의분석법은 정책대안의 실현으로 인해 어떠한 변화가 일어나는가 하는 것을 실제로 그러한 정책대안을 실행하지 않고도 알아내며, 상황변화에 적합한 새로운 지식과 정보를 산출하기 위해 활용된다. 따라서 모의분석법은 정책대안을 현실적으로 직접 실행해서 결과를 도출할 수 없는 상황에서 정책대안을 현실적으로 실행해서 얻는 것과 같은 결과를 예측하는 데 매우 유용한 방법이다.

정책분석에서 활용되는 모의분석법은 초기에 비행사나 우주비행사가 훈련할 때 활용했던 모의분석법의 기본개념과 같다. 그러나 정책분석에서의 모의분석법은 물리적인 체제를 사용하는 대신에, 자료의 조합과 수학적인 모형을 사용한다는 측면에서 비행 시뮬레이션과는 조금 다르다. 그런데 모든 물리적 시뮬레이션이 정책의 영역에서 활용 가치가 전혀 없는 것은 아니며, 작은 댐이나 수로와 같은 물리적 시뮬레이션은 관련 정책문제의 해결을 위해 활용되기도 한다.

모의분석법을 활용할 때는 계량적인 모형과 자료들을 여러 가지 방법으로 조합하여 다양하게 실험할 수 있다. 모의분석의 핵심은 주로 장래의 어떤 시점에서 무엇이 일어날 것인가를 예측하는 데 있다. 이를 위해 투입되는 체제의 행태에 대한 모형을 개발하게 되고, 모형은 앞으로 다가올 미래의 어떤 시점에서 무엇이 일어날 것인가를 예측하기 위하여 가상적으로 또는 무작위로 산출된 자료들을 사용한다.

모의분석법은 정책분석가가 시간이나 대안들을 적절히 관리할 수 있으며, 모의분석의 수준을 결정할 수 있을 뿐만 아니라 비교적 적은 비용으로 실험할 수 있다는 장점이 있다. 그러나 만일 중요한 변수들에 대한 반응이 모형에 의하여 적절히 파악될 수 없다면, 문제를 제대로 이해할 수 없게 되어 실제 문제의 해결에 아무런 도움을 줄 수 없다. 때로는 잘못된 정보를 제공함으로써 정책분석의 결과를 왜곡시킬 수도 있다. 이러한 문제는 대부분 적절하지 못한 자료의 투입으로 야기된다(노화준, 1989: 178-180).

(3) 회귀분석

회귀분석(regression analysis)은 변수들의 관계를 이용하여 미래를 예측하는 기법으로 원인을 나타내는 독립변수를 기초로 하여 결과를 나타내는 종속변수를 비교적 정확히 예측하려는 미래예측 방법이다. 회귀분석은 독립변수의 변량(variance)이 달라질 때

종속변수에 미치는 효과를 분석하는 방법이므로, 본래 자연과학에서 실험에 의한 관찰 결과를 분석하는 데 적용되었다. 그 후 사회 현상, 특히 경제 분야의 변수들 간 관계를 분석하여 수리모형을 개발하고 종속변수의 미래예측치를 산출하는 데 많이 활용되어 왔다.

3) 주관적 판단

주관적 판단은 주로 내적 통찰력에 의해 예측하는 것이다. 주관적 판단은 보통 예측하고자 하는 대상에 대한 전문가나 지식인들에 의해 이루어지게 되며, 앞의 두 가지 방법 중 어느 하나 또는 둘 모두 적절치 못하거나 이용하기 어려운 경우에 사용된다.[1] 주관적 판단은 회귀적 논리, 즉 미래에 대한 어떤 주장을 해놓고 이러한 주장을 뒷받침할 수 있는 정보나 가정을 찾아가는 추론 과정을 기초로 이루어지는 경우가 많다. 예를 들면, 2020년대에는 태양 에너지로 움직이는 자동차가 실용화될 것이라는 주장을 하고 이를 뒷받침할 수 있는 정보나 가정을 찾기 위해 회귀적 논리를 사용하는 경우이다. 이렇게 내적 통찰력이나 창의력, 묵시적 지식 등을 근거로 해서 이루어지는 예측을 '추측'이라고 한다.

---

1) 흔히, 객관적 · 계량적 또는 정량적(quantitative) 예측 방법이라는 것에 대비되는 방법을 주관적 · 질적 또는 정성적(qualitative) 방법이라고 한다. 질적 · 주관적 방법들은 계량적인 정보를 구할 수 없거나 불충분할 때 또는 통계적 · 계량적(정량적)인 방법만으로는 분석에 한계가 있을 때, 인간의 판단과 질적인 정보에 의해서 미래 상황을 예측한다(김신복, 1991: 353; 일반적인 예측 절차에 대해서는 Evans, 1987: 32; Wright & Ayton, 1987: 84-99 참조). 그러나 어떤 의미에서 모든 예측은 판단적 예측이라고 볼 수 있다. 왜냐하면, 미래의 사건 혹은 조건에 대해서 확정적인 예측은 불가능할 뿐만 아니라 예측의 추론 과정에는 본질적으로 인간의 판단적 요소가 개입될 수밖에 없기 때문이다. 즉, 미래예측의 기초가 되는 과거, 현재의 사건들 중에서 일정한 것을 선택하는 것이나, 역사적 경험치를 나타내주는 다른 자료 대신에 어떤 특정의 모형을 이용하는 것, 그리고 어떤 미래 상태가 발생할 것인지에 대한 추론에 필요한 전제를 선택하는 것 등은 모두 '인간의 판단'이라는 활동에 속한다. 이렇게 보면 '비판단적' 예측이라는 말은 모순된 말이고 '판단적' 예측이라는 것은 동어반복적(同語反覆的)이라고 볼 수 있다(Phillips, 1987: 11).
최근의 많은 연구 가운데는 예측에서의 인간의 판단적 요소를 소홀히 취급하면서 계량적이고 객관적인 예측 방법과 모형의 효용성만을 강조하는 경향이 있다(Makridakis et al., 1983; Huss, 1985 참조). 그러나 예측은 분명히 판단에 의존하고 있다. 예측이 오직 계량적인 자료에만 의존하여 이루어진다는 의미에서 '객관적' 예측이란 사실상 있을 수 없다. 판단은 직관적 예측에서는 직접적으로, 그리고 모형에 의한 예측에서는 간접적으로 영향을 미치게 된다.

현실적으로 귀납적 추론과 연역적 추론 및 회귀적 추론 사이의 경계는 그렇게 명확한 것은 아니다. 회귀적 추론은 현재와는 상당히 먼 미래 또는 지금과는 상당히 다른 모습의 미래를 탐색하는 창조적 방법으로 쓰이는 경우가 많다. 귀납적 추론이나 연역적 추론도 종종 미래의 사회 상태가 어떠하리라는 주장을 이끌어내는 새로운 정보나 이론적 가정을 산출해 낸다. 그럼에도 불구하고 귀납적 추론이나 연역적 추론은 잠재적으로 보수적인 성향을 갖는다. 왜냐하면, 과거에 일어났던 사건에 관한 정보를 이용하거나 기존의 과학이론을 적용하게 될 경우 잠재적 미래(개연적 미래가 아니고)에 대한 고려를 제한하게 될 가능성이 있기 때문이다. 따라서 귀납적 추론이나 연역적 추론 과정을 따르면, 과거에는 없었던 새로운 사태의 발생이나 현재의 과학이론으로 설명하기 어려운 사태의 발생을 주장하기 어렵다. 어떠한 근거에 의하든 그것을 토대로 미래가 어떻게 전개될 것이라는 주장을 펴기 위해서는 논증이 이루어져야 한다(주장과 논증의 관계 및 구조에 대해서는 제4장 제2절 참조).

주관적 판단에 의한 예측은 개인에 의해서 이루어질 수도 있고 집단에 의해 이루어질 수도 있다. 집단적 예측은 개인적 예측보다 다양하고 많은 정보를 동원할 수 있고, 여러 변수들을 다양하고 광범위한 관점에서 취급할 수 있는 가능성이 크므로 예측의 정확성을 증대시킬 수 있다(Lock, 1987: 110). 그리고 그러한 예측을 토대로 어떤 정책을 결정하고 집행할 때 예측에 참여한 사람들의 협조를 구하기가 용이하다는 것도 집단적 예측의 장점이다. 그러나 집단적 예측은 정책대안의 탐색과 개발 부분에서 살펴본 회의법에서 나타나는 것과 같은 문제점이 있다.

주관적 판단에 의한 예측은 추정하려는 문제와 관련된 여러 다양한 정보와 판단을 종합적으로 고려할 수 있으며, 활용 방법과 그 결과에 대한 이해가 용이하고 비교적 이용이 간편하다는 장점이 있다. 그러나 구체적 기법에 따라서는 예측 과정과 예측에 활용된 자료에 대한 설명이 객관적 방법에 비해 훨씬 더 어렵고, 예측 과정을 되풀이해서 반복적으로 수행할 수 없다는 단점이 있다. 또한 주관적 판단에 의한 예측은 예측 결과에 대한 객관적인 근거를 제시하기 어렵기 때문에 객관적 방법들과 비교해서 비과학적이라는 비판을 받기 쉽다. 그리고 인간은 일반적으로 선택적 인식, 상관관계에 대한 착각, 모순된 사고 등과 같은 판단상의 체계적 편견(systematic judgemental biases)에 빠질 가능성이 있고, 이 밖의 여러 가지 편견이 개재될 가능성으로 인해 예측 결과에 대한 신뢰성을 잃을 우려가 있다.

주관적 판단 과정에서의 편견 가운데 중요한 것으로는 고의성의 편견, 자기 입장 강화의 편견, 그리고 신념에 의한 편견 등이 있다. 고의성의 편견(deliberate bias)은 예측을 하는 사람이 의식적으로 자신이 의도하는 결과를 산출하는 방향으로 예측하게 되는 경향이다(Geistauts & Eischenbach, 1987: 178). 자기 입장 강화의 편견(confirmation bias)은 미래에 대한 자신의 가정이 잘못된 것일 수도 있다는 것을 입증할 수 있는 기회를 극대화하기보다는 오히려 극소화하려는 성향을 말한다. 그리고 신념에 의한 편견(belief bias)은 이전에 자신이 갖고 있던 신념에 부합되게 결론을 내리려(예측하려) 하고, 자신의 신념에 배치되는 결론에 대해서는 이를 더욱 엄격하게 평가하려는 성향을 말한다(Evans, 1987: 32-41).

순수한 주관적 판단에 의한 예측이 여러 가지 편견으로 인해 타당성을 잃을 우려가 있는 것처럼, 계량적인 방법을 이용한 객관적인 예측도 중요한 환경 변화로 인해 그 예측이 빗나갈 가능성이 있다. 그러므로 주관적 판단에 의한 예측 방법이나 계량에 의한 객관적 예측 방법을 개별적으로 이용하는 것보다는 양자를 결합함으로써 더 타당한 예측 결과를 얻어낼 수 있다. 즉, 환경이나 조직에 큰 변화가 없을 때에는 계량적 자료를 이용한 객관적 예측 방법에 더 많은 비중을 두면서 주관적 판단에 의한 예측 방법으로 이를 보완한다. 반대로, 환경이나 조직에 큰 변화가 일어날 경우에는 주로 주관적 판단에 의한 예측 방법을 이용하면서 객관적 예측 방법을 보완적으로 사용하는 것이 바람직하다(Makridakis et al., 1983: 862).

정책대안의 주관적 예측 방법으로는 여러 가지가 있으나, 여기에서는 역사적 유추법, 미래예측 델파이, 교차영향분석 등에 대해서만 간략하게 살펴본다.

(1) 역사적 유추법

역사적 유추법(historical analogy)은 예측하고자 하는 대상과 유사한 과거의 사례를 비교·분석하여 미래를 예측하는 방법이다. 이 방법은 사회 내의 여러 현상이 우발적으로 발생하는 것이 아니라, 일정한 규칙과 유형에 따라 발생한다는 전제 하에 미래를 예측한다. 그러나 역사가 반드시 되풀이되는 것은 아니므로 이러한 방법에 의한 예측은 빗나갈 가능성이 크다(김신복, 1983: 381).

(2) 미래예측 델파이

① 의의

미래예측 델파이(delphi technique)는 전문가들로부터 미래의 사건들에 대한 계명된 판단(inforrned judgement)을 체계적으로 얻어내고 교환하며 개발하는 직관적 예측 방법이다(Helmer, 1983: 134). 본래 델파이 방법은 미래예측에 초점을 두고 개발되었기 때문에 사제들이 모여서 미래를 예측하던 아폴로 신전이 있는 그리스의 지명에서 델파이라는 이름을 얻게 된 것이다(Dunn, 2012: 165).[2)]

델파이 방법은 활용 의도나 상황적인 여건에 따라 여러 유형으로 구분된다. 먼저, 이용하는 방법을 기준으로 하면 설문지 이용 델파이(conventional delphi)와 컴퓨터 이용 델파이(real-time delphi)로 나눌 수 있다(Linstone & Turoff, 1975: 5).

설문지 이용 델파이는 델파이 연습(delphi exercise)이라고도 부르며, 설문지를 이용하여 전문가들의 의견을 수집하는 방식으로 시간과 비용이 많이 소요되는 것이 보통이다.

컴퓨터 이용 델파이는 실시간 델파이 또는 델파이 회의(delphi conference)라고도 부르며, 컴퓨터를 이용하여 전문가의 의견을 수집·처리하고 환류시키는 방식이다. 이 방식은 소요 시간이 단축되므로 시간이 급박할 때에 유용하다. 또한 다수의 전문가들로부터 의견수렴이 필요한 경우, 논란이 심한 문제 또는 문제가 복잡하여 의미 있는 집단의견을 도출하기 전에 심사숙고가 필요한 문제 등을 다룰 때 특히 유용하다. 그러나 이 방법은 컴퓨터를 사용할 수 없는 사람들에게는 적용할 수가 없고, 컴퓨터 설비에 비용이 많이 들며 응답집단을 동시에 일정 시간 동안 대기토록 해야 하는 어려움이 있다.[3)] 또한 컴퓨터를 이용한 환류가 잘못되는 경우, 편견을 야기할 가능성이 있다는 약점이 있다(Parent'e & Anderson-Parent'e, 1987: 147).

② 적용 단계

델파이 방법을 이용하여 미래 사회를 예측하기 위해서는 몇 가지 단계를 거쳐야 한

---

2) 델파이 방법은 1948년 미국 랜드연구소의 연구진에 의해 개발되어 공공 부문이나 민간 부문에서 수많은 예측활동에 이용되어 왔다. 이 기법은 초기에는 군사전략 문제에 적용되었지만 점차 교육, 수송, 의료, 연구개발 등 다른 분야의 예측에도 폭넓게 적용되고 있다.

3) 과거에는 그러했지만 요즘에는 특별히 문제될 것 같지는 않다.

다(Dalkey & Helmer, 1963: 16-24; Helmer, 1966: 44-96; Parent'e & Anderson-Parent'e, 1987: 129-131).

첫 번째는 예측의 대상을 선정하는 단계이다. 즉, 미래예측에서 미래 사회를 결정할 가장 중요한 요인이 될 분야를 선정하는 것이다. 이것은 대개 아래와 같은 몇 가지 요인들에 의해서 결정된다. ㉠ 미래 사회를 결정짓는 데에 가장 중요한 요인이 될 영역들을 선정하고, ㉡ 미래예측의 신뢰성이 문제시되므로 가능한 한 과거와 현재의 상황이 미래의 상황을 크게 좌우하는 영역을 택하는 것이다. 이러한 영역은 그것의 발전 과정을 통계표로 표시했을 때, 그 표 자체가 어떤 뚜렷한 발전 방향이나 경향을 제시해 주는 영역(예: 인구 증가)과 그 발전 자체가 단계적으로 인과관계를 거쳐서 이루어지는 영역으로 구분된다. ㉢ 여러 전문가들의 의견을 통계적인 방법으로 종합했을 때, 그 결과가 어느 한 개인의 예측 결과보다 더 나은 영역을 선정하는 것이다.

두 번째는 선정된 예측 대상에 대해서 전문가를 선정하는 단계이다. 일반적으로 전문가는 분야별로 약 10~30여 명이 선정된다. 통계적인 유의도를 본다면 더 많은 전문가를 동원하는 것이 예측 결과의 신뢰성을 높이기 위해서 이상적이다. 그러나 재정적 제약이나 전문가들의 수적 제약 등으로 인해 제한된 수의 전문가들을 참여시킨다. 전문가들이 의견을 제시할 때에는 익명성을 유지하여 누가 어떤 의견을 제시했는지 모르도록 한다. 그럼으로써 이들은 서로 독립적이고 동등한 입장에서 외부로부터의 영향을 받지 않고 자유롭게 의견을 개진할 수 있다.

세 번째는 설계된 설문지를 전문가들에게 보내고 전문가들이 응답하는 단계이다. 이 경우, 추상적인 수준에서 좀 더 구체적인 수준으로 몇 차례에 걸쳐 질문과 응답을 반복함으로써 일정한 합의를 유도하게 된다. 예를 들어, 우리나라에서 향후 15년(2016~2030) 내에 의료 분야에서 일어날 수 있는 가장 의미 있는 사건(기술개발)이 무엇인가를 알기 위해 30명의 전문가들에게 의미가 큰 순으로 10가지를 제시하도록 질문한 결과 100% 응답률을 전제로 [표 8-1]과 같이 나왔다고 가정하자.

다음으로는 [표 8-2]와 같이 10가지 종류의 미래 기술을 전문가들에게 보내면서 각 기술의 개발이 언제 이루어질지를 예측하도록 요구한다. 이 경우, 각 사건의 발생(미래 기술개발) 시기에 대한 추정 자료는 통계처리하여 중위수(median), 1사분위수(lower quartile), 3사분위수(upper quartile) 등의 대표치를 산출한다.

표 8-1 향후 15년 내 의료 분야의 의미 있는 사건(기술개발)들

의미 있는 사건	빈도 수
인공장기를 제작하는 3D 프린팅장비 기술	87
태아의 유전자 치료 기술	64
부작용 없는 인공혈액 기술	47
뇌파의 원격 측정을 통한 발병 상태 판단 기술	32
모든 장기 및 개체의 냉동보존 및 해동 기술	21
동·식물 자원을 활용한 인공뼈, 치아 또는 피부 개발 기술	16
가상현실을 이용한 의료 및 의학교육 시뮬레이션 기술	13
뼈의 성장을 촉진하는 생체흡수성 마그네슘 합금 개발 기술	10
의료현장에서 적용하기 위한 고정밀 증강현실 기술	7
환자 맞춤형 줄기세포 치료제 개발 기술	3
계	300

표 8-2 각 사건(기술개발)이 일어날 확률이 큰 시기

의미 있는 사건	발생 시기					계
	2016~2018	2019~2021	2022~2024	2025~2027	2028~2030	
인공장기를 제작하는 3D 프린팅장비 기술						
태아의 유전자 치료 기술						
부작용 없는 인공혈액 기술						
뇌파의 원격 측정을 통한 발병 상태 판단 기술						
모든 장기 및 개체의 냉동보존 및 해동 기술						
동·식물 자원을 활용한 인공뼈, 치아 또는 피부 개발 기술						
가상현실을 이용한 의료 및 의학교육 시뮬레이션 기술						

뼈의 성장을 촉진하는 생체흡수성 마그네슘 합금 개발 기술						
의료현장에서 적용하기 위한 고정밀 증강현실 기술						
환자 맞춤형 줄기세포 치료제 개발 기술						
계						

설문 분석 결과, 어느 정도 충분한 합의가 되었다고 생각하는 항목(미래 기술)에 대해서는 그 예측 결과에 대해 동의하는지 혹은 동의하지 않는지를 묻는다. 만약 동의하지 않을 경우에는 그 이유를 간단히 적도록 한다. 충분한 합의가 이루어지지 않은 항목에 대해서는 사건이 일어날(미래 기술이 개발될) 확률을 좀 더 세분화하여 다시 묻고, 자신의 예측 시기가 다수 전문가의 예측 시기와 다를 경우 그 이유를 밝히도록 한다. 이러한 과정이 반복적으로 이루어지면 향후 15년 내에 나타나게 될 가장 의미 있는 사건과 그것이 일어날 확률이 높은 시기, 그리고 이러한 질문에 대한 소수 의견 등이 종합·정리될 수 있다. 이와 같이 세 번째 단계에서는 설문에 의해 얻어진 전문가들의 각 사건에 대한 추정 대표치 통계와 극단적인 반응에 대한 이유 등을 통계적 방법에 의해 처리·요약하여 다음 차수의 설문을 작성하며, 이러한 과정이 몇 차례 반복적으로 이루어지게 된다.

이러한 과정을 통해 전문가들로부터 충분한 합의를 유도하는 것이 델파이 방법의 핵심이다. 즉, 설문지 혹은 컴퓨터 등의 이용을 통해서 전문가의 의견을 한 번만 묻는 것이 아니라 반복적으로 묻고 제시된 의견들을 다른 모든 참여자들에게 공개하며, 반복되는 회람과 질문을 통해서 전문가들의 의견이 종합된다. 이와 같이 반복된 질문 과정에서 이미 제시된 의견들은 정리·집계되어 전문가들에게 다시 전달되는 통제된 환류 과정을 밟는다. 이를 통해 참여 전문가들은 사회학습의 기회를 갖게 되어 자신의 의견을 다른 사람의 의견에 비추어 검토하고 수정할 수 있게 된다. 실제로 델파이 방법은 횟수를 거듭함에 따라 의견이 접근하는 속도가 예상외로 빠르고 현저한 의견 전환이 이루어지는 경우가 많다. 예외가 있기는 하지만 이 단계에서는 가능한 한 전문가들의 의견을 종합하여 합의를 도출하고자 노력한다. 이 점은 델파이 방법의 근저에 깔린 철학적 배경과 관련이 있는데, 이 방법은 로크(John Locke)의 사상에서 크게 영향을 받았다. 로크 식의 연구는 지식은 자료로부터 얻어지며, 인식(perception)의 정확성은 인식을 하는 사람들 사이에 이루어지는 합의와 매우 밀접하게 관련되어 있다는 가정에 토대를 두고 있다. 이와 같이 델파이 방법은 예측의 정확성이 전문가들 간의 합의의 정도에 달려 있다고 가정하고 전문가들 간의 합의를 중요시한다(Parent'e & Anderson-Parent'e, 1987: 132).

네 번째는 시나리오를 작성하는 단계이다. 전 단계에서 얻은 결과를 기초로 우리가 알고자 하는 미래 사회에 대한 전체적인 시나리오를 작성하는 것이다.

③ 장점과 단점

먼 미래를 예측할 때 델파이 방법은 매우 유효한 방법의 하나로서 인식되고 있다. 이는 가까운 미래에 대해서는 통계적 예측이나 이론에 근거하여 예측이 가능한데 비해, 먼 미래를 예측할 때 계량적·이론적으로 예측할 수 있는 데 한계가 있어서 주관적인 판단의 유효성이 크기 때문이다.

델파이 방법은 다음과 같은 장점을 지닌다(Helmer, 1966).

첫째, 델파이 방법은 대면적 회의에서 나타날 수 있는 부작용을 최소화한다. 즉, 자기 의견을 표현하는 데 다른 사람의 설득력에 영향을 받는다든지 자기 의견을 남들 앞에서 발표하기를 주저하기 때문에 명확하게 의사표현을 못한다든지, 다수의 의견에 쉽게 동조해 버리는 경향 때문에 자기 주장을 제대로 발표 못하는 등의 심리적 제약들을 최소한으로 줄여준다.

둘째, 통제된 환류의 효과를 갖는다. 델파이 방법은 직접적인 논쟁을 피하면서 개인별로 여러 차례의 질문을 통해서 자기 의견을 자유롭게 표현하게 한다. 두 번째부터는 직전 설문에서 얻은 결과를 종합하고, 분석한 자료를 각자가 참고한 후 회답을 하게 됨으로써 환류의 효과를 갖게 된다. 이에 따라 개별 전문가는 다른 전문가들이 제시하는 의견, 이유들을 보고 자신의 견해를 수정할 수 있고, 자기로서는 비중을 두지 않았던 사항에 대해서도 새로운 관심과 중요성을 발견할 수 있다.

셋째, 델파이 방법은 참여 전문가들 간의 대면적 접촉을 필요로 하지 않기 때문에 비용 면에서 다른 방법들에 비해 경제적이다.

이러한 장점이 있는 반면에, 델파이 방법은 주관적 판단에 의한 예측 방법의 공통적인 약점 외에 다음의 몇 가지 점에서 그 운용 및 결과의 타당성에 관해서 비판을 받고 있다(김신복, 1991: 364).

첫째, 델파이에 참여하는 전문가들의 능력 문제이다. 예측하고자 하는 문제에 정통한 전문가들을 확보했다고 해서 예측의 결과가 타당하다는 보장이 없다. 어떤 경우 특정 분야의 전문가들은 자신이 관심을 가지고 있는 특정 영역에만 관심을 집중시킴으로써 거시적인 안목에 의한 예측이 제대로 이루어질 수 없는 경우가 있다. 그러므로 델파이 방법을 활용할 때에는 특정 분야의 전문가뿐만 아니라, 일반적인 상식, 통찰력과 창의력을 지닌 사람들도 신중히 선발하여 포함시킬 필요가 있다.

둘째, 델파이 방법도 조사연구 방법의 한 유형이기 때문에 일반적인 조사방법상의 문제점을 안고 있다. 즉, 표본추출, 설문지 설계, 응답의 신뢰성 등에서 문제가 있고, 그만큼 델파이 방법을 이용한 예측의 신뢰도와 타당도에 영향을 미칠 수 있다.

(3) 교차영향분석

교차영향분석은 관련된 선행 사건의 발생 여부에 따른 특정 사건의 발생 가능성을 주관적인 판단에 입각해서 예측하는 방법이다. 이 분석의 주요 핵심은 다른 사건의 발생을 촉진시키거나 억제하는 선행사건을 규명해 내는 데 있다(Helmer, 1983: 159-193; Dunn, 2012: 172-176; 노화준, 1985: 411-414). 교차영향분석은 본래 델파이 방법과 같은 직관적 예측 방법을 보완하기 위해서 전통적인 델파이 방법을 개발해 냈던 미국 랜드연구소 연구진들에 의해 고안된 것이다.

델파이 방법은 각각의 사건들에 대한 개별적인 발생 가능성의 예측에만 관심을 가지며, 예측된 사건들 사이의 잠재적인 관계는 고려하지 않는다(Helmer, 1983: 131). 그런데 개별적으로 예측된 사건들 사이에는 선행 사건이 후속 사건의 발생 가능성에 영향을 미쳐서 발생을 촉진하거나 억제할 가능성이 있다. 그러므로 어떤 하나의 사건은 다른 사건과 고립되어서 발생하는 것이 아니므로, 이러한 영향 관계를 파악하지 못하면 예측은 불완전할 수밖에 없다. 교차영향분석은 본래 델파이 방법을 이용하여 얻은 결과들 간의 상호 관계를 파악하기 위해 고안되었으나, 오늘날에 와서는 다른 여러 가지 방법으로 얻은 예측 결과들 간의 상호 관계 파악을 위해서도 널리 이용되고 있다.

교차영향분석은 다음과 같이 크게 네 국면으로 나누어지는데, 첫 번째와 두 번째 국면에서 델파이 방법을 이용할 수 있다(Parent'e & Anderson-Parent'e, 1987: 148).

① 미래에 발생하게 될 사건의 확인과 특정 시점에서 발생하게 될 확률의 추정

② 발생하리라고 예측되는 사건들 사이의 상호 의존성 평가

③ 어떤 사건의 발생으로 인해 영향을 받게 되는 다른 사건의 발생 확률의 변화 추정

④ 미래 사건들이 발생하게 될 확률의 재평가

예측된 미래 사건들 사이의 상호작용 관계는 영향력의 방향, 강도, 시차라는 세 가지 측면에서 파악될 수 있다.

첫째, 영향력의 방향은 하나의 사건이 다른 사건의 발생에 영향을 미치는지 여부, 그리고 만일에 영향을 미친다면 선행 사건이 후속 사건의 발생 가능성을 증대시키는지(촉진형) 아니면 감소시키는지(억제형)를 나타낸다.

둘째, 영향력의 강도는 하나의 사건 발생이 다른 사건의 발생 여부에 미치는 영향력의 정도를 말한다. 어떤 사건들은 서로 강하게 연계되어 있는 반면에, 다른 사건들은 관계성이 미약하게 나타나기도 한다. 또한 어떤 것들은 서로 전혀 관계가 없는 경우도 있다.

셋째, 영향력의 시차는 서로 연계되어 있는 사건들 사이의 시간적 간격, 즉 한 사건의 발생이 다른 사건의 발생에 즉각적으로 영향을 미치게 되는지, 아니면 일정한 시간이 지난 다음에야 영향을 미치게 되는지를 나타낸다.

예측하고자 하는 사건들 사이의 상호 관계를 파악하기 위해서는 영향력(상호작용)의 방향, 강도 및 시차를 판단하여 교차영향 행렬표(cross-impact matrix)를 작성한다.[4] 교차영향분석은 조건확률 이론의 논리를 적용한 것이기 때문에 어떤 사건이 발생한다는 것을 전제로 했을 때, 이 사건이 특정 시점에 발생하게 될 확률을 파악한 다음에 다른 사건들이 발생할 확률이 얼마인가를 추정하게 된다.

4) 분석의 절차에 대해서는 헬머(Helmer, 1983: 167-176, 183-189)를 참조하기 바란다.

표 8-3 교차영향 행렬표(Ⅰ)

다음과 같은 사건(E_i)이 일어난다면		그때 사건E_j($i < j$)가 향후 발생할 확률은 다음의 크기만큼 변한다.		
		E_1	E_2	E_3
E_1	$p_1 = 0.5$		0.2	0.5
E_2	$p_2 = 0.5$	− 0.3		0.3
E_3	$p_3 = 0.6$	− 0.5	− 0.1	

사건 E_1, E_2, E_3가 발생할 애초의 확률을 각각 $p_1=0.5$, $p_2=0.5$, $p_3=0.6$이라고 했을 때, 사건 E_1, E_2, E_3의 발생이 다른 사건의 발생 확률에 어떤 영향을 미치는지를 [표 8-3]은 보여 주고 있다.

[표 8-4]도 세 가지 사건 E_1, E_2, E_3 간의 상호작용 관계를 보여 주고 있는데, 이는 앞의 예와는 달리 사건들의 발생 시기를 예측하고 난 후 영향의 방향, 강도 및 시차라는 요소를 함께 고려해서 작성한 것이다. [표 8-4]에서 각각의 행(row)과 열(column)에는 세 가지 미래 사건이 열거되어 있는데, 사건의 발생 확률은 각각 p_1, p_2, p_3이고, 세 사건의 발생순서는 E_1, E_2, E_3 순으로 예측되었다. 행렬표 내의 각 항(cell)의 내용은 사건들 사이의 상호 관계를 나타낸다.

표 8-4 교차영향 행렬표(Ⅱ)

사건	E_1 $p_1 = 0.5$	E_2 $p_2 = 0.5$	E_3 $p_3 = 0.6$
E_1		촉진 0.2 즉시	촉진 0.5 5년
E_2	감소 − 0.3 3년		촉진 0.3 5년
E_3	감소 − 0.5 6년	감소 − 0.1 8년	

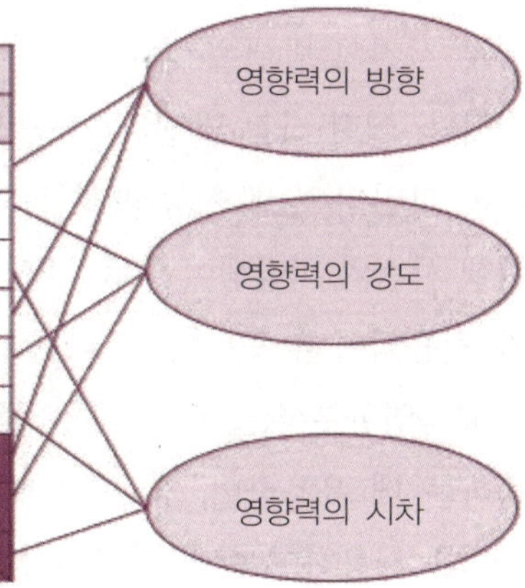

[표 8-4]에서는 시간적으로 선행하는 사건들만이 뒤에 발생하는 사건들에 영향을 미칠 수 있다는 전제 하에 두 사건들 사이의 상호 연계(작용) 관계를 나타내고 있다. 대각선상의 음영 표시된 항을 중심으로 위에 위치하고 있는 항들은 각 행의 사건(E_i, 선행 사건)이 발생할 경우에, 각 열의 사건(E_j, 후속 사건)에 미치는 영향력을 나타내고 있다. 반대로, 대각선상의 항을 중심으로 아래에 위치하고 있는 항들은 각 행의 사건(E_i, 선행 사건)이 발생하지 않을 경우에, 각 열의 사건(E_j, 후속 사건)에 미치는 영향력을 나타내고 있다. 사건 E_1과 E_2의 상호 영향 관계를 살펴보면, 사건 E_1의 발생은 즉시(영향력의 시차) 사건 E_2의 발생 가능성을 20% 증진시키게(촉진형, 영향력의 강도) 될 것으로 예측하고 있다. 만일 사건 E_1이 발생하지 않는다면 그것은 사건 E_2의 발생 가능성을 감소시킬 것(영향력의 방향)으로 보인다. 그러할 가능성(확률)은 약 30% 정도(영향력의 강도)이고, 그 영향은 3년 후(영향의 시차)에 나타날 것으로 예측된다.

교차영향분석에서는 여러 가지 새로운 가정이 도입되거나 증거가 획득되면 이를 토대로 기존에 추정되었던 확률을 재검토하게 되므로, 어떤 사건에 관해 새로운 경험적 자료가 획득되면 행렬표는 다시 계산하여 작성해야 한다. 그리고 어떤 사건의 발생 여부가 다른 사건의 발생에 얼마나 민감하게 영향을 미치는지를 파악하기 위해서 이전과는 다른 새로운 가정을 도입할 수도 있다(Dunn, 2012: 176).

그런데 여기서 주의할 것은 후속 사건의 발생이 하나의 선행 사건에 의해서만 영향을 받는 것이 아니라 몇 개의 선행 사건의 발생 여부에 영향을 받을 경우, 선행 사건들이 후속 사건의 발생을 증가시키게 될 확률의 총합이 1을 넘어서거나 또는 선행 사건들이 후속 사건의 발생을 감소시키게 될 확률이 0 이하가 되도록 추정하여서는 안 된다는 점이다. 어떤 사건 발생의 확률이 1에 가까워질수록 선행 사건의 동일한 영향에 의하여 후속 사건의 발생 가능성(확률)의 증가율은 둔화될 것이므로 확률의 조정이 필요하다. 선행 사건의 미발생이 후속 사건의 발생에 미치는 부정적 영향에 대해서도 동일한 논리가 적용되어 후속 사건의 확률이 0 이하가 되지 않도록 조정한다(노화준, 1985: 414).

교차영향분석은 산만한 구조를 가진 여러 문제들 사이의 상호 의존 관계를 파악·예측하는 데 유용하며, 한 사람의 분석가에 의해서 수행될 수 있을 뿐만 아니라 델파이 방법을 사용하여 여러 사람의 분석을 종합함으로써 주관적 판단의 정확성을 높일 수도 있다. 그러나 다음과 같은 몇 가지 요인으로 인해 활용에 한계를 지닌다(Dunn, 2012:

176).

첫째, 잠재적으로 상호 의존 관계에 있는 모든 사건들을 분석에 포함시키기가 어렵다. 이러한 한계를 극복하기 위해서는 이론지도(theory mapping)의 변형을 활용하거나, 인과관계를 맺고 있는 관련 사건들의 망(network)을 구성하고 그래프로 표현하는 관련수(關聯樹, relevance tree) 기법을 활용할 수 있다.

둘째, 교차영향 행렬표를 만들고 이를 적용하기에는 상당히 많은 시간과 노력이 요구된다.

셋째, 컴퓨터를 이용함으로써 도움을 얻을 수 있긴 하지만, 행렬표의 각 항에 들어갈 수치를 계산해 내는 데 기술적인 어려움이 있다(예: 어떤 사건이 발생하지 않는 경우에 대해서 언제나 분석이 이루어지는 것은 아니다).

넷째, 전통적인 델파이 방법의 약점과 마찬가지로 현실적으로는 전문가들 사이의 합의가 어려움에도 불구하고 이 방법에서는 이를 지나치게 강조한다는 점이다. 오히려, 교차영향분석은 합의가 쉽게 이루어질 수 있는 문제보다 갈등이 심한 문제를 취급하는 데 더 유용하게 적용될 수 있는 방법이다. 그러므로 무엇보다도 중요한 것은 주관적인 조건 확률의 근저에 깔려 있는 대립적인 가정과 논증들을 노출시키고 공개적으로 토론하는 노력을 기울이는 것이다.

(4) 시스템 다이내믹스

예측 기법이라고 한정할 수는 없지만 대안 분석에서 유용하게 활용될 수 있는 접근법으로 시스템 다이내믹스가 있다. 이에 대한 관심을 초대하는 뜻에서 그 개념과 특징을 간단히 살펴본다.

시스템 다이내믹스는 여러 가지 복잡한 변수로 구성된 역동적 시스템을 종합적으로 이해하기 위한 수학적 배경을 바탕으로 한 방법론이다(김영표, 2007: 121).[5] 시스템 다이내믹스는 사회 시스템 등의 역동적 변화 메커니즘을 비선형적인 피드백 시스템으로 파악하고, 연립미분방정식과 제어이론 등을 도입한 컴퓨터 시뮬레이션을 통해 사회시스템의 변화 과정을 추적한다(김영표, 2007: 121; 김동환 외, 1996: 359). 시스템 다이내

5) 시스템 다이내믹스는 포레스터(Forrester, 1994)에 의해 체계화된 후 산업조직, 도시성장, 환경문제 등을 분석하기 위한 연구방법론으로 확산되었다.

믹스는 선형적인 인과관계 분석이 아닌 동태적·순환적 인과관계 분석에 초점을 두고 있다. 이러한 시스템 다이내믹스는 사회 속의 많은 요인들이 서로 어떤 영향을 미치는지 예측한다는 점을 근거로 볼 때 정책효과 분석 또는 미래예측에 활용할 수 있다.

시스템 다이내믹스 모형은 문제 정의, 인과지도 작성, 모형구축, 모형시뮬레이션과 모형행태분석, 모형의 타당성 평가, 정책분석의 단계로 구분 가능하다(김도훈 외, 1999). 우선, 시스템 다이내믹스의 인과지도는 시스템 내의 각 변수들의 복잡한 인과관계를 (+), (−) 부호와 함께 화살표로 표시함으로써 시스템 내의 변수 간 정보의 흐름을 구체화한다.[6] 그리고 여러 인과관계들이 하나의 폐쇄된 원으로 표현될 때 이를 환류선(feedback loop)이라고 한다(김동환 외, 1996: 363−365).[7] 모형 행태는 외부의 개입이 없는 시스템 그 자체의 특성을 나타내는데, 이는 추후 개별 정책의 효과와 영향을 파악하는 데 기초자료가 된다(김영표, 2007: 123). 모형의 타당성 평가 후 정책분석 단계에서는 모형 내의 변수 변화를 유도하고 변화 전·후의 모형 행태 비교를 통해 정책의 효과를 파악하게 된다(김영표, 2007: 124−125). 이러한 과정을 통해 어떠한 변수 변화에 따라 무슨 효과가 발생하는지 예측하고, 이러한 예측을 토대로 적절한 정책대안의 선택이 가능하게 되는 것이다.

3. 예측 방법의 선택

정책대안의 결과를 예측하는 것은 지극히 어렵기 때문에 고도의 능력과 시간 및 비용이 요구된다. 그러므로 많은 정책결정자들이 실제로 정책을 결정할 때에는 합리적이고 분석적인 방법을 이용하기보다는 '주먹구구식'이거나 '막연한 짐작' 또는 '직관(insights)적인 판단' 등의 비분석적 방법에 의존하는 경우가 많다(MacRae Jr. & Wilde, 1979: 5).

미래에 대한 예측 방법은 객관적·계량적·분석적 방법뿐만 아니라 주관적·질적·비분석적 방법 등에 이르기까지 매우 다양하다. 그리고 각각의 예측 방법은 기본가정과 전제, 근거, 사용하는 데 필요한 요건 및 활용의 장·단점이 서로 다르다. 그러므로 예측을 위한 방법들 중에서 어느 하나의 방법을 선택하는 데에는 적어도 다음과 같은 요

6) 화살표의 기점은 원인이 되는 변수, 화살표의 종점은 결과가 되는 변수이다.
7) 인과지도 구축의 궁극적인 목적은 이러한 피드백루프(feedback loop)를 찾는 데에 있다.

소가 고려되어야 한다(Wheelwright & Makridakis, 1980 참조). 물론 우선적으로 각 예측 방법의 기본가정과 전제, 구체적인 내용 및 적용의 한계에 대한 명확한 이해가 선행되어야 함은 물론이다.

첫째, 예측하고자 하는 대상에 따라 적합한 예측 방법이 달라진다. 예측 대상은 앞에서 살펴본 바와 같이 단순한 미래 상황, 정책대안, 정책대안의 결과, 정책 관련 집단의 반응, 그리고 바람직한 미래 등이 있다. 이러한 예측 대상의 성질, 즉 예측 대상의 복잡성, 역동성 등에 따라 예측 방법은 다르게 선택되어야 한다. 예측 대상이 비교적 단순하고 안정적인 체제일 경우에는 추세의 연장과 같은 방법으로 예측이 가능하겠지만, 그 반대의 경우에는 주로 인간의 주관적 판단에 의존하는 예측 방법을 이용해야 할 것이다(Chambers et al., 1971 참조).

둘째, 예측의 토대가 되는 가정, 이용할 수 있는 자료의 형태를 고려하는 것이 필요하다. 시계열 자료가 축적되어 있는지, 아니면 다른 형태의 자료가 있는지, 그런 자료는 신뢰성이 있는지, 그리고 예측의 근거 자료가 이용하기에 충분한지 등이 파악되어야 한다.

셋째, 예측의 시계(time horizon)가 고려되어야 한다. 예측 대상 기간이 어떠냐에 따라서 그에 적합한 예측 방법이 달라진다. 일반적으로 장기에 걸친 예측일수록 인간의 주관적 판단이 크게 작용하는 방법에 의존하게 될 것이다(Wheelwright & Makridakis, 1980 참조).

넷째, 예측 기법을 개발·활용하는 데 드는 비용과 시간을 고려하여야 한다. 아무리 정교하고 신뢰성 있는 예측 방법이라 하더라도 그 기법을 개발·활용하는 데 드는 비용과 노력이 그러한 기법을 이용한 예측으로 얻게 되는 결과의 가치를 능가하게 될 경우에는 이용할 수가 없다.

다섯째, 예측 기법을 활용할 수 있는 지식의 정도는 예측 방법의 선택에 영향을 미친다. 당연한 이야기이지만 예측 방법이 아무리 좋다고 하더라도 분석자가 그 방법을 활용할 수 있는 능력을 갖추지 못했을 때에는 활용할 수 없는 것이다.

여섯째, 예측의 정확성(accuracy)에 대한 요구 역시 예측 방법의 선택에 영향을 미친다. 예측 방법은 기본가정이나 전제, 복잡성 등의 여러 요소로 인해 정확성에 차이가 있게 마련이다. 따라서 미래에 대한 정확한 예측이 요구된다면 시간과 비용, 노력이 많이 들더라도 정교한 기법을 사용하거나 여러 기법을 함께 사용하는 것이 바람직하다.

제9장 정책대안 분석 Ⅲ: 대안의 비교 · 평가

이 장에서는 대안분석의 세 번째 단계로서 대안 비교 · 평가의 의의와 차원, 기준을 살펴보고, 대안 비교 · 평가의 방법에 대해 설명한다. 대안분석의 세 단계 활동은 순차적으로 전개되는 것이 아니라 반복적 또는 중첩적으로 이루어진다. 그러므로 대안의 비교 · 평가 단계는 마지막 단계가 아니라, 논리적 흐름을 고려한 편의에 따른 구분일 뿐이다.

제 1 절 정책대안 비교 · 평가의 의의와 차원

1. 의의

중요한 정책대안들이 각각 어떤 결과를 가져올 것인지를 예측하고 난 후에는 이러한 대안들 중에서 어떤 대안이 정책목표를 달성하는 데 더 큰 기여를 하는지 파악하기 위해 일정한 기준을 적용하여 대안들을 비교 · 평가한다. 즉, 비교 · 평가를 통해 대안들 간의 우선순위를 정한다.

대안들 중 좀 더 바람직한 정책대안을 찾으려면 우선순위를 정할 수 있는 기준이 있어야 한다. 정책대안들 간의 우선순위를 나타내는, 즉 바람직한 정책대안과 그렇지 못한 정책대안을 판단하는 기준을 정책대안의 비교 · 평가 기준이라고 한다. 대안의 비교 · 평가 단계에서 대안들이 일정한 기준을 충족하지 못한다면 정책분석 과정은 다시 처음으로 돌아가 새로운 대안을 탐색 · 개발하는 과정을 거치게 된다. 이처럼 대안분석 과정은 반복 · 순환되면서 정책목표를 달성할 수 있는 좀 더 바람직한 대안을 찾는 과정이라 할 수 있다.

정책문제와 정책목표의 특성에 따라 구체적인 평가 기준은 달라질 수 있다. 전통적으로 대안 평가의 중요한 기준은 효과성과 능률성이었다. 그 다음으로는 실현 가능성을 기준으로 삼았으나, 실현 가능성에 대한 평가는 상당히 제한적이고 불충분하였다. 정책대안의 윤리성에 대한 평가는 거의 관심 밖에 머물렀다. 그러나 정책목적뿐만이 아니라 정책수단의 분석에도 윤리성 차원의 분석이 필요하다. 효과적이고 능률적인 결과를 가져올 것으로 기대하고, 실현 가능성도 높은 대안 중에서 윤리성의 기준을 충족시키지 못하는 정책대안이 있을 수 있다. 이러한 대안은 좋은 대안이 아니다.

정책대안의 평가에도 차원이 있다. 차원별로 평가 기준이 다르고 논리도 다르다. 차원별 평가의 우선순위는 다르지만 서로 밀접히 연관되어 있다. 그러므로 차원별 평가가 체계적으로 통합되지 않으면 정책분석은 그만큼 결함을 지닌다. 이를 좀 더 자세히 살펴본다.

2. 대안 비교 · 평가의 차원과 조직

앞의 제3장에서 정책분석의 차원과 조직에 대해 살펴보았다. 정책수단에 대한 평가는 윤리성 차원, 실현 가능성 차원, 그리고 효율성 차원에서 이루어지고, 이들이 체계적으로 조직되고 통합되어야 함을 검토하였다. 정책대안의 비교 · 평가가 합당하게 이루어지려면 이 세 차원별 기준에 따라 평가가 이루어지고 통합되어야 한다. 평가의 통합은 윤리성 차원의 평가 → 실현 가능성 차원의 평가 → 효율성 차원의 평가 순으로 계층적 구조화가 이루어지는 것이 바람직하다.

정책대안은 우선적으로 윤리성 차원에서 타당성을 지녀야 한다. 윤리적으로 타당성이 없는 대안은 바람직한 대안이 아니다. 부유 계층에 있는 사람보다 사회적 약자에게 더 많은 부담을 안겨 주는 대안, 인간의 기본적 자유를 억압하는 대안 또는 인격적 자존심을 해치는 대안 등은 윤리적으로 타당하지 않은 것으로 좋은 대안이 아니다.

윤리성 차원에서 타당성이 있는 대안이라 하더라도 그 대안이 현실 세계에서 실현될 수 있느냐 하는 문제가 제기된다. 아무리 윤리적인 정책대안이라 하더라도 정책의 내용으로 채택되지 못하거나, 현실적으로 집행될 수 없는 대안이라면 이상적인 대안일 수는 있어도 현실적인 대안은 되지 못한다. 한편, 실현 가능한 대안이라고 하더라도 효과적이고 능률적이지 못하면 좋은 대안이 될 수 없다. 그러므로 윤리적으로 합당하면서, 실현 가능하고, 효과적이고 능률적인 정책대안이 좋은 정책대안이라 할 수 있다.

앞에서 지적하였듯이 정책대안 분석에서 이루어지는 차원별 분석과 평가 기준의 적용은 우선순위에 따라 조직되고 실행되어야 한다. 이 우선순위는 마땅히 정책대안의 윤리적(규범적) 타당성, 실현 가능성, 그리고 효율성 등의 순서로 구조화되어야 한다. 즉, 정책대안은 우선, 그 사회의 윤리 및 규범에 적합해야 하고(윤리적, 규범적 타당성 확보), 다음에 그것을 실행에 옮길 수 있어야 하며(실현 가능성의 확보), 마지막으로 정책대안은 효율적이어야 한다(효율성의 확보).

그러나 대안의 비교 · 평가 차원의 계층성에도 불구하고 때때로 실현 가능성 차원과 능률성 차원의 분석에서 곤란을 겪기도 하는데, 실현 가능성이 낮은 대안은 당연히 효율성 차원의 분석에서 제외되어야 하는가의 문제이다. 이것은 대안의 예비분석 과정에서도 나타나는 현상으로 예비분석 역시 효율성, 실현 가능성의 기준을 적용하기 때문이다.[1] 다만, 예비분석의 대상이 되는 대안 중에는 실현 가능성(채택 가능성과 집행 가능성)이 낮은 것들이 있겠지만, 본분석의 대상이 되는 대안들은 어느 정도의 실현 가능성을 지니고 있다고 보아야 할 것이다. 본격적인 비교 · 평가의 대상이 되는 대안들은 이미 예비분석을 통해 어느 정도 실현 가능하다고 판단된 것들이기 때문이다.

이 문제에 대해서는 두 가지 접근방법을 생각해 볼 수 있다. 하나는 실현 가능성이 없는 정책대안을 미리 제거해 버리고 실현 가능성이 있다고 판단되는 대안들만을 대상으로 효율성 차원의 기준을 적용하는 방법이다. 다른 하나는 예측된 정책대안의 결과를 효율성 차원의 기준으로 먼저 비교 · 평가하고, 다음에 실현 가능성 차원의 기준을 적

1) 예비분석과 본분석의 두 단계에서 비록 유사한 기준이 적용된다 하더라도 기준 적용의 대상과 목적, 구체성 등에서는 많은 차이가 있다. 즉, 예비분석에서의 기준들은 다양하게 탐색 · 개발된 무수히 많은 대안들 중에서 본격적인 분석이 필요한 대안을 추출해 내기 위해 개략적으로 적용되는 데 반해, 본분석에서의 기준들은 선택될 대안의 우선순위를 정하기 위해 매우 세밀하게 적용된다.

용하여 선택하는 것이다.

일반적으로 정책대안의 실현 가능성이 낮다면 정책내용으로 채택되기 어렵기 때문에 효율성 차원의 분석을 할 필요가 없는 것으로 생각하기 쉽다. 그러나 실현 가능성이 낮다고 판단되는 경우에도 효율성 차원의 분석에서 매우 높은 평가를 받은 대안이라면, 이 대안의 실현 가능성을 높이기 위한 방안들을 검토해 볼 수 있다. 실현 가능성 중에서도 특히 정치적 실현 가능성의 경우에 더 그러하다. 예컨대, 윤리성과 효율성 차원에서 훌륭한 대안으로 평가받은 대안이 특정 집단의 반발로 채택되거나 집행되기 어렵다고 판단되면 다음과 같은 방법을 생각해 볼 수 있다. 반대집단에 대한 설득과 협상, 반대집단에 대한 인센티브의 제공, 여론에의 호소, 정책의 정당성에 대한 홍보 등을 통해 지지를 확보하고 정치적 실현 가능성을 높일 수 있는 방안을 모색해 볼 수 있다. 또한 기술적 실현 가능성이 낮다고 평가된 경우에도 다른 측면에서 그 대안이 매우 좋은 대안으로 평가된다면 기술개발을 집중적으로 지원함으로써 기술개발에 의한 정책대안의 실현 가능성을 높일 수도 있다.

그러므로 실현 가능성을 검토하여 실현 가능성이 없거나 낮은 대안은 아예 능률성이나 효과성 분석이 불필요한 것으로 판단하는 것은 신중을 기할 필요가 있다. 이럴 경우, 효율성 차원의 비교 · 평가를 통해 효율성이 낮은 대안은 제거하고 효율성이 높은 대안의 실현 가능성을 제고할 수 있는 방안이 있는지를 검토하는 것이 필요하다.

제 2 절 정책대안의 비교 · 평가의 방법

1. 윤리성 차원의 비교 · 평가

1) 비교 · 평가 기준

윤리성 차원의 비교 · 평가 기준으로 다음과 같은 것들을 생각해 볼 수 있다.

첫째, 바람직한 정책대안은 인간의 존엄성을 구현하는 데 기여해야 한다. 인간은 인격적으로 뿐만 아니라 육체적으로 존엄성을 가진 존재이다. 따라서 인간을 수단이나 도구가 아닌, 인간 그 자체가 목적이며 자율성을 가진 존재로서 인정해 주는 정책대안이 바람직하다.

둘째, 인간의 존엄성은 인간의 기본적 권리가 보장받을 때 확보될 수 있다. 인간의 기본적 권리에는 자유권적 기본권과 사회권적 기본권 등이 포함된다. 따라서 바람직한 정책대안은 인간의 기본적 권리를 제약하는 것이어서는 안 된다.

셋째, 정책대안의 실행에 드는 비용, 희생이 사회적 약자 계층에는 최소로 배분되는 것이어야 한다. 부유층에는 상대적으로 적은 부담을, 반면에 사회적 약자에게는 상대적으로 더 많은 희생을 안겨주는 정책대안은 윤리적이지 못하다. 이는 아래에서 살펴보게 될 형평성과도 관련된다.

넷째, 형평성의 기준을 충족시켜야 한다. 같은 것은 같게, 그리고 다른 것은 다르게 취급하는 정책대안이어야 한다.

다음에서는 윤리성 차원의 비교 · 평가 기준으로서 가장 많이 논의되고 있는 형평성 기준에 대해서 좀 더 자세히 살펴본다.

2) 형평성

형평성은 법적 · 사회적 합리성과 밀접한 관련이 있고, 사회 내의 여러 집단들 간 정책대안의 효과와 비용을 배분하는 것과 관련된다. 소득, 교육 기회, 공공서비스 등을 재분배하려는 정책이 효과적이고 능률적이라 할지라도 비용과 편익이 불공평하게 배분된다면 이는 윤리적이지 못하고 좋은 대안도 아니다. 즉, 서비스를 가장 필요로 하는 사람들이 적절한 서비스를 제공받지 못할 때, 정책대안이 가져오는 효과가 사람 또는 집단들 사이에 부당하고 불평등하게 배분될 때, 부담 능력이 낮은 사람들이 상대적으로 더 많은 비용을 부담하게 될 때 형평에 어긋난다는 느낌을 갖게 된다. 특히, 근래에 들어 형평성 기준은 정부의 공공서비스 제공과 각종 규제에 관련된 정책결정에 중요한 기준으로 적용되고 있어서 이에 대한 신중한 고려가 필요하다.

그렇다면 형평성이란 과연 무엇인가? 이에 대해서는 아직까지 명확한 합의를 보지 못하고 있는 실정이다. 대개의 경우 형평성을 공평성과 같은 의미로 사용하는 경우가 많다. 이럴 경우 공평성은 “동일한 경우는 동일하게 취급하고 서로 다른 경우는 서로 다르게 취급하는 것”을 의미한다. 이때 무엇이 동일하고 무엇이 서로 다른지를 구별하는 것이 문제가 된다. 여기에는 크게 두 개의 대립되는 견해가 있다. 첫째는 모든 인간은 그 존엄과 가치 면에서 동등하기 때문에 정부의 정책에서 기계적으로 동등하게 취급되어야 한다는 주장이다. 둘째는 인간은 존엄과 가치의 면에서는 동등하지만, 다른 측면에서는 차이가 있을 수 있으므로 차이가 있는 경우에는 차별적으로 취급해야 한다는 주장이다.

일반적으로 형평성은 사전적인 기회 균등이나 절차적 측면의 평등뿐만 아니라, 결과적 측면의 평등도 동시에 고려되어야 진정한 의미의 형평성이 이루어진다고 본다(Wildavsky, 1982: 367).

이와 같이 형평성의 의미는 다르게 이해되고 있기는 하나 정책대안의 비교·평가 기준으로서 논의되는 형평성은 “정책효과와 정책비용의 배분이 사회정의로서 배분적 정의에 합치되는 정도”로 보는 것이 무난하다. 즉, 정책의 실행으로 당연히 편익을 누려야 할 계층에게는 편익을, 당연히 비용을 부담해야 할 계층에게는 비용을 부담하도록 하는 것이다. 또한 편익을 누리는 수혜자들과 비용을 부담해야 하는 부담자들 사이에도 공평한 비율의 편익과 비용이 배분되어야 한다는 것이다.

형평성의 의미를 이렇게 규정하더라도 좀 더 구체적인 면에서 무엇이 배분적 정의에 합치되는지에 대해서는 여러 가지 의견이 있을 수 있으나, 소득 재배분에서 나타나는 기본적인 사고방식이 배분적 정의의 내용에 합치된다고 볼 수 있다. 이러한 관점에 의하면, 형평성은 절차적 기회 균등뿐만 아니라 실질적 결과까지도 고려하는 것을 의미한다. 일반적으로 능률성이나 효과성의 기준에 의하면, 정책효과가 사회 전체적으로 얼마만큼 발생하고 정책비용이 사회 전체적으로 얼마만큼 지불될 것인지를 측정하여 비교·평가하게 된다. 그러나 이때 “정책효과나 정책비용이 누구에게 얼마만큼 돌아가느냐” 하는 측면에 대한 평가는 제외되는데, 이렇게 제외된 측면을 형평성 기준에 의해서 고려할 수 있는 것이다.

예를 들어, 중화학 공업의 육성이라는 정책목표의 달성을 위해 A지역에 중화학 산업단지를 건설하면 비용-편익 비율이 1.2이고, B지역에 건설하면 비용-편익 비율이 1.0이라고 하자. 효율성의 기준으로 볼 때는 A지역에 중화학 산업단지를 조성하는 대안이 우수하다고 볼 수 있다. 그러나 중화학 산업단지의 조성으로 혜택을 보는 사람들이 누구인가 하는 문제는 고려되지 않고 있다. 극단적으로 이야기해서 A지역에 중화학 산업단지를 조성함으로써 혜택을 보는 대상은 몇몇 소수의 대기업이고, B지역에 중화학 산업단지를 조성함으로써 혜택을 보는 대상은 다수의 영세 소기업들이라고 할 때 형평성의 기준으로 본다면 B지역의 대안이 우수하다고 평가할 수 있다.

이와 같이 형평성 기준은 경제적 측면보다는 정치적 측면에서 중요한 가치를 지닌다. 정책효과가 사회적 · 경제적 약자들을 포함한 더 많은 사람들에게 배분되어 정당하게 편익을 누릴 사람에게 편익이, 비용을 부담해야 할 사람에게 비용을 부담하게 하는 것은 그 자체가 바람직한 것으로 판단될 수 있다. 또한 형평성 기준을 중시하게 되면 사회적 · 경제적 약자들이 사회나 국가에 대해 가질 수 있는 반감을 줄이고, 정치체제에 대한 지지도를 향상시켜 정치적 안정과 체제의 정치적 능력을 향상시키는 등의 여러 가지 효과를 가져올 수 있다.

2. 실현 가능성 차원의 비교 · 평가

1) 의의

정책대안이 윤리성 차원에서 타당성을 지니게 되면 다음으로 그것이 과연 실현 가능한 것인지를 비교 · 평가해 보아야 한다. 정책대안의 실현 가능성은 대안이 정책으로 채택되고 그 내용이 집행될 가능성을 뜻한다(Krone, 1980: 32). 따라서 정책으로의 채택 가능성과 채택된 후의 집행 가능성이 실현 가능성의 핵심적인 내용이 된다(정정길, 1988: 493).

일반적으로 정책대안의 실현 가능성을 논할 때 정책의 집행 가능성을 염두에 두고 하는 경우가 많다. 즉, 정책의 집행 가능성을 협의의 실현 가능성으로 보는 것이다. 협의의 실현 가능성은 흔히 정책의 제약 조건과 표리의 관계에 있다(Majone, 1975: 49-50). 정책의 제약 조건 또는 제약 요인은 정책의 실현을 제약하는 요인이나 조건들을 말하며 기술적, 재정적 · 경제적, 정치적, 행정적, 법적인 요인 등이 있다. 정책이 실현 가능하려면 제약 조건이 가능한 영역에 있어야 한다. 예를 들면, 어떤 대안이 효율성 차원에서 최선의 것이라 하더라도 집행 비용이 예산의 범위를 넘어서는 것이라면 예산상의 제약 때문에 실현 불가능한, 즉 집행 불가능한 대안이 된다.

정책대안이 정책으로 채택된 후의 집행 가능성에 더 많은 관심이 모아지는 것은 당연하지만, 정책대안이 정책으로 채택될 가능성도 정책대안의 실현 가능성에서는 매우 중요하다. 특히, 문제가 되는 것은 윤리성 차원과 효율성 차원에서 볼 때는 바람직하다고 여겨지는 정책대안이 정치적으로 강력한 반대에 부딪쳐 정책으로 채택될 가능성이 낮을 경우이다. 즉, 정치적 실현 가능성이 매우 낮은 경우이다. 정책대안의 정치적 실현 가능성은 정책으로 채택된 후 집행 과정에서 정치적 반대로 인한 집행 불가능이 문제될 수도 있으나, 이보다는 정책으로 채택되는 과정에서 정치적 반대로 인해 채택될 수 없는 경우가 핵심이 된다.

정책대안의 실현 가능성이 매우 낮다고 판단되면 효율성 차원의 분석이나, 기타 후속 작업을 할 필요가 없다고 생각하기 쉽다. 그러나 앞에서도 지적했듯이 이는 신중히 검토할 필요가 있다. 비록 실현 가능성이 낮은 대안이라고 하더라도 분석 결과 다른 기준에서 볼 때 좋은 대안임이 밝혀지면, 이 대안의 실현 가능성을 높이기 위해서 여러 가지 방법을 강구해 볼 수 있기 때문이다. 예를 들어, 청년실업 문제를 해결하기 위한 대안의 하나로 '일자리 나누기(work sharing)'를 검토한다고 하자. 대부분의 전문가들이 이 대안이 윤리적이며 효과적이고 능률적이라고 평가하고 있다. 그러나 현재 일자리를 가지고 있는 사람들과 노동조합이 임금 삭감을 이유로 강력히 반대하고 있어서 정책대안으로 제안할 엄두를 내지 못하고 있다. 이때 이 대안의 제안은 포기해야 하는 것인가? 그것은 정책분석가의 청년실업 문제와 그 대안인 '일자리 나누기'에 대한 기본관점과 이 대안의 윤리성 및 효율성에 대한 확신에 달려 있다. 그에 따라서 후속 검토의 대상에서 제외하거나 반대하는 집단들을 설득하고 지지를 얻을 수 있는 보완적인 대안을 찾아 볼 수 있다.

그러므로 대안의 실현 가능성을 검토하여 실현 가능성이 낮은 대안은 아예 효율성 차원의 분석을 하지 않기로 결정하는 것은 신중을 기할 필요가 있다.

2) 실현 가능성의 종류

정책대안의 실현 가능성은 흔히 다음과 같이 나누어 볼 수 있는데(정정길, 1988: 495-500; Baker, Michales, & Preston, 1975: 101-102), 각각의 실현 가능성 기준은 정책의 성격에 따라 그 우선순위가 달라질 수 있다.

(1) 기술적 실현 가능성

기술적 실현 가능성(technical feasibility)은 정책대안이 현재 이용 가능한 기술로서 그 실현이 가능한 정도를 말한다. 기술의 개발 또는 획득으로 이용 가능한 기술 수준이 향상되면 기술적 실현 가능성은 향상될 수 있다. 신재생에너지의 기술개발에 따라서 석유 에너지 대신에 신재생에너지 발전이 추진되는 것과 같다. 기술적 실현 가능성은 위와 같이 정책수단의 기술적 실현 가능성을 의미하는 것이 일반적이지만, 다음과 같은 두 가지 경우도 포함하는 넓은 의미로 쓰이기도 한다.

첫째는 정책수단과 정책목표 사이에 인과관계가 존재하는지의 여부를 의미하는 경우이다. 즉, 정책수단이 실현되었을 때 정책목표가 달성되지 않으면 그 정책수단의 기술적 실현 가능성이 없다고 하는 것이다. 이것은 수단의 합목적성, 즉 수단의 효과성을 의미하는 경우인데, 흔히 정책의 기술적 합리성이라고 부르는 것으로 이는 정책수단 자체의 기술적 실현 가능성과는 구별된다.

둘째는 다음에 살펴볼 행정적 실현 가능성의 일부를 의미하는 경우이다. 특히, 정책수단의 실현을 위해서 필요한 전문가나 경험 있는 집행자가 없는 경우에 정책대안은 기술적으로 실현 불가능하다고 하는 것이다. 이 경우는 행정적 실현 가능성에서 '행정'을 '기술'의 일부로 보는 경우이다. 그러나 행정적 실현 가능성과 기술적 실현 가능성이라는 용어는 구분하는 것이 바람직하다.

기술적 실현 가능성의 향상은 이에 필요한 예산이나 재정적 지원에 의하여 좌우되는 경향이 있기 때문에 재정적 · 경제적 실현 가능성과 밀접히 관련되어 있다.

(2) 재정적 또는 경제적 실현 가능성

정책대안의 재정적 또는 경제적 실현 가능성(financial or economic feasibility)은 정책대안의 집행을 위해서 필요한 재원의 확보가 가능한지의 여부를 의미한다. 이때 가장 문제가 되는 것이 예산상의 제약 때문에 정책대안이 실현 불가능한 경우이다. 예를 들면, 서울과 부산 간 교통 원활을 위해 새로운 고속도로의 건설과 기존 고속도로의 확장이라는 두 개의 정책대안이 고려된다고 하자. 새로운 고속도로를 건설하는 것이 기존 고속도로를 확충하는 것보다 비용-편익비가 높다고 한다. 새로운 고속도로의 건설에는 10조 원이 들고, 기존 고속도로를 확장하는 데는 5,000억 원이 든다. 그런데 정부가 이 사업에 투자할 수 있는 예산이 1조 원을 넘을 수 없다면 정부는 새로운 고속도로의 건설 안을 채택하기 어렵게 된다. 재정적인 측면에서 실현 불가능한 대안으로 평가되는 것이다.

정책의 종류에 따라 그 정도는 다르겠지만 재원의 뒷받침 없이 실현될 수 있는 정책은 거의 없다. 특히, 사회복지 정책이나 대규모 투자 사업에 관련된 정책은 재원의 확보 없이는 불가능하다. 국가 예산은 경직성 경비가 상당 부분을 차지하기 때문에 정부가 새로운 정책을 실시하는 데 소요되는 재원을 확보하기란 쉬운 일이 아니다. 그러므로 정책대안들의 실현 가능성을 검토하려면 재정상의 제약을 면밀히 고려하는 것이 필요하다.

이러한 재정적인 제약을 좀 더 넓게 보면 정부와 정책 담당기관의 예산이 아니라 사회 전체적으로 이용 가능한 자원의 제약까지도 포함할 수 있다. 경제 발전의 정도, 민간 부문의 경제력, 그리고 개인과 기업의 조세 부담 능력 등도 경제적 실현 가능성을 좌우하는 요인이 된다.

(3) 행정적 실현 가능성

행정적 실현 가능성(administrative feasibility)은 정책대안의 집행을 위하여 필요한 집행조직, 집행요원 및 전문 인력 등의 이용 가능성을 의미한다. 정책대안을 추진하기 위해서 기존의 행정기구로는 집행이 불가능하거나 기존의 행정인력으로 집행이 어려우면 행정 능력상 제약이 있는 것이다(Van Meter & Van Horn, 1975: 460-465).

정책이 효율적으로 집행되어 의도한 성과를 거두기 위해서는 세부적인 프로그램의 기획과 자원의 동원·배분을 직접 담당할 수 있는 적절한 집행조직과 인력이 구비되어야 한다. 만약 이에 대한 고려가 없이 정책대안을 선택하게 되면 집행의 어려움으로 정책효과를 기대하기 힘들고, 따라서 상징적인 정책으로 그칠 가능성이 크다. 대개의 경우 집행조직은 정부 관료조직의 한 단위를 이루고 있거나, 아니면 특정 정책의 집행을 위하여 여러 관료조직에서 선발된 인력으로 구성된 임시작업반(task force)의 형태를 띤다. 이러한 집행조직과 관련하여 고려해야 할 사항은 집행조직의 구조, 집행조직의 리더십, 집행 프로그램의 적응 능력과 프로그램을 수행할 능력 등이다. 또한 집행조직의 성원으로서 집행을 담당할 유능한 인력의 확보도 정책대안의 집행 가능성을 좌우하는 관건이다. 재정적 실현 가능성도 그렇지만, 특히 행정적 실현 기능성은 정치적 지지가 있으면 그 가능성이 크게 향상될 수 있다.

(4) 법적 실현 가능성

법적 실현 가능성(legal feasibility)은 정책대안이나 정책의 내용이 다른 법률의 내용과 모순되지 않을 가능성을 의미한다. 이것은 정책대안의 실현 과정(주로 집행 과정)에서 법적 제약을 받지 않을 가능성을 의미한다. 정책은 법률의 형태를 가진 경우가 많은데, 이 경우에 다른 법률과 모순 · 상충되지 않도록 입법되어야 한다. 법률의 형식이 아닐 경우에는 법률이 위임한 범위 내에서 또는 법률에 어긋하지 않도록 해야 한다. 법적 실현 가능성을 넓게 보면 법률의 제약에 국한되지 않고 다른 정책과의 일관성을 포함하는 것으로 이해할 수도 있다.

(5) 정치적 실현 가능성

정치적 실현 가능성(political feasibility)은 정치체제에 의하여 정책대안이 채택되고 이것이 집행될 가능성을 말한다. 즉, 정책대안의 채택과 집행이 정치적 측면에서 관련자 집단과 일반국민으로부터 지원을 받을 가능성을 정치적 실현 가능성이라고 부른다. 정치적 실현 가능성은 위에서 본 재정적 · 행정적 실현 가능성을 좌우하고, 이들을 통해서 기술적 실현 가능성도 부분적으로 좌우하기 때문에 그 중요성이 크다. 특히, 무엇보다 중요한 것은 정책결정이란 정치적 결정이며, 따라서 정치적 실현 가능성이 낮은 대안은 정책의 내용으로 채택되기 어렵기 때문에 정치적 실현 가능성은 곧 그 정책대안이 정책으로 채택될 수 있느냐 없느냐를 결정하는 중요한 요건이 된다.

정치적 실현 가능성을 좌우하는 요인의 예로는 정치 · 문화적 특성과 정치세력의 분포 등을 들 수 있다. 국가의 구성원인 국민들의 일반적인 신념이나 가치에 배치되는 정책대안은 정책으로 채택되기 어렵다. 예를 들면, 모든 분야에서의 자율성이 일반국민들의 신념과 가치로 내재화된 국가에서 정부가 자유시장 체제에 깊숙이 개입하는 경제정책이나 질서 유지라는 명목으로 인권을 유보하는 일련의 정책을 채택한다면 커다란 거부 반응을 불러일으킬 가능성이 크다.

또한 정치적 실현 가능성은 정책결정 과정이나 집행 과정에서 활동하고 있는 정책 관련 세력에 의해서도 달라진다. 정책은 대부분의 경우 일부의 집단에게는 피해를 주고 다른 일부에게는 혜택을 주게 되므로 이 두 집단의 대립·갈등은 불가피하다. 특히, 규제정책의 경우 이러한 경향이 두드러지게 나타난다. 이 때문에 대립하는 집단들은 정책의 내용이 자신들에게 유리하게 결정되도록 영향력을 행사하며 정책의 집행 과정에도 계속 개입한다. 이때 어떤 정책대안이 강력한 반대에 부딪쳐 결정 과정에서 채택되기 어려우면 정치적 실현 가능성이 낮다고 평가되는 것이다. 정치적 실현 가능성은 현존하는 정치세력의 영향력과 지지도에 의존하게 되므로 현존하는 정치권력의 분포가 정상적이지 못하면 정치적 강자에 의하여 정치적 약자가 희생되는 경우가 흔히 발생한다. 이런 경우 정치적 실현 가능성은 비윤리적이고 비합리적인 성격을 띠게 된다.

정치적 합리성과 정치적 실현 가능성은 서로 다른 개념이다. 전자는 정치적으로 보아 바람직한 것으로서 정치적 가치의 획득을 통해서 달성되는 것이며, 후자는 정치적으로 실존하는 정치세력의 지지 정도를 의미하는 것이다. 그러므로 정책대안의 정치적 실현 가능성이 정책대안의 정치적 합리성이나 그 밖의 측면에서의 바람직한 특성과 일치되려면 현존하는 정치권력의 분포가 이상적이어야 한다. 그러나 정치권력이 여러 사회계층에 골고루 분포되어 있어서 다원적 사회라고 부르는 미국조차도 그 분포와 이를 포함한 정치제도가 이상적인 것은 못된다. 그래서 미국과 같은 사회에서도 정치적 실현 가능성이 큰 대안이 바람직한 대안이 아닌 경우도 많다(정정길, 1988: 499-500).

(6) 기준들 간의 상호 관계

지금까지 살펴본 실현 가능성 기준들 중에서 정책대안의 비교·평가에서 좀 더 중요한 기준은 정치적 실현 가능성일 것이다. 왜냐하면, 정치적 실현 가능성이 높으면 다른 실현 가능성도 높아질 수 있기 때문이다. 정치적 지지가 강하면 행정적 실현 가능성이나 재정적·경제적 실현 가능성이 향상될 수 있고, 기술적 실현 가능성도 향상될 수 있다.

3) 실현 가능성 차원의 비교 · 평가 방법

정책대안의 실현 가능성을 평가하기 위한 대표적인 방법으로는 정책 델파이(policy delphi)와 실현 가능성 평가 기법(feasibility assessment technique)을 들 수 있다.

(1) 정책 델파이

델파이 방법은 정책대안의 결과 예측뿐만 아니라 대안들 간의 우선순위를 비교 · 평가하는 데도 적절하게 이용된다. 본래 델파이 방법이 전문가들로부터 미래의 사건들에 대한 계명된 판단(informed judgement)을 체계적으로 얻어내고 교환하며 개발하는 직관적 판단 방법(Dunn, 2012: 165-180)이다. 따라서 대안들이 과연 실현 가능성이 있는가를 판단하고 만약 여러 가지 제약으로 인해 정책대안의 실현 가능성이 낮은 경우 실현 가능성을 증대시킬 수 있는 방안을 얻어내는 데도 도움을 줄 수 있다(정책 델파이에 대한 자세한 설명은 제7장 제2절 참조).

(2) 실현 가능성 평가 기법

실현 가능성 평가 기법은 정책대안의 실현 가능성을 평가하기 위한 방법이다(Dunn, 2012: 176-180). 위에서 살펴본 것처럼 실현 가능성에는 기술적 실현 가능성, 재정적 · 경제적 실현 가능성, 행정적 실현 가능성, 법적 실현 가능성, 그리고 정치적 실현 가능성 등 여러 측면이 있다. 이 기법은 특히 정치적 실현 가능성을 평가하기에 적합하다. 즉, 어떤 정책대안의 채택이나 집행에 찬성하거나 반대하는 집단의 영향력을 평가하고, 그러한 정책대안이 현실적으로 채택되거나 집행될 수 있을 것인지를 사전적으로 분석하는 것이다. 이 기법은 정책의 결정과 집행을 둘러싼 정치적 갈등이 전개되고 관련 집단 사이에 권력을 비롯한 정치 · 경제적 자원이 불균등하게 배분된 상황에서 정책대안의 채택과 집행을 위한 노력이 어떠한 결과를 가져올 것인지를 예측하는 데 특히 적합한 기법이다.

다른 판단적 예측 방법과 마찬가지로 이 기법도 주관적 추정에 근거하고 한 사람의 분석가 또는 복수의 전문가집단에 의해 운용될 수 있다. 이 기법에서는 적어도 다음의 세 가지 요소에 대해 주관적 추정을 하고 이들을 종합적으로 고려하여 정책대안의 실현 가능성을 예측한다.

① 정책대안에 대한 입장

우선, 특정 정책대안에 관심을 갖고 있는 집단을 확인하고, 이들이 하나 또는 여러 개의 대안들에 대하여 지지 또는 반대하거나 혹은 무관심한 입장을 취하게 될 확률을 추정한다. 관련 집단이 취하게 될 입장을 추정한 다음에는 부호로 표시하게 되는데, 전적으로 지지할 경우에는 +1, 전적으로 반대할 경우에는 −1, 그리고 무관심한 입장에 있을 경우에는 0으로 표시한다. 이 추정값은 각 관련 집단이 지지(0에서 +1 사이) 또는 반대(0에서 −1 사이)하는 입장에서 해당 문제에 얼마만큼 관심을 가지고 있는가를 나타낸다.

② 소유자원 중 이용 가능한 자원

다음에는 관련 집단들이 특정 정책대안에 대한 그들의 입장을 관철시키기 위해서 이용 가능한 자원들을 주관적으로 추정한다. 자원에는 사회적 위신, 경제력, 인적 자원, 그리고 정보에 대한 접근력 등이 포함된다. 관련 집단들은 대개 어떤 하나의 정책에 대해서만 관심을 갖고 있는 것이 아니라, 여러 정책에 관심을 갖고 있는 것이 보통이다. 그러므로 그 정책을 지지하거나 반대하기 위해서 자신들이 소유하고 있는 모든 자원을 동원하지는 않고 일부만을 사용한다. 그러므로 관련 집단이 소유하고 있는 총자원을 1이라고 한다면 이용 가능한 자원의 규모는 0에서 1 사이에 있다.

③ 관련 집단이 소유하고 있는 자원의 상대적 영향력

마지막으로 각 관련 집단의 '힘' 또는 '영향력'에 서열을 매기게 된다. 이를 통해 각 집단이 이용 가능한 정치적 · 조직적인 자원의 규모를 파악할 수 있다. 각 집단의 자원 규모에 대한 상대적 서열은 0에서 1까지의 수치를 써서 추정치를 나타낼 수 있다.

앞에서 지적한 바와 같이 이러한 세 가지 주요 요소를 종합적으로 추정 · 평가함으로써 정책대안의 채택 가능성과 집행 가능성을 평가할 수 있다. 그러므로 '가'라고 하는 집단이 A라는 정책을 지지할 확률이 매우 높다고 하더라도(예: 그 추정치가 0.9일 경우) 자신들이 소유하고 있는 자원의 대부분을 다른 정책을 지지하거나 반대하는 데 투입하고 있다면, A정책의 채택이나 집행에 대한 '가' 집단의 영향력은 매우 낮을 수 있다. 그리고 설령 '가' 집단이 어떤 정책을 지지하거나 반대하는데 가용 자원의 대부분(예: 그 추정치가 0.9일 경우)을 투입하고 있음에도 불구하고, 그 정책의 채택이나 집행에 별다른 영향력을 행사하지 못하는 수가 있다. '가' 집단이 소유하고 있는 총자원의 규모 자체가 너무 적을 때가 바로 그런 경우이다.

실현 가능성 평가 기법을 적용한 사례를 나타내 보면 [표 9-1]과 같다. 이 예는 행복시에서 시재정을 확충하기 위한 대안으로 제시한 '주민세 10% 인상'에 대한 실현 가능성 분석을 한 것이다. 우선, 이러한 정책대안에 큰 관심을 갖고 있는 사람과 집단을 파악한 결과 시장, 시의회, 시민단체인 경제정의실천시민연합(이하 경실련), 공무원, 그리고 언론 등이 나타날 것으로 예측되었다. 그리고 이 정책대안에 대한 각 관련 집단의 입장은 시장과 공무원은 지지의 편에, 시의회와 경실련, 그리고 대부분의 언론은 반대편에 서게 될 것으로 추정되었다. 그러할 확률, 그리고 가용자원의 비율과 자원 규모의 상대적 서열은 [표 9-1]에 나타난 바와 같다.

[표 9-1]에서 실현 가능성 점수는 찬 · 반 입장, 그 확률, 소유자원 중 이용률, 상대적 영향력 등을 모두 곱하여 계산(즉, 찬 · 반 입장×확률×소유자원 중 이용률×상대적 영향력)되고, 총실현 가능성 점수(F)는 각 집단의 실현 가능성 점수를 합산한 값이다. 그리고 총실현 가능성 지수(Index of Total Feasibility: TF)는 총실현 가능성 점수를 관련 집단의 수로 나눈 값이다.

$$\text{총실현 가능성 지수(TF)} = \frac{\sum F}{N} = \frac{-0.624}{5} = -0.125$$

[표 9-1]은 주민세 인상이라는 대안의 실현 가능성이 낮음을 보여 주고 있다. [표 9-1] 밑에 나와 있는 총실현 가능성 지수의 (−) 부호는 시재정을 확충하기 위한 '주민세 10% 인상'안이 지지보다는 반대에 부딪치고 있다는 것을 뜻한다. 총실현 가능성 지수는 −1.0에서부터 +1.0까지의 값을 취하게 되는데(−1은 전혀 실현 가능성이 없음을 나타내고, +1은 실현이 확실함을 나타낸다), 이 지수의 추정을 통해 정책대안의 실현 가능성을 예측할 뿐만 아니라 복수의 정책대안들 사이의 상대적 실현 가능성 정도를 비교하게 된다.[2)]

2) 조정된 총실현 가능성 지수의 개념에 대해서는 던(Dunn, 2012: 178−179)을 참조하기 바란다.

표 9-1 주민세 10% 인상안에 대한 실현 가능성 분석

관련자 (집단)	찬·반 입장	확률	소유자원 중 이용률	상대적 영향력	실현 가능성 점수
시장	+1	0.4	0.2	0.4	0.032
시의회	−1	0.8	0.8	0.9	−0.576
경실련	−1	0.5	0.8	0.5	−0.200
공무원	+1	0.7	0.5	0.4	0.140
언론	−1	0.1	0.5	0.4	−0.020

$\sum F = -0.624$.

이 기법은 정책대안의 실현 가능성에 대한 예측에 도움을 줄 수 있는 이론이나 경험적 자료가 부족할 경우에, 특정의 정책대안이 채택되거나 집행될 가능성을 사전적으로 평가할 때 유용하기는 하지만 다음과 같은 한계점이 있다.

첫째, 다른 판단적 예측기법과 마찬가지로 이 기법을 적용할 때 주관적 판단의 근거를 이루는 가정이나 논증을 명백히 밝혀 줄 수 있는 체계적인 방법이 마련되어 있지 않다. 이러한 어려움을 극복하기 위해서는 정책 델파이나 가정분석(assumption analysis) 등을 활용함으로써 도움을 얻을 수 있다(Dunn, 2012 참조).

둘째, 이 기법은 각 관련 집단의 입장이 서로 독립적이고 각각의 입장들이 같은 시기에 표명된다는 것을 가정하고 있으나, 이는 비현실적이다. 현실적으로는 서로 입장을 달리하는 관련 집단들 사이에 타협이 이루어질 수도 있고, 한 집단이 입장을 바꾸면 그것이 다른 집단의 입장을 바꾸도록 영향을 미칠 수도 있기 때문이다. 이와 같은 관련 집단 간 입장의 상호 의존성과 상호 변동 유발 가능성에 대해서는 교차영향분석을 통해 파악할 수 있다.

4) 정책대안의 실현 가능성 증대 방안

앞에서 설명한 바와 같이 정책대안들은 여러 가지 측면에서 실현 가능성에 제약을 받을 수 있다. 그런데 어떤 대안들은 현실적으로 명백하게 실현 가능성이 매우 낮은 것도 있지만, 어떤 대안들은 노력하기에 따라서는 실현 가능성을 증대시킬 수 있는 것들도 있다. 어떤 대안이 윤리성과 효율성의 측면에서 매우 좋은 대안임에도 불구하고 실현 가능성이 낮을 경우, 정책분석가는 그 대안의 실현 가능성 증대 방안을 함께 검토해 볼 수 있다. 대안의 실현 가능성을 증대시킬 수 있는 방안으로는 다음과 같은 것들이 있다.

(1) 필요한 재원 확보 방안의 제시

재정적 실현 가능성이 낮은 대안의 경우 필요한 재원을 확보할 수 있는 구체적인 방안을 제시함으로써 대안의 실현 가능성을 증대시킬 수 있다.

(2) 주요 권력기관의 관심과 지지 유도

대통령, 의회와 같은 지배기관이 정책에 커다란 관심을 지니고 있으면 그 정책은 실현될 가능성이 높다. 왜냐하면, 권력기관의 정책에 대한 관심과 지지는 정책대안의 실현에 필요한 인적 · 물적 자원의 지원이나 여러 가지 제약 요인을 극복하는 데 중요한 역할을 하기 때문이다.

(3) 정책대상 집단의 수용성 확보를 위한 설득력 강화

정책대상 집단은 정책으로부터 직접 혜택을 보는 수혜집단과 정책으로 인하여 희생을 감수해야 하는 희생집단으로 나누어진다. 정책대안의 실현 가능성을 높이기 위해서는 수혜집단의 강력한 지지가 있어야 하고 희생집단의 저항이 약해야 한다.

정책 수혜집단의 강력한 지지를 확보하기 위해서는 여러 정책대안들 간의 차별성을 설명하여 정책으로 채택될 대안의 상대적인 우월성을 부각시키고, 정책대안 채택에 반대하는 집단들의 저항을 최소화하기 위해서는 정치적 반대에 대한 명시적이고 실질적인 이유를 분석하여 반대의 부당성을 지적하고 정책의 정당성을 설명함으로써 가능하다. 또한 반대하는 실질적 이유에 해당하는 요소를 취급할 수 있는 다른 보완적인 정책수단을 마련하여 반대 집단을 설득할 수도 있다.

(4) 대중매체와 정보통신기술의 활용

위에서 설명한 정책결정자의 관심과 지지를 유도하거나 정책대상 집단의 수용성을 확보하기 위한 설득 전략 못지않게 정책대안의 실현 가능성을 향상시키는 데 중요한 것은 대중매체와 정보통신기술의 활용이다. 정책분석가는 TV나 라디오 · 신문 · 잡지 등을 이용해 대담, 의견 발표, 주제 발표 등의 방법으로 정책분석 결과와 필요한 지식 정보를 제공할 수 있다. 이를 통해 정책대안의 실현을 반대하는 집단들의 활동을 제약하여 정책대안의 실현 가능성을 향상시킨다.

정책대안에 대한 지지를 얻는 데 대중매체 못지않게 어쩌면 그 보다 더 큰 영향력을 미치는 것이 최근의 정보통신기술 활용이다. 컴퓨터와 스마트폰의 대중적 보급과 SNS (예: Twitter, Facebook, 카카오톡 등), 그리고 개인 방송 등의 여러 경로 및 수단을 통해 정책대안의 실현 가능성을 예측하고, 그 가능성을 증대시키기 위한 시도가 가능하다.

(5) 기술 수준의 향상

이 방법은 기술적 실현 가능성이 낮은 정책대안의 실현 가능성을 증대시키는 것으로 기술 수준을 향상시켜 실현 가능한 정책대안이 되도록 하는 것이다. 이를 위해 정책분석가는 기술의 발전 가능성을 분석하고, 이에 필요한 인적 · 물적 자원의 확보 방안을 함께 제시할 수 있다.

3. 효율성 차원의 비교 · 평가

1) 의의

효율성 차원에서 정책대안을 비교 · 평가하는 기준으로는 종래에 많이 논의되어 온 효과성과 능률성이 대표적이다(정정길, 1988: 476-482; Dunn, 2012: 196-203).

(1) 효과성

효과성은 일반적으로 목표 달성도를 의미한다. 효과성은 실제로 얻은 결과치를 계획된 목표치로 나눈 것으로 나타낸다(효과성=실제 얻은 효과/계획목표). 정책의 결과는 정책수단이 실현되어 나타나는 것으로 정책목표의 달성 또는 목표 달성과 상관없는 어떤 부수적 결과도 있다. 정책목표의 달성을 위해서 선택한 정책대안을 집행했을 경우, 원래 의도했던 정책목표의 달성뿐만 아니라 원래는 의도하지 않았거나 부수적으로 의도했던 효과들이 나타날 수 있다. 이를 부수효과라고 한다. 물론 정책수단이 실현되었지만 의도한 효과가 나타나지 않고 정책목표도 달성되지 못할 수 있다. 가장 중요시되는 정책효과는 정책목표의 달성으로 나타나는 것이지만, 애초의 정책목표에서 의도하지 않았던 효과도 나타날 수 있기 때문에 정책목표의 달성을 정책효과와 동일시할 수는 없다. 그럼에도 불구하고 일반적으로 학자들은 효과성을 목표 달성의 정도로 규정하고 있다.

효과성을 측정할 때는 두 가지 서로 다른 측정치를 이용할 수 있다(Baker, Michales, & Preston, 1975: 73-74). 첫째는 각각의 고유한 단위 기준으로 달성된 목표를 표시하는 방법이다. 예컨대, 저수지 건설사업에서 연평균 1,000톤의 쌀 증산을 목표로 삼았을 때 쌀 증산량으로 그 효과를 표시하는 방법이다. 저수지에 낚시터를 조성하여 연 평균 10,000명의 관광객을 받아들인다는 것을 이 사업의 또 다른 목표로 설정했다면 연평균 저수지 방문자 수로 목표 달성 수준을 표시한다. 둘째는 공통된 척도를 가지고 효과를 측정하는 방법인데, 가장 일반적으로 쓰이는 것은 화폐가치로 환산된 측정치를 가지고 효과를 표시하는 것이다. 위의 예에서 보면 쌀 증산 효과와 관광객 방문 효과를 모두 화폐가치로 환산해서 목표 달성 수준을 나타내는 것이다.

효과성을 정책대안의 비교 · 평가 기준으로 사용하는 것은 정책목표의 달성을 극대화시킬 수 있는 정책대안을 선택하는 데 큰 장점이 있다. 효과성이 큰 정책대안일수록 바람직한 것으로 보는 것이 효과성을 정책대안의 비교 · 평가 기준으로 사용하는 기본 논리이다. 그러나 효과성 기준은 목표 달성을 위해 지불해야 할 정책비용을 고려하지 않는 단점이 있다.

(2) 능률성

능률성은 투입과 산출 간 비율을 나타내는 것으로 투입과 산출의 계량화를 전제로 하여 정의되는 개념이다. 일반적으로 산출은 어떤 활동이나 업무 수행의 직접적인 결과를 의미하고 투입은 이러한 활동을 위하여 사용되는 인적 · 물적 자원으로서 직접적 비용을 의미하는데, 이 경우 투입된 자원과 산출물은 동일한 화폐가치로 표시한다.

또한 능률성은 비용과 편익의 비율로도 설명된다. 비용-편익 비율은 편익을 비용으로 나눈 값이다. 이외에도 순현재가치(NPV)를 사용하기도 하는데, 이것은 효과에서 비용을 뺀 순효과로 정의된다. 비용-편익 비율이나 순현재가치에 의한 방법 이외에도 능률성을 측정하는 방법으로 내부수익률(IRR)이라는 개념이 있다(이에 대해서는 효율성 차원의 비교·평가 방법 중 비용-편익 분석 부분 참조).

그런데 정책대안의 비교·평가를 위해 능률성을 측정할 때 직접적 결과인 산출 대신에 직·간접의 결과를 의미하는 효과로서 원래의 정책목표 달성을 통해 얻게 되는 효과와 부수효과로 대체하기도 한다. 투입의 경우에는 산출을 위해서 지출되는 직접적 비용 대신에 직·간접으로 발생하는 비용으로서 사회적 희생(負의 정책효과)을 이용하기도 한다. 따라서 정책대안의 능률성 측정은 정책대안의 사회적 효과를 사회적 비용으로 나누는 것이 된다.

능률성의 기준으로 최선의 정책대안을 선택하기 위해서는 다음과 같은 공식이 이용된다.

$$\text{능률성} = \frac{\text{산출}}{\text{투입}} = \frac{\text{편익}}{\text{비용}} = \frac{\text{정책대안의 효과}}{\text{정책대안의 비용}}$$

결국, 정책대안의 비교·평가에서 능률적인 대안이란 동일한 정책비용으로 최대의 정책효과를 얻거나 동일한 정책효과를 얻기 위해서 최소의 정책비용이 드는 대안을 의미한다. 능률성을 기준으로 하면 효과성을 기준으로 할 때에 비해서 정책효과만이 아니라 정책비용까지도 고려하여 대안을 선택할 수 있는 장점이 있다. 반면에, 효과성이나 능률성의 기준에 의할 경우 누가 어느 정도의 비용을 부담하고, 정책효과는 누구에게 얼마만큼 배분되는가 하는 비용과 효과의 배분 문제는 고려되지 않는 약점이 있다.

2) 효율성 차원의 비교·평가 방법

효율성 차원의 비교·평가를 위해 가장 많이 활용되는 방법이 비용-편익 분석과 비용-효과 분석이다. 특히, 비용-편익 분석은 정책대안의 능률성뿐만 아니라 대안의 비교·평가를 위한 기본논리를 제공해 주기 때문에 그 논리를 분명히 이해할 필요가 있다. 이를 살펴보면 다음과 같다.

(1) 비용-편익 분석

① 비용-편익 분석의 의의와 기본논리

비용-편익 분석(cost-benefit analysis)은 각 대안의 실행에 필요한 비용과 대안이 가져오게 될 편익을 체계적으로 비교 · 평가함으로써 어떠한 정책대안이 제한된 자원을 가장 효율적으로 사용하게 될 것인가를 찾아내는 분석 기법이다(정정길, 1988: 508-513; 노화준, 1989: 209-259; Dunn, 2012: 210-218).

비용-편익 분석에 의한 정책대안의 비교 · 평가 절차는 다음 다섯 단계로 나누어진다.

첫째, 정책대안의 식별과 분류

둘째, 각 대안들의 편익과 비용의 추정

셋째, 대안의 비교 · 평가 기준의 결정

넷째, 기준에 의한 대안의 비교 · 평가

다섯째, 최적 대안의 제안

예를 들어, 정부에서 생명공학기술 사업을 육성하기 위해 생명공학기술 사업단지를 조성하기로 했다고 하자. 사업단지 조성을 통해 생명공학기술 사업 육성이라는 목표를 달성하기 위해서는 먼저 알맞은 입지를 선정해야 하며, 입지 선정 후에는 사업단지에 필요한 제반 기반시설을 구축하고, 저렴한 비용으로 기업을 유치함으로써 집적이익을 얻을 수 있어야 한다. 따라서 적합한 입지 선정을 위해 사회기반시설, 주거 여건, 교통 편리성 등에서 유리한 부지를 찾아보았더니 적합한 후보지로 A, B 두 곳이 선정되었다. 두 후보지 모두 단지 조성에 드는 비용은 동일하고 편익만 다를 경우, 단순히 편익이 가장 큰 대안을 선택하면 된다. 그러나 각 대안별로 비용과 편익이 각각 다르게 추정될 경우에는 좀 더 치밀한 분석이 필요하다. 그렇다면 이 두 후보지 중에서 어느 곳을 선택하는 것이 가장 능률적이라고 볼 수 있겠는가? 이러한 질문에 답하기 위해 비용-편익 분석을 적용해 볼 수 있다.

② 시간을 고려한 비용과 편익의 가치-현재가치의 계산

[표 9-2]는 시간을 고려한 생명공학기술 사업단지 조성의 비용과 편익을 나타낸 것이다. 여기에서 비용은 생명공학기술 사업단지를 조성할 때 직접적인 비용만으로 계산되어 사업단지가 건설된 후에 발생하는 관리비와 유지비는 제외시켰다. 또한 A후보지

는 기술상의 어려움과 기타 여러 가지 조건으로 인해 생명공학기술 사업단지를 조성하는 데 2년이 소요된다고 가정하고, B후보지는 1년 만에 조성될 수 있는 것으로 가정하여 조성 편익을 화폐가치로 환산하였다.

일반적으로 어떤 공공사업을 하게 되면 그 사업에 투자되는 비용이나 그 사업으로부터 얻게 되는 편익은 [표 9-2]에서와 같이 2년에만 그치지 않고 그 투자사업의 수명기간 동안 계속 발생하게 된다. 그러므로 그 사업의 편익과 비용을 종합·집계하여 편익 합계와 비용 합계를 계산해야 한다. 이를 위해서는 미래의 비용과 효과 발생분을 현재가치로 환산하는 작업이 필요하다. 오늘의 1,000만 원과 10년 후의 1,000만 원의 가치가 서로 다른데, 이것을 단순히 그냥 합하여 편익의 총액 또는 비용의 총액으로 삼는다면, 이러한 단순 합산에 기초를 둔 대안의 비교는 결과가 왜곡될 수 있기 때문이다. 그러므로 이런 경우에 먼저 미래의 비용과 효과를 현재가치로 환산해야 한다.

표 9-2 생명공학기술 사업단지 조성의 비용과 편익

구분		2020년	2025년	2030년	……	2050년
A후보지	편익	–	–	300억 원	……	1,000억 원
	비용	300억 원	450억 원	–	……	–
B후보지	편익	–	250억 원	250억 원	……	900억 원
	비용	750억 원	–	–	……	–

③ 대안의 선택 기준

현재가치로 환산된 비용과 편익을 놓고 최선의 대안을 찾으려고 할 때 널리 이용되는 일반적인 기준으로 순현재가치(net present value: NPV), 비용-편익비(B/C ratio),

표 9-3 대안의 비교·평가 기준

구분	2050년
순현재가치(NPV)	편익의 현재가치 – 비용의 현재가치
비용 – 편익비(B/C)	$\frac{\text{편익의 현재가치}}{\text{비용의 현재가치}}$
내부수익률(IRR)	순현재가치가 0이 되도록 하는 할인율

그리고 내부수익률(internal rate of return: IRR) 등이 있다. 이들을 정리하면 [표 9-3]과 같다(정정길, 1988: 510-514).

(가) 순현재가치

순현재가치는 편익의 현재가치에서 비용의 현재가치를 뺀 것(편익의 현재가치-비용의 현재가치)이다. 만일 어떤 사업이 적절한 사회적 할인율이 적용되고, 그 순현재가치가 0보다 큰 경우에 그 사업은 일단 추진할 가치가 있다고 할 수 있다. 왜냐하면, 국민이 받는 편익의 합계가 정부가(결국은 국민) 부담하는 비용의 합계를 초과하기 때문이다. 물론 비교 · 평가의 대상이 되는 대안들이 많은 경우에는 이들 중 순현재가치의 값이 가장 큰 대안이 최선의 대안이 된다.

(나) 비용-편익비

순현재가치와 비슷한 논리를 가진 것으로 가장 널리 사용되어 온 기준은 비용-편익비이다. 이것은 현재가치로 환산 · 집계된 편익과 현재가치로 환산 · 집계된 비용의 비율로서 계산된다(편익의 현재가치/비용의 현재가치). 따라서 비용-편익비가 1보다 커야만 그 사업은 추진할 가치가 있는 것으로 평가한다. 그리고 비용-편익비가 클수록 더 좋은 대안이다.

(다) 내부수익률

내부수익률은 투자의 수익률과 같다. 위에서 본 비용-편익비나 순현재가치 등이 할인율(r)에 따라 달라지는데 비해서, 내부수익률은 그 자체가 일종의 할인율이다. 따라서 일반적으로 내부수익률이 큰 사업일수록 좋은 사업이 된다. 이것은 좋은 사업일수록 투자 수익률이 높다는 상식과 일치되는 것이다.

(라) 할인율의 결정

비용-편익비, 순현재가치는 모두 할인율(r)의 크기에 따라 그 값이 달라진다. [표 9-2]를 보면 알 수 있듯이, 보통의 경우 비용은 초년도에서 시설 완성 연도 사이에 집중적으로 분포되어 있고, 효과는 시설의 수명이 끝날 때까지 미래에 걸쳐서 분포되어 있다. 할인율을 높이면 미래의 가치를 더욱 낮게 평가하게 되므로 비용에 비해서 효과를 상대적으로 낮게 평가하게 된다. 그러므로 할인율을 높이면 비용-편익비가 낮아지게 되고 순현재가치도 줄어들게 되므로, 할인율의 선택이 대안의 평가에 큰 영향을 미친다. 따라서 할인율을 얼마로 계산해야 하느냐는 비용-편익 분석에서 매우 중요한 문제가 된다.

할인율이란 미래의 가치에 대한 현재 가치의 교환 비율이다. 앞에서 지적했듯이 공공사업의 평가와 대안 간의 우선순위 결정에서 어떠한 할인율이 적용되느냐에 따라 대안 간의 우선순위는 크게 달라질 수 있다. 그러면 적정한 할인율을 어떻게 결정하는가? 만약 할인율을 너무 높게 잡으면 미래가치를 현재가치로 환산한 가치가 적어지고, 이에 따라 순현재가치가 적어지므로 사회적으로 필요한 사업이 타당성이 낮다는 판정을 받을 수 있다. 반대로, 너무 낮게 잡으면 불필요한 사업이 타당성 있는 사업으로 평가될 수 있다. 그러므로 적정 할인율의 결정은 매우 중요한 과제이다.

공공사업에 적용되는 할인율로는 민간 할인율(private rate of return), 사회적 할인율(social rate of return), 그리고 자본의 기회비용(opportunity cost of capital) 등을 적용할 수 있다.

a) 민간 할인율: 민간 할인율은 민간 자본시장에서 형성된 시장이자율(market interest rate)을 중심으로 결정되는 할인율을 말한다. 자본시장이 완전 경쟁적이라면 이때 형성된 시장이자율은 소비자의 시간적 선호(time preference)가 적절히 반영되어 결정된다고 볼 수 있다. 이런 경우, 정부는 시장이자율을 공공사업의 할인율로 사용할 수 있다.

b) 사회적 할인율: 사회적 할인율은 시장의 이자율뿐만 아니라 사회의 여러 요인을 함께 고려하여 결정되는 할인율을 말한다. 공공사업의 경우에는 시장이자율보다 낮은 사회적 할인율을 적용해야 한다는 주장이 있다. 자본시장이 비록 완전하다 하더라도 시장이자율은 소비자들의 진정한 시간적 선호를 반영하지 못할 뿐만 아니라, 공공사업의 특성, 즉 사업의 공공성과 외부효과성 등과 같은 요인 때문에 시장이자율보다 낮은 할인율을 적용해야 한다는 것이다.

c) 자본의 기회비용: 공공사업에 사회적 할인율을 적용할 때 사회적 할인율을 어떻게 측정하느냐가 중요한 문제로 대두된다. 일반적인 접근방법은 자본의 기회비용(opportunity cost of capital)으로 파악하는 것이다. 즉, 자원이 공공사업에 사용되지 않고 민간사업에 사용되었을 때 획득할 수 있는 수익률을 공공사업의 할인율로 하는 것이다. 이렇게 본다면 전 사업의 평균수익률(average rate of return)이 공공사업의 할인율로 사용

될 수 있다.

(2) 비용-효과 분석

비용-편익 분석은 공공사업의 비용과 편익이 모두 화폐가치로 측정되고, 양자의 크기가 순현재가치(NPV)나 비용-편익 비율(B/C) 등과 같은 동일한 기준으로 비교 · 평가할 수 있는 것을 전제로 한다. 그러나 실제 공공사업 중에는 비용과 편익이 화폐가치로 측정될 수 있는 분야가 많지 않기 때문에 이런 경우 비용-편익 분석 방법으로 대안을 비교 · 평가하기가 어렵다. 이때 이용될 수 있는 방법이 비용-효과 분석(cost-effectiveness analysis)이다(정정길, 1988: 513-514; Dunn, 2012: 215-218).

비용-효과 분석은 비용-편익 분석과 기본논리는 비슷하다. 그러나 효과의 화폐가치 계산이 힘들거나 비용과 효과의 측정 단위가 달라, 순현재가치나 비용-편익 비율과 같은 동일한 기준으로 양자를 비교하기가 어려울 때 이용되는 분석 기법이다. 따라서 목표 달성 정도를 화폐가치로 표현할 수 없는 사업, 예를 들면 국방, 경찰, 운수, 보건 등의 분야에서 많이 활용될 수 있다.

비용-효과 분석에서는 다음 두 가지 기준에 의하여 대안을 비교 · 평가한다.

첫째, 일정한 효과 수준을 정해 놓고 이 수준에 도달하는 몇 개의 대안들의 비용을 비교하여 이 중에서 가장 적은 비용의 대안을 선정한다. 둘째, 비용의 최고 한도를 정해 놓고, 이 비용 한계를 넘는 것은 제거하고 나머지 가운데서 최대 효과를 창출하는 대안을 선정한다. 또는 비용이 동일한 대안이 여럿이면 이 중에서 효과가 가장 큰 대안을 선정한다.

비용-효과 분석에서는 비용과 효과가 서로 다른 단위로 측정되기 때문에 총효과가 총비용을 초과하는지를 보여주는 직접적인 증거는 제시하지 못한다. 그러나 한 공공사업이 달성해야 할 효과 수준이나 지출할 수 있는 자원의 한도가 확정되어 있을 경우에는 비용-효과 분석은 대안 선택의 복잡성을 감소시킬 수 있는 적절한 방법이 될 수 있다.

4. 정책대안 종합판정표의 작성과 활용

다양한 기준에 의해 정책대안들을 비교 · 평가하여 대안들 간의 우선순위를 정하는 작업을 효율적으로 수행하기 위해서는 정책대안들을 종합적으로 검토할 수 있는 방법이 필요하다. 그러한 방법으로 다음과 같은 '정책대안 종합판정표'를 작성해서 대안을 비교 · 평가하는 것이 편리하고 바람직하다(허범, 1995: 11-12).

정책대안 종합판정표는 흔히 사용하는 가장 쉬운 도표의 형태로 작성한다. 횡축에 대안을 나열하고, 종축에 대안의 비교와 평가에 적용할 여러 가지의 기준과 척도를 가급적 포괄적으로 나열한다. 대안판정표의 질적 수준은 정책대안의 우수성, 비교척도의 포괄성, 그리고 평가척도의 적실성 등에 달려 있다. 그러므로 여기서 적용하는 기준은 다원적이고, 척도는 평가대상에 적합한 자연 척도가 바람직하다. 제7장에서 살펴본 '두 도시의 기본교통망을 구축하는 정책'을 예로 들면 대안 1, 2, 3을 횡축에, 그리고 대안 평가의 영역과 기준들을 종축에 적어 놓는다.

정책대안을 비교하는 척도가 포괄적이기 위해서는 평가 기준이 다원적이어야 한다. 다원 척도를 포괄적으로 설계하는 방법은 우선 평가 영역을 크게 나누어 분류하고, 각 평가 영역별 평가 지표를 선정하여 평가 항목으로 세분류하는 것이다. 이 세분류된 평가 항목이 평가 기준이 된다. 두 도시 사이의 기본교통망 구축정책의 예에서 탐색된 교통수단 요소의 대안에서 비행기, 고속버스 또는 고속철도 등의 대안이 다른 요소의 대안들과 조합을 이루어 1안, 2안, 3안이 대안으로 제안되었다. 이 세 가지 대안을 채택했을 때 각각 예상되는 투입 요소와 실행되었을 때 가져오리라 예상되는 결과를 비교하기 위해 대안평가 영역을 나누고(예: (가) 수송 효율성 영역, (나) 안전과 환경 보호 영역 등으로), 영역별 대안평가 지표를 선정하여 적용한다. 예를 들면, (가) 수송 효율성 영역에 수송 능력, 교통비, 여행 소요시간 등을 (나) 안전과 환경 보호 영역에서 안전도와 환경파괴 위험도 등을 평가 기준으로 선정해 볼 수 있을 것이다.

평가척도는 평가 기준에 따라 내용이 달라지는 자연 척도로 설계해야 한다. 비용-편익 분석의 경우와 같이 화폐 단위로 된 공통 척도는 유용한 측면도 있지만, 중요하고 복잡한 정책의 결정에는 제한적일 수밖에 없기 때문이다.[3] 그래서 예를 들어, (가) 수

3) 물론 계량화와 공통 척도에 근거한 대안 결과의 예측이나 평가가 필요 없다는 것은 아니다. 계량화가 가능하고 공통 척도로 대안 결과를 예측해 볼 수 있다면, 대안의 비교 · 평가가 용이해질 수 있기 때문이다. 그러나 계량화와 공통 척도 이용을 무리하게 추진함으로써 결과 예측과 평가의 왜곡이 일어나는 것을 경계해야 한다.

송 효율성 영역의 경우에 ① 수송 능력의 척도는 (명/년), ② 교통비는 (원/편도), ③ 여행 소요시간은 (시간/편도) 등으로 예상되는 대안 결과를 측정해 볼 수 있다. 그리고 (나) 안전과 환경 보호 영역에서는 사고율, 인명 피해/연간, 물적 피해/연간 등으로 측정되고, 환경 피해는 '철새도래지 파괴' 등으로 예상 결과를 기술할 수 있다([표 9-4] 정책대안 종합판정표 참조).

정책대안 종합판정표의 완성을 위해서는 정책대안별로 다원 기준과 자연 척도에 따라서 수집된 평가값을 부여해야 한다. 이 작업은 상당한 인력과 시간을 요구한다. 정책대안 종합판정표가 완성되면, 이를 토대로 검토와 정책토론을 진행할 수 있다. 정책대안의 최종적인 선정은 합의에 의한 종합판정의 형태로 이루어지게 된다.

표 9-4 정책대안 종합판정표

평가 영역과 기준		대안		
평가 영역	평가 기준	1안	2안	3안
(가) 수송 효율성	수송 능력(명/년)			
	교통비(원/편도)			
	여행 소요시간(시간/편도)			
(나) 안전과 환경 보호	사고율			
	물적 피해/연간			
	인명 피해/연간			
…	…			
	…			
	…			

5. 게임이론의 활용

게임이론은 정책대안의 평가에서 경쟁적인 정책 주체(예: 수출증대를 위한 정책대안을 모색하는 우리나라에 대항하는 외국 정부) 또는 정책대상(예: 규제정책의 경우 기업들)의 선택과 행동을 예측하면서 대안을 비교 · 평가하는 데 이용될 수 있다.[4] 게임이

4) 게임이론은 1944년 폰 노이만(John Von Neumann)과 모르겐슈테른(Oscar Morgenstern)의 저서

론에 대한 연구와 적용 사례도 많고 그 내용도 상당히 많은 것을 담고 있지만, 여기에서는 정책분석에서 이에 대한 관심과 활용을 초대하는 입장에서 간단히 살펴본다.[5)]

1) 게임이론의 개념과 특징

게임이론은 상충적 · 경쟁적 상황에서 둘 이상인 개인 간의 경쟁상태 모형화 및 개인의 행동분석을 통해 최적대안을 선택하는 의사결정 과정을 수학적으로 설명하는 이론이다(이성우, 2013: 452; 이명석, 1996: 54). 즉, 게임이론은 한 사람의 행동이 또 다른 사람의 행동에 영향을 미치는 상호 의존적, 전략적 상황에서의 의사결정 과정을 연구하는 이론이다.

게임은 참여하는 행위자 간의 전략적 상호작용(strategic interaction)이다. 이때 게임은 각 참가자가 취할 수 있는 행동을 지정하는 규칙의 조합과 참가자가 선택할 수 있는 전략에 따른 편익의 조합에 따라 좌우된다. 게임은 참가자(player), 선택안(option) 또는 전략(strategy), 행동(action), 산출(outcome) 또는 결과(consequence), 선호(preference), 편익 또는 이득(payoffs), 게임규칙(rules of game) 등으로 구성된다(Fischer & Miller, 2006: 361-363; 이성우, 2013: 452-453; 이명석, 1996: 54). 참가자인 개인 또는 조직은 선택안 또는 전략을 결정한다. 게임의 각 단계에서 참가자들은 가능한 의사결정들의 조합에서 서로 다른 행동의 경로(전략)를 선택한다. 그리고 이 행동은 산출 또는 결과를 낳는다. 이때 각각의 참가자는 결과에 대해 고정된 선호를 가진다고 간주한다. 결정이 이루어진 후 각각의 참가자는 특정의 편익을 얻게 된다. 게임의 규칙은 사용 가능한 전략의 종류, 게임의 진행 및 승부의 판정 방법(이성우, 2013: 452) 또는 행위자들의 편익을 결정한다(이명석, 1996: 54).

게임이론의 기본적 가정은 게임에 참여하는 모든 사람이 합리적[6)]이라는 것과 게임

『게임이론과 경제활동(*Theory of Games and Economic Behavior*)』에 의해 처음 소개되었다(이성우, 2013: 452).

5) 게임이론에 관한 자세한 내용에 대해서는 김영세(2011), 이성우(2013), 권오헌(2000) 등을 참조하기 바란다.

6) 게임이론에서는 참가자의 합리성을 상식(common knowledge)이라고 가정한다. 즉, 참가자 A가 합리적이라는 것을 참가자 B가 알고, 참가자 A 또한 참가자 B가 그러한 사실을 알고 있다는 사실을 알고 있는 상황을 의미한다(김영세, 2011: 12-13).

의 보상을 효용으로 표현할 수 있다는 것이다. 이때 합리적이라는 것은 모든 참여자는 보상을 극대화하는 행동의 경로, 전략을 선택한다는 것을 의미한다.

행태주의에 입각한 비용-편익 분석 등의 기법과 모형들은 인간의 상호작용의 결과인 사회현상을 이해하는 데 한계가 있다. 반면, 게임이론은 사회현상을 이해하고 예측을 통해 정책대안을 비교 · 선택할 때 유용한 기법이 될 수 있다(이명석, 1996: 49-50). 하지만, 합리선택모형에 대한 비판을 고려할 때, 게임이론 역시 합리적 선택에 관한 것이므로 유사한 비판이 가능하다(이명석, 1996: 61). 게임이론은 인간과 조직의 합리성 등 비현실적인 가정을 전제로 하고 있다. 또한 매우 복잡한 현실을 모형화하여 단순화시켜 취급함으로써 정책대안을 둘러싼 '실제' 현상을 다루는 것이 아니라, 단순화된 유사 현상을 다루게 됨에 따라 문제 해결을 위한 적실한 대안을 제안하는 것이 어려울 수 있다는 비판이다.

2) 게임의 유형

게임은 구성 요소의 조합에 따라 그 유형과 성격이 달라진다. 예를 들어, 경쟁자의 수가 2인일 경우 2인 게임, 3인일 경우 3인 게임이라 한다. 게임의 참여자의 협력과 구속력 있는 계약의 성립 가능 여부에 따른 협력게임(cooperative game)과 비협력게임(non-cooperative game)으로 구분된다. 이때 비협력게임은 경쟁의 정도에 따른 모든 경쟁자의 이득과 손실의 합이 0일 경우, 영합게임(zero-sum game)과 그 합이 0이 아닌 비영합게임(non zero-sum game)으로 다시 구분한다. 개별 게임 참여자의 의사결정이 동시에 이루어질 경우 전략게임(strategic game, normal-form game), 순차적으로 이루어질 경우 확산게임(extensive game, extensive-form game)이라고 한다.

그 외에 퍼트남(Putnam, 1988)에 의해 제시된 양면게임이론(two-level game theory)이 있다.[7] 이는 국제협상의 진행은 국내협상과 국제협상의 양면에서 동시에 이루어진다는 것을 제시한 것에서 유래한다. 여기에서는 2인 영합게임, 양면게임에 대해 살펴본다.

---

7) 양면게임이론의 경우, 최근 여러 논문(이윤경, 2014; 김정훈 외, 2012; 황광선 외, 2009; 배일섭, 2005)에서 정책과정 및 정책분석을 위한 틀로 활용되고 있다.

(1) 2인 영합게임(two-person zero-sum game)

2인 영합게임은 비협력게임에서 두 명의 경쟁자만이 존재하는 게임의 상황을 말한다. 정부 지원 사업을 따내기 위한 두 기업 간의 경쟁, 노사협상 중인 경영자와 노동조합 간의 경쟁 등을 그 예로 들 수 있다. 이러한 경쟁 상황에서 경쟁자 A는 경쟁자 B의 현재 전략 예측을 통해 자신의 전략을 세운다. 이때 경쟁자 A가 얻는 편익(이득)만큼 경쟁자 B는 편익을 잃게 된다. 즉, 경쟁자 A와 B의 편익의 합은 항상 일정하다. 게임이론에서 각각의 경쟁자는 그들의 모든 전략에 대한 결과를 정확하게 알고 있으며, 결과에 대한 효용은 각각의 경쟁자에게 모두 같다는 가정을 하고 있다.

한편, 2인 영합게임과 같은 비협력게임의 경우 내쉬 균형점(Nash equilibrium)이 유일한 해를 구하는 방법으로 인정되고 있다(이명석, 1996: 54).[8] 내쉬 균형점은 게임의 참여자들이 자신의 이익을 극대화하기 위해 노력하는 데, 참여자가 일방적으로 선택을 변화시킴으로써 더 이상 이익을 크게 할 수 없는 지점 또는 선택을 바꾸면 손해를 보는 지점을 의미한다.

(2) 양면게임(two-level game)

양면게임이론(two-level game theory)은 국제협상을 통한 국가 간의 정책형성은 국내정치와 국제정치 사이에 상호적 인과관계가 존재하고, 따라서 국내적 요인과 국제적 요인 간의 상호작용을 통해 이루어지고 있음을 설명한다(Putnam, 1988). 즉, 양면게임이론은 국제협상 분석 시 국제협상 국면(level 1)과 국내협상 국면(level 2) 간의 상호작용을 설명한 게임이론이다(김정훈 외, 2012: 214).

양면게임이론에서 가장 중요한 개념으로 윈셋(win-set)을 들 수 있다. 윈셋 사이즈는 내부 행위자나 구성원의 동의를 구할 수 있으며, 동시에 협상에 따른 이익·손실, 내부의 찬성·반대 의견을 종합하여 협상자가 상대 협상자에게 제시할 수 있는 양보 혹은 협상내용의 집합이다(Putnam, 1988: 437; 배일섭, 2005: 120).[9] 이때 윈셋 사이즈

8) 내쉬 균형점(Nash equilibrium)은 비협력게임의 균형해에 관한 이론을 정립한 존 내쉬(John Nash)의 이름을 딴 것이다.

9) 퍼트남(R. D. Putnam)은 윈셋의 크기를 결정하는 요인으로 ① 내부 집단의 힘과 선호도 및 제휴관계의 정도, ② 협상 담당자의 협상 승인 관련 제도, ③ 협상 당사자의 전략을 들고 있다(Putnam, 1988: 442-452).

가 중복될 때 협력적 관계가 형성될 수 있다. 즉, 협상자 간의 중복되는 윈셋이 클수록 협력 또는 협상이 잘 이루어진다. 만약 중복되는 윈셋이 없다면 그 협상은 많은 갈등을 유발할 수 있을 것이다. [표 9-5]는 윈셋 사이즈에 따른 협상의 과정과 결과를 나타낸 것이다.

표 9-5 윈셋 사이즈에 따른 협상의 과정과 결과

		A의 윈셋 사이즈	
		큼(large)	작음(small)
B의 윈셋 사이즈	큼(large)	과정: 가장 협력적 결과: 절충적	과정: 협력과 갈등의 혼재 결과: A국가 유리
	작음(small)	과정: 협력과 갈등이 혼재 결과: B국가 유리	과정: 가장 갈등적 결과: 협상 실패

출처: Putnam(1988: 439–440).

제 10 장 정책분석 결과의 제시

정책분석의 결과는 직접적 또는 간접적 이용자, 명시적(현재적) 또는 잠재적 이용자들에게 제시되고 활용되어야 의미가 있다. 이 장에서는 정책분석 결과 제시의 중요성과 유형, 그리고 구체적인 방법 등에 대해 살펴본다.

제 1 절 정책분석 결과 제시의 의의

1. 중요성

정책분석의 결과는 어떤 형태로든 정리되어, 이를 필요로 하는 사람에게 전달되고 활용될 수 있어야 한다. 정책분석의 결과가 전달되지 않고, 활용되지 못한다면 아무런 의미가 없다. 따라서 정책분석의 마지막 단계인 정책분석 결과의 제시는 연구 결과를 정리해 필요한 사람들에 의해 활용될 수 있도록 제공하는 것을 의미한다. 특히, 이 단계를 통해 그동안 진행된 분석의 결과에 대한 평가가 이루어진다는 측면에서도 중요한 의미를 갖는다. 그러나 아직까지 분석 결과의 중요성에 대한 인식이나 관심은 매우 미흡하다.

분석 결과를 제시하는 목적은 정책문제와 정책대안에 대한 분석 결과를 정책 관련자들에게 제시하여, 정책문제에 대한 정확한 이해와 바람직한 정책대안의 선택을 돕는 데 있다. 그러므로 분석 결과의 제시에는 결과의 제공 및 활용이라는 의미가 내포되어 있다(김경동 · 이온죽, 1998: 597).

분석 결과를 제시할 때는 분석을 통해 얻어진 내용과 이를 뒷받침하는 근거가 제시되어야 한다. 여러 대안 중에서 특정의 대안을 바람직한 대안으로 제시하게 된 근거와 자료들을 제시하고, 제시된 대안이 관심 있게 고려된 다른 대안들보다 왜 우수한가를 밝혀야 한다(Mood, 1983: 283). 이는 정책결정자가 정책내용에 반영하고 정책 관련자들 간에 전개되는 정책토론의 무대에서 자신들의 주장을 설득력 있게 펼 수 있는 정책자료로서 활용될 수 있기 때문이다. 따라서 분석 결과의 제시는 실질적으로 관련 집단 간의 토론을 촉진시키고 최종적으로는 정책결정의 질을 높이는 데 기여한다.

분석 결과의 제시가 이처럼 중요한 의미를 가지고 있음에도 불구하고, 분석가들은 분석 결과 제시의 중요성에 대한 인식이 부족하다(Quade, 1989: 328). 물론 이는 잘못된 경향이다. 정책결정자가 스스로 정책분석을 하는 경우를 제외하고는, 정책분석의 결과가 체계적으로 제시되어야 분석 결과를 활용할 수 있다. 그러므로 정책분석의 결과를 분석 결과 이용자가 잘 이해할 수 있고, 활용할 수 있게 제시하는 것이 중요하다.

2. 분석 결과 제시의 대상

분석 결과의 제시는 정책분석의 모든 과정에서 전개되는 정책분석가와 분석 의뢰자 사이의 의사소통 중 가장 중요한 단계라고 할 수 있다. 정책분석가는 최종적인 의사소통을 위해 “누구를 대상으로, 무엇을, 어떤 방식으로, 언제 제시해야 할 것인가”를 판단해야 한다.

정책분석의 결과를 제시하는 것은 구두, 요약문서, 논문 등 여러 형태가 있으나 대표적인 형태는 보고서이다. 정책분석 보고서를 작성할 때 무엇보다 중요하게 고려되어야 하는 요소는 보고서를 “누가 읽을 것인가?”하는 점이다(김경동 · 이온죽, 1998: 599). 왜냐하면, 분석 결과를 제시하는 대상에 따라서 문체와 형식, 내용 등에 차이를 두는 것이 바람직하기 때문이다. 분석 결과의 제시는 원칙적으로 분석을 의뢰한 사람이나 조직을 대상으로 하지만, 제출 대상을 반드시 그들로만 한정시킬 필요는 없다. 분석 결과를 가지고 어떤 결정을 내리거나 다른 이해관계 집단을 설득해야 하는 경우에는 분석 결과가 결정의 근거 자료나 설득 자료로서 활용되기 때문에 정책 관련자 모두를 분석 결과 제출의 대상으로 이해하는 것이 좋다. 편협한 이익과 입장을 옹호하기 위한 목적에서 이루어진 정책분석이 아니라면 누구나 분석의 결과를 활용할 수 있어야 하기 때문이다.

이와 함께 정책결정자 스스로가 정책분석가 역할을 수행하는 경우를 생각할 수 있다. 일반적으로 정책분석가와 정책결정자는 동일하지 않다는 전제를 받아들이고 있는데 이것은 잘못된 생각이다. 왜냐하면, 정책결정자 스스로가 외부의 정책분석가들에게 의뢰하지 않고 독자적으로 정책분석 활동을 진행할 수 있기 때문이다. 따라서 이 경우에는 제출 대상이 존재하지 않아 분석 결과의 제시라는 절차가 생략될 수도 있다. 그러나 이 경우에도 정책결정기관의 내부에서 정책결정에 참여하는 사람들에게 분석 결과를 제시해야 하는 것이 일반적이다. 정책결정의 객관적 합리성과 타당성을 확보하고 정책 관련 집단을 설득하기 위한 하나의 설득 방법으로 분석 결과의 제시는 유용하기 때문이다.

제 2 절 정책분석 결과 제시의 기본전제

분석 결과를 제시하는 목적은 정책분석 과정을 통해서 도출된 정보를 분석 의뢰자 및 관심 있는 사람들에게 알리는 데 있다. 그 과정에서 정책분석가는 분석 의뢰자 및 관심 있는 사람들에게 분석의 중요성을 설득시키려고 노력하기보다는 분석의 정당성과 제시된 결과 및 결론의 타당성을 그들 스스로가 판단할 수 있도록 객관적이고 분명하게 제시해야 한다(남궁근, 1998: 490). 따라서 정책분석가는 자신의 가치관 및 선호에 합치되지 않는다 하더라도 정책문제와 정책목표, 정책대안 등에 대한 분석 결과를 제시할 때 객관성과 중립성을 유지하는 것이 중요하다. 이는 정책분석가의 도덕적 · 윤리적 측면과 밀접하게 관련되어 있다.

정책분석가가 분석 결과를 제시하면서 견지하여야 할 기본전제를 제시해 보면 다음과 같다. 여기에서 제시하는 전제는 분석 결과의 제시에만 국한해서 적용되는 것이 아니라, 정책분석가가 분석 활동을 수행하는 과정에서 가져야 할 기본적 자세라고 할 수 있다.

1. 정책분석이 근거한 가치 전제의 표명

정책분석은 가능한 한 객관적이고 과학적인 토대 위에서 이루어지는 것이 바람직하지만, 실제로는 가치판단이나 규범적인 접근을 배제하기 어려운 것이 사실이다. 왜냐하면, 선택을 위한 대부분의 추론 과정은 사실판단과 가치판단이 결합된 것이기 때문이다.

정책분석은 본질적으로 가치를 전제로 한다. 정책문제의 해결과 정책목표의 달성이 기본적으로 인간생활의 가치 실현에 있고, 분석 과정을 통해서 가치 획득의 효과와 범위를 능률적으로 넓힐 수 있는 방법을 찾기 때문이다. 그러므로 정책분석가는 분석을 수행하는 과정에 개재되었던 가치관이나 가정들을 정직하고 명백하게 진술해야 한다. 가치판단은 주관적이기 때문에 만약 이에 대한 근거를 제시하지 않으면 분석 결과뿐만 아니라 분석 과정 전체가 신뢰를 받지 못하게 된다.

정책분석가는 그들이 분석·평가한 자료와 대안들을 제시할 때, 가치중립적 입장에서 객관적인 분석자료만을 제시한다고 생각할 수도 있다. 그러나 자료에 대한 해석을 포함하는 경우, 단순 예측에 그쳐야 하는지 혹은 더 나은 정책대안 제시까지 포함하는지의 판단, 그리고 그것을 주창하는 경우에는 가치에 대한 판단을 필연적으로 포함하게 된다.

정책분석의 결과로 제시되는 정책제안은 상당부분 정책분석가의 주관적 판단이 내포되어 있음에도 불구하고, 흔히 일반인들은 그것까지도 과학적으로 도출된 결과인 것처럼 혼동을 하는 경우가 많다. 따라서 분석 결과를 토대로 정책제언을 할 때, 정책분석가는 객관적인 발견 사실과 규범적인 주장을 명확히 구분해야 한다. 또 정책제언에 개인적인 또는 사회·정치적인 가치판단이 포함되어 있다면 그것을 솔직히 공개해야 한다(김신복, 1989: 219). 그래야 그러한 요소를 고려하여 정책분석 결과를 해석하고 활용할 수 있다.

2. 타당성 전제의 확보

정책분석 결과를 제시하기 위해서는 정책문제에 대한 정확한 진단과 함께 어느 가치가 더 중요하며 더 시급히 실현해야 할 것인지, 가치 실현 또는 문제 해결을 위해서 어느 대안이 더 좋은 것인가 등을 규명해 줄 수 있는 타당성 전제(김광웅 외, 1983: 138)를 제시해야 한다. 타당성 전제란 어느 것이 다른 것보다 더 우월하다는 것을 밝혀주는 객관적인 전제를 말한다.

타당성은 개인차를 극복하여 동의 기반을 확보할 수 있어야 하는데, 정책분석가 개인의 견해가 분석을 지배한다면 분석의 결과는 분석 의뢰자뿐만 아니라 정책 관련 집단에게도 상당히 제한된 의미 밖에 주지 못하게 된다. 정책분석의 목적이 기본적으로 더 나은 정책을 추구한다는 사실을 감안한다면, 타당성의 확보가 전제되지 않은 분석 결과의 제시는 아무런 의미가 없다. 따라서 정책분석가는 분석 대상과 관련된 이해 당사자들이 제시한 문제 정의와 대안들에 대해 반대되는 주장을 할 수 있다는 것을 예측하여 그들이 수용할 수 있는 타당성 있는 분석 결과를 제시할 수 있어야 한다(Mood, 1983: 284). 분석과 관련된 여러 가지 한계와 예측치 못했던 다양한 관점들이 관련 집단들에 의해 제기될 수 있기 때문에 타당성 있는 분석 결과를 완벽하게 준비하기란 불가능하다. 타당성이 확보되었다고 하더라도 지나치게 일방적이고 생색을 내는 표현이나 분석 의뢰자와 관련 대상 집단들에 대해 너무 교육적인 표현 방식은 피하는 것이 좋다(Quade, 1989: 328).

3. 개방적 관점의 유지

정책분석가는 분석 결과를 제시할 때 개방적 사고(open-mindedness)를 갖는 것이 중요하다. 개방적 사고란 분석 결과를 제시할 때 중립성과 객관성을 유지하면서 오류 가능성과 반박 가능성을 인정해야 한다는 것을 의미한다. 정책분석가는 제출된 분석 결과의 일부가 거절되거나 또는 분석 결과를 채택하되 달리 사용될 수 있다는 것도 예상해야 한다. 분석 의뢰자가 문제에 대해 갖고 있는 자신의 판단과 상황의 변화에 따라 분석 결과가 수정된 형태로 받아들여질 가능성도 있고, 수용이 거부될 수도 있다.

정책분석가는 자신이 제시한 분석 결과가 반드시 그대로 받아들여져야 한다고 고집할 필요는 없다. 분석 과정에서 최선을 다 하되, 분석 결과에 대한 평가와 활용은 이용자의 몫이기 때문이다. 제출한 분석 결과가 분석 의뢰자들에게 새롭고 놀라운 것으로 인식되도록 꾸밀 필요도 없다. 분석 의뢰자들은 정책분석가가 제출한 분석 결과가 정책문제 정의와 정책대안에 대한 자신들의 기준에 어느 정도 합치하느냐에 따라서 분석가의 아이디어를 채택하거나 거절할 수 있는 것이다. 따라서 정책분석가는 이러한 요소들을 최소화하기 위해 분석을 수행하는 동안에 그들과 협의하여 채택 가능한 정책 아이디어를 제시하는 방안도 고려할 필요가 있다(Mood, 1983: 284).[1]

분석 결과의 제시와 관련하여 단일한 분석 결과를 제시할 것인지 또는 복수의 분석 결과를 제시할 것인지를 결정해야 한다. 이때 정책결정자의 선택을 돕고 실질적인 정책결정과 관련된 책임의 한계를 명확히 하기 위해서는 복수의 대안을 우선순위와 함께 제시하는 것이 바람직하다. 특히, 분석의 전제나 주요 변인들에 대한 가정을 달리할 경우, 개방적 관점에서 예상되는 결과들을 복수로 제시할 수 있어야 한다. 그러나 바람직한 정책문제 정의나 정책대안에 대한 분석 결과를 복수로 제시하게 되면, 정책결정자들로 하여금 선택은 자의적으로 행하게 하고 정책결정 결과에 대한 책임은 정책분석가가 져야 하는 상황이 발생할 수 있다(김신복, 1989: 213).

개방적 관점은 자료의 수집과 활용에서도 유지되어야 한다. 정책분석가들은 자신의 전공 영역과 경험한 내용만을 깊이 있게 취급하고 지식과 능력이 부족한 영역은 소홀히 취급할 우려가 있다. 분석 수행 중에 습득한 자료와 정보의 경우에도 개인적 목적에 활용하거나 독점적으로 사용하여 이익을 얻고자 하는 이기심이 나타날 수도 있다. 동시에 자신에게 유리하거나 특정의 정책 관련 집단이 선호하는 자료와 정보만을 수집·활용하여 정책을 제안할 우려도 있다. 따라서 분석 결과를 제출할 때 정책분석가는 분석 과정과 마찬가지로 허심탄회한 자세를 유지하면서, 분석 결과의 제시 후에 제기될 수

1) 정책분석가는 어디까지나 참모적 기능을 수행하는 데 그쳐야 하고, 정책결정자의 역할을 대신할 수 없다(김신복, 1989: 222)는 주장과는 달리, 정책분석가가 정책창도자(advocate)의 입장에서 정책문제의 해결과 관련하여 바람직하다고 판단되는 대안을 적극적으로 제시할 필요가 있다는 주장도 제기될 수 있다. 이 경우에 정책분석가는 판단의 근거와 자신이 입각한 가치 전제를 명백히 밝히는 것이 무엇보다 중요하다.

있는 모든 가능성을 신중하게 고려해야 한다. 좀 더 성의 있게 가능한 모든 자료를 활용하여 분석을 수행했다는 것을 보이도록 하는 것은 고객들로부터 분석 결과에 대한 신뢰성을 확보할 수 있는 중요한 방법이 된다.

제 3 절 정책분석가의 역할 유형과 분석 결과의 제시 방법

분석 결과의 제시와 관련해 일관된 하나의 형식과 절차를 규정할 수는 없다. 분석 결과의 제시는 정책문제의 성격과 분석 결과를 보고 받는 대상에 따라 상이하기 때문이다. 예를 들면, 분석의 대상이 된 정책문제가 고도로 과학적이고 기술적인 경우, 일반적인 정책문제와는 달리 전문적인 용어와 방법이 많이 사용되기 때문에 분석 결과의 제시 방법이 달라질 수밖에 없다.

한편, 정책분석이 특정의 기관이나 단체에 의하여 지원된 경우에도 지원 단체의 요구에 따라 분석 결과의 제출이 이루어져야 하기 때문에 분석 결과의 제시는 다양한 형태와 방법으로 이루어진다. 더군다나 정책분석가 스스로 자신의 역할에 대해 어떠한 인식을 갖고 있느냐에 따라 분석 결과의 제시는 다양하게 나타난다. 따라서 분석 결과의 제시를 위한 구체적인 방법의 선택과 활용은 정책분석가의 판단에 의존하기 마련이다.

분석 결과를 제시하는 방법의 선택에는 분석 결과의 수용 가능성과 활용 가능성이 중요하게 고려되어야 한다. 분석 결과의 수용과 활용은 정책분석가에 대한 이용자의 신뢰 정도에 따라 영향을 받지만, 제시의 방법 또한 활용 가능성을 제고시키는 데 큰 역할을 담당한다. 정책분석가에 대한 신뢰가 높더라도 분석 의뢰자들이 정책분석가가 활용한 방법론에 대한 이해가 부족하고, 분석 결과를 충분히 검토할 수 있는 시간적 여유가 없는 경우에는 분석 결과의 제시 방법에 따라 분석 의뢰자의 판단이 큰 영향을 받을 수 있기 때문이다.

아래에서는 정책분석가의 역할 인식에 따라 분석 결과가 어떠한 형태로 제시되는지를 살펴본다. 분석 결과의 제시 방법은 보고서 작성 방법을 중심으로 설명한다.

1. 정책분석가의 역할 유형

정책분석가 스스로가 자신의 역할에 대하여 어떠한 인식을 갖고 있는지, 그리고 정책체계 내에서 어떠한 위치에 있는지에 따라서 그들의 역할 범위는 달라지고 분석 결과의 제시 또한 다양한 형태로 나타날 수 있다(송근원, 1989: 601-611). 예를 들면, 모든 국민의 최저생활보장을 정책목표로 하는 경우, "무엇을 해야 할 것인가?"라는 물음에 대한 답으로서 구체적인 정책대안을 요구하는 경우를 생각해 볼 수 있다. 이때 질문에 대한 답은 단순히 다양한 정책대안들에 대한 평가나 경험적인 측면에 입각한 대답뿐만 아니라 규범적인 접근방법에 의한 대답을 요구할 수도 있다. 왜냐하면, 이러한 질문은 문제되고 있는 현실에 대한 직접적인 처방과 함께 바람직한 가치 추구를 위한 적절한 행위를 추구하고 있기 때문이다.

여기에서는 [표 10-1]과 같이 정책분석가의 역할을 객관적 기술자 모형, 고객 옹호자 모형, 쟁점 옹호자 모형, 정책토론 옹호자 모형으로 구분하고,[2] 이들의 역할 인식에 따른 분석 결과의 제시 방법을 설명한다.

표 10-1 정책분석가의 유형과 역할 인식

정책분석가의 유형	역할 인식	관심의 초점
객관적 기술자 모형	객관적 정보 제공자	경제성
고객 옹호자 모형	분석 의뢰자에 대한 봉사자	분석 의뢰자의 이익
쟁점 옹호자 모형	정책창도자	바람직한 가치 추구
정책토론 옹호자 모형	정책토론의 촉진자	정책토론의 자료 개발

1) 객관적 기술자 모형

객관적 기술자 모형은 정책분석가를 합리적인 존재로 상정하며, 가치중립적인 입장의 기술자로 본다. 객관적 기술자 모형에서 정책분석가가 취하고 있는 주요 관심은 경

2) 정책분석가의 역할 유형을 젠킨스와 스미스(Jenkins & Smith, 1982)는 객관적 기술자 모형(objective technician model), 고객 옹호자 모형(client advocate model), 쟁점 옹호자 모형(issue advocate model)으로 분류하고 있다.

제성과 능률성이다. 정책문제에 대한 분석보다는 문제 해결 방법, 예를 들면 경제성에 입각한 가장 능률적인 대안의 제시에 초점을 둔다. 따라서 이러한 유형의 정책분석가가 산출하는 정보는 객관적이고 기술적인 정보들이다.

객관적 기술자 모형에서 가정하고 있는 것은 분석 의뢰자와 정책분석가의 엄격한 기능상의 분화이다. 분석 의뢰자는 자기가 생각할 때 해결되어야 한다고 생각되는 문제를 정책분석가에게 제시하고, 정책분석가는 객관적인 입장에서 정책대안을 제시하며 결정의 책임이 있는 사람으로 하여금 제시된 정책대안을 놓고서 최종적인 결정을 내리도록 한다. 따라서 그들은 자신들이 분석한 정책대안에 대한 선호도를 제시하지 않으며, 단지 객관적인 정보만을 제공함으로써 바람직한 대안의 선택과 같은 가치판단의 문제는 결정권자에게 남겨 놓는다(Meltsner, 1976: 27-30).

2) 고객 옹호자 모형

고객 옹호자 모형은 정책분석가를 자기 고객(분석 의뢰자)에 대한 봉사자로 본다. 이때 능동적인 정책분석가는 분석 의뢰자의 이익이라는 관점에서 정책문제와 정책대안에 대한 평가뿐만 아니라, 정책결정에 뒤따르는 대응전략, 정책집행 상황 및 결과에 대한 평가를 수행한다(Behn, 1981: 211). 그러나 소극적인 정책분석가는 본질적인 정책가치나 목표보다는 분석 의뢰자의 이익을 극대화시킬 수 있는 정책대안의 개발에 더 많은 관심을 갖는다. 고객 옹호자 모형에 속하는 정책분석가는 정책이 결정되고 난 이후에 정책을 정당화시키는 역할을 담당하기도 하며, 이들이 사용하는 가치중립적인 과학은 정책결정자의 의사결정을 정당화하기 위하여 사용될 수 있다.

고객 옹호자 모형에서 소극적인 정책분석가의 역할 범위는 객관적 기술자 모형에서의 역할 범위와 비슷하지만, 적극적인 정책분석가의 경우에는 의뢰자에게 해결하여야 할 정책문제에 대한 진단과 정책대안의 선택에 관하여 자기의 견해를 적극적으로 제시하기도 한다.

3) 쟁점 옹호자 모형

쟁점 옹호자 모형은 정책분석가를 바람직한 가치를 추구하는 규범적 존재로 본다.

정책분석가는 문제 해결을 위한 대안을 모색할 뿐만 아니라, 문제에 대한 진단을 통해 정책목표의 선택에도 관심을 가진다고 상정한다. 즉, 정책분석가는 구체적인 정책 행위에 관한 질문에 대해서 "무엇이 행해져야만 하는가?"와 같은 주창적인 의견을 담은 분석 결과를 제시하고, 또 이 방법으로 분석 결과를 제시한다(Dunn, 1981: 220).[3] 이때 기준이 되는 것은 자기 자신의 가치관이다. 따라서 쟁점 옹호자 모형에서 정책분석가는 분석 의뢰자에 대한 봉사자이기보다는 자기 자신의 신념에 대한 봉사자이며(송근원, 1989: 605), 스스로의 가치판단에 입각하여 문제를 분석하고 목표를 설정하며, 대안을 탐색・개발하고 비교・평가한다. 쟁점 옹호자 모형에서 정책분석가가 추구하는 가치는 사회적 평등, 사회적 효과성, 인간의 존엄성 등과 같은 사회적・윤리적 가치들일 수도 있고, 체제 유지나 안정 또는 변화와 관련된 정치적・경제적 이념들일 수도 있다. 이러한 가치들 중 어떤 것에든 근거를 두고 정책분석가는 적어도 목표의 결정에 관해 자기 자신의 목소리를 갖고 싶어한다(Baum, 1980: 480).

쟁점 옹호자 모형에서 정책분석가가 제공하는 정보는 자신의 주관적 판단에 입각한 정책문제와 정책목표에 대한 분석 결과와 목표 달성을 위한 정책대안에 대한 정보를 포함한다. 분석 의뢰자에게 제출하는 정책대안들은 의뢰자의 이익을 위한 것이 아니라, 정책분석가가 판단할 때 달성되어야 한다고 생각하는 목표나 이념을 위해 만들어진 처방적인 성격을 가진다. 이러한 역할 인식에 기초하여 창출된 분석 결과의 영향은 일반적으로 앞의 두 모형에서 산출된 분석 결과의 영향보다 약하다. 그러나 의뢰자가 정책분석가를 신뢰하여 그들 사이에 갈등이 존재하지 않는다면, 쟁점 옹호자 모형에서 산출되는 정보는 어떤 정보보다도 큰 영향력을 발휘할 수 있다.

4) 정책토론 옹호자 모형

정책토론 옹호자 모형은 쟁점 옹호자 모형에서와 같이 정책분석가를 바람직한 가치를 추구하는 규범적 존재로 파악하며 창도적 입장에서 분석 결과를 제시한다. 그러나 이러한 입장을 취하고 있는 분석가들은 자신들이 제시한 분석 결과를 근거로 하여 즉

3) 주창적 주장은 행위지향적(action-focus), 미래지향성(future-orientation), 가치와 사실의 상호 의존성(fact-value interdependence), 가치의 이원성(value-duality)과 같은 특성을 지니고 있다.

각적인 정책결정이 이루어져야 한다고 주장하지 않는다. 오히려, 이성과 증거를 토대로 하여 이루어지는 합리적인 정책토론의 과정을 거쳐 정책을 결정하는 것이 더욱 좋다고 생각한다. 따라서 제시된 분석 결과는 합리적인 정책토론 과정에서 필요한 정보로 활용된다.

정책토론 옹호자 모형은 민주사회에서 이루어지는 많은 정책이 상이한 가치관과 동기 또는 이해관계를 지닌 여러 사람들 간의 토론 과정을 거쳐서 형성된다는 것을 기본 관점으로 갖는다. 따라서 정책문제에 대한 분석은 특정 집단에 의해서만 이루어지는 것이 아니라, 다양한 관점과 동기를 가진 여러 집단에 의해서 수행될 수 있고, 그에 따라서 상이한 분석 결과가 제시될 수 있다는 것을 전제로 한다. 정책분석가는 정책 참여자들의 상이한 주장이 펼쳐지는 정책토론 과정에서 정책 참여자들의 정책토론을 지원하고, 그들의 정책토론 내용이 정책결정 과정에 직접 또는 간접적으로 반영될 수 있도록 지원하는 것이 자신의 역할이라고 인식한다. 그러므로 정책분석가는 가치중립적인 입장보다는 가치판단적인 입장에서 분석 결과를 제시하지만, 자신의 주장을 강하게 내세우기보다는 합리적 정책토론을 촉진시키기 위한 분석적 자료를 제공하는 데에 초점을 둔다.

2. 정책분석 결과의 제시 방법

정책분석의 최종 산물은 대부분의 경우 분석보고서로 나타나는데, 이는 정책이슈 페이퍼(policy issue paper)로 불리기도 한다(Dunn, 1994: 362). 분석보고서의 작성과 관련해서 규정된 양식은 없으나, 분석과제의 수행과 관련하여 정책분석가와 분석 의뢰자 간의 약정된 방식에 따르거나 정책문제의 성격과 보고 대상자의 특성과 범위 등을 종합적으로 고려하여 정책분석가가 정할 수도 있다.

1) 분석 결과 제시 방법의 유형

분석 결과를 제시하는 구체적인 방법으로는 보고서 작성, 구두 보고, 브리핑, 세미나 발표와 전문 학술지 게재, 그리고 대중매체를 이용한 방법 등이 있다. 이와 더불어 분석 결과를 좀 더 효과적으로 제시하기 위해 각종 시청각 방법들을 활용할 수 있다. 아래에서는 구두 보고와 브리핑, 기타의 방법들에 대해서 설명하고 가장 널리 활용되고 있는 보고서의 작성에 대해서는 항을 달리하여 좀 더 자세히 살펴보기로 한다.

(1) 구두 보고

구두 보고는 정책분석가가 보고서 등을 작성하여 분석 결과를 제출하는 것이 아니라 분석 의뢰자와 분석가 간 직접적인 대면 접촉을 통해서 분석 결과를 제시하는 형태이다. 구두 보고는 분석 활동이 내부적으로 이루어지는 경우, 분석 과제에 대한 계약이 공식적으로 이루어져 있지 않은 경우 또는 분석 결과를 문서로 작성하는 것이 적절하지 않은 경우에 활용될 수 있는 방법이다.

(2) 브리핑

브리핑(briefing)은 비교적 소규모의 사람들을 대상으로 슬라이드와 영상 등의 보조자료를 활용하여 분석 결과를 전달하는 형태이다. 그런데 브리핑 상황의 공식성과 형식적인 브리핑의 운영은 보고자와 참석자 간의 효과적인 의사소통을 방해할 수 있다. 브리핑은 의례적인 질문과 답변이 이루어지기가 쉽고, 브리핑 중에 이루어지는 토론 또한 심층적이지 못하고 형식적으로 진행될 가능성이 크다는 점에서 브리핑을 통해 분석 결과를 제출할 경우에는 실질적인 의사전달이 이루어질 수 있는 방법을 병행하는 것이 바람직하다.

(3) 기타의 방법

분석 의뢰인이 없는 상태에서 정책분석가가 중요하고 사회적 파급효과가 큰 정책문제라고 판단해 스스로 그 문제에 대하여 분석을 수행한 경우에 정책분석가는 공식적인 제시 방법을 활용하는 것이 아니라, 논문의 형식을 통해 학술 세미나와 전문 학술지에 발표할 수 있다. 또한 특별 기고나 기사 형식을 통해 신문과 방송, 잡지 등 대중매체 또는 인터넷, SNS 등에 분석 결과를 공개할 수 있다. 이와 같은 방법은 분석 의뢰자가 존재하지 않는 상태에서 이루어진 분석이기 때문에 강제성이 없고, 분석 결과 제출 형식에 제한이 없어 좀 더 자유롭게 정책분석가의 의견을 제시할 수 있다. 따라서 정책 관련자에게는 새로운 관점과 해결 방안이 있다는 것을 인식시키고, 일반대중에게는 특정문제에 대한 이해를 증진시키는 데 기여한다.

2) 보고서

(1) 주요 내용

보고서에는 분석 의뢰자가 알고 싶어하는 정보, 즉 정책문제와 대안에 관련된 가능한 많은 정보가 담겨져 있는 것이 바람직하다.[4] 따라서 분석 의뢰자가 얻고 싶어하는 정보의 종류와 내용에 따라 보고서의 내용이 달라질 수밖에 없다. 그러나 분석 의뢰자 자신도 어떤 정보가 필요하거나 유용한지를 잘 모르는 경우가 있다. 이런 경우 분석 과정에서 도출된 정보들을 보고서에 많이 포함시키는 것이 분석 의뢰자의 판단에 도움이 될 수 있다. 그러나 정보가 많다고 좋은 것만은 아니다. 많은 정보가 체계적으로 정리되어 제시되지 않으면 오히려 혼란을 일으킬 수 있기 때문이다.

보고서에 담겨야 하는 내용에 대해 합의된 것은 없지만, 보고서 작성과 관련하여 기본적 사항이 담기는 도입 부분과 내용 및 결과를 담은 본문, 그리고 기타 부수적 부분으로 구성된다.[5]

도입 부분은 분석 결과를 분석 의뢰자에게 공식적으로 제출한다는 내용이 담겨진다. 언제, 누구에게, 어떤 내용을 제출한다는 것을 밝혀 주는 부분으로 누구의 지원으로, 누구에 의하여 수행되었다는 내용이 포함된다. 도입 부분에 포함되는 요약문은 보고서의 주요 내용을 요약한 것으로, 본문을 읽지 않더라도 분석 결과를 쉽고 빠르게 이해할 수 있도록 한다. 따라서 요약문의 작성은 분석 과정과 분석 방법들에 대한 설명보다는 분석 결과를 중심으로 보고를 받는 사람들이 쉽게 이해할 수 있는 형태로 작성하는 것이 좋다.

본문은 분석이 이루어진 모든 과정과 그 결과를 상세히 설명해 주는 부분이다. 본문에서는 분석 목적과 전제, 분석의 관점, 분석 대상, 그리고 유사한 분석 사례를 설명하는 서론 부분과 분석 방법, 분석 과정 및 분석의 결과, 결론으로 구분하여 서술한다. 기타 보고서의 부수적 부분에는 참고 문헌과 부록, 정책분석가의 인적 사항에 대한 기술

4) 던(Dunn, 1981: 388)은 정책분석 보고서에는 반드시 "보고서를 접하는 모든 사람들이 문제와 관련된 모든 차원들과 가능한 해결 방안의 범위에 대하여 충분히 알 수 있도록 문제를 심층적으로 분석하여야 하고, 그리하여 정책결정자가 아무 조치도 취하지 않을 것인지 또는 계속해 심층적으로 정책대안을 개발하여 제안할 연구를 지시할 것인지를 결정할 수 있도록 해야 한다"고 주장하고 있다.
5) 던(Dunn, 1981: 389-340)은 정책분석 보고서의 주요 내용으로 발송 서한, 보고서의 요약문, 문제의 배경, 문제의 범위와 심각성, 정책문제, 정책대안, 정책제안, 참고 문헌, 부록 등을 제시하고 있다.

이 포함된다.

정책분석 보고서의 구성을 표로 나타내면 [표 10-2]와 같다.

표 10-2 정책분석 보고서의 구성

1. 도입 부분
    1) 제목
    2) 제출문(분석 의뢰자 명시)
    3) 연구기간
    4) 분석 참여자(연구자)
    5) 요약문
    6) 목차

2. 본문
    1) 서론
        (1) 분석 목적과 전제
        (2) 분석 대상에 대한 설명
        (3) 유사한 분석 사례의 검토(선행연구 검토)
    2) 분석 방법
        (1) 연구 설계
        (2) 자료 수집과 분석 방법
    3) 분석 과정 및 분석 결과에 대한 서술
        (1) 분석의 유형과 과정
        (2) 정책문제 분석의 결과
        (3) 정책대안 분석의 결과
        (4) 분석 결과의 종합
    4) 요약 및 정책적 제안
        (1) 분석 결과의 요약
        (2) 분석 결과 외 추가적인 제안
        (3) 분석의 한계
        (4) 추후 분석 과제에 대한 견해

3. 기타 부수적 부분
    1) 참고자료
    2) 부록
    3) 보고서 작성기관과 연락처

(2) 보고서 작성의 유의 사항

보고서의 작성은 정책분석가에 의한 일방적인 정보전달 과정이 되어서는 안 된다. 분석 결과를 명확히 표현하여 고객을 설득하고 이해시키는 것이 중요하다. 분석 결과에 대한 의뢰자들의 관심을 집중시키고 이해를 증진시켜 분석 결과의 활용이 촉진될 수 있도록 보고서가 작성되어야 한다. 정책분석가가 아무리 분석을 잘했다 하더라도 설명력이 부족하여 설득력이 없는 유용성이 떨어지는 보고서가 작성된다면 충분한 활용이 어렵기 때문이다.

보고서 작성과 관련된 유의 사항에 대해서는 김명수(1993: 266)가 감사보고서 작성과 관련하여 제시한 네 가지 유의 사항을 참고할 수 있다. 첫째, 중요한 사항만 보고한다. 둘째, 분석 결과는 간결 · 명료 · 정확하게 제시되어야 한다. 셋째, 전문적이거나 학술적인 용어는 사용하지 않는다. 넷째, 기술적인 내용은 쉬운 내용으로 바꾸어 제시해야 한다. 이를 참고하여 보고서 작성 시 유의 사항을 살펴보면 다음과 같다.

① 체계적인 목차의 구성

보고서 작성 과정에서 가장 중요한 부분이 목차의 구성이다. 목차는 서술 방향에 대한 안내자 역할을 하기 때문에 내용의 서술 방향이나 흐름이 왜곡되는 것을 방지하여 일관성을 유지할 수 있게 해준다.

보고서 작성을 위한 목차의 구성 시기에 대해서는 분석 후 목차를 구성해야 한다는 주장과 분석을 수행하기 전에 목차를 구성해야 한다는 서로 대립되는 의견이 있다. 분석을 수행한 후 목차를 구성하는 방법은 분석을 수행하는 과정에서 새롭게 제기된 주제들까지도 보고서에서 다룰 수 있다는 장점이 있다. 그러나 보고서를 작성하는 단계마다 목차를 구성해야 하기 때문에 서술 방향이나 내용의 일관성을 유지하기가 어려울 수 있다. 한편, 분석을 하기 전에 목차를 구성하는 방법은 부족한 자료나 필요한 자료뿐만 아니라, 분석 내용에 대해서도 사전에 준비할 수가 있어 분석을 체계적으로 진행할 수 있게 하고 보고서의 일관성을 유지하기가 용이하다. 그러나 분석 환경과 진행 과정의 변화에 민감하게 대처하기 어려워 결과적으로는 분석보고서의 질을 저하시킬 수 있다는 단점이 있다.

위와 같은 이유로 보고서 작성을 위한 체계적인 목차의 구성 시기는 정책분석가의 판단에 의존할 수밖에 없으며, 정책분석가에게 편리하고 유리한 방법이 최선의 방법이라고 할 수 있다. 그러나 이때에도 분석의 질과 분석 의뢰자의 요구를 고려해야 한다.

② 간결성과 명료성

분석보고서의 서술은 간결·명료해야 한다(Meltsner, 1976: 225). 분석 과정 중에 나타난 모든 내용들이 보고서에 전부 수용될 수는 없다. 너무 많은 내용을 수용하게 되면 체계가 산만하고 요점도 흐려지게 된다. 따라서 중요하고 비중이 높은 내용들을 선택해 보고서에 포함해야 한다.

간결성을 유지하기 위해서는 긴 문장이나 수동적인 문구를 사용하기보다는 짧은 문장과 능동적이고 적극적인 언어를 선택하여 사용하는 것이 중요하다. 또한 보고서가 너무 장황하지 않도록 불필요한 수식어는 생략하는 것이 좋다. 평범하고 친근한 사례를 사용하는 것도 분석 결과를 간결하고 이해하기 쉽게 전달하는 데 도움이 될 수 있다. 특히, 전달하고자 하는 것에 대한 정책분석가의 명확한 사고(clear thinking)는 보고문을 간결하고 명확하게 작성하기 위한 필수적인 요소이다.

간결성과 더불어 보고서 서술은 명확해야 한다. 우선, 내용을 명확하게 서술하기 위해서는 적절한 용어를 신중하게 선택하는 것이 매우 중요하다. 모호한 용어, 대상을 설명하기에 적합하지 않은 용어, 그리고 오해가 생길 수 있는 용어의 사용은 피해야 한다. 다음으로 서술 내용이 무엇을 전달하고자 하는 것인지 명확하도록 분석보고서가 구성되어야 한다. 추가적인 해설이 필요한 외교적 언어 구사와는 달리 표현은 직접적이고 구체적이어야 한다. 앞에서 이야기한 보고서의 간결성은 명료성의 확보에 도움이 된다.

③ 기술적이고 전문적인 용어 사용의 자제

분석 결과를 제시할 때 기술적(technical)이거나 전문적인 용의 사용은 가능한 한 최소화해야 한다. 이해하기 어려운 전문적인 용어로 작성된 보고서의 경우, 많은 사람들이 읽거나 듣는 것을 쉽게 포기할 우려가 있다(Mood, 1983: 283). 따라서 기술적이거나 계량적으로 나타난 분석 결과들을 일반적이고 평이한 용어로 전환시켜 표현하는 것이 중요하다. 동시에 판단과 해석이 불가능한 통계자료는 배제되어야 한다. 보고서 제출 대상이 전문가인 경우에 정책분석가는 전문가의 관점에서 보고서를 작성할 수도 있다. 그러나 이 경우에도 정책분석가는 분석 결과의 잠재적 이용자들이 전문가가 아니라는 사실을 인식하여 일반시민과 정책 관련 집단들이 이해할 수 있는 용어를 사용하여 보고서를 작성하는 것이 바람직하다.

일반적인 용어로 대체하기 어려운 전문적인 용어를 사용해야 하는 경우와 보고서에 특별히 밝히고 싶은 용어의 경우에는 일반인들의 이해가 용이한 형태로 명확히 정의한 후에 사용해야 한다. 원칙적으로 보고서의 작성은 전문용어나 특수한 용어를 사용하지 않고 누구나 쉽게 이해할 수 있도록 간단·명료하게 작성해야 한다.

④ 도표와 그래프, 영상의 적절한 사용

보고서는 쉽게 이해할 수 있도록 간결한 형태로 구성하여 제출하는 것이 중요하다. 보고서가 간결하고 쉽게 이해될 수 있도록 하기 위해서는 도표와 그래프와 같은 시각적 방법을 활용하여 보고서를 작성하는 것이 효과적이다(Meltsner, 1976: 225). 특히, 도표와 그래프를 이용할 때 도표에 포함되어 있는 자료의 의미를 개략적으로 지시해 주는 표제어의 선택과 사용은 매우 중요한 의미를 갖는다. 표제어는 자료가 전달하고자 하는 의미를 더욱 빠르고 쉽게 전달해 줌으로써 정보의 전달을 용이하게 한다. 그러나 도표와 그래프가 자료의 해석을 위한 대용물은 아니라는 점을 유념해야 한다.

보고서를 인쇄물 형태로 제출하는 것이 일반적이지만, 인쇄하지 않고 디지털 파일 형태로 제출할 수 있다. 이때는 도표와 그래프, 사진 외에 동영상을 유용한 자료로 사용할 수 있다.

⑤ 감정적 표현의 배제

정책분석가는 자신의 편견이 분석 결과를 왜곡하지 않도록 전문가적 책임 의식을 가져야 한다. 자신의 생각이 개입된 감정적인 표현을 억제하고, 객관적인 입장에서 분석 결과를 제시해야 하는 것이다. 감정의 힘을 빌리지 않는 분석 결과의 제시가 더 큰 영향을 미칠 수 있으며 정치적인 영향에서 자유로울 수 있기 때문이다.

⑥ 신중한 편집과 정확한 교정

분석 의뢰자에게 공식적으로 제출하기 위하여 작성된 보고서는 보고서 작성자 이외의 다른 사람들에 의해 확인과 보완이 이루어지는 편집과 교정 과정이 필요하다. 보고서에 오자나 탈자가 포함되어 있는 경우 분석 결과의 질적 수준과는 상관없이 분석 결과에 대한 신뢰성을 떨어뜨린다. 반면에, 오자나 탈자가 없을 뿐만 아니라 보고서가 읽기 쉽고 이해하기 용이한 형태로 편집되어 있는 경우 분석 결과가 더욱 가치 있는 것으로 여겨질 수 있다. 또한 보고서의 내용 중 주요 내용을 강조하기 위해서 해당 부분에 대해서 밑줄을 긋는 것과 같은 시각적인 방법의 활용은 분석 결과의 중요사항을 더욱 부각시킬 수 있다.

3) 제시 방법의 선택

분석 결과의 제시 방법은 정책분석의 목적, 제시 대상의 특성과 요구에 따라 상이하다. 분석 결과의 제시 방법을 선택할 때에는 다음과 같은 것이 고려되어야 한다(김경동 · 이온죽, 1998: 600-601).

첫째, 누구나 관심 있는 사람들이라면 볼 수 있도록 할 것인지, 아니면 특정한 사람들에게만 접근 가능한 비공개적인 제시 방법을 선택할 것인지 하는 점이다. 특히, 정책분석에 필요한 경비가 외부에서 지원된 경우, 그 지원기관이 비밀을 요구하는 경우에는 비공개적인 제시 방법이 선택될 것이다.

둘째, 제시 방법의 성격에 따라 제출 결과의 양 또한 달라져야 한다. 보고서의 형태는 분석가가 담고 싶은 모든 정보를 포함할 수 있으나, 다른 방식들의 경우에는 한정된 양에 의해서 제약을 받는 것이 일반적이다.

셋째, 분석 의뢰자가 누구인가 또는 분석 결과를 실질적으로 활용하는 사람이 누구인가에 따라서 제시 방법과 그 내용 구성이 달라져야 한다. 예컨대, 기관 내부의 사람들을 상대로 작성될 때는 보고서의 내용 중 서론과 방법론에 관한 설명보다는 분석 과정을 통해 나타난 결과와 그것이 초래할 영향 등과 같은 정책정보를 좀 더 자세하게 제시하는 것이 좋다. 기관 내부의 사람들은 분석방법론보다 정책문제 분석과 정책대안 분석의 결과에 더 많은 관심을 갖고 있기 때문이다. 반면에, 분석 결과를 학계에 발표할 경우에는 서론과 방법론에 대한 부분을 비교적 자세하게 다루어 주는 것이 바람직하다(김명수, 1993: 182).

넷째, 정책분석가는 분석 결과를 제공받는 사람들의 분석 대상에 대한 이해의 정도와 전문지식의 정도에 따라서 제시 방법을 선택해야 한다.

제 4 절 정책분석 결과의 활용과 제약 요인

정책분석 과정을 통해 좋은 결과가 창출되었다고 하더라도 분석 결과가 활용되지 않거나, 활용 수준이 매우 미약하다면 정책분석의 가치는 낮게 평가된 것이라 할 수 있다. 정책분석의 목적이 분석 결과의 활용을 통하여 정책형성에 도움을 주기 위한 것이라면 분석 결과의 활용에 영향을 미치는 요인, 특히 제약 요인이 무엇인가를 살펴보는 것이 매우 중요하다.

아래에서는 활용에 대한 개념적 이해를 바탕으로 정책분석 결과 활용의 가능성과 제약 요인에 대하여 살펴본다.

1. 정책분석 결과의 활용

1) 활용의 의의

활용(utilization)의 개념에 대해서는 대체로 두 가지의 서로 다른 시각이 있다(김명수, 1993: 194-199). 하나는 활용을 매우 좁은 의미로 파악하는 입장이며, 다른 하나는 좀 더 넓은 의미로 파악하는 입장이다.

좁은 의미로 활용을 파악하는 경우, 활용은 분석보고서에 제시된 결론이나 건의에 따라 즉각적으로 어떤 결정을 내리는 것이라고 본다. 이러한 주장은 평가의 활용과 관련한 논의에서 주류를 이루고 있는 견해이다(Alkin, Dailak, & White, 1979; Weiss, 1981: 17-20). 그러나 이러한 관점은 정책분석의 결과로 얻어지는 정보의 힘을 과대평가한 것이다. 분석의 결과로 제공된 정보가 정책형성을 위한 유일한 정보가 된다고 생각하는 것은 비현실적이며, 경우에 따라서는 위험한 사고일 수도 있다(Alkin, Daillak, & White, 1979: 226).

활용을 넓은 의미로 파악할 때는 좁은 의미로 파악하는 입장과는 달리 정책분석의 결과가 어떤 형태로든 활용될 수 있다는 관점을 취한다. 따라서 활용을 넓은 의미로 파악하는 입장에서는 수단적 활용(instrumental use)과 개념적 활용(conceptual use)으로 구분하고, 이 양자를 모두 포함하는 것으로 본다(Rich, 1977: 200; Weiss, 1981: 23-24). 수단적 활용이란 좁은 의미의 입장과 같이 정책분석에서 제시된 결과를 특정한 선택이나 행동에 직접적으로 활용하는 것을 의미한다. 개념적 활용은 정책분석의 결과가 직접적으로 활용되지는 않더라도 어떤 형태로든 이용자들이 분석 대상을 이해하는 데 영향을 미치는 것을 의미한다.

그러나 분석 결과에 대한 활용 여부는 정도의 문제로서, '완전한 활용'과 '완전한 불용'이라는 양 극단 사이의 연속선상에서 관찰될 수 있는 상대적인 것이다. 완전한 활용이란 정책분석 결과를 즉각적이고 직접적으로 정책주장 또는 정책형성에 반영하는 경우를 말한다. 반면에, 완전한 불용이란 정책분석의 결과가 어떠한 형태로든, 누구에게든, 분석의 대상이 된 정책에 대한 주장이나 선택에 아무런 영향을 미치지 않는 경우를 말한다(김명수, 1993: 198). 실제에서 많이 발견할 수 있는 정책분석 결과의 활용 양태는 완전한 활용과 완전한 불용이라는 극단적인 양태로 이루어지기보다는 '중간 정도의 활용'이 더 많은 편이다.

이러한 정책분석 결과 활용의 양 극단에 대한 논의를 토대로 정책분석 결과가 활용되는 범주를 제시해 보면 다음과 같다. 첫째, 분석 결과의 완전 활용, 둘째, 분석 결과의 수정 활용, 셋째, 분석 결과의 부분 활용, 넷째, 관심 대상인 정책문제와 정책대안에 대한 이해를 증진시키는 데 기여, 그리고 다섯째, 분석 결과의 무시 등이다.

2) 활용의 양태

정책분석 결과는 분석 의뢰자를 포함한 분석 결과의 이용자들이 다양한 목적을 위해 다양한 형태로 이용할 수 있다. 아래에서는 이용자들에 의해 정책분석 결과가 활용될 수 있는 경우를 긍정적 측면과 부정적 측면으로 구분하여 설명한다.

(1) 긍정적 측면

① 정책 관련자의 판단과 선택 지원

정책분석의 결과는 정책결정자를 포함한 정책 관련자의 판단과 선택을 지원한다. 또한 정책형성에 다양한 관점과 주장을 투입하고, 정책내용의 설계에 필요한 정보의 원천으로서 정책분석 결과를 활용할 수 있다.

② 주장과 설득을 위한 자료 제공

정책분석은 정책문제의 성격과 내용, 원인과 결과 등을 검토하여 과연 무엇이 문제인지를 체계적으로 분석하여 제공한다. 정책대안에 대해서도 구체적인 대안의 내용과 예측되는 결과, 일정한 기준에 따른 비교·평가의 결과를 제시한다. 이 모든 작업은 이성과 증거를 토대로 이루어진 것이다. 그래서 어떤 정책주장을 펴거나 주장이 다른 사람과 집단을 설득할 때 정책분석의 결과가 타당한 증거와 논리를 제공해줄 수 있다.

(2) 부정적 측면(악용 가능성)

정책분석 결과는 정책결정 과정에서 항상 좋은 측면에서만 활용되는 것은 아니다. 이용자들에 의하여 자신들의 부당한 목적을 달성하기 위한 하나의 수단으로 활용될 가능성도 있다.

분석 의뢰자는 분석 결과를 이미 내부적으로 결정된 정책을 합리화시키기 위한 수단으로 활용할 수 있다. 분석 결과 중 자신들에게 불리한 결과는 배제하고 유리한 결과만을 부각시켜 활용하거나 특정 집단의 이익만을 옹호하기 위한 방향으로 분석 결과를 활용할 수 있다. 따라서 정책분석가는 이미 결정된 정책의 합리화와 같은 도구적 목적에 한정하여 정책분석의 활용이 예상되는 경우에는 과감히 정책분석을 거부해야 한다. 그리고 분석 의뢰자의 요구에 국한하여 분석을 수행할 것이 아니라, 정책분석 본래의 취지대로 분석을 수행하는 자세가 무엇보다 중요하다.

2. 정책분석 결과 활용의 제약 요인

호스트와 그의 동료들(Horst et al., 1974: 300-307)은 연구 결과의 활용을 제약하는 요인들로 다음과 같은 것들을 지적하고 있는데, 이는 정책분석 결과의 활용과 관련하여 시사하는 바가 크다.

① 분석이 의사결정을 지원하도록 계획되고 있지 못하다.

② 분석의 시기와 양식, 그리고 정밀도가 활용자의 필요성을 충족시키지 못하고 있다.

③ 분석 결과로 나타난 사실들이 의사결정권자들에게 적절히 전달되지 못하고 있다.

④ 동일한 주제에 대한 서로 다른 분석 결과들이 비교할 수 없게 되어 있다.

⑤ 분석이 그 증거를 축적시킴으로써 점차 그 정확성을 높여가야 하는 데도 불구하고 그렇지 못하다.

⑥ 분석이 그 자체로서는 답을 할 수 없는 문제들을 제기해 놓고 유용한 결론이 없이 분석을 끝내는 수가 많다.

아래에서는 좀 더 구체적으로 정책분석 결과의 활용을 저해하는 요인 또는 활용을 좌우하는 영향 요인들을 살펴본다.

(1) 정책분석 결과 이용자의 의도적 무시

정책분석을 통해 나타난 분석 결과는 정책결정자의 판단을 지원하기 위한 자료로서 활용될 수 있는 것일 뿐, 바람직한 대안이라고 제시된 것이라고 해서 반드시 정책으로 채택되는 것은 아니다. 따라서 아무리 과학적인 분석 기법을 활용하고 체계적인 분석 과정을 거쳐서 나타난 결과라 할지라도, 결정권자가 분석 결과에 대하여 아무런 관심이 없거나 결정 과정에 활용하겠다는 의지가 없으면 아무런 소용이 없다. 이러한 사실은 정책분석가들에게 정책분석에 대한 책임감과 열의를 떨어뜨려 결과적으로는 질 높은 정보의 생산을 저해하는 요인으로 작용한다.

(2) 정책분석 결과의 적실성 결여

적실성(relevance)이란 정책분석 결과가 이용자의 정보 요구를 어느 정도 충족시켜 주고 있는가와 관련된 개념으로(김명수, 1993: 200), 적실성이 높은 결과일수록 활용될 가능성이 높고, 그렇지 못할수록 활용도는 낮아지게 된다. 정책문제 분석과 대안분석의 결과가 이용할 가치가 없을 때 그 결과를 활용하지 않는 것은 지극히 당연하다.

(3) 정책분석가에 대한 이용자의 불신

정책분석에 많은 관심을 가진 사람들조차도 정책분석가의 편견과 정책 현상에 대한 감각 부족과 무능력 때문에 정책분석 결과를 이용할 가치가 없다고 생각하는 경우가 있다. 이러한 불신은 분석 결과 그 자체에 대한 불신에 연유한 것이라기보다는 정책분석가와 정책분석가 집단에 대한 불신에 따른 것이라고 할 수 있다.

(4) 이용자의 사전적 판단

정책분석 결과가 제시되기 전에 정책결정자가 이미 그 정책에 대해 판단을 내리고 있는 경우가 있다. 특히, 결정해야 될 정책문제가 중요하고 사회적 파급효과가 큰 정책일수록 정책결정자 나름대로 개인적인 정보 채널이나 내부적인 경로를 통해 해당 정책문제에 대한 정보를 수집하고 분석하는 경우가 적지 않다. 이때 정책분석을 통해 제출된 정보가 정책결정자가 수집하고 판단했던 내용과 상이한 경우, 정책결정자는 분석 결과를 존중하기보다 자신의 판단을 더 우선할 가능성이 있다.

정책분석을 의뢰할 때 의뢰인이 이미 정책문제를 정의하고 대안까지도 마련하고 문제해결의 기본방향만을 정하지 않은 경우가 있다. 이런 경우 정책분석 결과는 자신들이 갖고 있는 생각을 뒷받침하기 위한 자료로만 제한적으로 사용될 가능성이 크다. 정책분석 결과를 토대로 자신의 관점과 주장을 바꿀 수 있다는 입장이 아니라면 정책분석 결과의 활용은 제약될 수밖에 없다.

한편, 어떤 정책문제에 대한 사회적 논란이 뜨거울 때, 어떤 하나의 대안이 강력하게 부각되었을 경우에도 정책분석 결과 활용이 제약될 수 있다. 이때 정책분석 결과가 부각된 대안과 다른 것을 제안할 경우, 그 대안을 지지하는 집단으로부터 받게 될 공격을 두려워하여 정책결정자들이 분석 결과의 수용을 꺼려 할 수 있기 때문이다.

(5) 의사소통의 비효과성(분석 결과 보고의 부실)

정책분석가와 이용자의 소통은 분석 결과 활용의 핵심 요소이다. 이용자는 자신이 원하는 정책정보가 무엇인지, 구체적으로 무엇을 위해서 그 정보를 사용할 것인지를 명확하게 정책분석가에게 전달해야 한다. 반면에, 정책분석가는 분석 결과의 핵심적인 내용과 유용성을 이용자에게 체계적으로 전달해야 한다. 이 두 방향의 의사소통 중 어느 한 방향에서라도 문제가 있으면 정책분석 결과의 활용 가능성은 낮아진다. 그 중에서도 정책분석가가 주도하는 의사소통이 더 중요하다. 이용자 주도의 의사소통은 선택적일 수 있지만, 정책분석가 주도의 의사소통은 의무적이기 때문이다.

(6) 정책분석 결과 제시의 적시성 결여

정책분석 결과는 분석 의뢰자가 정보를 필요로 하는 시기에 제공될 수 있어야 한다.

정책분석을 통해서 질 높은 분석 결과가 산출되었다고 하더라도, 분석 결과가 적시에 제공되지 못한다면 활용될 수 없기 때문이다. 그러나 너무 급하게 서둘러서 정책분석 결과를 제출하는 경우에는 정보의 질이 떨어질 수 있기 때문에 적시성과 분석의 질을 고려하여 분석 결과의 제출 시기를 결정해야 한다(정정길, 1989: 676).

예정된 시간보다 정책분석이 지연되는 경우에는 의뢰자와 협의를 거쳐 정책형성을 연기하도록 하거나 또는 중간보고서를 제출하는 방안이 고려될 수 있다. 이제까지 진행된 정책분석 결과에 대한 중간보고는 분석 의뢰자와의 신뢰를 구축하는 데 매우 중요하다. 한편, 정책분석 결과를 돋보이게 하거나 특정한 정책 방향을 도출하기 위해서 제출시기를 연기하는 경우도 있는데, 이것은 윤리적으로 옳지 않다.

3. 정책분석 결과의 활용 증대 방안

앞에서 설명한 바와 같이 정책분석을 통해 도출된 분석 결과의 질적 수준이 높다면 좋은 정책의 결정에 기여할 수 있음은 물론이다. 그러나 정책분석가나 분석 의뢰자와 관련된 요인 때문에 분석 결과의 적극적 활용이 제약된다. 그러므로 정책분석가는 좋은 분석 결과가 도출될 수 있도록 노력함과 동시에 분석 결과의 활용을 증대시킬 수 있는 여러 요인에 대해서도 많은 관심을 가져야 한다.

정책분석 결과의 활용을 증대시키기 위해서는 결과가 믿고 활용할 만한 가치가 있는 것인가, 분석의 결과가 정책주장의 정당성과 설득력을 강화해줄 것인가, 그리고 실질적으로 문제 해결을 위한 방안을 제공해 줄 수 있는 것인가 등과 같은 질문에 만족할 만한 답을 할 수 있어야 한다.

앞서 언급한 분석 결과 활용의 제약 요인을 고려하여 분석 결과의 활용을 증대시킬 수 있는 방안을 살펴보면 다음과 같다.

(1) 분석 의뢰자의 정보 요구 충족과 지속적인 상호작용

정책분석 결과의 활용을 증대시키기 위해서는 이용자의 정보 요구를 충족시키는 것이 매우 중요하다. 그런데 이용자가 조직일 경우에는 조직의 지배적인 사고방식에 적합한 분석 결과일수록 활용 가능성이 크다. 물론 이것이 꼭 바람직하다고 볼 수만은 없다. 지배적인 사고방식과 다른 방식으로 문제를 이해하고 정책대안을 생각해 보는 것도 필요하기 때문이다. 리치(Rich, 1981: ix)는 정책정보가 활용될 확률은 정책에 대한 정보의 적절성보다는 관료집단의 이익 추구를 위한 정보의 유용성에 더 많이 연계되어 있으며, 관료집단의 이익을 제고시키는 정보의 활용성이 높다고 지적하고 있다.

또한 정책분석가와 분석 결과 이용자 사이의 인간적인 신뢰성의 정도는 분석 결과의 적시성이나 타당성보다도 우선시되어 분석 결과의 활용을 좌우할 수 있다. 정책분석 결과의 내용 자체보다도 상호작용의 강도가 분석 결과 활용에 훨씬 큰 영향을 미칠 수 있기 때문이다. 신뢰성 확보를 위한 노력과 함께 분석 결과 이용자들의 성향에 대한 사전적 검토가 필요한 이유가 여기에 있다.

(2) 적합한 분석 방법의 이용

방법론적 취약성을 극복하는 것도 정책분석 결과의 활용을 제고시키는 데 기여할 수 있다. 정책분석 결과의 활용은 분석 결과의 생산과 해석에 사용된 분석 방법이 정책문제의 특성에 맞는 적합한 분석 방법이었느냐에 의해 영향을 받기 때문이다.

(3) 이해하기 쉽고 활용 가능한 형태의 분석 결과 제시

정책분석 결과로 제시된 정보가 분석 의뢰자들이 생각하고 있던 정책결정의 논리에 적합한 것일수록 활용될 가능성이 높다. 그리고 추상적인 정보보다 구체적이고 알기 쉽게 표현되어 있으며, 미래의 유사 문제에까지 적용할 수 있는 정보를 정책결정자들은 더 선호한다. 앞에서 설명한 보고서 작성 시 유의 사항 등을 제대로 반영하여 작성된 보고서는 이용자들의 이해를 높이고 활용을 높이는 데 기여할 수 있다.

(4) 정책분석 결과에 대한 지속적인 사후 지원

정책분석 결과 활용을 위한 지속적인 사후 지원이 필요하다. 일단 분석보고서를 작성하여 제출하면 의무가 종료되는 것으로 생각할 수 있다. 그런데 분석 결과를 의뢰자가 수용하지 않고, 부정적인 평가를 하게 되는 경우에는 추후에라도 활용을 기대할 수 없다. 나아가서는 투입된 비용만큼의 산출효과가 나타나지 못함으로써 후에 이루어질 많은 정책분석에 대해서도 부정적인 영향을 미치게 된다. 따라서 정책분석가는 부족한 내용에 대해서는 계속해서 수정・보완해주어야 한다. 그리고 의뢰자가 이해하지 못한 내용과 발견치 못한 분석 결과의 가치에 대해서는 추가적인 설명을 통해 의뢰자들이 그러한 가치를 발견할 수 있도록 도와주어야 한다.

또한 정책분석 결과로 제시된 정보들은 의뢰자의 입장에서 볼 때는 가공되지 않은 원자재나 중간재에 불과하기 때문에 그대로 활용되기 어려운 경우도 있다(노화준, 1991: 409). 그러므로 원자재나 중간재로 여겨지는 정책분석 결과를 이용해서 정책결정에 활용될 수 있도록 정책분석가가 후속적인 지원을 할 필요가 있다.

(5) 체계적인 정책정보체제

정책분석에서 얻은 많은 정보들이 체계적으로 관리되지 못하고, 분석 결과의 전달 또한 합리적으로 이루어지지 못한다면 이미 분석된 것에 대해서도 중복된 분석이 진행될 가능성이 있다. 특정 집단에 의해서만 분석 결과가 독점·이용될 수도 있다. 체계적인 정책정보체제의 구축은 이러한 문제들을 극복하여 분석 결과의 활용 증대에 기여할 수 있다(정책정보체제에 대한 자세한 내용은 제5장 참조).

제 11 장 참여정책분석

이 장에서는 정책분석의 한 유형인 참여정책분석이 등장하게 된 배경을 살펴보고 실증주의적 정책분석의 한계와 정책분석 과정에서 시민참여가 배제되었던 배경을 검토한다. 그 다음 참여정책분석의 의의와 본질적 특성을 설명한다. 이어서 참여정책분석이 목적에 부합되게 성과를 거두기 위해서는 어떻게 조직화되어야 하는지를 살펴본다.[1)]

제 1 절 참여정책분석의 등장 배경

1. 참여정책분석의 등장 배경

참여정책분석의 개념을 정의하고, 그 특성을 명확히 규정하기 위해서는 참여정책분석이 왜 등장하게 되었는지를 살펴보는 것이 선행되어야 한다. 참여정책분석은 정책분석에서의 과도한 실증주의적 접근, 독점적 전문가의 지위를 갖고 있는 정책분석가를 상정하는 엘리트주의 정책분석에 대한 반성에서 출발한다. 전통적인 정책분석 연구는 전문가로서의 정책분석가의 활동, 즉 정책결정에 필요한 정보를 산출하기 위한 지적이고 분석적인 활동의 내용과 기법에 관심을 집중시켜왔다(Quade, 1989). 정책문제의 기술적 복잡성, 정책대안 도출과 평가의 전문성 등 때문에 정책분석은 전문가에 의해서만

1) 이 장은 강근복(2007)의 내용을 발췌·수정한 것이다.

수행될 수 있는 활동이라고 보는 입장이 주류를 이루었다. 정책분석의 유형을 엘리트 모형, 민중 모형, 토론지도 모형(혼합 모형) 등으로 나누어 볼 때(허범, 1993) 이제까지의 관심은 엘리트 모형에 치중되어 왔음을 의미한다.

과학적이고 객관적인 정책분석을 강조할수록 정책분석 과정에서 정책전문가의 독점적인 지위는 당연시되었다. 정책분석이 정치적 활동과 구분되는 전문적인 활동이라는 이유로 시민을 비롯한 정책 관련자의 참여가 제한되었다. 이는 정책분석 결과의 사회적 적합성을 떨어뜨리고 정책을 시민으로부터 유리시키는 결과를 가져왔다. 정책분석의 이러한 경향은 전문가로서의 정책분석가와 정책분석의 고객을 분리시키고, 정책분석을 '민주주의 정책학'의 이상과는 거리가 멀게 만든다는 비판을 받았다(허범, 1993; Durning, 1993). 전통적인 정책분석은 정책분석가와 일반대중을 분리시키고, 정책결정에 대한 시민들의 영향력을 감소시켰다고 보는 것이다(deLeon, 1994; Dryzek, 1989; Fischer, 1993, 1998). 정부정책의 사회적 적합성 상실, 정부의 민주적 운영에 대한 불신, 그리고 참여민주주의에 대한 요구의 증대 등은 참여정책분석에 대한 관심을 불러일으킨 주요 요인들이다.

이처럼 참여정책분석(participatory policy analysis: PPA)은 정책분석 과정에서 전문관료와 정책전문가의 독점적 지위를 거부하면서 등장하였다. 정책분석 과정에서 전문관료나 정책전문가가 아닌 보통 시민들의 참여가 필요함을 주장하고 나선 것이다. 물론 참여정책분석의 등장이 전통적인 정책분석 접근의 성과나 유용성을 전적으로 부정하는 것은 아니다. 다만, 참여정책분석은 정책분석 과정에서의 민주적 가치 확보와 시민참여의 유용성을 강조하고, 전통적 정책분석 접근이 간과한 부분에 대한 보완, 새로운 대안적 접근으로서의 의미를 가진다.[2)]

2) 참여정책분석에 대한 초기 연구는, 외국의 경우, deLeon(1990; 1992; 1993; 1994; 1997), Durning(1993), Renn et al.(1993), 그리고 Fischer(1993; 1998), Haight & Ginger(2000), Walters et al.(2000), Anderson & Jaeger(2002), Hendriks(2005) 등을 중심으로 활발히 전개되어 왔다. 이들은 참여정책분석의 필요성, 개념과 특성, 모형 등에 대해 논의하는 한편, 실제 사례분석을 통해 그 유용성을 평가하고 시민참여를 통한 정책분석의 민주성 확보와 질적 수준 향상에 관심을 기울였다. 그러나 부분적으로 참여정책분석의 요소를 설명하거나 참여정책분석 사례연구를 통해 참여정책분석의 절차를 서술하는 것에 그쳤을 뿐 참여정책분석을 어떻게 조직화할 것이냐에 대한 심층적인 연구는 상대적으로 많지 않았다(Renn et al., 1993).

이에 비해 우리나라에서의 참여정책분석에 대한 연구는 상대적으로 적은 편이다. 초기 연구로, 전

즉, 참여정책분석의 등장은 정책분석이 전통적인 엘리트 중심적 실증주의적 접근법에 의해 지배되고, 전문관료와 정책전문가에 의해 독점되어 온 것에 대한 비판에서 비롯된 것이다(Fortier, 2003). 전통적 엘리트주의 정책분석이 '민주주의 정책학(policy sciences of democracy)'의 이상 실현에 기여하지 못하고 오히려 이를 쇠퇴시키고 있다는 비판에서 제기된 것이다.

2. 실증주의적 정책분석의 특성과 한계

그렇다면 전통적 정책분석이란 무엇을 의미하는가? 여기에서 전통적 정책분석은 과학적 방법의 적용을 강조하는 실증주의적 정책분석을 말한다. 실증주의적 정책분석은 정책결정에 필요한 정책정보를 탐색하고 활용하기 위해 '과학적'인 방법을 동원하는 접근방법이다. 이러한 전통적 정책분석은 객관적인 사실과 원인, 결과의 인과성에 근거하는 실증주의적 분석을 지향하고 가치중립적 접근을 취하게 된다(Trige, 1972; 허범, 1993; Weimer, 1998). 또한 엄격하고 과학적인 분석논리를 강조하게 됨에 따라 정책전문가가 아닌 일반시민의 참여는 당연히 배제된다. 이렇게 실증주의적 정책분석은 엘리트주의적인 정책분석과 자연스럽게 결합된다. 따라서 여기에서 논의하는 전통적 정책분석은 엘리트주의적 실증주의 정책분석을 의미한다.

참여정책분석을 이해하기 위해서는 먼저 엘리트 중심 실증주의 정책분석의 한계를 비판적으로 검토해보는 것이 필요하다. 이는 참여정책분석이 실증주의적 정책분석의 한계를 극복하기 위한 방안으로 제시되었기 때문이다.[3]

엘리트 중심 실증주의 정책분석에 대한 비판의 핵심을 간단히 정리해 보면 다음과 같다.

① 실증주의적 정책분석은 과학적 방법의 활용, 엄격한 과학적 조건의 충족을 우선한다. 그래서 분석의 대상이 되는 현실을 지나치게 단순화시켜 실제(현실)의 왜곡 및

통적인 엘리트주의 정책분석에 대한 비판을 토대로 참여정책분석에 대한 논의의 중요성을 강조하고 대통령 선거 공약 토론에의 시민참여를 다룬 연구(허범, 2002a), 정책분석에서 공중참여(public participation)에 관한 논쟁을 다룬 연구(구광모, 2001), 그리고 참여정책분석을 거버넌스와 연관시켜 다룬 연구(채원호, 2001), 참여정책분석의 개념과 실행조건을 다룬 연구(강근복, 2005) 등이 있다.

3) 실증적 정책분석의 한계를 극복하기 위한 대안에 대한 논의는 송근원(1991)을 참조하기 바란다.

분석의 오류를 일으킬 수 있다(문태현, 1992; Johnson, 2005).

② 실증주의적 현실 인식은 객관적 사실의 인식과 증거에 기초하는 분석을 강조하게 되고, 이는 정치적 토론과 판단을 배제하게 됨으로써 비민주적이라는 비판을 받는다(Dryzeck & Togerson, 1993; Johnson, 2005; 허범, 2005).

③ 과학적인 분석의 결과는 타당한 것이라는 인식은 분석 결과의 어용적 또는 편향적 활용을 정당화시키고 '제왕을 위한 정책분석'으로 전락할 우려가 있다(허범, 2005).

④ 경제적 관점에 편중하여(공리적 합리성) 비용-편익 분석에 치중함으로써 정책이 지향해야 할 공익에 대한 토론과 판단이 결여된다. 또한 이미 주어진 목표 달성에 적합한 수단의 강구에만 치중하는 도구적 합리성을 강조함으로써 정책목적을 설정하기 위한 규범적 토론과 판단이 결여되어 있다(Hendrick & Nachmias, 1992; Johnson, 2005; 허범, 2005). 전통적 정책분석에서는 정책분석 전문가들이 중립적인 위치에서 다양한 가치 간의 갈등을 회피한 채 합리적인 대안의 개발에 치중한다고 보기 때문에 정책분석은 대안의 비교·평가 기준으로 효과성, 능률성과 실현 가능성을 중요시하며, 사회적 규범과 가치에 관련된 당위성의 문제는 취급하지 않는다(Fischer, 1998).

⑤ 엘리트주의적 정책분석은 정책전문가인 엘리트에 의한 정책분석의 독점을 당연시 하고 일반시민이 정책분석 과정에 참여하지 못하는 것 역시 당연한 것으로 받아들인다. 설사 일반시민이 정책분석 과정에 참여하는 경우가 있다고 하더라도 그것은 기껏해야 정책전문가의 필요와 판단에 따라 정책에 의해서 영향을 받게 될 정책 관련자들의 입장과 요구를 수집하는 경우에 한정될 뿐이다. 누구의 어떤 의견을 얼마만큼 어떻게 반영할 것인지는 전적으로 정책전문가의 판단에 의존한다(허범, 2005).

3. 전문관료들의 시민참여에 대한 부정적 인식

정책분석을 전적으로 전문가에 의존하는 실증주의적 정책분석의 경향뿐만 아니라 시민참여에 대해 행정관료들의 부정적인 인식 또한 정책분석 과정에서 시민참여를 배제하게 만든 주요 요인이다. 공무원이나 정책전문가들이 시민참여를 부정적으로 보는 이유는 다음과 같다.

① 정책문제가 너무 복잡하기 때문에 일반시민들이 정책문제를 이해하기가 쉽지 않

다(Hendrick & Nachmias, 1992; Fischer, 1998). 그 문제에 관한 전문적 지식과 정보, 분석할 수 있는 전문성을 가진 정책전문가만이 제대로 문제를 분석할 수 있다.

② 기술적 전문가들은 민주적 의사결정 과정의 특징이라 할 수 있는 점진적 의사결정이 합리적이지 못하다고 주장한다(Sternberg, 1989). 점진적 의사결정은 객관적인 계산과 합리적인 판단에 의해서 이루어지는 것이 아니라 기존 정책의 단절적인 부분 수정, 정책참여자들 사이의 협상과 타협에 의해 이루어지는 비합리적 결정이라고 보기 때문이다.

③ 일반시민들은 정책(문제)에 무관심하거나 공익보다는 사익을 추구하려는 경향이 강하다고 보는 공무원이나 전문가가 많다(Fischer, 1993; Rein, 1976). 전체 사회의 존속과 발전을 위해서는 공익을 중시하는 태도가 필요하지만, 개인이 사익을 추구하는 것도 자연스러운 일이라는 것을 인정하려 하지 않는 것이다.

④ 합리적 의사결정과 민주적 의사결정은 서로 다른 목적들을 갖고 있기 때문에 효율성을 지향하는 합리성과 참여를 지향하는 민주성 사이에는 긴장이 존재한다(Rein, 1976; Fischer, 1993; Heineman et al., 1997). 일반적으로 관료들은 합리적 의사결정을 강조하는 반면에, 일반시민들이나 이해관계자들은 민주적 의사결정을 강조하는 경향이 강하기 때문에 양측 사이에 긴장이 존재한다는 것이다. 합리적 의사결정을 중시하는 관료들은 일반시민의 참여 보다는 '엘리트가 주도하는 과학적인 실증주의적' 정책분석이 객관적이고 중립적인 입장에서 정책결정에 필요한 도움을 줄 수 있다고 생각한다.

⑤ 정책분석 과정에 일반시민의 참여가 확대된다는 것은 정책결정 과정에서 관료와 정책전문가의 권력(영향력)이 약화된다는 것을 의미하는 것으로 보기 때문이다(Thomas, 1995).

⑥ 정책분석 과정에 일반시민의 참여는 시간과 비용을 많이 소요하게 만들고 절차를 복잡하게 만든다(Walters et al., 2000).

이와 같은 관료의 시민참여에 대한 불신과 거부감이 정책분석에서 전문가의 독점적 지위를 강화시킨 반면, 시민 참여는 배제시키는 결과를 가져 왔다.

전통적 정책분석이 정책결정의 합리성을 증진시키는데 기여한 공로를 과소평가할 수는 없지만, 시민이나 정책 관련자의 참여 요청과 유용성을 놓치고 있기 때문에 비민주적이라는 비판을 피하기는 어렵다. 앞에서 지적한 것처럼 정책분석 과정에서 일반시민이나 정책 관련자들의 배제는 다양한 관점과 가치관, 지식과 경험, 그리고 이해관계의 투입이 불가능하거나 불완전해지게 한다(Kweit & Kweit, 1981; 1987). 결론적으로 일반시민이나 정책 관련자들이 정책분석 과정에 참여하는 것은 정책분석의 민주성을 확보하고, 보다 좋은 정책을 형상하는 데 기여할 수 있다는 점에서 필요하고, 이러한 필요성 인식이 참여정책분석 접근법을 등장하게 한 것이다(Green, 1997; Marinoff, 1997; Hamlett, 2001; Irvin, 2004; Hird, 2005).

제 2 절 참여정책분석의 개념과 특성

다음에는 참여정책분석의 개념과 특성을 살펴볼 차례이다. 참여정책분석의 개념을 어떻게 정의하느냐, 그 특성을 어떻게 이해하느냐에 따라 참여정책분석의 기획과 실행이 달라지고, 그 효과도 다르게 나타난다. 참여정책분석의 개념과 특성을 규명하기 위해서는 먼저 참여정책분석에 대해 논의한 주요 학자들의 주장을 먼저 검토해보는 것이 유용하다.

1. 참여정책분석의 의의와 특성에 대한 학자들의 논의

1) deLeon의 견해

드레온(Peter deLeon, 1990)은 전통적 정책분석이 좋은 정책을 만들거나 채택하는 데 별로 기여하지 못했다고 비판하면서 참여정책분석을 제안했다. 전통적 정책분석이란 실증주의적, 기술적인(technical) 정책분석을 의미한다. 실증주의적이고 기술적인 정책분석의 경향은 기술적 전문성을 갖춘 엘리트로서의 정책분석가 집단을 만들어 냈고, 정책결정에 내재되어 있는 가치들에 대한 관심을 배제시켰다. 전통적 정책분석이 정책설계나 정책채택에 별로 기여하지 못했다는 것은 '과학'의 실패(좋은 정책의 설계 제안의 실패)와 '정치'의 실패(정책 채택에의 기여 실패)를 의미한다.

드레온(Peter deLeon)은 이러한 전통적 정책분석의 한계를 극복하기 위해 참여정책분석이 필요하다고 주장하면서, 참여정책분석은 정책의 결정과 집행에서 논증적(discursive) 또는 숙의적(deliberative) 형태로 참여하는 사람을 확대시키는 방법론적 제안이라고 한다. 참여정책분석이 정책결정 과정에 참여하는(기여하는) 사람들의 범위를 확대하는 것이고, 일련의 논증적인 대화(dialogue)를 통해 정책의 영향을 받게 될 시민들을 참여시킨다는 측면에서 '민주주의 정책학'의 정신에 부합되는 것이다. 참여정책분석은 시민에 대한 '권한부여(empowerment)'나 정책결정이나 정치적 의사결정에 시민이 즉각적이고 직접적으로 관여하는 것과는 명백히 구분되는 활동인 것이다.

2) Durning의 견해

더닝(Durning, 1993)은 분석전문가 이외의 일반시민이나 이해관계자 등이 참여하는 정책분석을 참여정책분석이라고 본다. 그는 누가, 무슨 목적으로, 어떻게 참여하느냐에 따라서 참여정책분석의 모형을 네 가지로 구분한다. ① 참여민주주의 정책분석(PPA for participatory democracy), ② 분석적 투입형 정책분석(providing analytic inputs through PPA), ③ 해석론적 참여정책분석(interpretive PPA), 그리고 ④ 이해관계자 참여정책분석(stakeholder policy analysis) 등이다. 이들은 모두 실증주의를 배격하고 현상학적(또는 그의 변형) 관점의 해석학적 패러다임을 따른다.

첫째, 참여민주주의 정책분석은 시민이 정책결정 과정에 참여할 수 있는 정치시스템을 만들고자 하는 것으로, 기존 정치시스템을 개혁하여 권력을 재분배하고 사회를 개선하는 것이 필요하다고 본다(Allback, 1995). 이때 정책분석가의 역할은 정책과정에 시민들이 적극적으로 참여할 수 있도록 도와주는 것이다(Dryzek, 1990; Durnig, 1993). 또한 시민들은 정책결정자에게 정보제공, 건의, 직접적 의견교환 등을 할 수 있기 때문에 참여형 정책결정이라고도 볼 수 있다.

둘째, 분석적 투입형 참여정책분석은 이해관계자들에게 공청회나 포럼 등에서 정보나 의견을 제시할 기회를 제공하는 것에 초점을 맞춘다. 이해관계자에 의해 투입된 정보나 의견은 정책분석가가 자문을 하거나 공무원이 의사결정을 하는 데 활용된다. 즉, 정책분석가의 역할은 이해관계자들이 제공한 정보나 의견을 분석하는 과정을 통해 자문, 조언으로 전환시키는 것이다. 이 모형은 정책분석 과정에 참여하는 시민들이 정책결정 과정에 직접적으로 참여하는 것으로 보지 않는다는 점에서 앞에서 본 참여민주주의 정책분석과는 다르다(deLeon, 1990; Durning, 1993).

셋째, 해석론적 참여정책분석은 시민들과 이해관계자들이 정책분석가나 정책결정자들에게 분석적 투입(analytic inputs)을 할 기회를 제공하는 것에 관심을 갖고 있다는 점에서는 앞의 분석적 투입형 참여분석과 같다. 그러나 이 모형에서는 일부의 선별된 이해관계자들이 다른 참여자들에 비해 분석 결과 산출에 훨씬 더 많이 관여한다(Durning, 1993). 정책분석가는 더 이상 정답('right' answer)을 찾거나 객관적이고 가치중립적인 방법을 동원하여 진실(truth)에 도달하려고 하는 (준)과학자라고 보지 않는다(Guba, 1985). 즉, 분석전문가의 역할은 시민과 정책결정자들이 분석의 맥락을 잘 이해하도록 지원하고 이해관계자와 협력하여 정책분석을 수행하는 것이다.4)

넷째, 이해관계자 참여정책분석에서는 이해관계자들이 주도자가 된다. 이 모형에 따르면 이해관계자들은 정보와 의견을 투입하고 해석을 할 뿐만 아니라 분석을 독자적으로 수행한다.

이 네 유형 중에서 참여민주주의 정책분석은 정책분석 참여 모형이라기보다는 정책결정 참여 모형이라고 보는 것이 더 정확하다.

3) Renn과 그의 동료들의 견해

렌과 그의 동료들(Renn et al., 1993)은 공중참여(public participation)에 대한 정당한 요구와 기술적・경제적 합리성, 그리고 정책결정 조직의 책임성과 대표성 사이에 존재하는 갈등을 해결하는 이상적인 방법은 없다고 주장한다. 그래서 기술적 전문성과 공중의 가치와 선호를 반영하여 이들을 결합하는 합리적 의사결정 모델(Stern, 1991)의 필요

4) 해석학적 정책분석가는 분석 과정에서 참여적 방법에 의존한다. 왜냐하면, 분석가는(설령, 그가 전문가라고 하더라도) 현실에 대한 자신의 이해가 정책결정의 주요 참여자들과 다르다면 결과적으로 자신의 분석 결과는 잘못된 결론을 가져오거나 정책결정 참여자들이 받아들여지지 않을 것이기 때문이다. 그렇다고 해서 해석학적 정책분석가가 전통적인 기술적 분석 방법을 사용하지 않는 것은 아니다. 다만, 그러한 기술적 분석 방법의 한계, 적용상의 제약을 인식하고 분석가 자신 이외의 다른 사람을 참여시키는 방법들(예: 델파이, 의사결정 세미나, 집단자유토론, Q 방법론 등)을 많이 활용한다(Durning, 1993).

성을 강조한다. 이에 따라 렌(O. T. Renn)과 그의 동료들은 정책제안을 만들어내는 절차적 틀(procedual framework)에 전문성과 이해관계 집단들의 가치와 관심 사항, 그리고 시민의 선호들을 통합시키는 모형을 제시하여, 일종의 참여정책분석 모형을 제안하고 있다.

이 모형은 복수의 행위자와 복수의 가치들, 그리고 복수의 이해관계가 존재하는 상황을 전제하고, 세 가지 형태의 지식을 정책분석 과정에서 통합할 것을 시도하고 있다. 세 가지 형태의 지식이란 첫째는 상식과 개인의 경험에 토대를 둔 지식이고, 둘째는 기술적 전문성에 토대를 둔 지식, 그리고 셋째는 사회적 이익과 창도에서 도출된 지식을 말한다. 이러한 세 가지 형태의 지식들은 자신들이 갖고 있는 잠재적인 지식들을 활용하여 특정 역할을 맡게 될 사회 내 상이한 행위자들(예: 전문가, 이익집단, 시민 등)이 활동하는 일련의 과정에서 통합될 수 있다고 본다(Renn et al, 1933). 요약하면, 렌과 그의 동료들은 참여정책분석을 정책분석 과정에서 다양한 유형의 지식이 필요하기 때문에 이러한 지식을 갖고 있는 다른 유형의 행위자들이 정책분석 과정에 참여할 필요가 있고, 이것이 바로 참여정책분석이라고 본다.

4) Fischer의 견해

피셔(Fischer, 1993)는 참여정책분석에서 정책분석가의 역할을 단순히 시민들에게 관련 자료를 제공하는 것에만 국한시키는 것이 아니라, 시민들이 정책 이슈와 관련된 관심 사항들을 검토할 수 있도록 도와주는 것이라고 주장한다.

5) 구광모의 견해

구광모(2001)는 참여정책분석이라는 표현을 쓰고 있지는 않지만 정책분석 방법론, 민주성과 과학성, 그리고 전문가와 공중참여(public participation) 등의 논쟁에 대한 검토를 통해서 정책결정 과정의 민주성과 정책결정의 질을 향상시키기 위해 참여 확대적 접근방법의 창의적 적용이 필요함을 강조하고 있다. 참여정책분석의 개념을 규정하고 있지는 않지만, 시민참여를 확대하는 정책분석의 접근법을 참여정책분석이라고 보고 있는 것이다.

6) 채원호의 견해

채원호(2001)는 참여정책분석을 "기술적 전문가가 가지고 있는 전문적 지식에, 시민이 가지고 있는 보편적 지식을 반영시켜 정책문제의 대안을 작성하는 분석 기법 또는 분석적 문제 해결 과정"이라고 정의하고 있다. 그는 피셔(Fischer, 1990)의 주장을 인용하여 심의(deliberation) 과정을 거쳐 공공적 의사결정이 이루어진다는 점에 참여정책분석의 특징이 있다고 설명한다.

7) Mayer와 그의 동료들의 견해

메이어와 그의 동료들(Mayer et al., 2004)은 정책분석에서 이루어지는 주요 활동과 준거 가치, 그리고 정책분석가의 유형을 기준으로 합리 모형(rational style), 고객자문 모형(client advice style), 과정 모형(process style), 논증 모형(argumentative style), 상호작용 모형(interactive style), 그리고 참여 모형(participatory style) 등의 여섯 가지로 나누고 있다.

정책분석에서 이루어지는 주요 활동은 과학적 탐구와 분석(research and analyse), 설계와 권고(design and recommend), 논증과 가치규명(clarify arguments and values), 전략적 자문(provide stratigic advice), 민주성 확보(democratise), 그리고 조정(mediate) 등의 여섯 가지라고 한다.

그리고 메이어(Igor S. Mayer)와 그의 동료들은 정책분석가의 역할 유형을 객관적 기술자형, 고객자문형, 쟁점창도형 등으로 나누고, 정책분석에서 이루어지는 여섯 가지 주요 활동들 중에서 어떤 활동에 치중하느냐에 따라서 긍정적인 또는 부정적인 이미지를 갖게 된다고 주장한다.

합리 모형에서는 과학적 탐구와 분석, 그리고 설계와 권고 등의 활동이 중요하게 취급되고, 고객자문 모형에서는 설계와 권고, 전략적 자문이, 과정 모형에서는 전략적 권고와 조정이 중요시된다. 논증 모형에서는 과학적 탐구와 분석, 그리고 가치규명과 논증이, 상호작용 모형에서는 조정과 민주성 확보가, 그리고 참여 모형에서는 가치규명과 논증, 민주성 확보가 중요한 활동의 내용을 이룬다.

또한 정책분석의 질을 평가하는 기준은 모형에 따라서 다른데 다음과 같은 질문에 대해 어떤 답을 내놓을 수 있느냐에 따라서 정책분석의 질적 수준을 평가할 수 있다고 한다. 즉, '무엇이 좋은 지식인가?'(합리 모형), '토론을 위해서 무엇이 좋은가?'(논증 모형), '무엇이 고객 또는 문제를 안고 있는 사람들에게 좋은 것인가?'(고객자문 모형), '무엇이 과정을 위해서 필요하고 좋은 것인가?'(과정 모형), '무엇이 상호 이해를 위해 좋은 것인가?'(상호작용 모형), 그리고 '무엇이 민주사회를 위해 좋은 것인가?'(참여 모형) 등에 대한 답변의 수준에 따라 각 정책분석 모형의 질적 수준을 평가해 볼 수 있다는 것이다.

메이어와 그의 동료들(Mayer et al., 2004)이 참여정책분석의 개념을 명확히 규정하고 있지는 않지만, 참여 모형의 전제 가정에 대한 설명을 통해서 참여정책분석의 개념적 윤곽을 묘사하고 있다. 그들에 의하면, 참여정책분석은 사회를 비판적으로 바라보면서 한편으로 과학적 탐구와 권고, 그리고 다른 한편으로는 정책과 정치와의 관계에 주목하고 있다고 한다. 사회 내 모든 계층들(sections)이 모두 정책체제에 접근할 수 있는 것이 아니며, 전문가, 경제적 엘리트, 제도화된 비정부조직과 정치인 등이 의제설정과 중요 정책에 대한 토론을 독점하고 있다는 것을 비판한다.

그리고 참여정책분석은 시민들 나름대로의 목소리를 가질 수 있고 실제적이고 정치적으로 중요한 문제들에 대해 숙의할 만큼 시민들이 충분한 이해관계를 갖고 있다고 가정한다. 참여정책분석에서 정책전문가의 역할은 정책토론의 개방성과 참여의 균등성이 확보될 수 있도록 도와주고 일반시민들이 다른 사람들과 함께 정책분석에서 일정한 역할을 할 수 있도록 하는 등의 촉진자(facilitator) 역할을 수행하는 것이라고 메이어와 그의 동료들(Mayer et al., 2004)은 주장한다. 종합해 보면, 메이어와 그의 동료들은 참여정책분석을 정책전문가의 도움을 받아 일반시민이 참여하는 정책분석이라고 이해한다고 볼 수 있다.

8) 허범 교수의 견해

허범(2005) 교수는 참여정책분석을 "일반시민을 대표하는 다수의 보통 시민(ordinary citizen)이 정책분석에 직접 참여하여 정책내용을 탐색, 조직, 평가, 선정, 건의하는" 것으로 정의하고 있다. 이 정의에 따르면, 일반시민의 참여가 없는, 예를 들면 일반시민을

제외하고 이해관계자들만이 참여하는 정책분석은 진정한 의미의 참여정책분석이라고 볼 수 없다.[5)]

위의 개념 정의에서 학자들 사이에 의견이 나뉘는 중요한 요소는 정책분석 과정에 참여하는 사람들의 역할에 대한 인식이다. 일반시민이나 이해관계자의 역할에 대해서도 조금씩 의견을 달리하고 있기는 하지만 가장 중요한 것은 참여정책분석 과정에서의 정책전문가의 역할에 관한 것이다. 드레온(deLeon, 1990), 메이어(Mayer, 2004), 허범(2005) 등은 일반시민이 정책분석 과정을 주도하고 기술적 전문가는 지원·자문의 역할에 한정된다고 강조한다. 반면에, 렌(Renn, 1993), 채원호(2001) 등은 정책전문가들이 일반시민이나 이해관계자와 동등한 입장에서 정책분석 과정에 참여하는 것이라고 한다. 전자는 비록 전문가의 도움을 받기는 하지만 일반시민의 가치관, 경험과 상식, 선호 등이 정책분석 과정에 투입되는 것을 중시하는 반면에, 후자는 전문가의 지식과 이해관계자나 일반시민의 지식의 통합을 가능하게 하는 접근으로서의 참여정책분석을 주장하는 것이다.

2. 참여정책분석의 개념

이제까지의 논의를 토대로 이 책에서는 참여정책분석을 "일반시민을 대표할 수 있는 다수의 보통 시민을 포함한 정책 관련자들[6)]이 정책분석에 직접 참여하여 정책문제를 정의하고, 정책목표를 설정하며, 정책대안을 탐색, 설계, 평가하여 권고하는 정책분석 접근법"이라고 정의한다.

이러한 참여정책분석의 개념적 내용을 좀 더 자세히 살펴보면, 먼저 참여정책분석은 일반시민을 대표할 수 있는 다수의 보통 시민들이 참여하는 정책분석이다. 물론 시민

---

5) 허범 교수(2005)는 참여정책분석에 대해서 매우 중요한 내용들을 많이 제시하고 있다. 그 주장의 내용들은 이 장의 곳곳에 서술되어 있기 때문에 따로 설명하지 않는다.

6) 여기에서 이야기하는 정책 관련자(집단)는 아주 넓게 보면 특정 정책과정에 참여하는 사람, 특정 정책에 관심을 갖고 있거나 또는 직접적이거나 간접적인 이해관계를 갖고 있는 집단을 의미한다. 따라서 일반시민이 당연히 포함된다. 범위를 조금 좁히면 특정 정책과 관련되어 직접적이거나 간접적인 이해관계가 있거나 관심을 갖고 있는 집단을 말한다. 그 범위를 최소한으로 좁히면 특정 정책과 관련하여 직접적인 이해관계를 갖고 있는 집단을 의미한다. 이때 일반시민은 정책 관련 집단의 범위에서 제외된다.

이외에 이해관계자나 정책전문가, 정부관계자 등도 참여할 수 있다. 이들이 정책 관련자들이기 때문이다. 그러나 참여정책분석의 핵심은 정책분석 과정에서의 '시민참여'에 있다. 정책분석 과정에서 전문가의 지원과 자문은 매우 유용하고 불가피하기까지 하다. 그러나 이 경우에도 정책분석가의 역할은 자료의 제공과 자문 등 보조적인 역할에 국한되고 분석 활동의 핵심주체는 시민이다.

한편, 참여정책분석의 유형 분류는 주도적인 참여자가 누구인가를 기준으로 시민주도 참여정책분석(시민주도), 이해관계자 참여정책분석(시민과 이해관계자 공동 주도), 정책 관련자 참여정책분석(시민, 이해관계자, 정부관계자 등 공동 주도) 등으로 나누어 볼 수 있다(강근복, 2005). 어느 유형이든 전문가의 지원이 필요하다. 이렇게 참여정책분석의 유형을 구분한다면 이 책에서 정의하는 참여정책분석은 '시민주도 참여형'이라고 할 수 있다. 전문가에 의한 정책분석 과정의 독점을 배제하고, 시민의 참여를 통해서 정책분석에서의 민주성과 대표성을 확보하려는 시도가 참여정책분석이라고 보기 때문이다. 그러나 상황적 여건과 정책문제의 특성에 따라 다양한 형태의 참여정책분석의 구조와 절차가 마련될 수 있다는 점을 유념할 필요가 있다.

참여정책분석은 정책문제를 분석・정의하고, 대안을 탐색・개발・평가하는 등 일반적인 정책분석의 모든 내용을 포괄한다. 참여정책분석의 활동은 정책문제 정의, 정책목표 설정, 그리고 정책대안 등 모든 정책내용에 대한 권고를 하는 것으로 종료된다. 건의된 정책내용이 실질적으로 정책결정에 반영되는지 여부는 별개이다. 일반시민의 참여는 정책제안의 분석적 과정에 참여하는 것을 의미하는 것이지, 정책결정 과정의 참여를 의미하는 것이 아니기 때문이다.

3. 참여정책분석의 특성

위에서 개념 정의한 것을 토대로 참여정책분석의 특성을 정리해 보면 다음과 같다. 특성에 대한 이해는 참여정책분석의 개념을 보다 명확히 하는 데 도움이 된다.

1) 일반시민의 참여

참여정책분석은 일반시민(ordinary citizens)이 참여하는 정책분석이다. 일반시민을 대표할 수 있는 다수의 보통 시민이 정책분석에 직접 참여하는 것이다. 그러므로 참여정책분석에서는 '일반시민을 대표하는' 참여시민을 선정하는 것이 매우 중요하다. 이러한 시민참여는 정책결정의 정치적 과정에서뿐만 아니라 지적이고 분석적인 과정에서도 시민의 관점과 가치, 지식과 경험, 그리고 이해관계가 직접 투입된다는 것을 의미한다. 참여정책분석이 어느 경우에나 적용 가능하고 전적으로 유용한 것이라고 주장할 수는 없지만, 전문적인 지식을 요구하는 정책문제를 다루는 경우에도 시민의 참여는 필요하고 유용하다.7)

시민들은 정책문제를 정의하고, 정책대안을 탐색 · 평가하고 선택하여 건의하는 과정에 직접 참여하게 되는데, 시민들이 적극적으로 참여 의욕과 보람을 느낄 수 있도록 하는 것이 중요하다. 또한 참여시민들 사이에는 공유된 정서(sensus communis)의 형성이 매우 중요하다(허범, 2005). 정책전문가나 정부관계자 등은 원칙적으로 상담, 자문, 자료의 준비와 제공, 분석의 진행과 사회 등 보조적 기능을 수행하고, 정책분석 과정에서 핵심적인 역할을 하는 것은 보통 시민이다.

2) 목적의 다양성

참여정책분석의 목적은 크게 첫째, 문제 정의, 대안탐색, 평가 기준 설정 등의 발견(discovery), 둘째, 쟁점과 정책대안에 대한 시민의 이해를 제고시키는 교육(education), 셋째, 정책대안에 대한 시민 평가(assessment), 넷째, 권고된 정책대안에 대한 시민 설득(persuasion), 그리고 다섯째, 공중의 규범과 법적 요구에 부합되도록 하는 정당성 확

---

7) 다음의 글은 전문성이 특별히 강조되는 과학기술과 관련된 정책분석 과정에서도 일반시민이 갖고 있는 평범한 지식(lay knowledge)이 매우 중요하다는 점을 잘 설명해주고 있다. "통상 과학기술과 관련된 사항은 그 분야에서 전문적으로 교육훈련을 받은 전문가만이 다룰 수 있는 것으로 인식되고 있어 일반인이 과학기술과 관련된 영역에 참여하는 것은 바람직하지도 않고, 가능하지도 않은 것으로 여겨져 왔다. 그러나 과학기술 관련 이슈의 해결책을 모색하는 데 전문가들조차 의견이 항상 일치하는 것은 아니다. 이는 과학의 신비화 과정을 통해 널리 퍼져 있는 통념, 즉 과학기술 지식은 언제나 확실하고 믿을 수 있다는 일반적인 인식이 그릇된 것임을 말해주는 것이다. 이런 점에서 오히려 일상적인 삶의 경험 속에서 축적한 일반시민들의 지식이 문제 해결에 더 효과적일 수 있다. 왜냐하면, 일반인들도 스스로 인식하든 못하든 간에 자신의 삶의 영역에서 경험과 통찰을 통해 끊임없이 학습하고 있으며, 그 결과 사물에 대한 나름대로의 지식을 축적하기 때문이다"(이영희, 2000; 채원호, 2001에서 재인용).

보(legitimization) 등으로 나눌 수 있다(Walters et al., 2000).

이러한 목적들 중에서 역시 가장 중요한 것은 정책분석 과정에 참여하는 시민들이 정책문제와 정책대안에 대한 관련 정보를 보다 충실히 제공받고 자신의 관점과 선호에 따라 정책문제와 대안에 대한 검토를 가능하게 하며, 또한 정책토론을 통해 비판·조정·합의를 촉진하자는 것이다. 참여정책분석에 참여하는 시민들의 지위는 정책내용에 대안 결정과 권고(advice)의 역할에 한정된다. 여기에서 시민의 역할은 정책결정자(기관)에 대해 정보를 제공하고 의견을 제시하는 것에 국한될 뿐, 직접 정책결정을 하거나 참여하지는 않는다.

정책분석 과정의 참여자들 사이에 이루어지는 토론과 타협은 정책결정 과정에서 이루어지는 것들과는 성격이 다르다. 참여정책분석에서의 시민참여는 모든 시민(조직화된 시민이든 아니든)의 가치와 선호를 공정하고 불편부당하게 대표한다는 규범적 목적에 따른다고 보기 때문이다(Renn et al., 1993). 반면에, 정치 과정에서의 토론과 타협 과정에는 동일 이해집단 간 연합형성과 자기 이익과 주장을 관철하기 위한 권력적 작용이 함께 작동한다. 참여정책분석의 참여자들은 '분석적'인 활동에 참여하는 것이지 '정치적[8]'인 활동에 참여하는 것이 아니다(deLeon, 1990). 참여정책분석은 전문가, 공무원의 도움을 받아서 시민들이 정책분석 과정에 참여하는 것이다. 그러므로 참여정책분석은 본질적으로 이성적이고 분석적인 활동이어서 정치적 과정과는 구분된다. 참여정책분석 과정에서 일반시민은 문제를 분석·정의하고 대안을 탐색·평가하는 등의 활동에 관여하지만, 최종적인 결정은 정당한 권위를 부여받은 정책결정자나 의회와 같은 정책결정기관의 권한에 속한다.

참여정책분석에서의 참여자 역할과 관련해서 참여정책결정과의 관계를 살펴볼 필요가 있다. 참여정책결정(participatory policy making)은 참여자가 정책결정 과정에 실제

8) '정치적'인 것의 의미를 넓게 해석하여 인간 사회 어느 곳에서나 발생할 수 있는 이해관계의 대립이나 의견의 차이를 조정하는 과정 자체를 정치적인 것이라 이해한다면 참여정책분석도 어느 정도 '정치적'인 성격을 가진다고 볼 수 있다. 그러나 여기에서 이야기하는 '정치적'인 것의 의미는 대립적 관계에서 상대방을 복종시키고 자신의 주장을 관철시키려는 권력적 작용을 핵심으로 보는 것이다. 참여정책분석 과정에서는 상이한 의견을 조정하고 합의에 이르기 위해 참여자들 사이에 설득과 타협이 이루어질 수는 있지만 자신의 주장을 관철하기 위한 연합형성이나 권력의 행사가 이루어지는 것은 아니다.

로 참여하여 결정하는 데 일정한 역할을 하는 것을 말한다. 반면에, 참여정책분석은 앞에서 설명했듯이 정책결정자에게 결정에 필요한 정보를 제공하고 권고하는 것을 목적으로 한다(deLeon, 1990). 참여정책결정의 참여자는 결정 권한을 갖는 데 비해, 참여정책분석의 참여자는 정책정보 접근권과 권고권을 가지고 있는 것이다. 참여정책결정과 참여정책분석 간에는 상당한 연관성이 있고 또 중복되는 측면이 있지만 둘은 서로 다르다.

참여적 정책결정 과정에서 참여자들이 서로 정보와 주장을 주고받고, 그들 사이에 협상과 타협, 권력 행사 등이 전개되는데, 정보와 주장을 교환하는 상호작용 과정에 참여정책분석이 활용될 수 있다. 이 경우 참여정책분석이 참여정책결정 과정에 포함될 수 있는 활동으로 보고 있다(Monnikhof, 2006). 참여정책결정이 정책참여자들의 다양한 관점, 지식과 경험, 그리고 이해관계 등을 반영하여 민주적인 좋은 결정을 하기 위한 것이라면, 참여정책분석은 참여정책결정의 실질적 효과를 거두기 위한 좋은 도구가 될 수 있다.

그런데 앞에서 살펴본 더닝(Dunning, 1993)의 네 가지 참여정책분석 모형 중의 하나인 참여민주주의 정책분석은 참여적 정책결정과 같거나 아니면 참여적 정책결정을 포함하는 것이라고 볼 수 있다. 참여민주주의 정책분석에서는 시민과 이해관계자 등 참여자들이 토론을 통해 합의한 의견을 단순히 정책결정자에게 전달하고, 권고하는 것이 아니라 결정에도 직접 참여한다고 보기 때문이다. 따라서 더닝(Dunning, 1993)의 참여민주주의 정책분석은 참여정책분석이라기보다 오히려 참여정책결정이라고 보는 것이 더 정확하다.

3) 참여시민의 공익지향성

참여정책분석에 참여하는 시민 조직과 의회와 다른 점은 시민 조직은 미리 정해진 일정 기간 동안만 특정의 정책 이슈에 대해서 관여한다는 것이다. 의회 의원들과 달리 참여시민들은 선거구민이나 이익집단의 영향력에서 벗어나 있다는 점에서 차이가 있고, 이는 참여정책분석을 통해서 공익을 지향하고 다양한 관점을 균형 있게 고려할 수 있는 가능성을 시사하는 것이다(Renn et al., 1993).

이때 참여정책분석 과정에 참여하는 사람들이 갖는 대표성의 성격에 대해 논란이 있을 수 있다. 선거로 선출된 의회 의원들의 대표성과 비교해서 참여정책분석 과정에 참여하는 시민들의 대표성이 비슷하거나 더 높다고 볼 수 없기 때문이다. 그러나 양자의 위상과 역할이 다르다는 것을 이해한다면 논란은 쉽게 정리될 수 있다. 의회 의원들은 정책결정 과정에서 직접적으로 결정권을 행사하는 기관의 구성원인 반면에, 참여정책분석 과정에 참여하는 사람들의 역할은 정책결정에 필요한 정보와 의견을 제시하는 것, 문제 정의와 정책대안에 대한 권고안을 제시하는 데에 한정되어 있다는 점에서 차이가 있다. 또한 의회가 공식적인 시민 대표성을 갖고 있기는 하지만 구체적인 정책문제의 정의와 해결 방안 마련에 있어서 시민들의 다양한 관점과 선호를 반영하고 있다는 것을 보장할 수 없다. 그런 점에서 의회의 실질적인 대표기능의 취약점을 참여정책분석을 통해 보완할 수 있다(허범, 2005).

4) 합리성과 민주성의 조화

참여정책분석은 정책분석에서 합리성과 민주성의 조화에 기여할 수 있다. 앞에서 설명했듯이 정책전문가의 자문과 지원, 일반시민의 상식과 경험 등을 통합함으로써 정책분석의 합리성을 제고하는 한편, 일반시민을 대표할 수 있는 보통 시민의 참여를 통해 정책분석의 민주성 제고에 기여할 수 있다(Waugh, 2002).

5) 탈실증주의적 방법 활용

참여정책분석은 탈실증주의적 방법을 활용한다. 참여정책분석에서는 현상학적 의미를 중시하고, 원칙적으로 해석학적 접근방법을 적용한다. 보통 시민들의 상호 접촉관계에서 구조화되는 인식 내용, 즉 사회적으로 구성된 형상(social construct)과 의미를 분석하고 '우리 중의 하나(one of us)'가 되어 공유하고 있는 의미를 해석하는 접근을 취한다(허범, 2005).

그리고 시민들은 일상적인 경험과 지혜를 통하여 정책문제를 전체적으로 판단하는 총체적 접근(holistic approach)을 취할 수 있고, 참여하는 시민들 사이에 정책 상황과 사회적 맥락에 적합한 합의를 이끌어내는 과정을 중시한다. 참여자들 사이에 이루어지는 토론은 전통적 정책분석에서 관심을 가졌던 주제들의 범위를 넘어서서 정책문제의 정의, 목표의 설정 등 규범판단적인 것들까지 확장된다. 이는 참여정책분석이 가치비판이론을 수용하고 있음을 의미한다. 참여정책분석이 탈실증주의적 방법을 활용한다고 해서 실증주의적 방법을 활용하지 않는다는 것을 의미하지는 않는다. 실증적 방법은 사실의 파악, 인과관계의 확인 등 정책분석 과정에서의 시민토론을 지원하기 위하여 보조적 또는 보완적으로 활용된다.

6) 참여자들의 토론 중시

참여정책분석은 참여자들 사이의 토론을 중시한다(deLeon, 1990; Fischer, 1993). 다양한 관점과 다양한 유형의 지식, 상이한 상황판단과 가치판단이 드러나고 이들을 둘러싸고 벌어지는 토론과 그를 통한 합의의 과정을 중시한다. 참여정책분석에서는 전문적인 용어가 아닌 일상적인 용어(ordinary language), 형식적인 논리가 아닌 실제적 평가의 논리(informal logic of evaluation)를 활용한다(허범, 2002). 참여정책분석에서의 토론은 일반시민들이 일상적인 언어생활에서 자연스럽게 사용하는 용어와 논리를 통하여 전개되어 자유로운 의사소통에 장애를 주는 전문적 용어와 엄격한 형식 논리는 배제된다. 이는 상담, 자문, 자료의 준비와 제공, 분석의 진행과 사회 등을 맡고 있는 전문가가 전문용어와 전문적인 내용의 자료를 일상적인 표현과 내용으로 바꾸어 제공함으로써 가능하다.

위와 같은 특성을 지닌 참여정책분석은 다음과 같은 경우에 더욱 큰 유용성을 갖고 있다.

첫째, 더닝(Durning, 1993)이 지적하듯이 매우 복잡한 연관성을 갖고 있는 정책 이슈를 분석할 때, 정책문제가 명확히 정의되지 않은 상태일 때, 정책 관련 자료에 대한 논란이 분분할 때 참여정책분석이 매우 중요한 접근이 될 수 있다. 일반시민의 다양한 관점과 경험, 문제의식, 그리고 아이디어 등이 정책분석 과정에서 중요한 역할을 할 수 있을 것이기 때문이다.

둘째, 제안된 정책대안의 정당성이 논의의 중요한 주제가 될 때 참여정책분석이 유용한 접근이 될 수 있다. 정책분석 과정에서 관료나 정책전문가만이 아니라 일반시민이 참여함으로써 정책결정 과정의 민주성 확보에 기여할 수 있기 때문이다.

제 3 절 참여정책분석의 조직

기본적으로 참여정책분석도 정책분석의 한 유형이므로 일반적인 정책분석 활동의 주요 내용을 포함하게 되는 것은 당연하다. 그러나 참여정책분석의 등장 배경과 특성에 대한 이해에 따라 그 구체적 내용은 달라질 수 있다. 여기에서는 참여정책분석의 운용을 위해서 관리해야 할 핵심 요소와 그러한 요소들이 어떻게 조직되어야 할 것인지를 살펴본다.

1. 참여정책분석의 조직화를 위한 고려 요소

여러 학자들이 참여정책분석의 모형을 제시하면서 참여정책분석이 어떤 과정을 거쳐 이루어지는 것이 합리적인지, 그리고 참여정책분석의 실효성을 확보하기 위해 어떤 요소들이 진지하게 고려되고 조직화에 반영되어야 할 것인지를 제안하고 있다. 여기에서는 참여정책분석의 주요 모형에서 제시하는 과정 설계와 핵심 요소들을 살펴보고 검토한다. 그 다음에 참여정책분석의 조직에 대해 설명한다.

1) 공중(public)참여의 3단계 모형

참여정책분석의 과정 또는 모형에 대한 체계적인 논의로서 대표적인 것 중의 하나가 렌과 그의 동료들(Renn et al., 1993)이 제시한 공중참여의 3단계 모형이다. 이 모형은 공중의 가치와 선호를 기술적인 전문성과 합리적인 의사결정에 결합시키는 것을 목적으로 제시된 모형이다.[9] 의사결정분석 모형에서 파생된 것으로 복수의 행위자, 복수의

9) 렌과 그의 동료들(Renn et al., 1993)의 연구는 3단계 모형을 구성하고 있는 요소들에 대한 개념적인 설명과 주요한 기법들을 소개하는 데 초점을 두고 있다. 그러나 이들은 구체적으로 어떠한 목적을 위해, 참여정책분석을 어떻게 수행할 것인가 등에 대해 검토하는 정책분석 기획 단계는 논의하

가치, 그리고 복수의 이해관계가 얽혀 있는 상황을 전제로 하고 있다.

정책분석에 참여하는 대표적인 행위자를 세 그룹(일반시민, 전문가, 이익집단)으로 나누고, 세 그룹은 각각 상이한 지식을 갖고 정책분석에 참여하게 된다고 한다. 3단계 모형은 ① 문제를 확인하여 정책목표를 설정하고 평가 기준을 선정하는 단계, ② 여러 정책대안의 영향을 예측하고 측정하는 단계, 그리고 ③ 무작위로 선발된 시민들이 여러 정책대안의 예상 결과들을 종합하고 그 가치를 평가하며 시민의 선호를 추출하는 단계로 구성되어 있다.

2) Walers와 그의 동료들의 참여정책분석 단계 구분

월터스와 그의 동료들(Walters et al., 2000)은 참여정책분석의 단계를 ① 문제의 정의, ② 정책대안을 평가하는 데 사용될 기준의 설정, ③ 정책대안의 개발, ④ 평가 기준에 따른 정책대안의 평가, ⑤ 정책대안의 권고 등으로 구분하고 있다.[10] 참여정책분석의 목적과 분석 대상이 되는 쟁점의 특성[11]에 따라서 참여의 내용과 성격이 달라지고, 참여정책분석의 성공 여부는 시민참여의 목적과 쟁점의 특성에 의존한다고 주장한다. 그러므로 참여정책분석이 성공적으로 이루어지기 위해서는 이러한 두 요소를 충분히 고려해서 분석 과정을 관리하는 것이 필요하다.

3) 합의회의와 시나리오 워크숍

합의회의(consensus conference)는 시나리오 워크숍(scenario workshop)과 함께 정책결정자와 전문가, 그리고 일반시민들 사이의 대화(dialogue)를 가능케 하는 틀로서 덴마크에서 개발된 모형이다.[12] 이 두 모형은 새로운 지식을 창출하는 능력에서 다른

고 있지 않다.

10) 월터스(Lawrence C. Walters) 등의 참여정책분석 단계의 구분은 일반적으로 이해되는 정책분석 단계와 다르지 않다(Bardach, 1996; MacRae & Whittington, 1997; Dunn, 2004).

11) 월터스와 그의 동료들(Walters et al., 2000)은 쟁점을 ① 쟁점을 둘러싼 갈등의 정도, ② 이해관계자의 수, ③ 쟁점 관련 정보에 대한 확신의 정도, ④ 문제에 대한 대안의 수, ⑤ 대안의 예상 결과에 대한 지식, ⑥ 대안 결과의 발생확률 등에 따라 잘 구조화된 문제, 어느 정도 구조화된 문제, 그리고 전혀 구조화되지 못한 문제 등으로 분류한다.

12) 합의회의와 시나리오 워크숍은 덴마크 기술위원회(Danish Board of Technology: DBT)가 개발한 것이다. 이 조직은 덴마크 의회가 설립한 독립 기관이다.

특성을 갖고 있는데, 합의회의가 기술의 사회적 이용 또는 기술에 대한 규제에 초점을 두었다면, 시나리오 워크숍은 문제에 대한 해결책을 찾는 데에 초점을 두고 있다. 즉, 이들은 참여정책분석의 핵심적인 요소를 시나리오 워크숍과 합의회의를 조직하고 운용하는 과정으로 보고 있는 셈이다. 이들을 간단히 살펴본다(Anderson & Jaeger, 2002).

(1) 합의회의

합의회의는 기술(technology)의 평가를 위해서 일반시민이 참여하는 공청회(public meeting)를 의미한다. 합의회의는 전문가와 일반시민이 서로 의견을 교환하는 기회로서 대중과 언론에 공개되고 대개의 경우 의회 의원도 몇 사람이 참여한다. 합의회의에는 시민패널, 전문가패널, 그리고 자문・기획위원회 등 세 그룹이 참여한다. 주도적인 역할을 수행하는 시민패널은 전문적 조정자(facilitator)들로부터 쟁점에 관한 정보를 청취하게 된다. 시민패널은 회의에서 다룰 주요 질문을 구성하고 그러한 질문에 답할 전문가를 선정하는데 참여한다.[13] 전문가패널은 시민들의 질문에 답하고 필요한 정보를 제공하는 역할을 담당하며, 자문・기획위원회는 민주적이고 공평하며 투명하게 회의가 진행될 수 있도록 하는 책임을 진다.

합의회의는 다음과 같은 네 단계, 즉, ① 시민패널이 제기한 질문들에 대해서 전문가들이 각자 자신의 전문 영역에서의 경험을 토대로 답변하는 단계, ② 추가 질문을 위한 예비 시간을 두는 한편 시민패널과 전문가, 시민패널과 방청객들과의 토론을 전개하는 단계, ③ 시민패널이 최종보고서를 작성하고 그들의 최종 결론과 권고안을 제시하는 단계(권고안에 대한 합의는 공개적인 토론을 통해서 이루어짐), ④ 시민패널이 전문가와 방청객들, 그리고 언론에 최종보고서의 내용을 설명하는 단계[14] 등을 거쳐 진행된다.

(2) 시나리오 워크숍

시나리오 워크숍에서는 네 그룹, 즉 정책결정자들, 기업가들, 전문가들, 그리고 일반 시민들이 참여하여 토론하게 되는데, 워크숍이 진행되기 이전에 문제 해결 방안에 대한

13) 이 사례에서는 시민패널이 이러한 준비를 하는 데 2주간(주말을 이용)의 시간을 가졌다.

14) 이때 전문가들은 시민패널 보고서에 담긴 내용 중 사실에 관한 오류 또는 오해를 교정할 수 있는 기회를 가진다. 그러나 전문가들은 사실에 대한 오해 또는 오류만을 지적할 수 있을 뿐 시민패널의 결론에 영향을 미치는 것은 허용되지 않는다.

몇 개의 시나리오가 작성된다. 이 시나리오들은 상이한 기술적 조직적인 해결 방안과 다양한 사회적·정치적 가치들이 포함되도록 작성되어야 한다. 이 시나리오들은 워크숍에서 다양한 비전을 제시하고 생각할 거리를 제공하는 데 있다. 그러므로 워크숍 참여자들은 이 시나리오들 중에서 어느 하나를 선택하거나 순위를 정하는 데 그치는 것이 아니라, 각각의 시나리오에 대해서 질문하고 의견을 제시하면서 자신의 비전과 대안을 개발시키게 된다.

시나리오 워크숍은 며칠 동안 열리는데 원칙적으로 ① 비전을 실현하는 데 장애가 되는 요소들을 지적함으로써 제시된 시나리오들에 대해 비판하고 의견을 제시하는 단계, ② 참여자 각자가 자신의 비전과 제안을 개발하는 단계, ③ 행동계획을 개발하는 단계 등의 세 단계로 진행된다. 이러한 시나리오 워크숍은 전문가의 도움을 받으면서 진행되는데, 이 워크숍의 핵심은 상이한 지식과 견해, 그리고 경험을 갖고 있는 참여자들 사이의 토론에 있다.[15)]

(3) 합의회의 모형 적용 사례에서 보는 핵심 조직화 요소

햄렛(Hamlett, 2001)은 위에서 설명한 덴마크식의 합의회의 방식을 미국의 노스캐롤라이나(North Carolina) 주립대에서 실행했던 사례를 소개하면서 참여정책분석의 조직을 위한 고려 요소들을 제시하고 있다. 즉, 대면적인 형태의 합의회의 방식과 인터넷을 통한 합의회의 방식 등 두 가지 형태의 합의회의를 조직하고 그 시행 결과를 비교·분석하고 있다.

햄렛(Hamlett, 2001)은 합의회의 조직을 위해서는 다음과 같은 구성 요소를 포함시키는 것이 중요하다고 지적한다. ① 토론 주제의 선정, ② 조정통제위원회(oversight committee)의 구성(주제 관련 자료의 제공, 패널리스트의 선정 등을 지원), ③ 전문적 조력자(facilitator)의 위촉, ④ 시민 패널리스트 선정, ⑤ 주제 전문가의 선정, ⑥ 사전-사후 설문조사(pre-and post conference questionnaires)[16)] 등이 그것이다. 여기에서 소개되

15) 모든 참여자는 각각 두 개의 워크숍에 참여한다. 하나는 '역할 그룹', 또 다른 하나는 '주제 그룹'에서의 워크숍이다. 역할그룹은 동일한 역할을 담당하는 사람들(예: 기업가 그룹, 일반시민 그룹)로 구성된 그룹이고, 주제 그룹은 경험과 관심 사항이 유사한 사람들끼리 모은 그룹이다(Anderson & Jaeger, 2002).

16) 이 설문조사는 합의회의 참여자들이 주제에 대한 이해도나 태도가 어떻게 변했는지를 파악하고자 하는 것이다.

는 대면적 포럼의 절차를 살펴보면 앞의 덴마크 합의회의와 거의 유사하다. 그러나 합의회의를 조직하는 측에서 토론주제를 미리 정하는 것과 달리, 여기에서는 참여자들이 토론 주제를 선정하도록 한다는 점에서 차이가 있다(Hamlett, 2001).

4) 참여정책분석 참여자의 신뢰도와 이해도 결정 요인

헤이트와 징거(Haight & Ginger, 2000)는 버몬트(Vermont) 산림자원자문위원회 사례를 분석하여 참여정책분석 참여자들의 신뢰도와 이해도를 결정하는 요소가 무엇인지를 규명하고 있다. 그들은 사례분석을 통해서 참여정책분석 과정의 설계, 의사결정에서의 과학과 사회적 가치의 역할이 중요한 요소라고 결론짓고 있다.

참여정책분석 과정의 설계와 관련해서는 ① 참여자의 선택, ② 과정운영의 원칙, ③ 의사결정의 형식 등이 중요한 요소라고 지적한다. 이는 참여정책분석의 조직화에서 적절한 참여자의 선택, 다양한 관점이 표출될 수 있고 생산적인 토론을 가능케 하는 분석과정 운영의 원칙 정립, 그리고 참여자들 사이의 친밀감 조성과 상호 이해 증진에 도움이 되는 원탁회의 방식의 도입 등과 같은 의사결정 형식을 충실히 고려해야 한다는 점을 시사해준다.

5) 종합

지금까지의 논의를 종합해보면, 렌과 그의 동료들(Renn et al., 1993)과 월터스와 그의 동료들(Walters et al., 2000) 등은 일반적인 정책분석의 틀을 토대로 참여정책분석의 구조를 설명하는 반면에, 헤이트와 징거(Haight & Ginger, 2000), 햄렛(Hamlett, 2001), 그리고 앤더슨과 예거(Anderson & Jaeger, 2002) 등은 상대적으로 전문가와 일반시민들 사이의 대화와 토론을 위한 틀로서의 참여정책분석의 조직에 더 큰 관심을 갖고 있음을 알 수 있다. 참여정책분석의 과정을 기획, 실행, 보고의 세 단계로 나눌 때 렌과 그의 동료들(Renn et al., 1993)과 햄렛(Hamlett, 2001)은 주로 실행 단계에, 월터스와 그의 동료들(Walters et al., 2000)과 앤더슨과 예거(Anderson & Jaeger, 2002) 등은 주로 실행과 보고 단계를 참여정책분석의 핵심 단계로 보고 있다. 이들이 기획 단계의 중요성을 전적으로 무시하는 것은 아니지만 상대적으로 기획 단계를 소홀히 취급하고 있는 것은 분명하다. 그러나 참여정책분석이 성공적으로 실행되기 위해서는, 무엇보다 기획 단계의 중요성에 주목하여 핵심 고려 요소들을 파악하는 것이 중요하다.

참여정책분석의 조직화는 참여정책분석의 개념적 특성에 대한 이해를 토대로 분석 대상이 되는 정책문제의 특성을 고려하여 여러 다양한 구성 요소를 논리적·시간적 순서나 참여자들의 행위와 행위관계를 고려하여 조직화하는 것이 필요하다. 아래에서는 참여정책분석의 과정을 기획 단계, 실행 단계, 그리고 분석 결과 보고 단계 등 세 단계로 나누어 각 단계별로 어떤 요소들을 고려하면서 참여정책분석을 조직할 것인지를 살펴본다.

2. 참여정책분석의 조직

참여정책분석의 목적, 분석 대상인 정책 이슈의 성격, 그리고 분석 과정에서 누가, 어느 단계에서, 어떤 역할을 담당하느냐 등에 따라 참여정책분석 조직화의 내용이 달라질 수 있을 것이지만 여기에서는 일반시민이 주도하는 이념적인 형태의 참여정책분석의 조직화 방안에 대해 살펴본다.[17)]

1) 참여정책분석의 기획

참여정책분석의 기획에 앞서 우선 특정 문제를 해결하기 위해서 참여정책분석을 활용하는 것이 적절한지를 판단하는 것이 필요하다. 참여정책분석이 어느 경우에나 유용한 접근법이라고 볼 수는 없기 때문이다. 참여정책분석이 적용되기에 좋은 여건과 정책유형이 있고, 참여정책분석의 유용성이 제약되는 상황과 정책 유형이 있을 수 있다. 예를 들면, 분석 대상이 되는 정책문제가 복잡하고 관계자들 사이의 갈등이 심할수록, 또는 대안평가 기준을 둘러싸고 이견이 클수록 참여정책분석의 유용성은 커진다(Walters

17) 참여정책분석의 시민주도성을 강조하는 입장에서 보면 참여정책분석의 참여자는 일반시민으로만 제한된다. 이해관계자, 전문가, 정부관계자 등은 참여자가 아니라 조언자나 증인의 위치에 있을 뿐이다. 그러므로 이들을 모두 포괄하는 용어로는 렌과 그의 동려들(Renn et al., 1993)의 표현처럼 '행위자(actors)'가 더 적절하다는 주장이 있을 수도 있다. 그러나 역할상의 차이가 있을 뿐 참여정책분석의 과정에 관여한다는 점에서 이 책에서는 이들 모두를 참여자라고 부른다.

et al., 2000). 그러므로 참여정책분석이 크게 활용될 수 있는 상황적 조건과 정책 유형을 고려하여 참여정책분석을 적용하는 것이 바람직하다. 그 적용도 구체적인 상황과 취급하는 정책문제의 성격에 따라 상이한 분석구조와 절차를 독창적으로 설계하여 운용하는 것이 필요하다. 이는 참여정책분석이 제대로 실행되고, 그 취지가 실현되기 위해서는 많은 연구와 준비가 필수적이라는 것을 의미한다.

그 다음에 참여정책분석을 어떤 목적으로, 어떻게 수행해야 할 것인지에 대한 기획이 이루어져야 한다. 이 단계에서는 다음과 같은 질문에 대한 답을 준비한다.

① 참여정책분석의 구체적인 목적은 무엇인가?

문제 정의, 대안 개발, 대안 평가와 권고안의 제시 중 어느 하나 또는 이들 모두를 얻기 위함인가? 정책문제에 대한 참여자들의 이해를 높이거나 정책수용성을 높이기 위함인가? 등의 물음에 답하여야 한다.

앞에서도 지적했지만 구체적인 정책 상황에서 특정한 정책문제를 다루기 위해 참여정책분석적 접근이 적합한지 여부를 판단해야 한다. 여기에서는 일단 포괄적인 형태의 목적을 전제로 하여 논의를 계속한다.

② 누구를 어떻게 선정하여 참여시킬 것인가?

어떤 유형에 속한 사람을 참여시키는 것이 좋을지, 어떻게 참여자를 선정하고, 그들을 어느 단계에서, 어떻게 참여시킬 것인지, 그들에게 어떤 역할을 부여할 것인지 등에 대해 결정하는 것이 필요하다.

일반적으로 참여정책분석의 참여자로 적합한 일반시민은 건전한 상식과 공공의식을 가지고, 취급할 정책문제에 관심을 갖고 있는 사람, 상이한 관점과 견해에 개방적이고 의사소통 능력이 있는 사람, 취급하게 될 정책문제에 특별한 이해관계를 갖고 있는 집단에 속하지 않는 사람, 그리고 대표성을 가진 사람이다. 참여시민의 선발은 인터넷, SNS, 그리고 언론 등을 통한 모집하거나, 무작위로 추출한 시민들에게 SNS나 우편물을 통해 안내하고, 안내를 받고 신청한 사람들 중에서 선발하는 방법 등을 생각해 볼 수 있다. 신청자에게는 자신에 대한 간략한 소개를 적어 내도록 하고, 성, 나이, 직업, 학력, 지역 등을 고려하여 대표성을 가질 수 있는 사람들을 선발한다. 그와 동시에 참여신청과 실제 참여를 적극적으로 유인하기 위한 방안을 준비해야 하는 것은 물론이다.

이해관계자는 특정 문제에 직접적으로 관련되어 있어서 문제로 인해 피해를 보거나 반사적 이익을 누리고 있는 사람들이다. 그들은 정책문제가 어떻게 정의되느냐, 그리고 문제 해결 방안의 내용이 어떤 것이냐에 따라 긍정적 또는 부정적 영향을 받게 된다. 그러므로 다양한 이해관계를 가지고 있는 사람들을 대표성 있게 가능한 한 포괄적으로 참여시켜야 한다. 전문가는 전문지식이 풍부할 뿐만 아니라 특정 문제와 관련된 이론을 다루는 다양한 전공 분야를 대표할 수 있는 사람, 특정 이해관계 집단과 연계되어 있지 않은 사람, 상이한 관점에서 다양한 해결 방안들을 제시할 수 있는 사람, 그리고 개방적인 마음을 갖고 효율적인 의사소통 능력을 가진 사람들 중에서 선정할 수 있도록 주의를 기울여야 한다.

지원팀의 구성도 중요하다. 지원팀은 참여정책분석의 전 과정에 걸쳐 필요한 자료를 수집・제공하고, 정책분석에 필요한 기술들을 지원하며, 보고서 작성을 지원하는 등 참여시민들을 지원한다. 지원팀도 전문가들로 구성되나 앞에서 이야기하는 전문가들과는 다른 유형의 전문가들이다. 앞의 전문가들은 분석 대상이 되는 정책문제나 정책대안에 관한 전문지식을 가진 사람들인 반면에, 지원팀은 주로 참여정책분석 자체에 대한 전문가들로 구성한다.

③ 시민의 참여 동기유발과 참여시민에 대한 사전 교육은 어떻게 할 것인가?

참여정책분석이 성공하기 위해서는 시민들이 적극적으로 참여하려는 의욕과 행동을 보여주는 것이 필요하다. 참여민주주의는 사회문제에 관심이 있고, 활동적이며 정보에 밝은 시민을 요구한다(deLeon, 1992). 시민들의 적극적인 관심과 참여를 위해서 참여정책분석의 중요성에 대한 홍보와 설득, 그리고 참여를 쉽게 할 수 있는 기술적 방법들을 동원하는 것도 필요하다. 예를 들면, 정보통신기술을 이용해서 공간의 제약 없이, 그리고 참여하기 편한 시간을 이용할 수 있는 방안을 강구할 필요가 있다. 또한 참여자들에게 충분한 보상과 인센티브를 제공할 수 있는 제도의 구축이 필요하다.

참여정책분석이 성공적으로 수행되기 위해서는 적지 않은 시간에 걸친 학습과 분석이 필수적이다. 일반시민이 복잡한 정책문제를 취급할 수 있는 지식과 능력을 갖추는 것이 필요하기 때문에 상당히 긴 학습기간과 노력이 필요하다. 문제 상황에 대해 이해하기 쉽게 만든 자료를 참여자들에게 충분히 제공하고, 참여정책분석 과정에서 활용할

방법들을 설명해주는 사전교육계획의 수립도 필요하다.[18)]

④ 참여자들 사이의 토론을 어떻게 조직하고 운영할 것인가?

참여정책분석은 일반시민, 전문가, 이해관계자 등 참여자들 사이의 토론을 통해서 다양한 가치관과 관점, 지식과 경험, 감정 등을 교환하는 것을 중시하고, 이러한 토론 과정을 거쳐서 합의에 이르는 것을 지향한다. 그러므로 참여정책분석이 제대로 수행되고 의도한 성과를 거두기 위해서는 이러한 토론을 어떻게 조직하고 운영할 것인지, 그리고 합리적이고 생산적인 토론[19)]이 가능한 환경은 어떻게 조성할 것인지에 대한 계획수립과 실천이 중요하다.

참여정책분석은 정책논증(policy argumentation)[20)] 방식을 통한 토론의 활용을 요구한다(Stone, 1997). 물론 실제의 토론을 위해서는 정책논증분석을 활용하는 것 외에 특정의 정책문제, 정책 상황, 분석 여건 등을 고려하여 적합한 토론지침을 합의하여 마련하는 것이 좋다. 합리적이고 생산적인 토론을 위한 여건의 조성, 예를 들면 문제와 관련된 신뢰성 있는 정보를 충분히 제공하고, 참여자들이 공간적 · 시간적 제약 및 외부로부터의 심리적 제약을 받지 않도록 해야 한다. 또한 참여자들이 균등하게 의견을 표명하고 질문할 수 있는 기회를 제공하는 한편, 무엇이나 토론할 수 있는 자유로운 분위기의 조성을 위한 전략이 수립되어야 한다(문태현, 1992).

2) 참여정책분석의 실행

실행 단계는 다시 참여자 선정과 사전교육 단계,[21)] 문제 정의 단계, 평가 기준 설정

---

18) 최지영(2018)은 사용 후 핵연료 정책결정을 위한 영국의 참여정책분석 사례를 다루면서 이를 잘 분석하고 있다.

19) 하버마스(Jürgen Habermas)는 대화와 토론이 잘 이루어지기 위해서는 의사소통 과정에서 말하는 자와 듣는 자가 ① 서로 이해할 수 있도록 표현해야 하며(이해 가능성), ② 참명제를 전달할 의도를 가져야 하고(진실성), ③ 믿을 수 있고 진실되게 말해야 하며(성실성), ④ 의사소통 공동체의 맥락에서 자신의 의도를 규범적으로 올바르게 표현해야 한다(정당성)고 지적한다(Habermas, 1973; 문태현, 1992: 273에서 재인용).

20) 정책논증분석은 툴민(Stephen Toulmin)의 논증분석 방법을 정책토론에 준용한 것인데 정책 관련 정보, 정책주장, 주장 근거, 보충논거, 반론, 한정어 등으로 구성된다(자세한 내용은 김재관(1994), 유민봉(1994), 강근복(2000) 참조).

21) 사전교육 단계는 그 성격상 기획 단계에 포함시킬 수도 있다. 그러나 일단 참여자들이 선정되어 모

단계, 대안개발 단계, 그리고 평가 단계의 다섯 단계로 나눌 수 있다.

첫 번째 단계는 참여자 선정과 사전교육 단계이다. 참여자의 선정은 앞의 기획 단계에서 결정된 원칙과 방법에 따라 이루어지면 된다. 참여자의 유형은 참여정책분석의 목적에 따라서 달라질 수 있지만 일반적으로 시민패널, 전문가패널, 이해관계자패널, 그리고 지원팀(또는 자문·기획위원회) 등 네 그룹으로 나누어 볼 수 있다.

참여자의 선정, 특히 참여시민이 선정되고 나면 참여정책분석에 대한 개괄적인 안내가 이루어지고 분석 대상이 되는 정책문제 관련 자료들이 제공된다. 앞에서 서술했듯이 참여정책분석이 성공적으로 이루어지기 위해서는 적지 않은 시간에 걸친 학습과 분석이 필수적이다. 참여시민이 복잡한 정책문제를 분석·정의하는 한편, 대안을 개발하고 평가하기 위해서는 관련 지식과 필요한 능력을 갖추는 것이 중요하기 때문에 상당히 긴 학습기간과 노력이 필요하다. 일반시민들이 이해하기 쉽게 만든 자료를 제공하고, 참여정책분석 과정이 어떻게 진행될 것인가, 토론은 어떤 방식인가 등을 소개하는 한편, 분석 과정에서 활용할 수 있는 여러 방법들을 설명해주는 등 사전교육이 필요하다. 참여자들이 각각 어떠한 역할을 수행하게 될 것인지도 명확히 설명해 주어야 한다. 사전교육 단계에서는 지원팀의 활동이 두드러지고 전문가, 이해관계자, 정부관계자 등은 참여시민들에게 필요한 자료를 제공하고 자문하는 역할을 담당한다.

두 번째 단계는 문제 정의 단계이다. 참여정책분석의 시작 단계에서 이미 정의된 문제가 제시되는 경우도 있고, 참여시민들이 문제를 정의해야 할 경우도 있다. 설령 문제가 무엇이라고 제시된 경우에도 참여시민들에 의한 문제 재정의는 불가피하다. 정책문제의 정의는 주관적이고 정치적이기도 할 뿐만 아니라, 문제가 어떻게 정의되느냐에 따라 정책분석의 내용과 과정이 달라지기 때문이다(강근복, 2000). 문제 정의는 상황판단과 규범판단의 결합으로 이루어지고 그 판단은 상이한 관점, 가치관, 그리고 지식과 경험 등에 의존한다. 여러 측면과 구성 요소를 갖고 있는 문제를 분석하고 정의하는 것은 성별, 나이별, 직업별, 학력별 다양한 경험과 지식, 가치관을 갖고 있는 참여시민들 사이의 토론을 통해서 이루어진다.

이 과정에서 이해관계자나 전문가들이 문제 상황에 대한 자신들의 입장 또는 전문가

인 이후에는 참여정책분석이 이미 시작되었다고 보는 것이 마땅하다고 보아 실행 단계에 포함시켰다.

적 견해를 표명하고, 일반시민들이 이들에 대해 질문하고 필요한 자료를 요청할 수 있다. 이해관계자들은 문제 상황에 대한 자신들의 인식과 문제의 원인과 결과에 대한 분석 결과, 그러한 문제가 갖는 사회적 의미, 자신들에게 미치는 영향 등에 대해 설명하고 참여시민들이 제기하는 질문들에 대해 답변한다. 전문가들은 자신의 전공 영역에 따라 문제의 어떤 요소가 중요한지, 문제의 원인과 결과에 대한 인과관계의 구조가 무엇인지를 설명하며, 참여시민들이 제기하는 질문에 대해 답변하고 필요한 자료를 제공한다. 결국 문제 정의는 참여시민들 사이의 합의의 형태로 이루어지게 되는데, 이 과정에서 전문가, 이해관계자, 정부관계자들이 정보와 지식을 제공하는 한편 토론에 참여하기도 한다. 이 과정에서 지원팀은 필요한 자료의 수집과 제공, 참여자들 사이의 토론 지원, 이해관계자나 전문가들이 제시하는 자료나 의견에 대한 검증, 토론 결과 정리 등의 역할을 수행한다.

참여정책분석 과정에서 전문가의 역할과 관련하여 짚고 넘어가야 할 것이 있다. 그것은 참여정책분석 과정에서 전문가의 도움이 매우 중요한 만큼 그 지원이 실질적으로 이루어질 수 있도록 제도적 장치와 전략을 마련할 필요가 있다는 점이다. 또 다른 한편으로 정책분석 과정을 지도하는 전문가에 의해 분석 과정이나 결과가 왜곡되거나 조작되지 않도록 필요한 조치를 사전에 강구해둘 필요도 있다. 참여시민의 정보 부족과 전문적 지식의 결여를 악용하여 정책분석 과정에서 필요한 정보와 지식을 제공하고 자문하는 전문가들이 분석 과정과 결과를 의도적으로 왜곡하거나 조작할 가능성을 경계해야 한다.

세 번째 단계는 평가 기준 설정 단계이다. 문제를 정의하고 난 다음에 대안을 탐색·개발하기에 앞서 중요한 것이 참여시민들이 대안을 평가하기 위한 기준을 설정하는 일이다. 어떤 평가 기준을 적용하느냐, 평가 기준들 사이의 비중을 어떻게 정하느냐에 따라 대안평가의 결과가 달라지고 권고의 내용도 달라지게 마련이다. 그러므로 서로 다른 평가 기준과 기준별 가중치를 달리 생각하고 있는 참여자들 사이의 토론을 통해서 평가의 기준을 설정하고, 복수의 평가 기준들 사이의 비중을 결정하게 된다. 이 과정에서 이해관계자들이 자신의 입장에서 중요하다고 생각하는 평가 기준들을 제시할 수 있다. 전문가들은 전공 영역의 관점과 지식을 토대로 평가 기준과 그 비중에 대한 의견을 진술하고 참여시민들의 질문에 대해 답변한다. 이 과정에서 중요한 것은 일반시민의 가치관과 선호를 드러내는 것이다. 이해관계자, 전문가나 정부관계자의 입장에서가 아니라 일반시민의 입장에서 중요하다고 여겨지는 평가 기준, 평가 기준별 중요도 등을 드러내고 합의 하에 평가 기준을 설정하는 것이 중요하다.

네 번째 단계는 대안개발 단계이다. 이 단계는 대안을 개발하고 개발된 대안의 결과를 예측하는 것을 포함한다. 대안의 개발은 이해관계자나 전문가들의 도움을 받아 참여시민들이 주도해서 이루어질 수도 있고 이해관계자나 전문가들이 제안한 대안들을 놓고 토론을 벌여 그 대안들의 우선순위를 정하거나 수정 대안, 아니면 제안된 대안과 전혀 다른 새로운 대안을 제안할 수도 있다. 전문가들은 이 단계에서 전공 영역별 이론과 경험적인 연구를 토대로 여러 대안들을 제시할 수 있고, 참여시민들의 질문과 의견에 답변하거나 대안적 의견을 제시한다. 이때 참여 시민에 대한 전문가들의 지원이 실질적이고 유용할 수 있도록 주의를 기울여야 한다. 전문적이고 기술적인 성격의 정책문제에 대한 해결 방안을 찾는 참여정책분석의 경우, 전문가들이나 이해관계자들이 제기된 문제에 대한 과학적 해결 대안을 다양하게 제시하면 더욱 좋다. 다양한 과학적 해결 방안의 제시는 전문가의 주된 몫이다.

다섯 번째 단계는 평가 단계이다. 전문적인 지식이 절대적으로 필요한 문제를 다루는 경우 분석 과정에 참여하는 일반시민들이 정책대안을 새롭게 마련한다는 것이 쉽지 않기 때문에 이미 제시된 여러 대안들에 대한 평가와 우선순위 선정에 일반시민들이 참여하는 것이 더 나을 수도 있다. 또한 전문가들은 과학적인 방법을 동원하거나 전문가적 통찰력을 토대로 대안이 가져올 결과를 예측해서 참여시민들에게 제공한다. 이들은 그러한 예측의 근거, 결과의 발생 확률 등을 설명하고 그러한 결과의 의미를 해석한다. 물론 참여시민들 스스로 대안 결과에 대한 예측내용을 제시할 수 있고, 이 과정에서도 참여시민들과 전문가들 사이에 토론이 이루어질 수 있다. 지원팀은 여러 전문가들이 제시하는 대안과 대안 결과 예측들을 정리해서 참여시민들이 쉽게 이해할 수 있고, 그 내용의 유사점과 차이점을 비교해볼 수 있도록 지원한다. 최종 대안에 대한 권고안을 마련할 때도 전문가들이 의견을 제시할 수는 있지만 최종적으로는 일반시민들의 토론과 합의에 따라 권고안이 마련된다. 전문가들의 의견 진술은 대안평가의 전제가 되는 사실에 대한 오해, 판단상의 오류 등을 지적하는 것에 그칠 뿐 결론을 수정하도록 영향력을 행사하는 것은 허용되지 않는다. 물론 이해관계자나 정부관계자도 의견을 제시할 수는 있지만 참여시민들의 의사가 우선적으로 존중된다(허범, 2005).

3) 참여정책분석 결과의 보고

합의된 권고안이 마련되면 보고서를 작성한다. 보고서 내용은 참여시민들이 결정하되 작성은 지원팀이 담당한다. 보고서에는 분석의 목적, 정의된 문제와 권고하기로 한 최종안 등은 물론 분석 과정과 참여자 등에 대해서도 서술되어야 한다. 정책결정자에게 제출될 참여정책분석의 최종보고서는 전문가의 검토를 거쳐 사실과 다른 오류 등을 시정할 수 있는 기회를 갖는다. 물론 전문가들은 사실에 대한 오류 또는 오해만을 지적할 수 있을 뿐 참여시민들(시민패널)의 결론에 영향을 미치도록 허용되지는 않는다. 보고서는 특별히 예외적인 경우를 제외하고는 일반대중과 언론기관에도 공표한다.

이제까지 설명한 것을 정리해 보면 [표 11-1]과 같다.

표 11-1 참여정책분석의 조직

단계 내용	기획 단계	실행 단계	보고 단계
핵심 요소 (내용)	• 참여정책분석의 목적 결정 • 참여자 유형별 선정원칙과 방식의 결정 • 지원팀의 구성 • 참여시민의 – 참여동기유발 – 사전교육 기획 • 참여방식의 설계	• 참여자 선정과 패널 구성(시민, 전문가, 이해관계자 패널 등) • 참여자 교육 • 참여자 정보 제공 • 전문가, 이해관계자·참여자 간 토론의 조직과 운용 • 정책문제 정의와 정책대안에 대한 권고안 합의	• 보고서 작성 → 보고서 초안에 대한 전문가의 검토 → 보고서 완성과 보고

출처: 강근복(2007).

제 12 장 정책분석가의 윤리

정책분석은 좋은 정책을 만드는 데 기여한다는 목적을 가지고 있다. 좋은 정책은 윤리성, 실현 가능성, 그리고 효율성을 갖추어 인간의 존엄성과 가치를 보다 충실히 실현하는 정책이다. 이렇게 보면 좋은 정책을 만들기 위한 정책분석이 윤리성을 확보해야 하는 것은 지극히 당연하다. 그리고 정책분석의 윤리성은 정책분석가의 윤리성이 그 토대를 이룬다. 이 장에서는 정책분석가 윤리성의 의미와 중요성, 윤리성의 판단 국면과 판단 기준 등에 대해 살펴본다.

제 1 절 정책분석가 윤리의 본질

1. 정책분석의 윤리

정책분석이 바람직한 정책결정을 위한 분석적 활동이라 한다면, 그 활동은 당연히 윤리적일 것이 요구된다. 윤리성을 확보하지 못한 정책분석은 '좋은' 정책의 결정에 기여할 수 없기 때문이다. 정책이 사회와 인간에 미치는 막대한 영향력을 고려해 볼 때 좋은 정책의 결정에 필요한 정보의 산출과 대안의 제시가 윤리적으로 이루어져야 함은 두말할 나위가 없다.

이론상 정책분석은 누구나 할 수 있다. 누구든지 정책분석을 할 때에는 일정한 윤리적 준거에 기초해야 한다. 특별히 정책전문가가 정책분석을 할 때는 일반인보다 더욱 엄격한 윤리성이 요구된다. 그 이유는 정책전문가들은 일반인보다 더 많은 정책 지식과 정보를 가지고 있을 뿐만 아니라, 그들의 전문성 때문에 정책전문가들의 분석 결과를 일반시민들이 믿을 만하다고 여기기 때문이다. 더군다나 분석 결과가 정책의 내용과 결과에 미치는 막대한 영향력을 생각한다면 정책분석가의 윤리성은 매우 중요하지 않을 수 없다. 그러므로 여기에서는 전문가로서의 정책분석가들이 직면하는 윤리적 갈등 상황과 이러한 갈등을 극복할 수 있는 윤리성 확보 방안에 대해서 살펴본다.

일반적으로 윤리(ethics)란 사람들이 마땅히 추구하여야 할 좋은(good) 또는 옳은(right) 행동의 기준이나 원칙과 관련되어 사용된다. 그리하여 윤리는 행동에 대한 도덕적 가치판단(moral value judgement)의 기준(standard) 또는 원칙(principle)을 의미한다(허범, 2007d). '좋음' 또는 '옳음'의 가치판단과 관련되고 모두 관습의 어원을 가진다는 의미에서 윤리(ethics)와 도덕(morality)은 유사하다. 그러나 사회적 행동이 사실로서 지켜지고 유지될 때 도덕이라고 하고, 사실로부터 이상으로 전환될 때 윤리화함으로써 윤리란 선, 정의, 복지 등과 같은 말로 행동이 평가되는 것을 의미한다(Seligman, 1954: 602). 오늘날에는 흔히 '도덕' 대신 '윤리'를, 또 그 의미도 확장하여 사용함으로써 '윤리'는 지배적인 용어가 되고 있다(The New Encyclopaedia Britannica, 1988: 627). 한편, 동양에서는 윤리의 '윤(倫)'이 사람과 사람의 관계를, '리(理)'가 도리(道理), 이법(理法) 등을 뜻하는 것으로서 윤리는 '사람과 사람 사이를 다스리는 이법'이라는 것이 본래의 뜻이라고 한다(김태길, 1973: 372).

요컨대, 도덕과 윤리는 밀접히 연관되어 있으므로 구별하기가 어려우나 일반적으로 윤리를 더 비판적, 이상적 성격의 행동규범 또는 기준의 뜻으로 사용함을 알 수 있다. 다만, '의료인의 윤리'와 같이 특정 분야의 직업적인 행위가 따라야 할 행동규범 또는 준칙들을 가리킬 때는 '도덕'보다는 '윤리'란 용어를 사용한다. 이때 정책분석과 관련하여 '좋다'거나 '옳다'는 가치판단을 할 수 있는 일련의 기준 또는 원칙을 '정책분석의 윤리'라고 하고, 정책윤리에의 적합성을 '정책분석의 윤리성'이라고 한다(강근복 외, 2016: 347).

윤리의 개념 규정은 매우 다양하지만 일반적으로 정책분석가의 윤리란 정책분석 활동에서 정책분석가가 지켜야 할 가치 기준 또는 행동규범이라고 한다(노화준, 1989: 227).

즉, 정책분석가가 고객으로부터 정책분석 과제를 의뢰받아 정책문제를 분석하기 시작하여 분석 결과를 제시하기까지 모든 과정과 내용이 일정한 규범적 기준에 적합하도록 하는 것을 정책분석가의 윤리라고 할 수 있다.

2. 정책분석가의 역할 인식과 윤리

정책분석가는 서로 다른 윤리의식을 갖고 있다. 그들이 처해 있는 상황이나 가치의식이 서로 다르기 때문이다. 정책분석가의 다양한 윤리의식은 그들이 분석 활동에서 자신의 역할을 어떻게 인식하느냐에 따라서도 다르게 나타난다.[1] 예를 들어, 정책분석가가 스스로를 객관적 기술자로 인식하는 경우 정책분석가는 분석을 위해 제시된 목적이 무엇이든, 설령 그 목적이 바람직하지 못한 것이라 할지라도 그 목적을 효율적으로 달성할 수 있는 정책대안을 제안하는 것만으로 자신의 윤리적 책임을 다한 것으로 생각할 수 있다. 이들에게 바람직한 목적의 달성을 위해서만 분석 활동을 수행해야 한다는 주장은 설득력이 없다. 그들은 가치문제를 취급하는 것은 오히려 정책분석가의 직업윤리에 어긋나는 것이라고 생각하기 때문이다.

그러나 정책분석가는 단순히 객관적 기술자가 되어서는 안 된다. 이들은 주어진 목표가 바람직하게 재설정되도록 하거나 당위성 차원에서 좀 더 바람직한 대안을 제시하고 그러한 대안이 정책으로 채택될 수 있도록 노력해야 한다. 더 나아가서는 정치 · 경제 · 사회적 지위가 낮은 집단, 조직화되지 못한 집단 또는 자신의 이익이 무엇인지도 모르는 사람들을 위해 문제를 재정의하고, 그러한 문제가 바람직한 방향으로 해결될 수 있도록 노력해야 한다.

일반적으로 정책분석가가 정책분석 과정에서 따라야 할 행동규범은 공익과 사회적 책임이다(Mosher, 1978). 민주주의 사회에서 정책의 궁극적인 목표는 공익의 실현이다. 정책분석은 공익 실현을 위한 가장 바람직한 방안에 대한 정보를 산출하는 분석 활동이다. 따라서 공익이 정책분석가의 행동지침이 된다. 정책분석가는 그가 내린 정책문제에 대한 정의, 그가 개발하고 설계한 정책대안, 그가 적용하기로 선택한 정책대안의 비

1) 정책분석가의 역할 유형에 대해서는 제10장을 참조하기 바란다.

교·평가 기준, 그리고 그가 제안한 정책대안의 우선순위 등에 대해서 뿐만 아니라 이해관계를 달리하는 여러 집단과 개인들에 대해서도 책임의식을 가져야 한다(Wachs, 1985: 335-340).

그런데 이러한 행동규범은 어떻게 확보할 수 있을 것인가? 이것은 정책분석이 조직의 내부 전문가에 의해서 이루어지는가, 아니면 조직의 외부 전문가에 의해서 이루어지는가에 따라 조금 달라질 수 있다. 즉, 정책분석가가 조직 내부 전문가인 경우에는 조직의 행동규범 또는 윤리규범을 준수해야 한다. 예를 들어, 행정조직의 내부 전문가인 경우에는 국가공무원법, 공무원윤리강령 등의 법규와 같은 자율적 윤리규범을 준수해야 한다.

그러나 정책분석가가 조직 외부의 전문가인 경우에는 이러한 조직의 행동규범이 구속력이 없기 때문에 다른 방법이 강구되어야 한다. 이 경우 정책분석가의 행동규범은 정책분석가 자신을 포함한 모든 인간과 그들이 제안한 모든 정책이 도덕적으로 애매모호할 수 있다는 도덕적 모호성(moral ambiguity)에 대한 인식에서부터 출발해야 한다. 사람들은 공익을 실현할 수 있는 능력뿐만 아니라 사익을 충족시키려는 성향도 가지고 있기 때문이다.

이와 같은 도덕적 모호성이 지배적인 상황에서 정책분석의 윤리성을 확보하기 위해서는 정책분석 과정을 공개하는 것이 매우 중요하다. 즉, 정책목표, 정책대안, 그리고 정책분석 방법 등이 분명하게 공개될 수 있어야 한다. 정책목표나 제안된 정책대안의 예상 효과가 공개되면 이에 의해 영향을 받는 개인이나 집단의 찬성과 반대 의견이 표출된다. 이때 이들의 의견 수렴을 통해 정책의 내용과 방법의 오류에 따른 문제를 해결할 수 있기 때문이다. 또한 정책분석에서 활용된 다양한 방법들은 해당 분야 전문가들에 의한 비판과 검증을 통해 잘못된 방법의 활용으로 인한 오류를 수정할 수 있는 계기를 마련해 준다.

이와 같이 정책분석의 윤리성을 확보하기 위해서는 조직적인 차원에서는 정책분석의 행동규범을 정립하는 것이 필요하다.

제 2 절 정책분석가의 윤리적 판단 국면

정책분석가의 윤리는 그가 수행하는 분석 활동의 윤리성(정책분석의 윤리성)과 본질적으로 내용이 같다. 정책분석 활동의 주체가 정책분석가이고 정책분석의 윤리성을 확보한다는 것은 곧 정책분석가가 윤리적으로 분석 활동을 전개한다는 것과 같은 의미이기 때문이다. 따라서 정책분석가들이 직면하는 윤리적 판단 국면은 정책분석 과정을 중심으로 분석 목적과 내용상의 윤리성, 분석 과정상의 윤리성, 그리고 분석 결과 제시 단계에서의 윤리성 등으로 나누어 살펴볼 수 있다.

1. 정책분석 목적과 내용의 윤리성

첫째, 정책분석 과제를 의뢰받는 단계에서 분석 활동의 객관성과 중립성이 보장될 수 없을 것으로 예상되면 정책분석가는 그러한 정책분석 요구를 거절해야 한다. 특정 기관이나 집단의 이익과 주장만을 대변하기 위한 분석, 의뢰기관이 내부적으로 이미 결정한 정책을 합리화시키기 위한 분석을 요구 받았을 경우에는 정책분석을 거부해야 한다. 의뢰자가 정책분석에 필요한 정보를 제공하지 않거나 접근을 제한하는 경우에도 마찬가지이다. 정책분석의 내용과 결과의 공개를 부당하게 제한하는 것도 정책분석을 거부하게 만드는 요인이 된다(Dror, 1971: 120). 또한 정책분석의 성격과 내용에 비추어 분석 기간이 너무 짧거나 예산이 너무 부족한 경우 또는 정책분석가 본인의 역량이 크게 부족하다고 판단될 경우에도 분석을 사양하는 것이 윤리적이다.

둘째, 바람직하지 않은 목적을 달성하기 위한 정책분석을 의뢰받았을 때, 정책분석가는 그 제의를 거부하는 것이 윤리적이다. 물론 정책분석가가 꼭 공익을 위해서만 분석 활동을 수행해야 하는 것은 아니다. 경우에 따라서는 어떤 이익집단의 이익을 위하여 그들의 의뢰에 따라 정책분석을 할 수도 있다. 다만, 이 경우에 그러한 이익집단의 이익 추구가 지나치게 편협하여 사회 전체의 이익을 해치는 것이 아니어야 한다는 전제가 충족되어야 한다. 이러한 주장은 정책분석가가 문제를 분석하고 정책목표를 설정하며, 정책대안을 제안할 때 공익, 인간의 존엄성 등을 반영함으로써 사회적 책임을 수행해야 한다는 기본적인 가정에 근거한다.

정책분석가의 역할을 정책목표의 성격이나 내용과는 상관없이 오직 효율적인 수단만을 강구하는 기술적인 분석에 한정하게 되면 도구주의적 정책분석에 빠지기 쉬우며, 이 경우 정책분석의 윤리성 확보는 어렵게 될 가능성이 크다. 그러므로 분석의 대상에 정책목표를 포함시켜 그 목표의 달성이 의뢰인의 이익뿐만 아니라 일반시민의 삶에 어떤 영향을 미치게 될 것인지를 정책분석가는 진지하게 고려해야 한다.

셋째, 정책분석가는 분석 활동과 관련된 일련의 정보를 공개함으로써 정책분석가 자신뿐만 아니라 분석 의뢰자 또는 정책결정자의 사회적 책임을 촉구할 수 있다. 정당과 이익집단들은 이해관계에 따라 자신들의 주장을 지지해 줄 수 있는 정책분석가에게 분석을 의뢰할 수 있다. 이 경우 정책분석가들의 기본적인 관점과 그들이 활용하는 분석방법과 자료에 따라 분석의 결과는 상당히 다르게 나타날 수 있다. 그리고 정당과 이익집단들은 이러한 정책분석의 결과를 토대로 자신들의 정책주장을 전개하게 된다. 이때 마치 법정에서 서로 다른 주장을 펴는 변호사들이 원고 또는 피고의 입장에 서서 법률적 판단을 하고 이들에게 조언을 해주는 것과 같이 정책분석가는 서로 다른 의뢰인의 입장에 서서 그들의 입장을 지지하는 분석 결과를 산출해 낼 수 있다(노화준, 1989: 453). 물론 여러 다양한 분석 결과들 가운데 어느 것이 더 설득력이 있는가는 일반국민을 포함한 정책 관련자들에 의해 판단될 것이다.

따라서 비밀을 요하는 예외적인 경우를 제외하고 정책분석의 결과는 정책 관련자들에게 공개되어 비판받을 수 있는 기회가 마련되어야 한다. 이러한 분석 결과의 공개와 이에 대한 토론의 허용은 정책분석의 윤리성을 확보하기 위해 필요하다. 정책분석가가 분석 결과의 공개와 이에 대한 토론을 통해서 무엇을, 어떤 관점에서, 어떠한 방법으로, 어떻게 분석하였는지를 명백히 드러냄으로써 분석 의뢰자뿐만 아니라, 정책결정자로 하여금 일정한 사회적 책임을 이행하도록 촉구할 수 있기 때문이다.

넷째, 정책분석가는 전체 체계적 윤리성을 지향해야 한다. 모든 공공정책은 전체 사회의 일반적인 진보와 번영을 그 공통 목적으로 한다. 그러나 정책에 내포되어 있는 특정한 행동 방안은 대개 사회의 어느 일부분만을 대상으로 하는 한정된 내용으로 구성되고, 그것의 효과도 부분 효과에 지나지 않는다. 그러므로 행동 방안을 분석하는 정책분석 단계에서 사회의 한 부분을 대상으로 하는 부분지향적 정책을 전체 사회적 진보와 조화시키기 위한 노력이 필요하다. 정책분석가는 윤리적 분석을 통해 부분적인 정책 행동을 전체 사회의 이상 가치지향적 목적 체계와 연관시킴으로써 그 정책의 전체 체계적 윤리성을 향상시켜야 할 의무가 있는 것이다(허범, 1991: 67). 즉, 정책분석가는 구체적인 행동 방안을 탐색·개발할 때 '이상목적-일반목적-계획목표-실천행동'을 연관시킴으로써 구체적인 행동 방안(실천행동)이 계획목표의 달성, 일반목적의 실현, 그리고 궁극적으로는 이상목적의 실현으로 연관될 수 있도록 지향해야 한다(허범, 1991: 60).

다섯째, 정책분석가는 분석 의뢰자가 요구한 것에만 한정할 것이 아니라, 자신의 양심과 전문가적 지식에 비추어 필요하다면 가능한 한 관련된 요인들을 모두 분석 대상에 포함시켜야 한다. 분석 의뢰자가 구체적인 목표를 제시하고 그 목표를 효과적으로 달성할 수 있는 방안을 마련해 주도록 정책분석가에게 요구할 때도 정책분석가는 목표의 타당성에 대한 분석을 배제해서는 안 된다. 타당한 목표 설정이 되지 못한 상태에서 이를 달성하기 위한 효과적 방안을 마련하는 것은 무의미한 일이기 때문이다. 대안이 가져올 결과 중 분석 의뢰자가 관심을 갖고 있는 결과에 대해서만 분석을 요구받았을 경우에도 마찬가지이다. 정책분석가는 분석 의뢰자가 관심을 갖고 있는 결과들뿐만 아니라 중요한 사회적 영향들은 가급적 분석 대상에 포함시키는 것이 바람직하다.

2. 정책분석 과정의 윤리성

첫째, 정책분석가는 자료를 수집할 때 조사 대상자의 개인적 비밀과 자료원(source)을 보호해야 한다. 예를 들면, 설문조사나 면접을 할 때는 조사 대상자의 이름이나 신분이 드러나지 않도록 하는 것이 일반적으로 지켜지는 관행이다. 또한 자료의 신빙성을 입증해야 할 상황에 대비하여 원래의 자료를 상당 기간 보존할 필요가 있다.

둘째, 정책실험 및 정책대안에 대한 정책대상 집단의 반응을 조사하게 될 경우 최소한의 윤리를 준수해야 한다. 조사나 실험의 목적이 알려지면 대상자의 반응에 영향을 미쳐 조사 결과가 왜곡될지 모르기 때문에 사실 그대로 알려 주는 것만이 좋은 것은 아니다. 경우에 따라 분석의 목적을 숨기는 것이 필요할 때도 있다. 그러나 이 경우에도 사후에 충분한 설명과 해명이 있어야 할 것이다. 정직하게 대응함으로써 불이익을 받게 되는 일은 없도록 해야 한다(김신복, 1989: 222).

그리고 정책분석가는 자신의 분석이 사람을 대상으로 할 경우 대상 집단이 신체적, 정신적 또는 물질적으로 피해를 입을 가능성이 있으면 이를 방지하기 위한 조치를 취해야 한다. 만일 그러한 분석이 불가피한 경우에는 이러한 사실을 대상 집단에 알려 동의를 얻어야 한다.

셋째, 정책분석가는 신의성실의 원칙[2]에 입각하여 정책분석을 수행해야 한다. 주어진 여건 속에서 가장 타당성이 높은 분석 결과를 얻을 수 있도록 최선의 노력을 다해야 하고, 가능한 한 분석에 투입되는 자원을 절약하고, 예정된 기간 내에 정책분석을 효율적으로 완료해야 한다. 그리고 분석 과정에서 습득한 정보를 개인적 목적에 활용하거나, 수집한 자료를 독점하여 그 이익을 누리려는 이기심을 버려야 한다. 자신이 원하는 결과가 나올 수 있도록 의도적으로 분석 절차나 방법을 선정해서도 안 된다.

3. 정책분석 결과 제시 단계에서의 윤리성

첫째, 정책분석의 결과는 상세하고 정확하게, 그리고 의뢰자가 지정한 기간 내에 제시되어야 한다. 분석 결과를 돋보이게 하거나 특정한 정책주장을 도출 또는 지지하기 위하여 제시되어야 할 내용이 누락, 왜곡되거나 분석 결과가 불분명한 형태로 표현되어서는 안 된다. 정책분석 결과 활용의 적시성을 고려해서 의뢰자가 요청한 기한 내에 분석 결과를 제시해야 한다.

분석 결과는 제10장에서 설명한 것처럼 보고서가 갖추어야 할 요건을 충실하게 지켜 제시되어야 한다. 특히, 다른 기관으로부터 재정적 지원을 받았을 경우에는 분석 결과의 객관성과 책임의 한계를 명확히 하기 위해 누구로부터 분석 자금을 지원받았는지, 그리고 재정 지원기관과는 어떤 관계에 있는지를 보고서에 명시해야 한다.

둘째, 정책분석가는 자신의 가치관과 관점, 분석의 전제, 정책문제와 정책수단의 분석 방법, 내용과 결과, 그리고 분석의 한계 등에 대해 숨김없이 명확하게 밝혀야 한다.

2) "권리의 행사와 의무의 이행은 신의에 좇아 성실히 해야 한다"(민법 제2조 제1항). 이것을 '신의성실의 원칙' 또는 '신의칙'이라고 한다. 신의성실이란 사회 공동생활의 일원으로서 상대방의 신뢰를 헛되이 하지 않도록 성의를 가지고 행동하는 것이다.

예를 들면, 조사 및 정책실험의 설계, 표본의 선정 기준, 설문지 등 조사 측정의 척도, 주요 전제와 가정 등을 명확히 밝혀 다른 사람들이 그 타당성과 신뢰성을 점검할 수 있도록 해야 한다. 이렇게 여러 측면에서 정책분석가 자신이 행한 분석 활동이 갖는 한계성을 명확히 밝힘으로써 분석 결과를 잘못 해석하거나 과신하여 이를 토대로 그릇된 정책주장이 나오지 않도록 해야 한다.

셋째, 자신이 수행한 분석의 한계를 숨기고 유용성을 과시하기 위하여 또는 자신이 선호하는 정책대안을 부각시키기 위하여 부당하게 분석 내용, 결과 등을 누락, 왜곡해서는 안 된다. 여러 정책대안을 분석하고 제시하는 경우 중립성과 객관성을 유지해야 한다는 것이다. 그러므로 설령 어떤 대안이 정책분석가 자신의 가치관 및 선호(preference)에 부합되지 않더라도 검토 대안 속에 포함시키고 객관적인 입장에서 비교·분석의 자료를 제공함으로써 정책 관련자가 합리적인 정책주장을 할 수 있도록 도와주어야 한다. 물론 정책 관련자의 합리적 판단을 지원하고 정책분석가 자신의 도의적 책임 한계를 명확히 하기 위하여 자신의 판단에 따라 복수의 대안을 우선순위와 함께 제시하는 것은 권장할 만하다(김신복, 1989: 222).

그리고 수집된 자료를 토대로 얻어진 객관적 사실에 관한 정보를 정책분석가 자신의 주장과 구분하여 제시함으로써 이용자가 오해하지 않도록 하는 것이 필요하다. 왜냐하면, 일반인들의 경우 정책분석가들이 제시한 분석 결과는 모두 과학적인 방법을 동원하여 얻어진 결과라고 혼동할 소지가 있기 때문이다.

넷째, 정책분석가는 예외적인 경우(예: 자료를 제공한 사람의 입장을 어렵게 만들 가능성이 있는 경우)를 제외하고는 원칙적으로 자신이 수집한 자료들을 공개해야 한다. 그 첫 번째 이유는 다른 정책분석가들이 분석 과정을 재검토하거나 다른 접근방법으로 자료를 재처리하여 결론의 타당성을 검증할 수 있도록 하기 위함이다. 또 다른 이유는 그 이후에 정책분석의 대상이 되었던 과제와 관련된 주제를 다른 정책분석가가 분석할 때 참고자료로 활용할 수 있도록 자료를 공유하는 것이 바람직하기 때문이다.

참고문헌

국내 문헌

강근복(1990a). "정책논증의 구조". 『사회과학연구』. 1: 155-168.

______(1990b). "지방자치와 정보공개". 『지방자치연구』. 2(1): 13-29.

______(2000). 『정책분석론(개정판)』. 서울: 대영문화사.

______(2005a). "참여정책분석의 개념과 실행조건". 『지역개발논총』. 제17집. 충남대학교 지역개발연구소.

______(2005b). "참여정책분석의 특성과 실행조건". 『공공문제와 정책(구 지역개발논총)』. 17: 134-156.

______(2007). "참여정책분석의 개념적 특성과 과정". 『지방정부연구』. 11(3): 221-243.

______(2009). "정책분석 및 평가에서의 양적 · 질적 방법의 혼합". 『한국정책분석평가학회보』. 19(4): 43-67.

______(2013). "합리적 정책토론의 구조와 운용". 『한국공공관리학보』. 27(2): 27-52.

강근복(역)(1990). 『정책분석과 문제 정의』. 서울: 대광문화사.

강근복 외(2016). 『정책학』. 서울: 대영문화사.

강신택(1976). "정보의 역할". 강신택 외. 『정책학개론』. 서울: 법문사.

______(1985). "정보의 역할". 유훈 외. 『정책학개론』. 서울: 법문사.

곽상만 · 유재국(2016). 『시스템 다이내믹스 모델링과 시뮬레이션』. 성남: 북코리아.

구광모(1986). "정책정보분석의 기능과 한계". 『한국행정학보』. 20(2): 397-408.

______(2001). "정책분석과 공중참여". 『중앙행정논집』. 15(2): 1-18.

권기헌(2010). 『정책분석론』. 서울: 박영사.

______(2019). 『정책분석론(개정판)』. 서울: 법문사.

권영성(1989). 『헌법학원론』. 서울: 법문사.

권오헌 · 윤태환(2000). 『게임이론과 전략』. 서울: 범한서적.

김경동 · 이온죽(1986). 『사회조사연구방법』. 서울: 박영사.

______(1998). 『사회조사연구방법(개정판)』. 서울: 박영사.

김광수(1990). 『논리와 비판적 사고』. 서울: 철학과 현실사.

김광웅 외(1983). 『정책학: 과정과 분석』. 서울: 법문사.

김규정(1988). 『신고 행정학원론』. 서울 법문사.

김도훈 · 문태훈 · 김동환(2001). 『시스템 다이내믹스』. 서울: 대영문화사.

김도훈 외(1999). 『시스템 다이내믹스』. 서울: 대영문화사.

김동환 · 김도훈(1996) "정책분석도구로서의 시스템 다이나믹스". 『한국행정학회 학술대회 발표논문집』. 359-384.

김명수(1993). 『공공정책평가론』. 서울: 박영사.

김병섭(2010). 『편견과 오류 줄이기』. 서울: 법문사.

김서용(2006). "정책과정에서 전문가의 중립성에 대한 실증분석: 문화이론과 Q 방법론의 적용을 통해". 『한국행정학보』. 40(4): 127-153.

김순은(2010). "Q 방법론의 이론과 철학". 『한국사회와 행정연구』. 20(4): 1-25.

______(2016). 『Q 방법론과 사회과학』. 서울: 조명문화사.

김신복(1983). 『발전기획론』. 서울: 박영사.

______(1989). "정책분석 및 연구의 윤리성". 『행정논총』. 27(2): 207-232.

______(1991). 『발전기획론(개정증보판)』. 서울: 박영사.

김영세(2011). 『게임이론: 전략과 정보의 경제학』. 서울: 박영사.

김영평(1992). "정책분석과 비판이론에 대한 논평". 『한국행정학보』. 26(3): 1027-1038.

김영표(2007). "알기 쉬운 연구방법론(20): 시스템 다이내믹스 기법: 미래예측에서 정책효과 측정까지". 『국토: planning and policy』. 312: 117-127.

김재관(1992). 『한국 의료보험에 관한 정책논쟁분석』.

______(1994). "정책논쟁분석에 관한 논리적 검토". 『한국정책분석평가학회보』. 4(1): 65-88.

김정훈 · 권기헌(2012). "미디어렙 경쟁체제 도입의 정책결정과정 분석: 옹호연합모형(ACF)과 양면게임이론(TLG)의 결합모형 적용". 『한국정책학회보』. 21(3): 209-240.

김준기(2007). "정부기능 변화: 정책수단을 중심으로". 『한국행정학회 추계학술발표논문집』. 1-26.

김태길(1973). 『윤리학』. 서울: 박영사.

김흥규(2008). 『Q 방법론: 과학철학, 이론, 분석 그리고 적용』. 서울: 커뮤니케이션북스.

길병옥 외(2020). 『Q 방법론의 이해와 적용』. 대전: 충남대학교 출판문화원.

나기산(1990). "행정오류의 진단 및 시정에 있어서 행정기관의 역할". 『한국행정학보』. 24(1): 277-315.

______(공역)(1994). 『정책분석론(제2판)』. 서울: 법문사.

남궁근(1998). 『행정조사방법론』. 서울: 법문사.

______(2012). 『정책학』. 파주: 법문사.

______(2021). 『행정조사방법론(제6판)』. 파주: 법문사.

노화준(1985). "정책분석에 있어서 문제분석의 재음미". 『행정논총』. 23(2): 2057-2072.

______(1989). 『정책분석론』. 서울: 박영사.

______(1991). 『정책평가론(제2전정판)』. 서울: 법문사.
______(2002). 『기획과 결정을 위한 정책분석론(전정판)』. 서울: 박영사.
______(2010). 『(기획과 결정을 위한) 정책분석론』. 서울: 박영사.
래리 바커, 윤정숙 역(2006). 『경청의 힘』. 서울: 아이소.
문명재(2009). "정책수단: 정책수단으로서의 정보제공(Public Information)-정보제공의 유형과 연구방향". 『한국정책학회 춘계학술발표논문집』. 467-483.
______(2010). "정보제공의 정책수단적 특성과 향후 연구 방향". 『행정논총』. 48(1): 51-70.
문태현(1992). "정책분석과 비판이론: Habermas의 의사소통능력이론을 중심으로". 『한국행정학보』. 26(2): 265-280.
민찬홍(역)(1990). 『논리학 입문』. 서울: 이론과 실천사.
박대현・송동현(2014). "비정형 데이터 활성화의 정치, 경제, 문화적 함의". 『Internet & Security Focus』. 한국인터넷진흥원. February: 4-20.
박성복・이종열(1993). 『정책학원론』. 서울: 대영문화사.
박정택(1992). 『공익의 정치행정론』. 서울: 대영문화사.
방석현(1989). 『행정정보체계론』. 서울: 법문사.
______(1990). "정보화와 행정기능의 변화". 『한국행정학회 하계학술대회 발표논문집』. 1-13.
배일섭(2005). "행정중심도시 건설과 양면게임이론의 새로운 형태". 『한국정책학회 춘계학술발표논문집』. 39-57.
백완기(1988). 『행정학』. 서울: 박영사.
______(2007). 한국행정과 공공성. 『한국사회와 행정연구』. 18(2): 1-22.
보건복지부(2015). 『지역자율형 사회서비스 투자사업 안내』. 서울.
서남원(1985). 『경영정보론』. 서울: 무역경영사.
서충원・원제무(공역)(1996). 『공공 분야에서의 계획론』. 서울: 대광문화사.
소영진(2003). "행정학의 위기와 공공성 문제". 『정부학연구』. 9(1): 5-24.
송근원(1989). "정책분석가의 역할, 윤리 및 지식". 『한국행정학보』. 23(2): 601-611.
신경식(2021). "빅데이터의 세계, 원리와 응용". K-MOOC 강좌자료.
안문석(1989). 『정보체계론』. 서울: 법문사.
안해균(1984). 『정책학원론』. 서울: 다산출판사.
______(1990). 『정책학원론』. 서울: 다산출판사.
양도기 역(1991). 『좋은 생각이 난다: 문제해결을 위한 창조적 사고의 기법』. 서울: 정신세계사.
오명(1988). 『정보화 사회, 그 천의 얼굴』. 서울: 한국경제신문사.
오준근(1995). "경제행정법상 자금조성행정수단으로서의 보조금제도". 『공법연구』. 23(3): 403-442.
오진관・권영한(2016). "환경성을 고려한 재생에너지 정책수립을 위한 인식 유형 분석: Q 방법론을 중심으로". 『신재생에너지』. 12(4): 30-39.

유민봉(1991). “정책결정의 논변모형에 의한 접근과 논변과정에서의 왜곡”. 『한국행정학보』. 25(4): 103-121.

______(1994). “정책분석틀로서의 정책논변모형”. 『한국행정학보』, 28(4): 1175-1190.

유한욱(2006). 『재정 효율성 제고를 위한 시장 원리 활용 방안: 바우처 제도를 중심으로』. 서울: 한국개발연구원.

윤은기(1988). 『정보학 특강』. 서울: 김영사.

윤치영(2005). 『화술』. 서울: 무한.

은종환·조은영(2020). “공공갈등 연구에서의 프레임 연구와 Q 방법론의 결합”. 『위기관리 이론과 실천』. 16(7): 85-100.

이근달(역)(1990). 『아시아의 다음 거인: 한국의 후발공업화』. 서울: 시사영어사.

이명석(1996). “일반논문: 정책분석에서의 게임이론의 활용: 제도분석틀의 관점”. 『한국행정학보』. 30(2): 2049-2063.

이미숙·이창훈·김지연(2014). 『빅데이터를 활용한 환경분야 정책수요 분석』. 서울: 한국환경정책·평가연구원.

이성우(2013). 『정책분석론』. 서울: 조명문화사.

이시원(1995). “정책대안 탐색의 학습론적 관점”. 『경상대사회과학연구』. 13(1): 113-128.

이영희(2000). “과학기술정책과 시민참여”. 『과학기술정책』. 10(2).

이유현(2020). “기후변화 시대의 에너지정책 거버넌스 참여자의 인식유형 분석”. 『한국정책학회 학술대회 발표논문집』. 1-18.

이윤경(2014). “동남권 신공항의 정책변동에 관한 연구: 정책옹호연합모형과 양면게임이론의 결합모형을 중심으로”. 『행정논총』. 52(3): 59-90.

이윤식(1990a). “정보관리와 정책과정”. 『한국행정학회 하계학술대회 발표논문』. 19-44.

______(1990b). 『행정정보체계론(상)』. 서울: 박영사.

______(2003). 『행정정보체계론(제3전정판)』. 서울: 법영사.

______(2014). 『정책평가론』. 서울: 대영문화사.

이종렬(1988). 『정책학개론』. 서울: 대왕사.

이종수(1984). “대안개발의 과정과 기법”. 『한성대학논문집』. 8(1): 279-293.

이학종(1986). 『MIS와 경영조직』. 서울: 박영사.

임의영(2003). “기획논문: 공공성의 개념, 위기, 활성화 조건”. 『정부학연구』. 9(1): 23-52.

______(2006). “합리성의 행정철학적 논의구조와 H. A. Simon의 합리성 개념”. 『한국행정논집』. 18(4): 981-1002.

전영한(2007). “정책도구의 다양성: 도구유형분류의 쟁점과 평가”. 『정부학연구』. 13(4): 259-296.

전영한·이경희(2010). “정책수단연구: 기원, 전개, 그리고 미래”. 『행정논총』. 48(2): 91-118.

정정길(1988). 『정책결정론』. 서울: 대명출판사.

______(1989). 『정책학원론』. 서울: 대명출판사.

______(1992). 『정책학원론(개정판)』. 서울: 대명출판사.

정정길 외(2010). 『정책학원론』. 서울: 대명출판사.

정홍익(1987). "정보사회의 행정 역할과 과제". 『한국행정학보』. 21(1): 115-132.

채원호(2001). "참여형 정책분석과 거버넌스". 『한국행정학회 하계학술대회 발표논문집』.

채은동 · 이은숙(2015). "조세지출제도 국내외 동향 및 시사점". 『경제현안분석』. 89.

최남희(2015). "시스템다이내믹스를 통한 미래사회 정책문제의 유형과 동태성의 구조에 대한 탐색적 연구". 『한국정책학회 학술대회 발표논문집』. 353-371.

최봉기(1981). "정책정보의 기능과 가치평가". 『한국행정학보』. 15: 157-172.

최지영(2018). " 참여정책분석의 성공요인에 관한 연구: 영국과 한국의 사용후핵연료 정책사례 분석을 중심으로". 충남대학교 대학원. 박사학위논문.

최한림 외(2011). 『시스템 사고에 기반한 KISTEP 미래줄기기술 선정 방법론 연구』. 서울: 한국과학기술기획평가원.

편의상(1993). 『직무분석 어떻게 할 것인가』. 서울: 효산경영연구소.

하연희 · 문명재(2007). "정책목표의 변화에 따른 정책도구의 전략적 선택과 효과: 우리나라 인구정책을 중심으로". 『정부학연구』. 13(2): 75-107.

하태권(1981). "정책분석의 한계". 『충북대학교 논문집』. 21.

한국전자통신연구소(1993). 『투자산업 종합관리체계 개선연구』.

한완상(1983). 『민중시대의 문제의식』. 서울: 일월서각.

허범(1976a). 『사회지표의 유형과 체계』. 서울: 한국개발연구원.

______(1976b). "정책의 본질". 유훈(외). 『정책학개론』. 서울: 법문사.

______(1979a). "정책문제 정립의 본질". 『제3회 합동학술대회 논문집』. 한국정치학회.

______(1979b). "정책종결의 본질과 전략". 『사회과학』. 17: 91-109.

______(1981). "정책형성의 상위논리". 『한국정치학회보』. 15: 161-172.

______(1982). "가치인식과 정책학". 성균관대학교 사회과학연구소. 『사회과학』. 19: 275-291.

______(1983). "정책 연구에 있어서 정책 논쟁 분석의 인식론적 분석과 방법론적 전개". 성균관대학교 사회과학연구소. 『사회과학』. 21: 21-40.

______(1984). "정책학의 정책문제 지향성". 성균관대학교 사회과학연구소. 『사회과학』. 22: 15-33.

______(1988). "공공정책의 형성과 집행". 성균관대학교 사회과학연구소(편). 『행정학개론』. 74-101. 서울: 대영문화사.

______(1991). "공공정책결정과 공직윤리". 한국정신문화연구원(편). 『한국 산업사회구조와 가치관의 제문제』. 서울: 태산인쇄공사.

______(1992a). "한국정책학회 초대 회장 수락 연설문: 한국정책학회의 정체성과 가능성". 『한국정책학회보』. 1(1): 7-14.

______(1993a). “정부정책의 형성과 관리”. 『중앙공무원교육원 강의교재』.

______(1995). “창조적 정책개발의 실천적 접근”. 『충남대학교 행정대학원 최고관리자과정 교재』.

______(1997). “대통령선거정책공약의 설계를 위한 개념의 틀과 지도지침”. 『한국정책학회보』. 6(2): 11-41.

______(2002a). “대통령선거공약토론의 유권자 참여 지향적 조직과 운영”. 『한국정책학회보』. 11(4): 485-555.

______(2002b). “정책학의 이상과 도전”. 『한국정책학회보』. 11(1): 293-311.

______(2005). “참여정책분석의 개념전제와 활용 방안”. 충남대학교 지역개발연구소 토론회 발제문.

______(2007a). “좋은 정책이란 무엇인가 그리고 어떻게 접근하나?: 제1강 공공정책의 이해”. 충남대학교 공공문제연구소 석화 화요강좌.

______(2007b). “좋은 정책이란 무엇인가 그리고 어떻게 접근하나?: 제2강 좋은 정책의 의미와 기준”. 충남대학교 공공문제연구소 석학 화요강좌.

______(2007c). “좋은 정책이란 무엇인가 그리고 어떻게 접근하나?: 제3강 좋은 정책의 합리적 접근을 위한 분석의 기본 틀”. 충남대학교 공공문제연구소 석학 화요강좌.

______(2007d). “좋은 정책이란 무엇인가 그리고 어떻게 접근하나?: 제4강 공공정책 윤리분석의 의의와 구조”. 충남대학교 공공문제연구소 석학 화요강좌.

______(2008). “좋은 정책이란 무엇인가 그리고 어떻게 접근하나?: 제5강 민주적 토론을 통한 정책윤리분석의 운영”. 충남대학교 공공문제연구소 석학 화요강좌.

______(2009a). “기획세션: 정책학한국화연구특별위원회: 한국 정책학자에 고함: 정책학 연구의 길; 정책윤리분석의 구조화를 위한 하나의 제안-민주주의 정책학의 관점”. 『한국정책학회 춘계학술발표논문집』. 201-216.

______(2009b). “정책학의 목적구조에 적합한 정책분석의 개념화 방향”. 『한국정책학회보』. 18(2): 1-6.

______(2016). “정책학 서설”. 미 발표논문. 1-23.

황광선 · 박형준 · 이인원(2009). “양면게임모형의 적용을 통한 한 · 미 쇠고기 협상 정책과정 분석”. 『정책분석평가학회보』. 19(4): 153-179.

국외 문헌

Agullar, Francis J.(1967). *Scanning the Business Environment*. N.Y.: Macmillan.

Alback, E.(1995). “Between Knowledge and Power: Utilization of Social Science in Public Policy-Making”. *Policy Sciences*. 28: 79-100.

Alkin, Marvin C., Daillak, R., & White, Peter(1979). *Using Evaluation: Does Evaluation Make a Difference?* Beverly Hills, California: Sage Publication, Inc.

Amsden, Alice H.(1989). *Asia's Next Giant: South Korea and Late Industrialization.* N.Y.: Oxford University Press, Inc.

Anderson, Ida-Elisabeth & Jaeger, B.(1999). "Scenario workshops and consensus conferences: Towards More Democratic Decision-making". *Science and Public Policy.* 26(5): 331-340.

______(2002). "Danish participatory models Scenario workshops and consensus conferences: towards more democratic decision-making"(http://www.pantaneto.co.uk/issue6/andersen jaeger.htm).

Anderson, James E.(1979). *Public Policy-Making*(2nd ed.). N.Y.: Holt Reinhart.

Ascher, William & William, H. Overholt(1983). *Strategic Planning and Forecasting.* N.Y.: John Wiley & Sons.

Baker, Robert F., Michaels, Richard M., & Preston, Everett S.(1975). *Public Policy Development: Linking the Technical and Political Processes.* N.Y.: John Wiley & Sons.

Bardach, Eugene(1981). "Problems of Problem Definition in Policy Analysis". In John. P. Cre-cine(ed.). *Research in Public Policy Analysis and Management.* 161-171.

______(1996). *The Eight-Step Path of Policy Analysis: A Handbook for Practice.* C.A.: Berkeley Academic Press.

______(2012). *A Practical Guide for Policy Analysis: The Eightfold Path to More Effective Problem Solving.* Los Angeles, CA: CQ Press.

Barker, Stephan F.(1989). *The Elements of Logic*(5th ed.). N.Y.: McGraw-Hill.

Bauer, Raymond A.(1966). *Social Indicators.* Cambridge, Mass.: M.I.T. Press.

Baum, Howell S.(1980). "Analysts and Planners Must Think Organizationally". *Policy Analysis.* 6(4): 479-494.

Beam, David R. & Conlan, Timothy J.(2002). "Grants". In L. M. Salamon(ed.). *The Tools of Government: A Guide to the New Governance.* 340-380. Oxford, N.Y.: Oxford University Press.

Behn, Robert D.(1981). "Policy Analysis and Policy Politics". *Policy Analysis.* 7(2): 199-226.

Bell, Daniel(1976). *The Coming of Post-Industrial Society: A Venture in Social Forecasting.* N.Y.: Basic Books Inc.

Brewer, Garry D. & deLeon, Peter(1983). *The Foundations of Policy Analysis.* Chicago: The Dorsey Press.

Brewer, G. A., S. C. Selden, & R. L. I. Facer(2000). "Individual Conceptions of Public Service Motivation". *Public Administration Review.* 60(3): 254-264.

Brubaker, Rogers(1984). *The Limits of Rationality: An Essay on the Social and Moral thought of Max Weber*. London: Allen & Unwin.

Carley, Michael(1981). *Social Measurement and Social Indicators: Issues of Policy and Theory*. London: Allen & Unwin.

Chambers, John C., Mullick, Satidner K., & Smith, Donald D.(1971). "How to Choose Right Forecasting Technique". *Harvard Business Review*. 49(4): 45-74.

Cordes, Joseph J.(2002). "Corrective Taxes, Charges, and Tradable Permits". In L. M. Salamon(ed.). *The Tools of Government: A Guide to the New Governance*. 255-281. Oxford, N.Y.: Oxford University Press.

Dalkey, Norman & Helmer, Olaf(1963). "An Experimental Application of the Delphi Method to the Use of Experts". *Management Science*. 9(3): 458-467.

Davies, James C.(1970). "Toward a Theory of Revolution". In J. C. Davies(ed.). *When Men Revolt and Why: A Reader in Political Violence and Revolution*. 134-149. N.Y.: Free Press.

Davis, Gordon B. & Olson, Margrethe H.(1985). *Management Information Systems*. N.Y.: McGraw-Hill.

De Neufville, Judith I.(1978). "Validating Policy Indicators". *Policy Sciences*. 10(2-3): 171-188.

deLeon, Peter(1990). "Participatory Policy Analysis: Prescriptions and Precautions". *Asian Journal of Public Administration*. 12(2): 29-54.

______(1992). "The Democratization of the Policy Sciences". *Public Administration Review*. 52(2): 125-129.

______(1993). "Citizen Participation and the Democratization of Policy Expertise: From Theoretical Inquiry to Practical Cases". *Policy Sciences*. 26(3): 165-187.

______(1994). "Democracy and the Policy Sciences: Aspirations and Operations". *Policy Studies Journal*. 22(2): 200-212.

______(1995). "Demoratic Values and the Policy Sciences". *American Journal of Political* Science. 39(4): 886-905.

______(1997). *Democracy and the Policy Sciences*. Albany, N.Y.: State University of New York Press.

______(1998). "Models of Policy Discourse: Insights versus Prediction". *Policy studies Journal*. 26(1): 147-161.

Dery, David(1984). *Problem Definition in Policy Analysis*. Kansas: University Press of Kansas.

Deutsch, Karl W.(1966). *The Nerves of Government: Models of Political Communication and Control*. N.Y.: The Free Press.

Dror, Yehezkel(1964). "Muddling Through-"Science" or Inertia?". *Public Administration Review*.

24(3): 153-157.

______(1971). *Ventures in Policy Sciences.* N.Y.: American Elsevier Publishing Co.

Dryzek, J. S.(1989). "Policy Sciences of Democracy". *Polity.* 12(1): 97-118.

______(1990). *Discursive Democracy.* N.Y.: Cambridge University Press.

Dryzek, J. S. & D. Torgerson(1993). "Democracy and Policy Sciences: A Progree Report". *Policy Sciences.* 26: 127-137.

Dunn, William N.(1981). *Public Policy Analysis: An Introduction.* Englewood Cliffs, N.J.: Prentice-Hall.

______(1994). *Public Policy Analysis: An Introduction.* Englewood Cliffs, N.J.: Prentice Hall.

______(2004). *An Introduction to Public Policy Analysis*(3rd ed.). Engliwood Cliffs: Prentice Hall.

______(2012). *Public Policy Analysis: An Introduction.* Boston: Pearson.

Durning, D.(1993). "Participatory Policy Analysis in a Social Service Agency: A Case Study". *Journal of Policy Analysis and Management.* 12(2): 297-322.

Dye, Thomas R.(1972). *Understanding Public Policy.* Englewood Cliffs, N.J.: Prentice-Hall.

______(1981). *Understanding Public Policy*(4th ed.). Englewood Cliffs, N.J.: Prentice-Hall.

Eden, Colin & Sims, David(1979). "On the Nature of Problems in Consulting Practice". *Omega.* 7(2): 119-127.

Edwards III, Gorge C. & Sharkansky, I.(1978). *The Policy Predicament: Making and Implementing Public Policy.* San Francisco: WH Freeman.

Emery, Fred E. & Trist, Eric L.(1971). "The Causal Texture of Organizational Environments". In J. G. Maurer(ed.). *Readings in Organization Theory: Open-system Approaches.* 46-57. N.Y.: Random House.

Etzioni, Amitai(1967). "Mixed-Scanning: A Third Approach to Decision-Making". *Public Administration Review.* 27(5): 385-392.

______(1976). *Social Problems.* Englewood Cliffs, N.J.: Prentice-Hall.

Evans, Jonathan St. B. T.(1987). "Beliefs and Expectations as Causes of Judgmental Bias". In G. Wright & P. Ayton(eds.). *Judgmental Forecasting*(Vol. 31). 31-47. N.Y.: John Wiley & Sons.

Eyestone, Robert(1978). *From Social Issues to Public Policy.* N.Y.: John Wiley & Sons.

Fischer, F.(1990). *Technocracy and the Politics of Expertise.* Newbury Park, CA: Sage.

______(1993). "Citizen participation and the democratization of policy expertise: From theoretical inquiry to practical cases". *Policy Sciences.* 26(3): 165-87.

______(1998). "Beyond Emipiricism: Policy Inquiry in Postpositivist Perspective". *Policy Studies Journal.* 26(1): 129-146.

Fischer, F. & Forester, J.(eds.)(1993). *The Argumentative Turn in Policy Analysis and Planning.* Durham: Duke University Press.

Fischer, F. & Miller, G. J.(2006). *Handbook of Public Policy Analysis: Theory, Politics, and Method.* Boca Raton, London, and N.Y.: CRC Press.

Forrster, Jay W.(1961). *Industrial Dynamics.* Cambridge: The MIT Press

Fortier, Isabelle(2003). "Democratic Practices vs. Expertise: the National Action Committee on the Status of Women and Canada's Policy on Reproductive Technology". *Paper Prepared for the Annual Meeting of the Canadian Political Association.* Halifax, May/June.

Freeley, Austin J.(1990). *Argumentation and Debate: Critical Thinking for Reasoned Decision Making*(7th ed.). Belmont, C.A.: Wadsworth Pub. Co.

Geistauts, George A. & Eischenbach, Ted G.(1987). "Bridging the Gap between Frecasting and Action". In G. Wright & P. Ayton(eds.). *Judgmental Forecasting.* 177-195. N.Y.: John Wiley & Sons.

Green, A. J.(1997). "Public Participation and Environmental Policy Outcomes". *Canadian Public Policy.* 23(4): 435-438.

Guba, Egon(1985). "What Can Happen As a Result of Policy". *Policy Studies Review.* 5(1): 11-16.

Habermas, Jürgen(1973). *Theory and Practice*(Trans. by John Viertel). Boston: Beacon Press.

______(1975). "Towards a Reconstruction of Historical Materialism". *Theory and Society.* 2(1): 287-300.

______(1984). *The Theory of Communicative Action*(Trans. by T. McCarthy). London: Heinemann.

Haight, David & Ginger, Clare(2000). "Trust and Understanding in Participatory Policy Analysis: The Case of the Vermont Forest resources Advisory Council". *Policy Studies Journal.* 28(4): 739-759.

Hamlett, Patrick W.(2001). *Enhancing Public Participation in Participatory Public Policy Analysis Concerning Technology.* North Carolina State University.

Heineman, Robert A.(1997). *The World of the Policy Analyst: Rationality, Values, and Politics*(2nd ed.). N.J.: Chatham House Publishers, Inc.

Helmer, Oalf(1966). *The Delphi Method for Systematizing Judgments about the Future.* University of California, Institute of Government and Public Affairs.

______(1983). *Looking Forward: A Guide to Futures Research.* Beverly Hills: Sage Publications, Inc.

Hendrick, Rebecca M. & Nachmias, David(1992). "The Policy Sciences: The Challenge of Complexity". *Policy Studies Review.* 11(3): 310-328.

Hendricks, Carolyn M.(2005). "Participatory Storylines and their Influence on Deliberative Forums". *Policy Sciences*. 38: 1-20.

Hird, John A.(2005). "Policy Analysis for What? The Effectiveness of Nonpartisan Policy Research Organizations". *The Policy Studies Journal*. 33(1): 83-105.

Hitch, Charles J. & McKean, Roland N.(1967). *The Economics of Defense in the Nuclear Age*. N.Y.: Atheneum.

Hodgkinson, Christopher(1978). *Towards a Philosophy of Administration*. N.Y.: St. Martin's Press.

Hogwood, Brian W. & Gunn, Lewis A.(1984). *Policy Analysis for the Real World*(Vol. 69). N.Y.: Oxford University Press.

Holroyd, P.(1978). "Change and Discontinuity: Forecasting for the 1980s". *Futures*. 10(1): 31-43.

Hood, Christopher(1986). *The Tools of Government*. N.J.: Chatham House.

Horst, Pamela Nay, Joe N., Scanlon, John W., & Wholey, Joshep S.(1974). "Program Management and The Federal Evaluator". *Public Administration Review*. 34(4): 300-308.

House, Peter W.(1982). *The Art of Public Policy Analysis: The Arena of Regulations and Resources*. C.A.: Sage Publication.

Howard, Christopher(2002). "Tax Expenditures". In L. M. Salamon(ed.). *The Tools of Government: A Guide to the New Governance*. 410-444. Oxford, N.Y.: Oxford University Press.

Howlett, Michael & Ramesh, Michael(2003). *Studying Public Policy*. N.Y.: Oxford University Press.

Huitt, Ralph K.(1968). "Political Feasibility". In A. Ranney(ed.). *Political Science and Public Policy*. 263-276. Chicago: Markham Pub. Co.

Huss, William R.(1985). "Comparative Analysis Of Load Forecasting Techniques At A Southern Utility". *Journal of Forecasting*. 4(1): 99-122.

Irvin, Renee A.(2004). "Citizen Participation in Decision Making: Is It Worth the Effort?". *Public Administration Review*. 64(1): 55-65.

Isaak, Alan C.(1981). *Scope and Methods of Political Science: An Introduction to the Methodology of Political Inquiry*(3rd ed.). Homewood, Ill.: Dorsey Press.

Jenkins-Smith, Hank C.(1982). "Professional Roles for Policy Analysts: A Critical Assessment". *Journal of Policy Analysis and Management*. 2(1): 88-100.

Jennings, Bruce(1987). *Policy Analysis: Science, Advocacy, or Counsel*(Vol. 4). Greenwich, CT: JAI Press.

Johnson, G. F.(2005). "Takking Stock: The Normative Foundation of Positivist and Non-

Positivist Policy Analysis and Ethical Implications of the Emergent Risk Society". *Journal of Comparative Policy Analysis: Research and Practice*. 7(2): 137-153.

Jones, Charles O.(1977). *An Introduction to the Study of Public Policy*(2nd ed.). North Scituate, M.A.: Duxbury Press.

Kaisler, S., Armour, F., Espinosa, J. A., & Money, W.(2013). "Big data: Issues and challenges moving forward". *46th Hawaii International Conference on System Sciences*. 995-1004. IEEE.

Kilmann, Ralph H. & Mitroff, Ian I.(1979). "Problem Defining and the Consulting/Intervention Process". *California Management Review*. 21(3): 26-33.

Krone, Robert M.(1980). *Systems Analysis and Policy Sciences*. N.Y.: John Wiley & Sons.

Kweit, Mary Grisez, & Robert W. Kweit(1981). Implementing Public Participation in a Bureaucratic Society. N.Y.: Praeger.

______(1984). "The Politics of Policy Analysis: The Role of Citizen Participation in Analytic Decision Making". *Review of Policy Research*. 3(2): 234-245.

Laifd, F. N.(1993). "Participatory Analysis, Democracy, and Technological Decision Making". *Science, Technology, & Human Values*. 18(3): 341-361.

Lasswell, Harold D.(1943a). *Memorandum: Personal policy objectives(October 1)*. Archived at Sterling Library. New Haven, CT: Yale University Press.

______(1943b). *Proposal: The Institute of Policy Science(October 1)*. Archived at Sterling Library. New Haven, CT: Yale University Press.

______(1949). *Power and Personality*. N.Y.: Norton.

______(1951). "The Policy Orientation". In H. D. Lasswell & D. Lerners(eds.). *Policy Sciences*. 3-15. Standford, California: Standford University Press.

______(1970). "The Emerging Conception of the Policy Sciences". *Policy Sciences*. 1(1): 3-14.

______(1975). "Research in Policy Analysis: The Intelligence and Appraisal Functions". In F. I. Greenstein & N. W. Polsby(eds.). *Handbook of Political Science*. 6: 1-21. Mass.: Addison Wesley Publishing Co.

Leman, Christopher K.(2002). "Direct Government". In L. M. Salamon(ed.). *The Tools of Government: A Guide to the New Governance*. 48-79. Oxford, N.Y.: Oxford University Press.

Levine, Charles H., Backoff, Robert W., Cahoon, Allan R., & Siffin, William J.(1975). "Organizational Design: A Post Minnowbrook Perspective for the "New" Public Administration". *Public Administration Review*. 35(4): 425-435.

Lindblom, Charles E.(1968). *The Policy-Making Process*(Vol. 4). Englewood Cliffs, N.J.: Prentice-Hall.

Lindblom, Charles E. & Cohen, David K.(1979). *Usable Knowledge: Social Science and Social Problem Solving*. N.H.: Yale University Press.

Linder, Stephan H. & Peters, B. G.(1989). "Instruments of Government: Perceptions and Contexts". *Journal of Public Policy*. 9(1): 35-58.

Lineberry, Robert L.(1978). *American Public Policy*. N.Y.: Harper & Row.

Linstone, Harold A. & Turoff, Murray(1975). *The Delphi Method: Techniques and Applications. Reading*. Mass.: Addison-Wesley Publishing Company.

Lock, Andy(1987). "Integrating Group Judgments in Subjective Forecasts". In G. Wright & Ayton, P.(eds.). *Judgmental Forecasting*. 109-128. N.Y.: John Wiley & Sons.

MacRae, Duncan. Jr.(1985). *Policy Indicators: Links Between Social Science and Public Debate*. Chapel Hil: University of North Carolina Press.

MacRae, Duncan Jr. & Whittington, D.(1997). *Expert Advice for Policy Choice: Analysis and Descourse*. Washington, DC: Georgetown University Press.

MacRae, Duncan Jr. & Wilde, James A.(1979). *Policy Analysis for Public Decisions*. Belmont: Duxbury Press.

Majone, Giandomenico(1975). "The Feasibility of Social Policies". *Policy Sciences*. 6(1): 49-69.

Makridakis, Spyros G., Wheelwright, Steven C., & McGee, Victor(1983). *Forecasting: Methods and Applications*. N.Y.: John Wiley & Sons.

Marinoff, J.(1997). "There Is Enough Time: Rethinking the Process of Policy Development". *Social Justice*. 24(4): 234-246.

Mason, Richard O. & Mitroff, Ian I.(1981). *Challenging Strategic Planning Assumptions: Theory, Cases, and Techniques*. N.Y.: John Wiley & Sons.

Mayer, lgor S., C. Els van Daalen & Pieter W. G. Bots(2004). "Perspectives on Policy analyses: a framework for understanding and design". *Technology, Policy and Management*. 4(2).

McDonnell, Lorraine M. & Elmore, Richard F.(1987). *Alternative Policy Instruments. CPRE Joint Note Series*. Santa Monica, Calif.: Center for Policy Research in Education.

Meier, K. J., & Gill, J.(2000). *What Works: A New Approach to Program and Policy Analysis*. Boulder: Westview Press.

Meltsner, Arnold J.(1976). *Policy Analysts in the Bureaucracy*. Berkeley: University of California Press.

Mintzberg, Heny, Raisinghani, D. & Théorêt, A.(1976). "The Structure of "Unstructured" Decision Processes". *Administrative Science Quarterly*. 21(2): 246-275.

Mood, Alexander M.(1983). *Introduction of Policy Analysis*. N.Y.: Penguin Books. Elsevier Publishing Co., Inc.

Mosher, Frederick C.(1978). *Democracy and the Public Service*. N.Y.: Oxford University Press.

Olson, Mancur(1969). *Toward a Social Report.* US Department of H.E.W.

Ozbekhan, Hasan(1969). "Toward a General Theory of Planning". In Jantsch, Erich(ed.). *Perspective of Planning.* 47–155. Paris: OECD.

Parenté, Frederic J. & Anderson–Parenté, J. K.(1987). "Delphi Inquiry Systems". In G. Wright & P. Ayton(eds.). *Judgemental Forecasting.* 129–156. N.Y.: John Wiley & Sons.

Phillips, Lawrence D.(1987). "On the Adequacy of Judgmental Forecasts". In G. Wright & P. Ayton(eds.). *Judgmental Forecasting.* 11–30. N.Y.: John Wiley & Sons.

Pressman, Jeffrey L. & Wildavsky, Aaron B.(1979). *Implementation: How Great Expectations in Washington are Dashed in Oakland Or Why It's Amazing that Federal Programs Work at All.* Berkeley: University of California Press.

Putnam, Robert D.(1988). "Diplomacy and Domestic Politics: The Logic of Two–Level Games". *International Organization.* 42(3): 427–460.

Quade, Edward S.(1975). *Analysis for Public Decisions.* N.Y.: American Elsevier Publishing Company.

______(1989). *Analysis for Public Decisions*(3rd ed.). N.Y.: North Holland.

Quade, Edward S. & Boucher, Wayne I.(1968). *Systems Analysis and Policy Planning.* N.Y.: Elsevier.

Rapport, Alfred(ed.)(1975). *Information for Decision–Making: Quantitative and Behavioral Dimention*(2nd ed.). Englewood Cliffs, N.J.: Prentice–Hall.

Rawls, John(1971). *Theory of Justice.* Cambridge. MA.: Harvard University Press.

Rein, Martin(1976). *Social Science & Public Policy.* N.Y.: Penguin Books.

Renn, O. T., Webber, H. Rekel, P. Daniel(1993). "Public Participation in Decision Making". *Policy Sciences.* 26(3): 189–214.

Rich, Robert F.(1977). "Uses of Social Science Information by Federal Bureaucrats: Knowledge for Action Versus Knowledge for Understanding". In C. H. Weiss(ed.). *Using Social Research in Public Policy Making.* 199–211. Lexington, MA.: D.C. Health and Company.

______(1981). *Social Science Information and Public Policy Making.* San Francisco: Jossey–Bass.

Rottenberg, Annette T.(1985). *Elements of Argument.* N.Y.: St. Martin's press.

Russom, P.(2011). Big Data Analytics. The Data Warehousing Institute Research. TDWE Best Practices Report(Fourth quatrer 2011).

Salamon, Lester M.(2002). *The Tools of Government: A Guide to the New Governance.* Oxford, N.Y.: Oxford University Press.

Savas, Emanuel S.(1978). "On Equity in Providing Public Services". *Management Science.* 24(8): 800–808.

Schneider, Annen & Ingram, Helen(1990). "Behavioral Assumptions of Policy Tools". *The Journal of Politics*. 52(2): 510–529.

Seligman, Edwin R. A.(1954). *Encyclopaedia of the Social Science*. N.Y.: Macmillan.

Simon, Herbert A.(1957). *Administrative Behavior: A Study of Decision-making Processes in Adminstrative Organization*. N.Y.: Free Press.

Stanton, Tomas H.(2002). "Loans and Loan Guarantees". In L. M. Salamon(ed.). *The Tools of Government: A Guide to the New Governance*, 381–409. Oxford, New York: Oxford University Press.

Stephenson, W.(1953). *The Study of Behavior: Q-technique and its Methodology*. Chicago: University of Chicago Press.

Sternberg, E.(1989). "Incremental versus Methodological Policymaking in the Liberal State". *Administration and Society*. 21(May): 54–77

Stern, P. C.(1991). "Learning through conflict: A realistic strategy or risk communication". *Policy Sciences*. 24: 99–119.

Steuerle, C. E. & Twombly, Eric C.(2002). "Vouchers". In L. M. Salamon(ed.). *The Tools of Government: A Guide to the New Governance*. 445–465. Oxford, New York.: Oxford University Press.

Stone, Deborah(1997). *Policy Paradox: The Art of Policy Decision Making*. N.Y.: W. W. Norton.

Tallman, Irving & McGee, Reece(1971). "Definition of a Social Problem". In E. Smigel(ed.). *Handbook on the Study of Social Problems*. 19–58. Chicago: Rand McNally and Company.

Taylor, Paul W.(1961). Normative Discourse. Englewood Cliffs, N.J.: Prentice Hall.

Thomas, John Clayton(1995). Public Participation in Public Decisions. San Francisco, CA: Jossey-Bass.

Toulmin, Stephen(1958). *The Uses of Argument*. Cambridge, England: Cambridge University Press.

Trige, L. J.(1972). "Poliy Science: Analysis or Ideology". *Philosophy and Public Affairs*. 2: 66–110.

Van Meter, D. S. & Van Horn, C. E.(1975). "The policy Implementation Process a Conceptual Framework". *Administration & Society*. 6(4): 445–488.

Vedung, Evert(1998). "Policy Instruments: Typologies and Theories". In Bemelmans-Videc, M. L., Rist, R. C. & Veding, E.(eds.). *Carrots, Sticks, and Sermons: Policy Instruments and Their Evaluation*. 21–58. New Brunswick, N.J.: Transaction Publishers.

Wachs, Martin(1985). *Ethics in Planning*. Rutgers: The State University of New Jersey.

Walters, Lawrence C., Aydelotte, J., & Miller, J.(2002). "Putting More Public in Policy Analysis". *Public Administration Review*. 60(4): 349–359.

Watts, S. & P. Stenner.(2005). "Doing Q Methodology: Theory, Method and Interpretation". *Qualitative Research in Psychology*. 2(1): 67−91.

Waugh, William L.(2002). "Valuing Public Participation in Policy Making". *Public Administration Review*. 62(3): 379−382.

Webler, T. Levine, D. Rakel, H. Renn, O.(1991). "The group delphi: A novel attempt at reducing uncertainty". *Technological Forecasting and Social Change*. 39: 253−263.

Weimer, D. S.(1998). "Policy Analysis and Evidence". *Policy Studies Journal*. 26(1): 114−128.

Weimer, D. S. & Vining, Arian R.(2004). *Policy analysis: Concepts and Practice*(4th ed). Englewood Cliffs, N.J.: Prentice−Hall.

Weiss, Carol H.(1981). "Measuring the Use of Evaluation". In J. A. Ciarlo(ed.). *Utilizing Evaluation: Concepts and Measurement Techniques*. 17−33. Beverly Hills: Sage

Wheelwright, Steven C. & Makridakis, Spyros(1980). *Forecasting Methods for Management*. N.Y.: John Wiley & Sons.

Wildavsky, Aaron(1966). "The Political Economy of Efficiency: Cost−Benefit Analysis, Systems Analysis, and Program Budgeting". *Public Administration Review*. 26(4): 292−310.

______(1980). *The Art and Craft of Policy Analysis*. London: The Mcmillan Press, Ltd.

______(1982). *The Art and Craft of Policy Analysis*. London: The Mcmillan Press, Ltd.

Wright, George & Ayton, Peter(1987). "The Psychology of Forecasting". In G. Wright & P. Ayton(eds.). *Judgmental Forecasting*. 83−104. N.Y.: Wiley & Sons.

http://cio.seoul.kr/section/ciol7.htm(2002.8.2)

찾아보기

ㅋ

ㅌ

ㅍ

ㅎ

저자 소개

강근복(康根福)

(현) 충남대학교 행정학과, 국가정책학과 명예교수
한국정책분석평가학회 고문

1. 학업 · 연구

제주제일고등학교 졸업
성균관대학교 법정대학 행정학과 졸업
성균관대학교 대학원(정책학 전공) 행정학 석사 · 행정학 박사
미국 시라큐스대 기술 및 정보정책연구소 객원교수
미국 버지니아텍 행정 및 정책연구소 객원교수

2. 학교

충남대학교 행정학과, 국가정책학과 교수
충남대학교 국가정책대학원장
충남대학교 행정대학원장
충남대학교 공공문제연구소장

3. 학회 및 협의회

한국정책학회 회장
한국정책분석평가학회 회장
대전충남행정학회(현 한국공공행적학회) 회장
한국행정학회 부회장
전국행정(관련)대학원장협의회 회장

4. 정부 관계

정부업무평가위원회 위원장(공동위원장: 국무총리)
문화재청 자체평가위원회 위원장
행정안전부, 환경부, 산림청 정책자문위원
중앙인사위원회 자체평가위원회 위원
대전광역시 인사위원회 위원
충청남도 정책자문 교수단 위원
국가과학기술위원회 기획예산조정 전문위원
국가연구개발사업평가위원회 위원
행정고시 · 입법고시 시험위원 등 역임

5. 저서

『정책학』(공저), 서울: 대영문화사, 2016
『한국 사회의 이슈와 정책』(공저), 파주: 한국학술정보원, 2010
『과학기술정책의 주요 쟁점』(공저), 파주: 한국학술정보원, 2008
『지방자치단체장의 리더십 전이』(공저), 서울: 대영문화사, 2001
『정책분석론 개정판』, 서울: 대영문화사, 2000
『지식정보사회와 전자정부』(공저), 서울: 나남, 1999
『정책분석과 문제 정의』(역서), 서울: 대광문화사, 1990

6. 상훈

홍조근정훈장
충남대학교 최우수강의 교수상

제4판

정책분석론

펴낸날 제1판 제1쇄 1994년 8월 25일
제2판 제1쇄 2000년 3월 10일
전정 제3판 제1쇄 2016년 8월 31일
제4판 제1쇄 2021년 8월 25일
지은이 강근복
펴낸이 임춘환
펴낸곳 도서출판 **대영문화사**
주소 (본사) 사무실: 경기도 고양시 일산서구 주화로 70
우신프라자 307호 (㊐ 10387)
(본사) 물류센터: 경기도 고양시 일산서구 덕산로
107번길 68-50 (㊐ 10205)
등록 1975년 12월 26일 제3-16호
전화 (031) 913-3062, (031) 914-3884~5
팩스 (031) 913-3839
홈페이지 http://www.dymbook.co.kr

ISBN 978-89-7644-786-9
값 27,000원